W9-AZG-087

Deutsche Literatur im Exil 1933-1945

Texte und Dokumente

Herausgegeben von
Michael Winkler

Philipp Reclam jun. Stuttgart

Universal-Bibliothek Nr. 9865 [6]
Alle Rechte vorbehalten. © Philipp Reclam jun. Stuttgart 1977
Schrift: Linotype Garamond-Antiqua. Printed in Germany 1977
Herstellung: Reclam Stuttgart
ISBN 3-15-009865-3

Inhalt

Politik und Propaganda

4

Schreiben im Exil

Einleitung

Es ist sehr schwer, wenn nicht gar unmöglich, über Leben und Werk der von den Machthabern des ›Dritten Reiches‹ vertriebenen Dichter, Schriftsteller und Journalisten, also über die deutschsprachige Exilliteratur während der Herrschaft des Nationalsozialismus, irgendwelche allgemeinverbindlichen Aussagen zu machen. Oft verband die ihr Zugehörigen und deren Werk kaum mehr als das gleiche Schicksal der Vertreibung aus Heimat und Muttersprache. Ja, bis heute hat man sich nicht einmal darauf einigen können, wie diese Literatur nach thematischer Ausrichtung und stilistischer Konsequenz, nach Erfahrungshorizont und zeitlicher Dauer sich sinnvoll begrenzen und definieren ließe und was man eigentlich unter ihr verstehen möchte. Sie ist von einer zunächst überraschenden Vielfalt und Reichhaltigkeit und von solch widersprüchlicher Komplexität, daß ihre einzelnen Beispiele sich fortwährend dem Versuch entziehen, repräsentative Muster und typologisch bestimmbare Ordnungskategorien zu erarbeiten. Noch immer fehlen für dieses künstlerische und politische Phänomen klare und sachgerechte Ausgangs- und Anhaltspunkte zur Praxis einer Interpretation, die mit dem Sinn für die gesellschaftliche Fundierung und Relevanz von Literatur zugleich auch der Verpflichtung zu historischer Gerechtigkeit und der Aufgabe nicht unbedingt wertneutraler Tradierung von ästhetischen Erscheinungen entsprechen möchte.

Zwei Feststellungen jedoch lassen sich zunächst einmal treffen, ohne daß ihnen sofort widersprochen werden müßte: Zum einen ist die hier zur Diskussion stehende Literatur jetzt Teil der literarischen Geschichte geworden, wenngleich sie bisher kaum auch als integraler Teil in die Literaturgeschichten eingegangen ist. Zum anderen hat sie zum Zeitpunkt ihrer historischen Aufnahme, der auch die beginnende Anerkennung mit sich bringt, d. h. in dem Augenblick, wo sich die germanistische Fachwissenschaft ihrer Erforschung anzunehmen begann, den Anlaß zu prinzipiellen Auseinandersetzungen und Streitigkeiten abgegeben. Diese Kontroversen dienen freilich eher der Konsolidierung und Verhärtung schon vorher und aus anderen Anlässen fest bezogener Positionen, als daß sie dazu führen könnten, am bestgeeigneten Objekt das gegenwärtige Dilemma der Rechtfertigung einer Disziplin zu überwinden, die in der kritischen Beschäftigung gerade mit der Exilliteratur sich beispielhaft bewähren könnte. Dies liegt vor allem in der Natur unseres Gegenstandes begründet, in seiner wie kaum je zuvor durch politisch-moralische Realitäten und Ansprüche gekennzeichneten Eigenart. Daß die Exilliteratur jetzt aber zum Spielball für hauptsächlich außerliterarische und antihistorische Interessen und Leidenschaften geworden ist, zeigt sich zugleich aber auch als eine Konsequenz ihrer eigenen psychologischen, gesellschaftlichen und historischen Situation.

Gemeint ist hiermit vorab ihre zu Beginn fast unüberbrückbare Entfernung vom zeitgenössischen Leser in Deutschland und Österreich, ihre Isolation, die größtenteils, doch nicht ausschließlich durch die progressive und spätestens im Sommer 1939 nahezu vollkommene Abriegelung des deutschen Sprachgebiets von den Asylländern herbeigeführt worden war. Gemeint ist aber viel mehr noch das nicht mehr aufgeholte Versäumnis ihrer Vermittlung und versuchten Eingliederung in die literarische Tradition zu einer Zeit, als dies aus dem mehr oder weniger unmittelbaren Miterleben heraus noch möglich gewesen wäre. Und das verweist auch auf den Verlust ihrer objektiven Gesamtwirkung während der Nachkriegsjahre bis in die Gegenwart.

Die Gründe dafür sind zahlreich und komplex. Die jeweils fundamentalen Unterschiede in der gesellschaftspolitischen Orientierung und staatlichen Entwicklung wie in Absicht und Methode der Rückbesinnung auf die oft doch auch gemeinsam durchlebten Jahre der jüngsten Vergangenheit sind in den vier Republiken, deren literarisches Leben sich auf der deutschen Sprache aufbaut, von großer Bedeutung für die Rezeption oder für die Mißachtung und Diskreditierung der Exilliteratur geblieben. Das kann gar nicht bestritten werden. Doch ebensowenig sollte man sich darauf versteifen, ein sich gerade dem historischen Blick immer stärker als vielseitig offenbarendes Problem auf eine polemische Konfrontation zu reduzieren. Diese Gegenüberstellung scheint sich dann als pauschaler Gegensatz zu offenbaren, als Gegensatz zwischen einer restaurierten Gesellschaftsordnung hier mit Besitzverhältnissen und Machtstrukturen, die fast intakt aus der faschistischen Allianz von kapitalistischem Bürgertum und antikommunistischem Nationalismus übernommen worden sei, und einem kämpferisch-progressiven Staatswesen dort, das nach dem Triumph über die Diktatur auch dem Verlangen nach sozialer Gerechtigkeit, nach Frieden und Freiheit zum Sieg verholfen habe. In solch einseitiger Kontrastierung leben Zwangsvorstellungen nicht nur aus der Zeit des kalten Krieges weiter. Sie verhindern schon wieder eine mit der Leidenschaft sachlicher Vernunft geführte Diskussion, die auch auf dem Wege nuancierterer Auseinandersetzung zur nachträglichen Einbürgerung der Exilliteratur beitragen könnte.

Einige Beispiele und Fragen mögen diese Misere skizzieren. Gewiß wurden in der Bundesrepublik fast alle Exilautoren mit kommunistischer Vergangenheit oder Überzeugung aus sehr vordergründig parteipolitischen Erwägungen nahezu zwei Jahrzehnte lang diffamiert und unterdrückt. Aber lagen der Wirkung ihres Werkes nach 1945 nicht auch andere massive Hindernisse im Weg? Da war doch zunächst der gar nicht so unberechtigte Überdruß an aller ideologisch ausgerichteten Literatur und neben dem nicht minder verständlichen Zweifel auch an soliden politischen Heilsbotschaften die Skepsis gegenüber einer Selbstgerechtigkeit, die allzu lautstark und optimistisch auftrumpfte. Gewiß war die opportunistische Zaghaftigkeit von Heinrich Manns amerikanischem Verleger mit schuld daran, daß nicht einmal die Übersetzung von ausgewählten Abschnitten aus der autobiographischen Bestandsaufnahme veröffentlicht wurde, in der er eine geistes- und gesellschaftsgeschichtliche Auseinandersetzung mit seiner Generation versuchte. Doch wer in Amerika, die Emigranten und seine alten Mitstreiter aus den Tagen der versuchten Einheitsfront mit eingeschlossen, hätte dieses so eigensinnig-widerspruchsvolle und persönliche Buch *Ein Zeitalter wird besichtigt* zur damaligen Zeit wirklich zu schätzen oder auch nur zu akzeptieren vermocht? Waren seiner Verbreitung in der ersten deutschsprachigen Ausgabe dann durch den Neuen Verlag in Stockholm nicht auch ganz einfach schon vom Preis her, also wegen der fehlenden Devisen, kaum zu überwindende Grenzen gesetzt? Und trägt nicht auch neuerdings das so ganz und gar humorlos-eifrige, unverständige und zähflüssige Nachwort des letzten Herausgebers noch immer dazu bei, daß der Leser sich verwundert abwendet und fragt, ob hier zwei kritische Köpfe wirklich dasselbe Buch gelesen haben? Es läßt sich also die nur scheinbar pietätlose Behauptung wagen, daß man diesem eigenartigen Meisterwerk eines der großen Exilautoren erst heute, aus der zeitlichen Distanz, gerecht werden kann, und damit auch unter Umständen, in denen der Gedanke an etwas so »typisch Deutsches« nicht zugleich auch ein peinlich berührtes Stirnrunzeln provoziert.

Ein gut Teil der Exilliteratur war zudem schon kurze Zeit nach seinem Entstehen historisch, ja uninteressant geworden. Vor allem das Propaganda- und Bekenntnisschrifttum, ob es sich nun als Abtragung einer politischen oder einer religiösen Verpflichtung und Schuldigkeit verstand, konnte kaum die ersten Jahre nach seinem Erscheinen überdauern. Denn es blieb ja als Gebrauchsliteratur von vornherein größtenteils an eine ganz bestimmte Situation gebunden und mußte dann auch mit ihr verschwinden. Damit soll ihm in keiner Weise nachträglich die Berechtigung abgesprochen werden. Ganz im Gegenteil. Sein unmittelbares Anliegen und sein primärer Impuls der Selbstversicherung, teils zum Zweck der Rückenstärkung, teils aus einem ehrlich empfundenen Willen zum vorbehaltlosen Kampf auf der Seite der

Gegner des gemeinsamen Feindes, sind zu respektieren. Auf jeden Fall können sie nur aus der prekären Lage des zu politischem oder religiösem Bekenntnis verpflichteten Exulanten verständlich werden und müssen als ein markanter Teil gerade der Literatur des Exils anerkannt bleiben. Was aber so im extremen Zustand des Verbannten begründet lag – sei es als Agitationstheater in den Stücken Friedrich Wolfs, als Flugblattgedicht Erich Weinerts, als Radioansprache Thomas Manns, als Besinnung auf die verlorenen Traditionen Österreichs in einem Aufsatz von Franz Werfel oder in einem Aufruf Ferdinand Bruckners, sei es als Pamphlet oder Essay Heinrich Manns oder Ernst Tollers –, es war, selbst in der Großform von Romanen wie *Das Lied von Bernadette* oder *Die Kommenden* von Willi Bredel, für den Augenblick und aus dem Augenblick heraus geschrieben. Der spätere Leser, den ganz andere Probleme beunruhigen, und mit ihm der Germanist, soll ein Recht darauf haben, einzelne dieser Werke wohl als historische Dokumente zu registrieren, sie sonst aber der Vergessenheit anheimfallen zu lassen. Dies um so mehr, als auch gerade die zweckorientierte Tagesliteratur des Exils ihre vielleicht nicht gerade unvergänglichen, aber doch immer wieder brisanten Werke hervorgebracht hat. Man denke an Brechts Szenenfolge *Furcht und Elend des Dritten Reiches* etwa, deren Aufführungen während der Dauer dieses Reiches immer etwas zu spät kamen, um die Absicht ihres Autors und ihre erhoffte Wirkung selbst im Rahmen notgedrungen bescheidener Erwartungen zu erfüllen. Sie erweist ihre Schlagkraft noch immer und besonders in dem Augenblick, wo ihre öffentliche Darstellung wie jüngst in Spanien wieder einmal verboten wurde.

Das Plädoyer für historische Sachlichkeit und der Versuch, unserem Gegenstand, wie ja nicht mehr anders möglich, gerade aus der Perspektive der zeitlichen Entrückung zu der ihm gebührenden Aufmerksamkeit und Achtung zu verhelfen, möchte nicht mißverstanden werden. Können sie doch nicht der Notwendigkeit entraten, die deutsche Exilliteratur der Hitlerjahre und ihre Kontinuität in der Nachkriegszeit vor allem zum Zweck der Erkenntnis und Überwindung der nationalsozialistischen Vergangenheit zu lesen. Denn gerade darin erweist sich ein nicht unbeträchtlicher Aspekt ihrer ästhetischen Dignität sowie ihrer Rechtfertigung und Würde auch als historisches Phänomen. Es ist nicht länger mehr möglich, den Konsequenzen einer Einstellung zu entgehen, welche die Verantwortung zur Rigorosität der Selbstprüfung damit beiseite geschoben hat, daß man diese Literatur aus der Geschichte und aus dem Gewissen zu verdrängen suchte. Nur zu oft wurde die Entschuldigung mißbraucht, daß für das Werk vieler Autoren, die sich mit moralisch unanfechtbarem Engagement und einem gerade von den politischen Erfahrungen immer wieder herausgeforderten Willen zu strenger Objektivität um Gerechtigkeit gegenüber ihrer Zeit bemühten, die Zeit entweder schon vorbei oder noch nicht gekommen sei. Diese Zeit ist dahin, während ihre Zeit schon immer da war und jetzt nicht noch einmal vergeudet werden sollte. Noch immer ist der Einladung entgegenzukommen, die Hans Sahl im Jahre 1973 in einem Gedicht ausgesprochen hat und die sich nüchtern, ohne wehmütige Entrüstung und schon gar nicht im Tonfall schmollenden Selbstmitleids, wohl aber mit dem bezwingenden Ernst ihrer human-sarkastischen Freundlichkeit an alle Nachgeborenen wendet. Hat sie doch nicht nur die hauptberuflichen Sammler im Sinn, sondern auch gerade solche Leser, die von einer Generation lernen könnten und möchten, die, zwar um den Ertrag ihrer besten Jahre gebracht, doch schon lange den Anspruch und die Ernte einer reichen Erfahrung und Selbstbewährung zu bieten hat. Das Gedicht heißt

Die Letzten

Wir sind die Letzten.
Fragt uns aus.
Wir sind zuständig.
Wir tragen den Zettelkasten
mit den Steckbriefen unserer Freunde
wie einen Bauchladen vor uns her.
Forschungsinstitute bewerben sich
um die Wäscherechnungen Verschollener,
Museen bewahren die Stichworte unserer Agonie
wie Reliquien unter Glas auf.
Wir, die wir unsre Zeit vertrödelten,
aus begreiflichen Gründen,
sind zu Trödlern des Unbegreiflichen geworden.
Unser Schicksal steht unter Denkmalschutz.
Unser bester Kunde ist das
schlechte Gewissen der Nachwelt.
Greift zu, bedient euch.
Wir sind die Letzten.
Fragt uns aus.
Wir sind zuständig.

Zu den »Trödlern des Unbegreiflichen« möchte sich auch
die vorliegende Sammlung von Texten und Dokumenten
zählen. Der Weg ihrer fünf Abschnitte, der durch keinerlei
parteiische Ausrichtung oder polemische Absicht verstellt
sein wollte, ist der durch die größtmögliche Vielfalt. Die
zeitliche Begrenzung – das früheste Beispiel ist ein auf Mitte
Februar 1933 zu datierender Brief von Joseph Roth an Stefan Zweig, das letzte hier aufgenommene Zeugnis wurde
von Hermann Broch am 29. 9. 1950 geschrieben, fast auf
den Tag genau acht Monate vor seinem Tod – ist, wenn
nicht willkürlich, so doch fragwürdig. Denn das Exil vieler
deutscher Schriftsteller setzte nicht plötzlich ein, nicht erst
mit dem Tag ihrer tatsächlichen Flucht, sei diese nun durch
den Termin der Hitlerschen Machtübernahme oder durch

die Menschenjagden im Anschluß an den Brand des Reichstagsgebäudes bestimmbar. Es begann für einige schon Jahre vorher, für andere spätestens zu Beginn der dreißiger Jahre. Schuld daran war die radikale Politisierung des geistigen und künstlerischen Lebens in der sterbenden Republik und die ständig drohende Gefahr, der sich besonders pazifistische und linksaktive Publizisten, aber mit gelegentlich fast psychotischer Furcht vor dem fanatisierten Mörder auch Heinrich Mann ausgesetzt fühlten und sahen. Es scheint deshalb ratsam, das Exil als Verfemung innerhalb der staatlichen Gemeinschaft schon vor der legalisierten Beginn der Diktatur anzusiedeln. Die Verbannung hat gleichfalls nicht mit der Herrschaft eines politischen Systems und seines Machtapparats aufgehört, auch nicht mit dem gesetzlichen Neubeginn von anderen Staatsformen. Von den wenigen Fällen abgesehen, wo Dichter aus ihrem Asyl zum frühestmöglichen Zeitpunkt zurückkehrten, setzte sich die Realität ihrer Verbannung je unterschiedlich, aber zumeist über Jahre hin fort. Als paradigmatisch kann gelten, was Oskar Maria Graf seine Hauptfigur Martin Ling in dem New Yorker Exilroman *Die Flucht ins Mittelmäßige* sagen läßt: »Unsere Emigration fängt doch jetzt erst an, nachdem der Krieg vorüber ist. Bis jetzt war's doch bloß eine Wartezeit! ... Und nun jetzt ab wird sie ganz, ganz was anderes!« (München 1976, S. 33.)

Politisch klar profilierte Dichter mit einem eindeutigen Programm für die Zukunft und mit der Autorisierung, dieses durchzusetzen, oder wenigstens mit selbstbewußten Absichten und dem Willen zu fortgesetzt entbehrungsreicher Arbeit außerhalb des literarischen Werkes, Autoren also aus der Moskauer Gruppe um Walter Ulbricht, Autoren wie Döblin und auch Zuckmayer, wagten den Neubeginn zur frühesten Stunde. Viele gerade unter ihnen wurden nur zu oft vom privaten und offiziellen Widerstand derer aufgerieben, die sich nun auf die größere Wirklichkeitsnähe der eigenen Erfahrungen hinausreden wollten oder sich hartnäckig jedem Versuch der politischen Gewissensbildung widersetzten. Manche von ihnen gingen enttäuscht und gebrochen ins erneute Exil. Viele andere, deren Rückkehr oft nur mit Argwohn festgestellt wurde, verschlossen sich wieder mit dem Bewußtsein, daß ihre künstlerische Intuition und die allzulang entbehrte Selbstsicherheit sich nicht an der verständnisvollen Anteilnahme und der fairen Kritik der erhofften Leser wird aufrichten können. Und eine große Zahl hat vergeblich auf ein klares Signal aus der ehemaligen Heimat gewartet, daß ihre Rückkehr erwünscht, ja ersehnt ist, weil auf sie eine respektierte Aufgabe wartet. Und trugen, ja tragen nicht die lebenslänglichen Exulanten, die bewußten »Emigranten« der Nachkriegszeit und auch die, die sich wie Broch oder Heinrich Mann nicht zur endgültigen Abreise entschließen konnten, bis der Tod ihnen die Entscheidung abnahm, ihre Verbannung noch immer mit sich? Der Vorsatz und Versuch, sich nochmals in Europa, aber nie wieder in Deutschland anzusiedeln, ist doch gewiß auch ein Bekenntnis zum fortdauernden Exil.

Die Flucht und Vertreibung aus dem ›Dritten Reich‹ und seinen eroberten oder eingegliederten Gebieten war von solch stupendem Ausmaß, daß die Verbannten nicht nur in allen Ländern Europas, sondern bald in der ganzen Welt um Asyl bitten mußten. Und überall erwartete sie, von sehr wenigen Ausnahmen abgesehen, die gleiche Misere. Wer nicht international berühmt oder reich war und sein Geld ins Ausland hatte retten können, mußte sich auf die demütigende Suche nach Hilfsorganisationen machen oder durch Schwarzarbeit und in der Tarnung illegaler Anonymität eine klägliche Verbesserung seiner minimalen Honorare für literarische oder publizistische Veröffentlichungen erarbeiten. Fast keiner der geflohenen Schriftsteller war auf sein Exil vorbereitet, und kaum einer hatte realistische Vorstellungen von den Schwierigkeiten des Lebens im zumeist bestenfalls indifferenten Ausland. Dem berechtigten Stolz auf die bei der Flucht bewiesene Geistesgegenwart und physische Ausdauer folgte nur zu schnell die ernüchternde Erfahrung, daß das Elend bürokratischer Schikanen, der Armut, der Verdächtigungen und des Unverständnisses nun auf Jahre, wenn nicht auf unabsehbare Zeit hin ertragen werden mußte.

Zunächst gaben die meisten Exulanten sich zwar noch der illusionären Hoffnung hin, daß Hitler innerhalb kurzer Zeit an seinen schier unüberwindlichen wirtschaftlichen Problemen, an den Schwierigkeiten der Staatsverwaltung und an der politischen Enttäuschung des deutschen Volkes scheitern müßte. Sie hielten sich deshalb nahe den Grenzen auf, weil sie auf eine baldige Rückkehr bauten. Doch mit jedem weiteren Erfolg in der innenpolitischen Konsolidierung seiner Macht und mit jeder Ausdehnung seines Herrschaftsbereichs schrumpften die Fluchtwege und die Möglichkeiten, Unterschlupf zu finden, vergrößerte sich die Gefahr vor allem in den kleinen Grenzstaaten und schob sich das Ende des Exils ins Unabsehbare hinaus.

Wohl keiner unter den Emigranten, die »direkt aus dem ›braunen‹ Preußen, dem Land der Heilbrüller und Überzeugungstotschläger«, kamen, hat Paris so amüsant als ein modernes Phäakien erlebt, wie es beim vergnügungsreichen Kurzaufenthalt der Nürnberger Halbbrüder Georg Plunder und Jakob Weinmüller in Hermann Kestens Roman *Ein Mann von sechzig Jahren* (1972) geschieht:

»Wir saßen im Königssaal und schmausten. Ich verliebte mich in den Camembert, in den Chèvre, wir entdeckten den Käseladen an der Madeleine, mit hundert verschiedenen Käsesorten, wir betranken uns mit Sekt und Cognac und Weißwein und Rotwein, mit Chansons und Midinettes, die Laternen entzückten uns, die Grands Boulevards, die Metrogitter, von denen jetzt einige im New Yorker Museum of Modern Art sind, und die Boote auf der Seine und die Clochards, und Notre Dame und Les Halles« (96 f.).

Schablonenhaft banale Idyllik, wie sie der intime Kenner der Wirklichkeit im nachhinein beschreiben kann, sah nur der unbeteiligte Außenseiter und touristische Zaungast.

»Sie zeigten uns im Café des deux Magots die deutschen

exilierten Poeten, die dort auf den Sturz des Dritten Reichs zu warten schienen, da saß Bert Brecht, mit seinen dichtenden Mitarbeiterinnen, die in seinem Bett so parat waren wie an seinem Schreibtisch, und mit Dudow und Walter Benjamin, drüben saßen Joseph Roth und Alfred Döblin mit Ernst Weiß und Hermann Kesten und sprachen mit André Chamson über eine Zeitschrift, die einige Franzosen und exilierte Deutsche zusammen in der N. R. F. edieren wollten, es kam nie dazu« (97).

Die Wirklichkeit des Exils, gleich in welchem Land, war zuerst die Angst vor der Polizei und der Möglichkeit, daß der Paß nicht verlängert, daß man ausgewiesen, abgeschoben oder gar zurückgeschickt wurde, dann die Furcht vor Spitzeln und Agenten, auch vor allzu linientreuen, unabhängigen oder unachtsamen Überzeugungsgenossen. Zu ihr gehörte das in die Verzweiflung treibende Gefühl, von niemandem gehört und oft nicht einmal von den besten Freunden verstanden zu werden, die Enttäuschung, von ehemaligen Bekannten denunziert und verraten worden zu sein, ebenso wie die Zuversicht, daß im letzten Augenblick doch noch eine helfende Hand eingreifen wird. Den vielen Taten persönlicher Hilfsbereitschaft auch unter gefährlichsten Bedingungen stand eine Mauer offizieller Gleichgültigkeit und Feindseligkeit gegenüber. Die wurde zwar in einzelnen Fällen und meist nur auf kurze Zeit durchbrochen, so in der größeren Toleranz der französischen Behörden gegenüber politischem Aktivismus während der wenigen Monate des Volksfrontexperiments unter Léon Blum, so in der demonstrativen Hilfsbereitschaft der tschechoslowakischen Regierung, bevor sie von den Nazis im eigenen Lande unter mörderischen Druck gesetzt wurde, so in der großzügigen Aufnahmepolitik des mexikanischen Präsidenten Cardenas, so in zahlreichen Beispielen lokaler Verantwortungsbereitschaft durch Umgehung bürokratischer Direktiven aus der Landeshauptstadt. Aber die überwältigende Erfahrung war die Erkenntnis, daß man unerwünscht war, ja weiterhin überwacht und verfolgt wurde.

Natürlich ist auch hier zu differenzieren. Nicht jeder nagte am Hungertuch: Brecht konnte seine Augsburger Haushälterin mit unter das »dänische Strohdach« nehmen, Werfels stiegen in Paris zuerst einmal im Hotel Royal Madeleine ab, Thomas Mann hatte immer ein hinreichendes Einkommen, Feuchtwanger den Luxus seiner Villa, Stefan Zweig ein beträchtliches Vermögen. Aber dies sind die wenigen Ausnahmen. Das hochmütige Gerede von den »französischen Badeorten« (Gottfried Benn in seinem Angriff auf die »Amateure der Zivilisation und Troubadoure des westlichen Fortschritts«, den er als *Antwort an die literarischen Emigranten* über den Rundfunk verbreitete und am 25. Mai 1933 in der *Deutschen Allgemeinen Zeitung* drucken ließ) und der hämische Spott über eine angeblich »weichgepolsterte Existenz in Florida« (Frank Thiess in seinem *Abschied von Thomas Mann* aus dem Jahre 1946) waren böswillige Verleumdungen nicht weniger, als die Loblieder auf sowjetische Großzügigkeit Wunschvorstellungen radikaler Kongreßtouristen in Moskau waren. Frankreich hat die Flüchtlinge bei Kriegsausbruch in zumeist primitivsten Lagern interniert, ohne Ansehen der Person oder der politischen Vergangenheit, wenn sie nicht gerade nationalsozialistisch war, Männer und Frauen getrennt, oft mit der Beschuldigung, für das gegenwärtige Unglück verantwortlich zu sein. Nach dem Waffenstillstand wurden zahlreiche Insassen an die Gestapo ausgeliefert. Der Paragraph 19 des Vertrags schrieb es vor. Die Sowjetunion hat einige hundert Geflohene an die Vertreter des ›Dritten Reiches‹ nach der Unterzeichnung des Nichtangriffspaktes übergeben und schon vorher viele Mißliebige verschwinden lassen oder in die Arbeitslager verschickt. Die USA bemühten sich erst im Augenblick der höchsten Gefahr um die verlorenen Gegner Hitlers, um die Prominenten zunächst vor allen anderen. Dann überließ man sie weitgehend ihrem Schicksal, mit dem besonders die älteren unter den Flüchtlingen nur selten noch fertig werden konnten. Auch unter der Fackel der Freiheitsstatue leistete hauptsächlich private Initiative und nicht selten die entbehrungsreiche Hilfe der gerade selbst Geretteten den Hauptteil der Arbeit. – »Immer hatte ich das Gefühl, schreiben sei nicht genug. Ich mußte handeln. Ward ich darum beinahe ein professioneller, wenngleich anonymer Lebensretter?« fragt sich gegen Ende von Kestens schon zitiertem Roman der Autor Karl Theodor Hahn.

Auf jeden Fall geschah dies ohne das Mitwirken von schon fest ansässigen Einwanderern aus früheren Zeiten und oftmals gegen deren eigene Neigungen. Im klassischen Immigrationsland und gefährlicher noch in den südamerikanischen Staaten stießen die Neuankömmlinge, Juden, politisch Verfolgte und Unpolitische, auch noch als die Greuel von Krieg und Konzentrationslager schon längst bekannt waren, auf den Widerstand, die Ablehnung und nicht selten auf die Denunziationen ihrer ehemaligen Landsleute, deren gelegentlich fanatische Nazifreundlichkeit nicht nur durch die größere Effektivität der Propagandaarbeit staatlich geduldeter und unterstützter NSDAP-Organe zu erklären ist. Hartnäckige Ressentiments gegen Leute, die dem doch wieder zu Macht, Ansehen, Stolz emporgewachsenen Muttervolk übelwollten, von ihm ausgestoßen wurden, es nun im Gefühl der eigenen Niederlage verlästerten, spielten mit und die psychologische Notwendigkeit, sich vor den armseligen Verbannten, den lebenslänglich Gescheiterten, in die Brust zu werfen. Für Nordamerika kommt hinzu, daß die meisten Exulanten vor allem der älteren Generation, deren entscheidende Bildungserlebnisse noch aus der Zeit des Kaiserreiches stammten, die Neue Welt mit antiquierten Vorstellungen oder mit einer nur schwer zu unterdrückenden Geringschätzung für Lebensweise und kulturelle Tradition der Amerikaner betraten. Sie reagierten mit schockierter Ernüchterung auf die Erfahrung, daß man im Hollywood der Kriegsjahre, als die Unterhaltungsindustrie fast nur zur Ablenkung von den täglichen Unglücksnachrichten und zur Propaganda für die Kriegsziele arbeitete, keinen Sinn für die künstlerische Integrität von Schriftstellern hatte, die beim Film bestenfalls als Amateure gelten mußten. Und sie versuchten zumeist, in einem Land, das von seinen Bürgern neben der Wahrung von Privatinteressen im Gruppenverband die Anpassung und Integrierung verlangte, im Stil der Alten Welt weiterzuleben. So ist kaum einer der Exilierten mit Amerika fertig geworden, kaum einer hat wichtige Aspekte seiner Landschaft, Menschen, Institutionen und Städte literarisch zu gestalten vermocht. Gerade auch die notwendige Behauptung der eigenen Individualität, so lange unter großer Gefahr aufrechterhalten, sollte nun preisgegeben werden? Dazu hat die Absicht, das Gedenken an die Eigenart ihrer mißbrauchten und zerstörten Heimat zu erhalten, viele von ihnen in die Isolation und in die intellektuelle Stagnation der Exilkolonien gezogen, wenn sie sich nicht in der Prätention eines inhaltslosen Weltbürgertums verlor.

Das antifaschistische Exil war sich zu keiner Zeit politisch einig und deshalb auch unfähig, realistische und praktische Pläne zu formulieren und Vorstellungen zu entwickeln, die als das Programm einer repräsentativen oder wirkungsvollen Gruppe von Exilierten auch bei einflußreichen Kreisen oder Einzelpersönlichkeiten im öffentlichen Leben eines Asyllandes Gehör gefunden hätten. Der Einfluß der Exilpolitik auf irgendwelche Entscheidungen der westeuropäischen Regierungen, später auf die Programme der Alliierten, war gleich Null. Dafür ist wohl zu Beginn des Exils die Tatsache verantwortlich zu machen, daß neben vielem anderen auch die Tradition der maßlosen Zersplitterung, der in entscheidenden Augenblicken selbstmörderischen Anfeindungen auch der politischen Massenorganisationen, der ratlos doktrinären Mißachtung sich ändernder Tatsachen auf der einen, der furchtsamen Handhabung tatsächlich gegebener Machtmittel auf der anderen Seite und allgemein der autistischen Selbstgerechtigkeit besonders unter den Theoretikern aus der Weimarer Republik in die Vertreibung mitgeschleppt wurde. Unter den Prominenten des Exils dehnte sich das Spektrum der Erwartungen nach dem Sieg über Hitler, der sich jedoch immer mehr verzögerte, von der Restaurierung der Monarchie (Joseph Roth) über einen Ständestaat auf der Grundlage des poetischen Ethos von Stefan George (Hubertus Prinz zu Löwenstein) und einen sozialistischen Pluralismus (Ernst Toller) bis zu der Räterepublik nach sowjetischem Muster (die offizielle Linie der Kommunisten nach der Machtübernahme) oder der totalitären Demokratie (Hermann Broch nach Kriegsende). Einheit ließ sich in diese zumeist wirklichkeitsfremden Ziele nicht bringen, auch nicht durch die Bemühungen Heinrich Manns um eine Einheitsfront, der zu viele bittere Erfahrungen, Enttäuschungen und daher fehlendes Vertrauen im Wege standen. Zum Schluß ist folglich für jeden alles ganz anders gekommen.

Dabei soll jedoch nicht übersehen werden, daß der Zwang zur politischen Entscheidung maßgebliche Leistungen gerade aus persönlichem Bekenntnis und individueller Initiative hervorgebracht hat. Obwohl die Literaten, wenn sie sich nicht vorbehaltlos auch der Zensur und dem Diktat einer Parteidisziplin unterwarfen oder sich resigniert aus der Öffentlichkeit zurückzogen, von Anfang an hoffnungslos zerstritten waren und sich in kleinen Gruppen befehdeten, gab es doch gemeinsame Ziele, denen sich viele nicht verschlossen: die Aufklärung über die Zustände im Reich, die allerdings meist auf unfruchtbaren Boden fielen, weil man sie im Ausland einfach nicht hören wollte und oft als Greuelpropaganda zu kurz Gekommener abtat, die Kontakte zum illegalen Widerstand, der unter permanenter Lebensgefahr arbeitete, der Versuch, Hitler wenigstens eine große Niederlage beizubringen. Dafür erwies sich der Prozeß gegen die vermeintlichen Brandstifter vom 27. Februar 1933 sowie der internationale Gegenprozeß als die erfolgreichste Gelegenheit. Die Stimmung und Strategie beim Saar-Referendum dagegen gaben die denkbar ungünstigsten Voraussetzungen ab, da die Kommunisten hier eine völlig unrealistische Politik – ein »sowjetisches Saarland« – verfolgten und schon das Latein im Schlagwort vom Status quo der Liberalen den meisten Wählern nichts bedeutete.

Dennoch wurden die Möglichkeit sozialistischer Solidarität und die Errungenschaften der Russischen Revolution für viele Schriftsteller und Intellektuelle, auch für bürgerlich Liberale und selbst für solche mit nationalkonservativer Vergangenheit, zum Maßstab ihrer eigenen politischen Ideale. Und Moskau zur Zeit des international diskutierten Ersten Allunionskongresses der Sowjetschriftsteller im Sommer 1934 hatte nicht nur den deutschen Exulanten viel Attraktives zu bieten: die katastrophalen Versorgungsschwierigkeiten der Nachkriegsjahre waren überwunden, das politische Leben und die Wirtschaft schienen vor ständig sich fortsetzenden Erfolgen zu stehen, die pragmatische Freizügigkeit und den Geist kosmopolitischer Gemeinschaftsarbeit mit sich bringen würden; der trostlose Kult der Proletarierverherrlichung in der gesamten Kunstpraxis war zu Ende gegangen und noch nicht durch die Doktrin des sozialistischen Realismus ersetzt worden. Stalins Terror stand erst noch bevor. Die Hoffnungen vieler Antifaschisten konzentrierten sich mit Recht und großem Idealismus auf die Sowjetunion auch als der einzigen Macht, die Hitler Einhalt gebieten könnte und würde.

Hinzu kommt, daß solche Erwartungen, die sich außerdem noch auf den Erfolg der Einheitsbewegung unter Léon Blum, einem Theaterkritiker vor seiner politischen Laufbahn und hochgebildeten Literaten, stützen konnten, sich auf einige Wochen wenigstens auch im überwältigenden Wahlsieg der sozialistischen Koalition Spaniens bestärkt sahen. Von diesen Voraussetzungen her ist es kaum verwunderlich, daß der von Anfang an praktisch aussichtslose Kampf der spanischen Republik – oder scheint es nur so aus der Retrospektive? – gegen ihre militaristischen Usurpatoren zur letzten großen Prüfung des demokratischen Versprechens gegenüber dem schier unaufhaltsamen Siegeslauf der faschistischen Reaktion wurde. In der geistigen Frontstellung wurde dieser Kampf mit der intensiven Leidenschaft prinzipieller Selbstbehauptung und zum Schluß mit dem Gefühl apokalyptischer Entschiedenheit ausgefochten. Das Schlachtfeld beherrschten organisatorische Improvisation, der Heldenmut nüchtern-idealistischer Selbstverleugnung und unglaubliche Brutalität. Doch nie wieder hat eine entschlossene Minderheit angesichts vollständiger Selbstpreisgabe auf seiten der westlichen Politiker und mit mehr Propaganda- als Materialhilfe durch die Sowjetunion die Demokratie so gegen ihre Feinde verteidigt. Nach der Niederlage konnte sich ihre emotionale und auch künstlerische Energie nie wieder zu solcher Stärke konzentrieren. Das Nachspiel waren neben konsequenter Integrität und neben der radikalen Enttäuschung bei vielen unter den direkt Betroffenen, die dann ihren kommunistischen Überzeugungen abschworen, die ideologische Verleumdung durch Außenstehende aus verschiedenen Lagern und der doktrinäre Dogmatismus der Polit- und Kulturfunktionäre. Deshalb hat das Erlebnis Spanien mehr noch als die Kapitulation der Appeasement-Politiker und der Zynismus des deutsch-sowjetischen Nichtangriffspaktes die Hoffnungen auf Erfolg im Kampf gegen den Faschismus zerstört. Danach war es den politischen Autoren des Exils nur noch möglich, eingedenk ihrer eigenen Einsichten und Opfer in der Auseinandersetzung mit der Macht Hitlers für historische Gerechtigkeit auch von seiten der Vansittardisten[1] zu plädieren.

Die Besinnung auf die deutsche Tradition, auf das deutsche Wesen, seine Repräsentation in Geschichte, Kultur und nationalem Bewußtsein wurde somit neben der Analyse von Tyrannis und Führertum immer mehr zum zentralen Anliegen der Verbannten. Bis in die ersten Anfänge der reichsstaatlichen Gemeinschaft verfolgte zum Beispiel der Kulturphilosoph Erich von Kahler die Eigenart des deutschen Charakters, weil er nur so erklären zu können glaubte, wie dessen geschichtliche Entwicklung zu jener Sonderstellung

1. Zu diesem Begriff vgl. Anhang S. 454.

innerhalb der europäischen Welt geführt hat, die für außergewöhnliche kulturelle Leistungen und zugleich für periodisch wiederkehrende politische Katastrophen verantwortlich ist. Allenthalben wurden so die letzten tausend Jahre durchgekämmt, auf der Suche nach einer revolutionär-sozialistischen Tradition einerseits, die sich seit Hus und Münzer gegen die Vorrangstellung autoritär geschützter Privilegien radikal zur Wehr gesetzt hatte, und mit dem Gespür für eine geistesgeschichtliche Kontinuität jener Problematik andererseits, die auf einen dämonischen Dualismus von Innerlichkeit und Macht, von genialem Künstlertum und tumber Eigenbrötelei in mittelalterlich-romantischer Kleinstadtenge hinauslief. Im Zeichen des Bundschuh und mit Zitaten von Luther und immer wieder unter Berufung auf Heine oder Hölderlin, auf Büchner und Goethe suchte man sich des »anderen« Deutschlands, des geheimen, reinen, besseren und ewigen zu vergewissern, nicht selten gegen die Angriffe derer, die wie ein gewisser Paul Winkler, stellvertretend für viele andere, von einer tausendjährigen Verschwörung der Deutschen gegen die ganze zivilisierte Welt sprachen (in seinem Buch *The Thousand Year Conspiracy; Secret Germany behind the Mask.* New York 1943).

Im Hinblick auf Ausmaß und Vielfalt des deutschsprachigen Exils ist es wohl nicht verwunderlich, daß es auch in diesen Fragen fast so viele Meinungen wie Köpfe und Schicksale gab und daß man sich gegenseitig in zumeist kleinen Gruppen von Gleichgesinnten, wenn nicht gerade öffentlich, so doch nicht minder entschieden und teils mit selbstgerechtem Sarkasmus, teils mit der Miene besserwissender Resignation der verschiedensten Vergehen und Versäumnisse beschuldigte: der falschverstandenen oder fehlenden Vaterlandsliebe, der lächerlichen Ehrfurcht vor einer bankrotten Bildungstradition oder der opportunistischen Anpassung an alles Ausländische, der mangelnden Zivilcourage oder der versteckten Sympathien mit den starken Männern und der peinlichen Taktlosigkeit in Situationen, wo sich politischer Instinkt auf Entsagung vom Emotionalen hätte verlassen müssen. Neben der Reaktion auf Emil Ludwigs Rede vom Anfang August 1944, in der er die deutsche Kollektivschuld am Kriege proklamierte, ist vor allem die Kontroverse zwischen Bert Brecht und Thomas Mann von Ende 1943 beispielhaft, in der es um die Möglichkeiten einer gegen die Tendenzen der zukünftigen Siegermächte gerichteten Exilpolitik ging. Stellvertretend kann sie manche Aspekte dieser emotional geballten Gegensätze zeigen, die mit schwach unterdrückter Aggressivität ob der eigenen Machtlosigkeit, mit Leidenschaft und aus unvereinbaren Prämissen, wenn nicht in falscher oder falsch verstandener Einschätzung der Beweggründe des Kontrahenten ausgefochten wurden. Diese Entschiedenheit verwundert um so weniger, als mit der Wende des Krieges zugunsten der Feinde und der Verfolgten des Dritten Reiches auch immer stärker das Problem der Kriegsschuld und die Frage des geleisteten, unterbliebenen oder nicht bekannten und anerkannten Widerstandes gegen Hitler nach einer klärenden Diskussion verlangten. Damit kam aber schon im Exil der ganze Komplex von Beschuldigungen unterschwelliger, jeweils abgestrittener und dann wieder neu formulierter Komplizenschaft mit dem Geist und der Tradition von Nationalsozialismus, politischem Totalitarismus und Kulturbolschewismus zur Sprache, der wenig später in den Auseinandersetzungen über die ›innere Emigration‹, in der öffentlichen Reaktion auf die Rückkehr der Exulanten und dann in der rigorosen Frontentrennung des kalten Krieges ihre Fortsetzung fanden.

Vom Schriftsteller sollte man vielleicht auch im Extremfall der Vertreibung nicht mehr politische Erfahrung, Einsicht und Energie erwarten, als man bei jedem anderen Staatsbürger voraussetzen möchte. Dennoch zwingt die Erfahrung des Exils und die Reflexion über ihre Ursachen und Hintergründe gerade den Künstler zur politischen Auseinandersetzung mit den Erfahrungen seiner Zeit und zur gestaltenden Aussage im Werk. Ein Dirigent etwa mag sich in dieser

Lage wohl mit passionierter Eindringlichkeit und immer von neuem zu einem politischen Bekenntnis gedrängt fühlen und wird daneben doch – ohne notwendigerweise direkte Konsequenzen für seine Berufsarbeit – seiner primären Arbeit und Kunstübung auch im Ausland nachgehen können. Dem Schriftsteller vor allen ist jedoch solch eine Trennung seiner Tätigkeit oder solch eine Spaltung in eine öffentlich-politische und eine künstlerische Persönlichkeit unmöglich. Denn seine Bindung an die heimatliche Sprache, an ihren semantischen Wert und ihre literarische Tradition, als das Material seiner Kunst läßt keinen neutralen und nur sehr selten den allgemeinen oder unbestimmten Ausdruck des Zeiterlebnisses zu. Die Wörter, die er benutzt, sind zwar sehr oft nicht eindeutig, aber doch schon immer vorgeprägt. Er ist damit also auf ein konkret vorgeformtes, an der Erfahrung sich orientierendes und nur sehr schwer übertragbares Medium gebunden. Mehr noch als der bildende Künstler braucht er den kontinuierlich direkten Kontakt mit der außerkünstlerischen Realität, auch noch in der Gestaltung erinnerter oder vorgestellter Erfahrungen, und bleibt er an die Beschränkungen seiner Muttersprache gebunden. Dem Ausnahmefall ursprünglicher oder erst im Exil erworbener Zwei- oder Mehrsprachigkeit (René Schickele und Yvan Goll neben Stefan Heym, Peter de Mendelssohn, Robert Neumann oder Ernst Erich Noth) läßt sich nicht nur das Bestehen auf dem seit frühester Kindheit erlernten Idiom auch bei Schriftstellern entgegenhalten, die gerade erst zu Beginn eines langen Exils ihren eigenen Stil zu entwickeln begannen (Ulrich Becher, Erich Fried, Stephan Hermlin), sondern auch, wie etwa bei Peter Weiss, der gescheiterte Versuch, in der Sprache des Zufluchtslandes zu schreiben. Besonders schwerwiegende Folgen mußte die Trennung vom lebendigen Kontakt mit der Muttersprache natürlich für solche Dichter haben, deren Werk sich wie etwa die Stücke von Horváth oder Zuckmayer aus der literarischen Auswertung der Umgangssprache oder eines Dialekts aufbaut. Doch auch zum Beispiel die Autoren von Zeitromanen über die Verhältnisse in Deutschland und Österreich, deren Bücher ja besonders in den Anfangsjahren des Exils auch eine informatorische Aufgabe erfüllen oder auf Agitation bedachte Wirkung haben wollten, sahen sich durch den Verlust ihres Sprachraums in einer schier ausweglosen Notlage. Denn es galt doch gerade für sie, den dialogischen Tonfall genau zu treffen, also auch den unbewußten Gebrauch neuer Schlagworte und Redewendungen präzise zu registrieren und die Art und Weise zu gestalten, wie man sich privat in den verschiedenen Gegenden des großdeutschen Reiches über die im weitesten Sinne politischen Ereignisse unterhält oder wie das Vokabular der administrativen Öffentlichkeit in die Alltagssprache eindringt. Nicht selten war die Folge solchen Verlusts der direkt wirklichkeitsbezogenen Sprache die Flucht in Esoterik oder die versuchte Rettung in eine durch die literarische Tradition sanktionierte und vorgeprägte Ordnung. Die Pflege des Sonetts vor allem und die Genugtuung, ein bewußt schön geschriebenes Stück Prosa, so etwa das siebente Kapitel in Thomas Manns Goethe-Roman *Lotte in Weimar*, vorzeigen zu können, auch wenn es nur relativ wenige Leser erreichen wird, aber auch manieristische Freizügigkeit in der Handhabung dichterischer Bauelemente lassen sich, je länger die Zeit des Exils andauert, desto häufiger feststellen. Nicht zu verleugnen ist die Tatsache, daß der vom Thema des Buches und damit auch aus der Isolation des Autors bedingte Monologismus in Hermann Brochs lyrischem Roman *Der Tod des Vergil* sich wiederholt ins bedeutungslos Leere oder in fast mechanisch sich einstellende Formeln verläuft. Die Gründe dafür sind keinesfalls in mangelnder Konzentration auf die dichterische Arbeit zu finden, auch nicht allein bei der fiktionalen Grundsituation des Werkes. Sie sind, wenn auch sicher nicht ausschließlich, Teil der Sprachproblematik eines Exilromans. Dazu gehört ebenso die Tendenz zum teils resignierenden (Horváth), teils sarkastischen (Brecht), teils monumentalen (die *Henri Quatre*-Romane) Lakonismus und der Ausweg der satirisch-grotesken Überzeichnung. In

Brochs letztem Roman *Die Schuldlosen* oder in Heinrich Manns Alterswerken aus der amerikanischen Exilzeit sind sie nicht nur Zeugnisse einer ideologie- oder gesellschaftskritischen Eindeutigkeit. Sie verraten ebenso die Schwierigkeit realitätsbezogener Präzision und Subtilität unter den jeweiligen persönlichen Voraussetzungen, unter denen diese Autoren schrieben. Und sie deuten an, daß in der Entfremdung des Exils sonst wohl gewissenhafter unterdrückte oder korrigierte Eigentümlichkeiten eines rein privaten Stils ins Kraut zu schießen drohen.

Neben den Möglichkeiten legendenhafter Verklärung, die sich auf den Wert ihrer ausschließlich poetischen Wahrheit verläßt wie bei Joseph Roth, und der utopistischen Phantasie im zeitkritischen Zukunftsroman (Franz Werfel) boten sich den Exilierten wie keine andere literarische Form als Ausdrucksmittel für ihre Erfahrungen und Probleme der historische Roman und sein Gegenstück auf der Bühne, das historische Schauspiel, an. Viele von ihnen, und zwar nicht nur die Schriftsteller, die sich wie Feuchtwanger oder Alfred Neumann schon vor ihrer Ausbürgerung in dieses bildungsbewußte Genre eingeübt hatten, haben von diesen Möglichkeiten wiederholt Gebrauch gemacht. Das führte nach anfänglich mild vorgebrachten Bedenken und einer prinzipiellen Rechtfertigung dieses Romantyps durch Feuchtwanger (in seinem Referat »Vom Sinn und Unsinn des historischen Romans« auf dem Pariser Kongreß zur Verteidigung der Kultur 1935, gedruckt im *Neuen Tage-Buch*, III/27, 1935, S. 640–643, und im 9. Heft der *Internationalen Literatur*, 1935) zu einer hitzigen Attacke, die dann eine vielseitige Diskussion auslöste oder belebte. Sie wurde ihrerseits nach der prinzipiell in der Moskauer Zeitschrift *Das Wort* geführten Expressionismus-(Realismus-) Debatte zu einer der wichtigen literaturtheoretischen Auseinandersetzungen des antifaschistischen Exils.

Für Kurt Hiller in seinem 1938 in Paris erschienenen Buch *Profile. Prosa aus einem Jahrzehnt* war mit wenigen Ausnahmen »die Bücherproduktion der emigrierten Deutschen

als Totalität – ein zum Himmel brüllender Skandal!« Und er fuhr fort:
»Über Machiavelli, über Ignatius von Loyola, über Moses Mendelssohn heute Bücher, über Cervantes, Offenbach, Marées ... wenn es denn durchaus sein muß und ihr die innere Ruhe dazu habt, bitte schön; die Fragestellungen der Philosophie, die Probleme der Kunst bleiben ja gültig, scheinen ja ewig. Aber wenn das Belletristengezücht mit Büchern über Katharina von Rußland, Christine von Schweden, Josephine von Frankreich, über Ferdinand den Ersten, Philipp den Zweiten, Napoleon den Dritten, den falschen Nero und den echten Peter, mit dieser ganzen (du mein Hatvany!) Wissenschaft des Nichtwissenswerten dem Publikum Kleister ins Hirn schmiert und uns Verantwortungsschriftstellern, uns Denkmännern, uns Vorbereitern des Morgen die Luft nimmt, so treffe dies Pack von Gestrigen der saftigste Fluch! Fruchtet er nichts, dann macht nur weiter! Es gibt immer noch einige Isabellas, über die kein Roman vorliegt; und auch Ramses der Vierte, Pippin der Mittlere, Winrich von Kniprode, Sultan Suleiman, Melanie die Ausgefallene von Paphlagonien fanden bisher, soweit ich sehe, ihren Monographen nicht. Hitler wird übermorgen Kaiser von Europa sein, weil ihr heute geldgierig und feige vor der Forderung des Tages flieht« (236 f.).

Auf den Vorwurf der Irrelevanz, des Versagens vor den Erfordernissen des Tages, reagieren von jetzt ab praktisch alle Rezensionen. Von ihm hatte auch Döblins Untersuchung über die spezifisch durch die Exilsituation bedingte Hinwendung zum geschichtlichen Stoff ihren Ausgang genommen und den Rückgriff in die Vergangenheit nicht als Flucht aus der Gegenwart, sondern als Klärung der eigenen Lage und als versuchte Darstellung gesellschaftlicher Handlungsmöglichkeiten verteidigt. Georg Lukács widmete ihm mehrere prinzipielle Aufsätze und Rezensionen und das im Winter 1936/37 geschriebene Buch *Der historische Roman*, das 1937 zuerst in Moskau in russischer Übersetzung erschien. Es konnte noch auf einige der frühen Exilromane eingehen, vor allem auf das erste Buch des *Henri Quatre*-Romans von Heinrich Mann, der auch für Feuchtwangers Fragment gebliebene Analyse *Das Haus der Desdemona oder Größe und Grenzen der historischen Dichtung* den Höhepunkt und Abschluß bilden sollte.

Spätestens seit dem Sieg der Militärdiktatur in Spanien hatte sich allerdings die Vorliebe für den historischen Roman weitgehend erschöpft, so daß sich schon 1937 eine gelegentlich hektische Rückkehr zur Behandlung zeitgenössischer Ereignisse feststellen läßt. Ein wichtiger Grund dafür ist gewiß die immer bedrängender werdende Befürchtung, daß nun in den anderen Ländern Europas der Friede nicht lange mehr wird erhalten bleiben. Daneben muß jedoch ebenfalls betont werden, daß die Exilierten je länger desto deprimierender unter der Erfahrung nicht nur ihrer politischen Ohnmacht, sondern gerade auch ihrer nahezu totalen literarischen Wirkungslosigkeit in den Gastländern litten. Hinzu kommt die wiederholt mit sarkastischem Zorn oder fassungslosem Unglauben registrierte Tatsache, daß fast kaum ein ausländischer Kritiker selbst den relativ wenigen Büchern oder Theaterstücken von Rang, die übersetzt wurden und ein neues Publikum hätten finden können, gerecht wurde. Nur zu häufig sind nicht nur die flüchtigen Kurzrezensionen von der Unfähigkeit des Schreibers gekennzeichnet, Maßstäbe und Argumente zu entwickeln, die den persönlichen Triebkräften und künstlerischen Konsequenzen dieses Exils gerecht würden. Schriftsteller, denen neben dem freien Wettbewerb der Gedanken und dem Test durch die Öffentlichkeit auch die unabdingbare Kritik ihrer rezensierenden Kollegen fehlte, konnten also vielfach nicht einmal mit der sachlichen oder hinreichend informierten Anteilnahme oder gar der verständnisvollen Förderung seitens ausländischer Publizisten rechnen. Nicht nur in den USA machten sich die literarisch Zuständigen erst sehr spät und selbst dann nur durch recht hilflos wohlwollende Sympathieerklärungen mit ihrem eigenen Unverständnis zu schaffen. Daher ist es nur zu verständlich, wenn manche

Dichter einen prekären Ausweg aus ihrer Misere in der Konzentration ganz auf sich selbst, in den verschiedenen Formen introspektiver Eigendarstellung suchten. Erstaunlich mag dagegen die Tatsache sein, daß sich viele von ihnen mit hartnäckiger Entschlossenheit dem verlockenden Rückzug ins rein Private widersetzten.

Damit soll nicht zugleich auch behauptet werden, daß die literarischen Gestaltungen besonders der Zustände in Deutschland von Wunschvorstellungen und illusorischen Erwartungen völlig frei waren. Aus der Entfernung eines fremden Kontinents und in der gleichzeitigen Verbundenheit mit den geschmähten Landsleuten daheim war es außergewöhnlich schwer, die Stimmung, die Konflikte und Verhaltensweisen von Menschen zu beschreiben, denen eine totalitäre Staatsmacht nicht nur brutale Unterdrückung, Perversion der Gesetze und das Risiko außenpolitischer Balanceakte, sondern nach dem wirtschaftlichen Aufschwung und den Erfolgen gegenüber den diplomatischen Gegnern jetzt auch auf dem Schlachtfeld eine Folge berauschender Siege über die alten Feinde errungen hatte. Döblin konnte zwar zu Recht betonen, daß ein Autor sich für die Zwecke seines Romans historischer Stoffe genauso bedienen dürfe wie »gewisser Zeitungsnotizen oder gewisser Vorgänge aus seiner eigenen Erfahrung«. Von daher haben die Exilromane von Anna Seghers, am überzeugendsten wohl *Das siebte Kreuz*, einen großen Teil ihrer Legitimation und ihres Wahrheitsgehaltes bezogen. Auf die Dauer jedoch erwiesen sich diese Quellen als zu unergiebig oder trügerisch. Denn als Gegenstück kann etwa Arnold Zweigs Roman *Das Beil von Wandsbek* angeführt werden, der von 1940 bis 1943 geschrieben wurde. Er basiert hauptsächlich auf einer als Notiz in der *Deutschen Volkszeitung* vom 10. April 1937 verbürgten Information, daß sich nämlich ein von der SS zur Hinrichtung von vier Kommunisten gedungener Metzgermeister das Leben genommen hatte, als seine Tat ihm nicht den erwarteten geschäftlichen Aufschwung, sondern den völligen Ruin einbrachte. Daß dieses Stück Zeitungsnachricht faktisch zwar richtig ist, als Idee für den Roman und in seiner Ausarbeitung aber unwahr wird, legt die erfahrungsgemäß gegenteilige Reaktion der Kunden solcher Schlächter und mehr noch die Tatsache nahe, daß weder die SS im Herbst 1938 noch die staatlichen Justizbehörden in der Verlegenheit waren, einen bereitwilligen Henker in den eigenen Reihen zu finden.

Im Prinzip ähnliche Einwände müssen auch zum Beispiel gegen Alfred Neumanns Roman *Es waren ihrer sechs*, gegen Zuckmayers *Des Teufels General*, gegen die Schlußszene vor allem von Werfels *Jacobowsky und der Oberst* gemacht werden, und sie wurden mitunter schon bei der ersten Veröffentlichung dieser Bücher gemacht, wenngleich nicht mit derselben höchstrichterlichen Autorität, die zum Verbot von Klaus Manns *Mephisto*-Roman führte. Und dennoch verlangt gerade die besondere Problematik des Exils, daß sich den kritischen Vorbehalten nun wieder zwei andere Überlegungen hinzugesellen: Haben nicht die unabhängigen Tageszeitungen in den Asylländern über vieles ganz genau informiert, was man nicht zur Kenntnis nehmen wollte? Die *New York Times* etwa schon 1942 über die Massentransporte in die Vernichtungslager, so daß Unkenntnis keine Entschuldigung sein kann und nicht die Zeitungen der Vorwurf trifft. Und ist nicht gerade die Selbstüberredung, die jede Zeile Dichtung dem Zweifel, wo nicht der Hoffnungslosigkeit abringen muß, ein Kennzeichen der Literatur, die sich den normalen Kriterien der Kritik immer wieder entziehen will, eben weil diese beim Zeitpunkt ihrer Entstehung nicht gegeben waren?

Zur ästhetischen Problematik und zur politisch-moralischen Zwangslage dieser Schriftstellergeneration kommt die persönliche Tragödie. Auch sie trat in vielerlei Form auf: die hochentwickelte Sensibilität Oskar Maria Grafs in sozialen und künstlerischen Fragen mußte sich hinter seiner absichtlich übertriebenen grobschlächtigen Lederhosenvolkstümlichkeit verbergen, um überhaupt Gehör zu finden und weil sie neben dem intellektuellen Cliquenwesen bestehen wollte,

Elias Canetti schwor der Literatur während der Kriegsjahre
ganz ab, Hermann Broch gab sie zugunsten stets Fragment
bleibender Untersuchungen zur Massenpsychologie und Ge-
sellschaftstheorie, zur Sprachphilosophie und Epistemologie
auf und unterdrückte damit seine wirkliche Begabung, das
Romaneschreiben; viele Schriftsteller mit einer etwas einseitig gepflegten Spezialität wie Mynona oder mit einem
Sondertalent wie Alfred Polgar oder Franz Blei und solche,
die aus einem zerstörten und nicht übertragbaren kulturellen Milieu kamen und ohne es nicht leben konnten wie
Soma Morgenstern, Roda Roda oder Bruno Frank fanden
nie wieder den Zugang zu einem neuen Publikum und ver-
stummten als Dichter; andere wie Heinrich Mann und Döblin in Amerika scheiterten an ihrer künstlerischen Eigenart,
an ihrer spezifisch deutschen Problematik und gewiß auch
an ihrer stolzen Verantwortlichkeit.
Viele haben die Diktatur nicht überlebt. Sie sahen keinen
Ausweg mehr aus den physischen und seelischen Strapazen
und haben in äußerster Not und Panik ihrem Leben ein
Ende gesetzt wie Ernst Weiss, Walter Benjamin und Walter
Hasenclever, oder sie konnten wie Stefan Zweig die geistige
Heimatlosigkeit und den Gedanken an eine trostlose Zukunft nicht länger ertragen. Über den Tod von Joseph Roth
und Ernst Toller kann man zu Beginn von Ulrich Bechers
Roman *Das Profil* (1973) etwas gerade wegen seiner unsen-
timentalen Direktheit genau Zutreffendes lesen. Der Maler
Altdorfer erzählt dort in seinem Haus auf Long Island aus
seiner Vergangenheit, für die sich der Journalist Howndren
interessiert, weil er das Profil, eine Art *Spiegel*-Bericht, des
bekannten Exilkünstlers für ein dem *New Yorker* sehr
ähnliches Magazin zu schreiben hat. Im zweiten der Séan-
cen genannten Interviews wird ihm über Toller die Frage
gestellt:
»›Konnten Sie voraussehen, daß er sich am Fensterkreuz
eines Manhattan-Hotels aufhängen würde?‹
›Voraussehn, das wäre vielleicht zuviel gesagt. Aber nachdem ich selber meine ersten Wochen in Manhattan erlebt

hatte, konnte ich's mir vor–stel–len. Sie könnten einwenden,
das ist kein Kunststück: aber ich konnte es sozusagen retro-
spektiv voraussehen.‹
›Wieso?‹
›Er hatte sehr schöne große braune Augen.‹
›Deshalb hängt man sich nicht an seinem Schlafrockgürtel
auf.‹
›Wie soll ich sagen, er hielt sich wohl für so eine Art deutscher Ausgabe von Romain Rolland. Und wurde vom liberalen Amerika zunächst dementsprechend aufgenommen
und gefeiert, Sie wissen ja besser als ich, wie ungeheuer
gastfreundlich die Amerikaner sein können.‹
›Uhuh‹, ein trauriger Schnaufer.
›Aber der deutsche Grundsatz „Keine Feier ohne Meier"
gilt hier nicht, wenn ich mich so ausdrücken darf. Die
nächste Feier fand bereits o–h–n–e Meier statt. Beziehungs-
weise ohne Toller. Und dann merkte Ernst wohl, daß er
nur ein deutschjüdischer Refugié war mit einem Linksstem-
pel; und Christiane war in Hollywood. Und Toller in diesem Manhattan-Hotel ganz allein, äh, wohl im Schlafrock
und in Gedanken an die längst verstummte Furore seiner
Maschinenstürmer und seines *Hinkemann*. Na, und so hat
er denn den Schlafrockgürtel rausgezogen und am Fenster-
kreuz eines ixten Stockwerks verknotet.‹
›Uhum. Wenige Tage drauf starb Joseph Roth selber ...
Ende Mai Neununddreißig im Hospital Necker.‹
›Stimmt. Ebenfalls eines unnatürlichen Tods.‹
›Wieso eines unnatürlichen? Bei mir steht ...: Herz-
schlag.‹
›Lungenriß‹, sagte Altdorfer.
Howndren blickte ziemlich rasch auf. ›Wieso Lungen-
riß?‹
›Zwangsjacke‹, sagte Alt.
›Wie war das?‹« (15 f.).
Andere wieder, die den Faschismus überlebt hatten und den
Säuberungen der Ära Stalin nicht zum Opfer gefallen wa-
ren, gerieten in Konflikt mit den neuen Machthabern, wie

zum Beispiel Egon Erwin Kisch in Prag und Julius Hay in Budapest und Bert Brecht in Washington. Sie starben dahin, mußten erneut ins Exil gehen oder sich vor dem Argwohn schützen und wurden gar hingerichtet wie nach dem Prager Slansky-Prozeß der als André Simon bekannte Journalist Otto Katz, der Leiter einst der ›Spanischen Nachrichten-Agentur‹ für die Kommunisten, der Mitarbeiter Münzenbergs in Paris und Exulant in Mexiko während der Kriegsjahre. In einem Gedicht aus dem Band *Die Niemandsrose* (1963, S. 69 f.) gedenkt ihrer aller der in Paris aus dem Leben geschiedene Lyriker Paul Celan aus Czernowitz bei Sadagora im früheren Buchenland, wenn er zu seiner Geliebten, der Dichtung, kommt:

> Mit Namen, getränkt
> von jedem Exil.
> Mit Namen und Samen,
> mit Namen, getaucht
> in alle
> Kelche, die vollstehn mit deinem
> Königsblut, Mensch, – in alle
> Kelche der großen
> Ghetto-Rose, aus der
> du uns ansiehst, unsterblich von soviel
> auf Morgenwegen gestorbenen Toden.

Der Weg ins Exil

BERTOLT BRECHT

Über die Bezeichnung Emigranten

Immer fand ich den Namen falsch, den man uns gab:
                                        Emigranten.
Das heißt doch Auswanderer. Aber wir
Wanderten doch nicht aus, nach freiem Entschluß
Wählend ein anderes Land. Wanderten wir doch auch nicht
Ein in ein Land, dort zu bleiben, womöglich für immer.
Sondern wir flohen. Vertriebene sind wir, Verbannte.
Und kein Heim, ein Exil soll das Land sein, das uns da
                                        aufnahm.
Unruhig sitzen wir so, möglichst nahe den Grenzen
Wartend des Tags der Rückkehr, jede kleinste Veränderung
Jenseits der Grenze beobachtend, jeden Ankömmling
Eifrig befragend, nichts vergessend und nichts aufgebend
Und auch verzeihend nichts, was geschah, nichts verzeihend.
Ach, die Stille der Sunde täuscht uns nicht! Wir hören die
                                        Schreie
Aus ihren Lagern bis hierher. Sind wir doch selber
Fast wie Gerüchte von Untaten, die da entkamen
Über die Grenzen. Jeder von uns
Der mit zerrissenen Schuhn durch die Menge geht
Zeugt von der Schande, die jetzt unser Land befleckt.
Aber keiner von uns
Wird hier bleiben. Das letzte Wort
Ist noch nicht gesprochen.

ALFRED DÖBLIN

An Bertolt Brecht

28. I. 35 (Neue Adresse!)
5, square Delormel
Paris 14e

Lieber Brecht, es ist keine so einfache Sache, von Paris nach
Dänemark zu kommen, und ich muß es leider bis auf Weiteres durchaus ins Gebiet der Emigrationsphantasie verwei-
sen. Sicher lebt man da billiger, gesünder, aber ich habe
4 Jungs und liege stark, aus materiellen Gründen, in ihrem
Schlepptau, denn das werden (wenigstens 3) bestimmt Franzosen, der Kleine spricht schon kläglich deutsch, die anderen sind auf französ[ische] Carrieren (Mathematik der eine,
der andere allerdings freier im Handel) eingestellt und da
nützt einem Dänemark nichts (obwohl das Ganze für mich
mit meiner Abneigung gegen andere Sprachen ein ganz sau-
rer Apfel ist). – Ja Ihr Buch hat mir größten Spaß gemacht,
sowohl ich wie zwei meiner Jungs haben vergnügt drin gelesen, ich habe auch einen deutschen jungen Mann gesprochen, der mich entschieden mit meiner gesamten Produktion
abwies und besonders für Ihr Buch optierte, – das sind unsere Stimmen, was sagt nun der Verleger? Das ist ja jetzt
die allerdringlichste Frage. Meiner, wenigstens mein Buch
betreffend, schüttelt sämtliche ihm zur Verfügung stehenden Köpfe; er hofft jetzt (der eitle Träumer) auf mein
neues kleines Buch *(Pardon wird nicht gegeben)*, das sicher
(sicher!) reussieren wird, es geht nichts über die religiöse
Überzeugung bei Geldgebern (wir müssen den Verlegern die
Religion bewahren). Jedenfalls hat er schon erheblich weniger vorausbezahlt als das erste Mal, und geht es so weiter,
so wird ihn die Depression übermannen und er wird mich
anpumpen. Ja, lieber Brecht, wir gehen herrlichen Zeiten
entgegen, und da Hitler immer neue Triumphe hat und
kriegt, so werden wir in absehbarer Zeit wohl einen Berufs-

wechsel vornehmen müssen, etwa vom Lebenden zum Toten, (was Andres fällt mir zunächst nicht ein, wissen Sie
was? verraten Sie es mir, Gott lohn es Ihnen!) Im Übrigen
sieht und hört man hier nichts von der Welt, aus den Briefmarken und Straßenausrufen ersehe ich, daß hier Frankreich ist, Gott weiß, was ich, ausgerechnet ich hier zu suchen
habe, aber wer kann alle Geheimnisse enthüllen? – Lieber
Brecht, alles Gute Ihnen und Ihrer Familie! (Grüßen Sie
Korsch!)

Ihr
Dr. Döblin

ALFRED WOLFENSTEIN

Die gerade Straße

Die städtischen Beamten im Rathaus waren in freudiger Bewegung. Man nickte und winkte einander zu, man schüt-
telte sich über die steilen Pulte hinweg die Hände, man arbeitete in guter Stimmung Akten ab, die eigentlich dem
Kollegen zustanden. Denn alle waren stolz auf ihren städtischen Baumeister und seinen großen Durchbruchsplan, der
heute vom Magistrat genehmigt worden war. Eine sechs Kilometer lange Weltstraße sollte durch die Weltstadt gelegt
werden, schnurgerade vom ältesten Platz bis zum neuesten
Platz. Diese Straße, zur Umschaltung aller Verkehrshinder-
nisse, lief ohne Kurve, ohne Knick, rücksichtslos mit dem
Lineal gezogen wie ein Strich durch eine Aktenseite, durch
die Stadt. Die Häuser mit glatten, nur von Fenstern und
horizontalen Linien geteilten Fassaden würden wie zwei
ausgerichtete Reihen Soldaten dastehen, in regelmäßigen
Abständen, kommandiert von den elektrischen Leuchten
vor ihnen und Stahlpfählen.
Jetzt wurde die Kanzlei des Bauamts der beliebteste Bezirk
des Rathauses, und alle Beamten sprachen gern von den

Zimmern 78 bis 87. Dort sollte das Gesicht der Stadt diktatorisch verändert werden. Dort stand der Baumeister Prosper Spann und empfing in seiner mathematisch geraden Haltung die Bewohner der betroffenen Viertel. Unzählige Häuser waren niederzureißen. Gärten und Parke waren einzuebnen. Über schöne alte Bauten und über Fabriken hinweg, über Kirchen, Kasernen, Museen und Gefängnisse hinweg ging die Straße. Große Friedhöfe und Kohlenplätze, nicht zu rechnen die Springbrunnen, Tankstellen oder Denkmäler, hatten zu verschwinden. Wer sich nicht fügte, würde enteignet werden. Aber niemand verschloß sich den Gründen des Baumeisters und dem Wohle der Weltstadt. Und er konnte nicht warten.

Dennoch ergab es sich am Ende, daß die Bewohner eines einzigen Hauses sich nicht gemeldet hatten. Er ließ die Mahnung wiederholen. Sie kamen nicht. Das Haus lag am Rande eines kleinen Parkes mitten im Lauf der Straße. Sonst waren an dieser Stelle nur alte Bäume umzuhauen. Woche für Woche stellte der Baumeister die Sache zurück und ließ immer wieder laden. Von beiden Seiten her brach man schon ab und baute man schon auf. In dem weiten leeren Raum erschien desto sichtbarer das Haus, das noch stand, wie eine Statue des Eigensinns.

Es reizte den Baumeister auf. Er wußte selbst nicht, warum es ihn mit so abgründigem Zorn erfüllte. Dieser Widerstand ließ ihn tyrannisch bis zu den Wolken wachsen, selbst wie eine überlebensgroße Statue des Willens, und das Haus wurde klein. Er lachte, wenn er es sah. Aber wenn er es nicht sah, sondern seine Karten und Pläne überflog, machte das kleine zierliche Landhaus ihn wütend, als sei es der Koloß eines Berges, der sich ihm entgegenstellte.

Eines Abends entschloß er sich und fuhr nicht wie sonst vorbei. Er trat ein.

Im Erdgeschoß rief jemand »Herein!« mit der Stimme eines scharfen Hundes. Ein dicker Mann in altertümlichem Hausrock stapfte im Zimmer, Pfeife rauchend, auf und ab. Er nickte gleichmütig beim Namen des Besuchers, hörte seine

Rede kopfschüttelnd an und knurrte, weiter stapfend: »Bedaure. Das ist mein Haus. Bleibt stehn.«

Oben im ersten Stock empfing ihn ein feines weißhaariges Ehepaar. Es saß nebeneinander auf dem Sofa und faßte sich mit leisem Lächeln bei den Händen: »Aber werter Herr, hier leben wir seit dreißig Jahren!«

Im zweiten Stock trat ihm ein junger Mann leidenschaftlich befremdet entgegen. Man hatte ihn in der Umarmung seiner Freundin unterbrochen. Sie sang, auf dem Fensterbrett hockend: »Unsre weinumrankte Stube? Niemand soll sie uns zerstören!«

Ganz oben im hellen Atelier stand ein Künstler vor der Staffelei. Er drehte sich überhaupt nicht um, aber seine rote Mähne lachte wie die Sonne und er antwortete nur mit einer rückwärtigen Bewegung des Fußes.

Der Baumeister stieg hinab. Er warf sich in seinen Wagen. Sein Kopf dröhnte vor Zorn wie der Motor. Dieses eine Haus, dieser gezierte Buckel, dieser Auswuchs einer idyllischen Vergangenheit wollte stehen bleiben, in seiner Front haarscharfer, zweckscharfer sechs Kilometer? Mitten im Fluß dieser von ihm kanalisierten Welt? Empfindsame Gespenster streckten die Arme aus gegen den grenzenlosen einförmigen Lauf seiner eisernen Röhren, seiner steinernen Platten, seiner Schienen, Drähte und Kabel! Sie wollten das Alte erhalten, als sei es ewig! Aber seine Unendlichkeit waren diese im mathematisch kahlen Dienst der neuen Stadt aufmarschierenden Fassadenblöcke, an denen er jetzt hinfuhr. Unter den Ketten der genormten, wie die Sterne bis zum Horizont reichenden Lampenkugeln sah er die Geburt einer Straßenwelt – und solch ein Kloß störte seinen Gedanken?

Er hielt an. Er verließ plötzlich das Steuer. Er ging unbemerkt zurück –

Um Mitternacht gellte Feueralarm. Unter Sirenenmusik rasselten die Feuerwehrwagen heran. Sie sammelten sich in der Mitte der großen Straße im roten Schein. Das Landhaus brannte.

In dicker, wie mit Benzin getränkter Wolke verbrannten die alten Giebel und Wände und Möbel, rasch wie feines altes Papier. Das Haus brannte ab bis zur Erde. Viele Leute sahen zu, unter ihnen der Baumeister. Sie wunderten sich, daß sich die Feuerwehr noch soviel Mühe gab; rings war doch Abbruch. Als der Morgen graute, sah der Baumeister durch die letzten Flammen ins nackte Grundgemäuer. Durch den ausgeglühten Buckel und durch die verbrannten Gespenster sah er ins Leere, aber das hieß freie Bahn.

Das Rathaus empfing seinen Prosper Spann heiter, das Rathaus freute sich, soweit dies bei einer Feuersbrunst zulässig war. Wenn auch den Brandstifter eine harte Strafe treffen mußte, so war die Sache selbst doch beträchtlich vereinfacht.

Der Baumeister saß an seinem Schreibtisch. Er sah seine Straße noch einmal wie ein marschierendes Heer von Häusern, Wagen und Menschen zum Firmament ziehen. Aber gegen den Strom kamen über den unendlichen Damm einige Leute auf ihn zu. Er erkannte sie sogleich, den Hausbesitzer, das greise Paar, das Liebespaar, den Maler mit dem feuerroten Schopf. In der Tür seines Amtszimmers blieben sie stehen, noch vom Rauch ihres zerstörten Hauses geschwärzt. Mit ihnen starrten viele Beamte herein, zumal aus den Büros 78 bis 87, von denen aus jetzt die ganze Erde möglichst glatt eingerichtet wurde. Die Bewohner des Hauses schienen heftig zu weinen. Er aber stand auf und redete zu ihnen:

»Sie werden mich von der Vollendung dieser meiner geradlinigen Arbeit nicht abhalten. Erkennen Sie, daß ich der Weltbaumeister bin. Die Welt gehört nun den fanatischen, wie mit dem Lineal gezogenen Plänen. Ich kann es nicht ertragen, daß Ihr verschwommenes Gemüt meine glatte und genaue Konstruktion stört. Ihr lieben Leute, beseitigen muß ich eure Gefühle, sie stehen im Wege. Ich habe es getan.«

Bei diesem letzten Wort hatte er unter seine Akten gegriffen, und er schoß sich in die Stirn und stürzte.

Die große Straße aber wurde gebaut.

ARNOLD ZWEIG

An Sigmund Freud

Berg Carmel, Haifa, 15. 2. 36

[...] Ich bin in einer schweren Krise. Meine Analyse bei S. wieder aufzunehmen, sträube ich mich. Aber ich sträube mich gegen das ganze Dasein hier in Palästina. Ich fühle mich falsch am Platze. Kleine Verhältnisse, noch verkleinert durch den hebräischen Nationalismus der Hebräer, die keine andere Sprache öffentlich zum Druck zulassen. Daher muß ich hier ein übersetztes Dasein führen. Aber wenn schon ins Englische übersetzt, warum dann hier? Sie haben gewiß den Brief unseres armen Tucholsky gelesen und meine Antwort. Über ihn später mal mehr, vielleicht öffentlich. Er ist an seiner Judenflucht gestorben, buchstäblich. Aber was mache nun ich? Wo soll ich mich ansiedeln, mit der Erwartung einiger Dauer? In Amerika, sagt mir mein Verstand. Aber mein Herz will nicht so weit weg. Es tröstet mich mit dem Chamäleonsgesicht der Hoffnungen, Deutschland werde in ein paar Jahren wieder offenstehen und mich dann gut brauchen können. Was sagen Sie dazu? Sie und kein anderer haben mich doch vor der Tollheit zurückgehalten, im Mai 33 noch einmal nach Eichkamp, d. h. ins Konzentrationslager und den Tod zu gehen. Außer Ihnen hat von meinen Freunden nur noch Feuchtwanger so klar gesehen. Aber was raten Sie mir zu tun? Ich will Sie diesen Sommer besuchen. Werde ich früher mit meinem Roman fertig, schon im Frühling. Werde ich bis Ende April fertig, schon im Mai. Bei Ihrem 80. Geburtstag zu fehlen, wäre mir hart. Aber vorher muß ich eine bittere Entscheidung treffen. Mein Paß läuft im April ab. Ich will das 3. Reich nicht um Erneuerung bitten. Ich möchte meine Bindung an das deutsche Volk aber nicht freiwillig lösen. Ich kann den palästinensischen Paß haben – in ein paar Wochen. Aber ich habe zur jüdischen Nationalität auch wenig Beziehung. Ich bin Jude – Gott ja. Aber

gehöre ich als Staatsbürger zu diesen, die mich hier seit dem
de Vriendt ignorieren? Ich möchte nur noch nach einer
Front kämpfen, gegen die Barbaren. Ich bin vielleicht zu
müde, um nach allen Seiten auszuschlagen wie ein alter
Esel. Und die Kinder wollen vorläufig auch nicht hierblei-
ben. Dabei sprechen sie gut hebräisch. Aber sie lernen fast
nichts, elende Schulen, kleine Horizonte. Na, da will ich
für heute schließen. [...]
Leben Sie sehr, sehr wohl. Es ist so gut, sich an Ihnen
orientieren zu können.
Das tut wohl Ihrem

A. Zweig

FRANZ WERFEL

Traumstadt eines Emigranten

Ja, ich bin recht, es ist die alte Gasse.
Hier wohn ich dreißig Jahr ohn Unterlaß ...
Bin ich hier recht?? Mich treibt ein Irgendwas,
Das mich nicht losläßt, mit der Menschenmasse.

Da, eine Sperre starrt ... Eh ich mich fasse,
Packt's meine Arme: »Bitte Ihren Paß!«
Mein Paß? Wo ist mein Paß!? Von Hohn und Haß
Bin ich umzingelt, wanke und erblasse ...

Kann soviel Angst ein Menschenmut ertragen?
Stahlruten pfeifen, die mich werden schlagen,
Ich fühl noch, daß ich in die Kniee brach ...

Und während Unsichtbare mich bespeien:
»Ich hab ja nichts getan«, – hör ich mich schreien,
»Als daß ich eure, *meine* Sprache sprach.«

CARL ZUCKMAYER

Weltbürgertum

Ich glaube und vertraue einer übergeordneten und unver-
äußerlichen Gemeinschaft, die sich auf Kultur und Überlieferung, auf das Gewachsene und Gewordene, auf Treue
und Echtheit, gründet.
Ich glaube, aus dieser Überzeugung, an das Deutschtum.
Mag es auch heute, so weit es sich nicht selbst verleugnet, in
Katakomben atmen, oder vom ahasverischen Schicksal ereilt
sein, und mit den Einzelnen, die sich ihm zugehörig wissen,
in die Welt versprengt – so wird es eben in der Welt, und
für die Welt, niemals aber gegen sie versteift und verschlossen, seine lebendig fortzeugende Wirksamkeit erweisen.
Denn die besondere Mitgift, die besondere Berufung, die
besondere Gabe und Aufgabe des Deutschen heißt: Weltbürgertum, im Sinne seiner geistigen und musischen Weg-
bereiter, im Sinne Herders und Lessings, im Sinne Goethes,
des größten deutschen und europäischen Menschen.
Weltbürgertum: aus der engen Behausung des Kantors Johann Sebastian Bach, aus der heimatverschworenen Fromm-
heit des Vater Haydn, aus dem hart umgrenzten, früh zer-
schellten Leben des Götterlieblings Schubert, aus der selbst-
beschiedenen Innigkeit der Claudius, Eichendorff, Mörike
– tönt es, strömt es, atmet es grenzenlos ins Weite.
Weltbürgertum – starke und liebende Erschlossenheit für die
Welt – Weite des Herzens und Klarheit des Verstands – aus
Kraft geborene Milde, Inbrunst, Innigkeit – das ist die legitime Erbschaft, die uns das Deutschtum mit auf den Weg
gegeben hat, und diese Erbschaft unverfälscht zu bewahren,
zu mehren, weiterzugeben, sei unser höchstes, durch kein
Unrecht und keine Bitterkeit zu trübendes Ziel.
Jedes Volk, jeder Einzelne, verliert sein Gesicht, wenn es
sich in fanatischer Engherzigkeit verzerrt. Aber keinem ir-
dischen Antlitz steht die krampfhafte, die erstarrte, die ag-
gressive, feindselige, verbißne Grimasse schlechter an, als

dem deutschen. Ihm bleibe die Klarheit der Stirn und des
Auges, der Ernst und das Lächeln, die schöne Bewegtheit
und die tapfere Fassung, ihm bleibe Würde, Charakter und
freies, heiteres Menschentum, über Zeit und Zeiten hinaus,
erhalten.

THOMAS MANN

*Nachttelegramm an das Emergency Rescue Committee
in New York*

Die Sekretärin des Emergency Rescue Committee wird um eine tele-
graphische Überweisung des Visums von Leonhard Frank aus Marseille
nach Lissabon gebeten. In der Antwort heißt es, daß die Überweisung
schon zweimal aus Washington bestätigt wurde und daß man sich mit
allen Kräften um die Überwindung dieses merkwürdigen Engpasses bemühe.

SA2 18 NT=TDS WESTLOSANGELES CALIF 29
1940 SEP 30 AM 2: 22
MISS MILDRED ADAMS=
EMERGENCY RESCUE COMMITTEE 122 EAST 42 ST NYK=
LEONHARD FRANK LISHOTEL LISBON CABLED DES-
PERATELY FOR TELEGRAPHIC TRANSFERRING VISA
FROM MARSEILLE TO LISBON ASKING FOR CABLE
MESSAGE=
THOMAS MANN

September 30, 1940
In re: Leonhard Frank

Dear Dr. Mann:

I have your night letter telling us that Leonhard Frank is
still cabling asking that his visa be transferred from Marseille to Lisbon.

We have been told twice that this transfer has already been

made and are surprised that Mr. Frank has not yet received his visa. I am therefore cabling him als follows:

> »Visa transfer being arranged Washington. Ask consul again. Cable results.«

We are hoping this curious deadlock will soon be over and we are all working on it.

Very sincerely yours,
Mildred Adams
Secretary

STEFAN ZWEIG

An Felix Braun

> bis Ende März
> Petropolis, (Brasil)
> (34, Rua Gonçalves Dias)
> 21. November 1941

Mein lieber Felix, ich erhalte hier Deinen und Kaethes Brief. Du siehst ich bin wieder in Südamerica. Die Vereinigten Staaten sind nichts für meine Arbeit außer den herrlichen Bibliotheken und der Gegenwart einiger alter Freunde. Aber das Leben ist anspruchsvoll, fremd und hart; ich fühle mich in der lateinischen Sphäre mehr zu Hause. Ich lebe hier in einem kleinen brasilischen Örtchen im Gebirge für die nächsten Monate, es ist eine Art Miniatur-Ischl und wir haben einen winzigen Bungalow für diese Zeit gemietet, eine Negerin zur Bedienung, alles ist herrlich primitiv, Esel ziehen mit Bananen beladen an unsern Fenstern vorbei, Palmen und Urwald rings um uns und nachts ein unbeschreiblicher Sternenhimmel. Was fehlt sind Bücher und Freunde. Der kleine Witkowski ist in Rio, sehr unheilbar literarisch, aber nett; niemand für das wirkliche Gespräch wie Werfel, Broch, Beer-Hofmann in New York, und das continuierlich

49

in fremden Sprachen Sprechen ermüdet im geheimen das Gehirn – ich habe immer Angst, die eigene Sprache zu verlernen. Ich habe meine Selbstbiografie abgeschlossen, etwas an Novellen gearbeitet, für den Balzac fehlen mir die Notizen aus zehn Jahren und die Bücher. Werde ich ihn je beginnen können? Ich finde die Identität mit meinem Ich nicht mehr, nirgends hingehörig, nomadisch und dabei unfrei – meine Arbeiten, meine Bücher sind drüben und ich lebe seit Jahren mit Koffern und Paketen, an ein Zurück ist doch auf lange nicht zu denken und es wäre auch kein richtiges Nachhause mehr. Die andern haben die Schiffe hinter sich verbrannt, sich americanisiert, gaben sogar ihre Sprache auf – ich bin für all dies zu alt. Nun – man muß es eben tragen und die unbeschreiblich schöne Landschaft, die Güte, Naivität und Kindlichkeit der hiesigen Menschen hilft einem viel. –

Ich danke Euch beiden für Eure guten Wünsche: erlaube, daß ich sie mit einem Gedicht erwidere! Ich denke so oft an Dich! Du würdest dich hier (nicht in U. S. A.) glücklich fühlen, das primitive Leben ist hier wie früher in Italien so anziehend, leider beginnt auch hier jetzt Selbstgefühl und Nationalismus – die Weltkrankheit. Sonderbar zu denken, ich sollte im sechzigsten Jahr in einem brasilischen Örtchen mich finden – in Wien fand man es schon absurd, daß man in die »Einsamkeit« nach Salzburg ging! Immerhin, das Hauptstück des Weges ist getan, er wird kühl und dunkel, manchmal fühlt man ein Frösteln, aber wie ein fernes gutes Licht im Finstern ist dann ein Brief wie der Eure! Habt innigen Dank

Stefan

THOMAS MANN

An Walther Volbach

20. 5. 1942

Ich teile durchaus Ihre Überzeugung, daß eine zukünftige
deutsche Regierung sich nicht aus den abgenutzten Politi-
ker-Kreisen zusammensetzen wird, ob sie nun Demokraten,
Socialdemokraten oder ehemalige Nazis sind, die heute in
England und Amerika vielleicht von ihrer Wiedereinsetzung
träumen. Man muß vielmehr hoffen, und ich bin sehr geneigt zu glauben, daß die Kräfte, die *das neue Deutschland*
führen werden, in Deutschland selbst vorhanden sind und
ihre Stunde erwarten. Dies ist auch der Hauptgrund dafür,
daß der Gedanke, irgendwie die politische Repräsentation
Deutschlands zu übernehmen, mir ganz fern liegt.

ELIAS CANETTI

Es ist eine alte Sicherheit in der Sprache, die sich Namen zu
geben getraut. Der Dichter im Exil, und ganz besonders der
Dramatiker, ist nach mehr als einer Richtung hin ernsthaft
geschwächt. Aus seiner sprachlichen Luft entfernt, entbehrt
er die vertraute Nahrung der Namen. Er mochte früher die
Namen, die er täglich hörte, gar nicht beachten; doch sie
beachteten ihn und riefen ihn rund und sicher. Wenn er
seine Figuren entwarf, schöpfte er aus der Gewißheit eines
ungeheuren Sturmes von Namen, und obwohl er dann einen
verwenden mochte, der in der Klarheit der Erinnerung
nichts mehr bedeutete, irgendeinmal war jener doch da gewesen und hatte sich rufen gehört. Nun ist dem Ausgewan-
derten das Gedächtnis seiner Namen ja nicht verlorengegangen, aber es ist kein lebender Wind mehr, der sie zu ihm
trägt, er hütet sie als toten Schatz, und je länger er seinem

51

alten Klima fern bleiben muß, um so geiziger werden die Finger, durch die alte Namen gleiten.

So bleibt dem Dichter im Exil, wenn er sich nicht ganz ergibt, nur eines übrig: die neue Luft zu atmen, bis auch sie ihm ruft. Sie will es lange nicht, sie setzt an und verstummt. Er spürt es und ist verletzt; es mag sein, daß er die Ohren verschließt, und dann kann kein Name mehr an ihn heran. Die Fremde wächst, und wenn er erwacht, ist es der alte vertrocknete Haufen, der neben ihm liegt, und er stillt seinen Hunger mit Korn, das aus seiner Jugend stammt.

BERTHOLD VIERTEL

Exil

Wir gingen ins Exil wie entthronte Könige. Einige von uns hausten tatsächlich wie solche an der Riviera. Andere würgten das Brot der Armut und der Knechtschaft. – Ich verließ kein Königreich. Meine Arbeit hatte bereits im Triebsand zerbröckelnder Verhältnisse begonnen. Sie blieb provisorisch und auf Abruf getan. Kein größeres Werk gelang mir. Keine geschlossene Abfolge meines Wirkens, auch nicht einmal der bleibende Ansatz einer Tradition, welche die mehr als sieben mageren Jahre überwintern konnte. Ein Gelingen im einzelnen zeigte den richtigen Weg an für die, welche sehen konnten und wollten. Ein einsamer Ton, Bruchstück einer Lebensmelodie, erklang und ging im Kriegslärm unter. Besinnung, die von der Tobsucht verschlungen wurde. Abende glänzten auf und Morgen. Abschiede vollzogen sich, und immer wieder geschah ein Aufbruch und brach ab. Eine Spur war gesichtet worden, die Bahn blieb utopisch. Nirgendwo war ich daheim, mich einzureihen vermochte ich nicht, obwohl ich am Lagerfeuer der Zukunft eine Stimme im Rate der Vorwärtsgerichteten innehatte. Freund der Tapferen und der Geschlagenen, Lehrer ohne Schule, habe ich manche auf den Weg gebracht, den ich selbst nur gegen überwältigende Hindernisse strauchelnd und in die Irre gehen sollte. Dies einer der hastigen Abrisse einer Biographie, die abriß, kaum daß sie noch begonnen hatte.

ALFRED POLGAR

Der Weg ins Exil war hart für die meisten von den vielen, die ihn gehen mußten. Nicht wenige blieben auf der Strecke. Tausende verdarben und starben im fremden Land, das Zuflucht schien und Falle wurde. Hitler war schneller als die Konsuln, von deren Laune die rettenden Visen abhingen. Die das Glück hatten, durchzukommen, lernten vorher die Schrecken und Ängste der Flucht und des Verfolgtseins gründlich kennen, gingen durch das Grauen der französischen Lager und Gefängnisse, vegetierten Monate, Jahre lang in übelsten Verstecken, stürzten immer wieder in der *steeplechase* über die Grenzen, verbrauchten ihre geistigen und leiblichen Kräfte in Bewältigung der einen elementaren Aufgabe: zu überleben. Endlich an ein sicheres Ufer gelangt, hatten die meisten erst Zeiten kläglicher Not durchzukämpfen, ehe sie in so etwas wie in eine Illusion der Ruhe oder gar in die eines neuen Lebens hineinfanden. Und ganz heil, nebenbei, ist an solches Ziel, von den Älteren zumindest, nur eine Mindestzahl gekommen. Im Organismus der übrigen steckt, was sie ausgestanden haben, als eine Art Zeitbombe. Es hängt von Gott ab, vom Klima und von den ökonomischen Umständen, wann sie explodiert. Gewöhnlich spricht man dann von Herzattacke.
Die Schicksalslinie derer, die im Naziland geblieben sind – ich meine jene, denen es gefallen hatte, dort zu bleiben –, lief umgekehrt. Erst hatten sie's Jahre lang relativ gut, hatten Arbeit und Erwerb, ein Dach überm Kopf, Feuer im Ofen und Futter auf dem Tisch. Dann kam der Krieg, und

da war es trotz Sieg, trotz Raub und Sklaven aus dem geschundenen Europa schon nicht mehr das Richtige. Hernach ereignete sich der große Krach, zerstörte die Dächer, löschte die Ofenfeuer, fegte das Futter vom Tisch. Und die zu Hause Gebliebenen mußten durch die Stationen, die die Davongegangenen zu passieren hatten: durch Not, Furcht, Hilflosigkeit und alle Tücken eines höchst ungewissen Daseins. Sie erlitten in der Heimat Emigranten-Schicksal.

Stationen der Flucht

JOSEPH ROTH

An Stefan Zweig

> 47, Rue Jacob
> Hotel Jacob
> Paris VI.
> [Mitte Februar 1933]

Verehrter lieber Freund,

seit 2 Wochen bin ich hier, um einen kleinen französischen Neger unterzubringen. Inzwischen wird es Ihnen klar sein, daß wir großen Katastrophen zutreiben. Abgesehen von den privaten – unsere literarische und materielle Existenz ist ja vernichtet – führt das Ganze zum neuen Krieg. Ich gebe keinen Heller mehr für unser Leben. Es ist gelungen, die Barbarei regieren zu lassen. Machen Sie Sich keine Illusionen. Die Hölle regiert.
Herzlichst Ihr alter

Joseph Roth

RENÉ SCHICKELE

Tagebücher

11. Mai [1933]
Thomas und Katia Mann mit 2 Kindern seit gestern im »Grand-Hotel«, Bandol, Erika und Klaus in Sanary, Hotel »La Tour«. Heute bei uns zum Tee.
Thomas Mann sehr unglücklich. Es geht ihm wie den mei-

sten Deutschen seiner Geistesart. Sie sehen wohl, was vorgeht und auch, was kommen wird, aber im Grund wollen sie es nicht wahrhaben, weil es unfaßbar toll ist, hauptsächlich aber, weil sie sich nicht eingestehn wollen, daß sie ihr Vaterland verloren haben. Auch ich kann es noch nicht fassen, daß ich Deutschland nicht wiedersehn soll. Und gleichzeitig gibt es niemand, der die Entwicklung der Dinge pessimistischer beurteilt als ich, ich bin auf alles, aber wirklich auf alles gefaßt.

Erika, bildhübsch, klug, energisch.

11. Dezember [1933]

Melde mich in Badenweiler polizeilich ab.

Eine Tür geht zu. Deutschland?

Was ist Deutschland? Wer ist Deutschland?

Sehr gut, daß Kunst und Philosophie für einige Zeit vom Markt wegkommen. Sie schielten schon viel zu stark nach dem Publikum.

Ist das mehr als ein kümmerlicher Trost für uns, die wir drauf und dran sind, Deutschland zu verlieren?

Ein Mensch wie Thomas Mann hängt mit allen Fasern daran, er ist ein Teil von ihm. Er muß den Schnitt bis in die Gewebe der Haut, die Veränderung bis in die Eingeweide spüren – fraglich, ob er, also amputiert, weiterleben könnte. Ebenso Hesse.

Als Hesse aus der Akademie austrat, schrieb er an Wilhelm Schäfer, er glaube an einen neuen Krieg und an eine neue Kundgebung der 93 deutschen Intellektuellen – und da wolle er keineswegs dabei sein. Er war kurz nach dem Krieg Schweizer geworden. (Er ist in Basel geboren.) Trotzdem, und obwohl er mir schon vor Jahren sagte, er könne Deutschland nur mit Furcht und Widerwillen betreten und tue es so selten wie möglich, ist und bleibt er ein Stück lebendiges Deutschland – in ganz anderm Maße als die deutsch schreibenden Schweizer.

Hesse und ich und auch Ju, wir würden eine körperliche Trennung (es ist mehr als nur eine körperliche!) von Deutschland recht gut vertragen – wenn wir nur weiterhin in Deutschland publizieren könnten. Thomas Mann braucht die körperliche Anwesenheit, er hat keine tiefgehende Beziehung zu einem andern Land, ich meine keine andre als eine touristische (auch im geistigen Sinne). Nur Deutschland »sagt ihm etwas«. Deutschland allein »sagt ihm zu«.

Sein Bruder Heinrich war im ersten Teil seines Lebens ein verhinderter Italiener, im zweiten ein verhinderter Franzose.
»Deine Heimat ist Frankreich«, sagte Thomas zu ihm in der Festrede zu Heinrichs 60. Geburtstag. (In den Räumen der Preußischen Akademie! Vor dem Minister und seinen höchsten Beamten! Unfaßlich, wenn man es vom Heute aus bedenkt.) Die Heimat von Thomas bleibt Lübeck, mag er auch seit seiner Jugend nicht mehr dort gewohnt haben. Weil ihn das Kurische Haff an Lübeck erinnerte, baute er sich bei Nidden ein Haus.
Das Merkwürdige ist, daß auch Heinrichs »französische Heimat«, genau betrachtet, in Deutschland liegt. Es ist das Frankreich der Dritten Republik, von einem Deutschen gesehn – eine Wahlverwandtschaft, wie kaum andre als Deutsche sie kennen (von Angehörigen großer Völker). Man braucht ihn nur mit einem »deutschen« Franzosen wie Romain Rolland zu vergleichen. Der kann vielleicht sagen: »Die deutsche Musik ist meine Heimat« (für einen Schriftsteller nicht weiter bedenklich), aber die Behauptung, daß Deutschland seine Heimat sei, würde ihn ernstlich kränken. Die Sprache ist ein besonderer Saft, viel mehr als Blut.
Ich weiß es, gerade weil das Deutsch *nicht* meine Muttersprache ist. Wir alle aber, wie wir hier sind, hängen letzthin von unsrer Gemeinschaft mit Deutschland ab, und bestände diese auch nur in Widerspruch.

ELSE LASKER-SCHÜLER

An Carola Kaufmann

Fraumünsterpost
postlagernd
Zürich
9. III. 34

Hochzuverehrende
Frau Doktor,

Unter den vier *Menschen*, die man mir nannte, möchte ich
nur an Sie schreiben. Das war im selben Augenblick mein
Entschluß, als man Sie nannte. Ich bin die Dichterin Else
Lasker-Schüler und mein Brief ist nur an Sie gerichtet, gnä-
dige Frau. Vielleicht bestärkt mich Ihr Name: Carola. Er
ist selten, aber alle, tatsächlich alle – mit kleinen Ausnahmen – meiner Menschen, die ich lieb gewann, hießen: Carola. – Nachdem ich nun April ein Jahr schon in Zürich
lebe, bekam ich eine Einladung nach Egypten, – dem Lande
Josephs – zu einer höchst liebreichen wie noblen griechischen Familie zu kommen. Die Frau des Griechen hat viel
von mir übersetzt, namentlich viele meiner hebräischen Balladen. Ostern werde ich dann nach Palästina reisen. Ich soll
in Egypten in deutschsprechenden vielen liter. Vereinen
Vorträge meiner Dichtungen halten und in Palästina hat
die liebe Griechin, meine Palas Athene [/] meine Streite-
rin [/] schon die Ausstellung meiner Bilder und die meines
geliebten Jungen angesagt – wie sie schrieb – sein großer
wundervoller Nachlaß.
Am liebsten wäre ich mal zu Ihnen gereist, Frau Doktor, so
ganz aus meinem Gefühl heraus. Wenn noch vor einem
Jahr, eine oder meine beste Freundin in Berlin zu mir
sagte: »Ich bin so elend« – habe ich mir, da sie das schon
gewohnheitsmäßig nebenbei dahinredete, – die Ohren zuge-
halten. Nun sage ich es so oft, sehr sehr müde zu mir selbst
– oft allein im Hospizzimmer – auf der Straße oder wenn

ich nun über einen Rasenplatz dahingehe, auf dem die Sonne schien noch am Mittag. Ich habe in Bern einen Vortrag gehalten. Die Zuhörer und ich blieben die halbe Nacht [über dem N ein Stern] zusammen, denn brachten mich alle ins Hôtel zurück. Ich habe hier, im Anfang meines Hierseins 2 Vorträge gehalten. Mehr kann man nicht halten, der Lage und der Schweizer Dichter wegen. Herr Dr. Korrodi ist reizend zu mir, auch seine wundervolle Mama, aber er kann nicht zu viel von mir drucken, der Lage wegen. – 2 x standen im Feuilleton Beiträge von mir in der *Neuen Zürcher Zeitung*. In der *Sammlung* Märznummer – *letzte* ein neues Gedicht.

[am Rand:] Sammlung, *Amsterdam* Herausgeber: Klaus Mann Querido Verlag. [/] Mühe gab ich mir genug. Nun seit ein paar Wochen übernahm der j. Culturbund meine Miete im Hospiz. Das ist mir ebenso schmerzlich wie erfreut gewesen. Aber, da vielen vielen Emigranten hier geholfen werden müssen, *kann* und möchte ich auch nicht mehr verlangen. Meinetwegen soll Niemand weinen. Ich konnte in Eile eigentlich gar nichts mitnehmen – ich schlief im April vorigen Jahres 5 Tage nachts am See – das ist wahr! Dr. Korrodi war nicht da der mir versprochen hatte – allerdings noch in ruhigerer Zeit, mir bei hiesigen und auswärtigen Vorträgen zu helfen. – Ich hatte im November, bevor ich gehetzt hier her kam den Kleistpreis für mein neues Schauspiel erhalten und dennoch vertrieben. Ich kann nicht erwarten – meine Einkehr in Egypten und – Heimkehr nach Jerusalem. Aber, wenn die griechische Familie mir auch das Schiffbilett sandte, es für mich in Genua liegt – es zu meiner Verfügung einen Monat liegen bleibt, ich kann nicht so verkommen kommen – äußerlich und an Herz und Leib und Seele so herunter. *Gern* käme ich zu Ihnen nach Basel, daß wir mündlich sprechen. Eine bestimmte Vorstellung und Ahnung sagt mir, Sie werden und ich nicht verarmen am Gespräch. – Ich sollte noch schreiben an Herrn Dreyfuß-Brotzki, [/] in Basel [/] Herrn Hecht=Benker Basel (Schifffahrtgesellschaft – aber wenn Sie, Frau Doktor, ir-

gend für mich Liebreiches tun wollen, so *bitte* fragen Sie
die Herren, ob sie mir *leihen* wollen, daß ich mich irgend
von all den unendlichen Erschöpfungen erholen kann vor
der Reise – und den Weg von hier – nach Genua bezahlen
kann? Ich werde wieder in Palästina verdienen können und
Egypten. Ich bin dort von einer sehr angesehenen Consul-
familie eingeladen, *wie Geschwister* so schreiben sie mir.
Frau Doktor, *nie* im Leben würde ichs Ihnen *je* vergessen.
Und Ihr Kommen nach Palästina würde eine Freude für
mich sein.
[am Rand:] So viel Ehre machte ich stets allen Juden.
(Bleibt es *vor Zürich* unter uns? Ihr Else Lasker-Schüler
[/]
Ich kann den Brief nicht vorher noch einmal durchlesen, so
schwer war mir, ihn zu schreiben

[Blumen]   Die ich auf dem Rasen fand

ERNST FISCHER

Grenzüberschreitung

Die Grenze überschreiten ...
Nie zuvor, nie später war dieses Gefühl so elementar wie
an dem 24. April 1934, als wir die Grenze der Sowjetunion
überschritten.
Der Zentralrat der sowjetischen Gewerkschaften hatte die
in die Tschechoslowakei geflüchteten Schutzbündler eingeladen, nach Moskau zu kommen. Wenige Tage vor der Abfahrt sagte man mir, die sowjetischen Genossen würden es
begrüßen, wenn ich mitkäme.
Die polnische Grenzstation lag hinter uns, demonstrativ elegant, Schaufenster voller Waren, die es nur für Touristen
gab, Hochmut und Heuchelei: Das gesittete Europa, das

Abendland, verabschiedet euch, ihr dreckigen Bolschewiken.

Kaum weniger demonstrativ unelegant, in unverhohlener proletarischer Armut, mit Wärme, Herzlichkeit und einem Blasorchester, das die Internationale spielte, begrüßte uns Negoreloje, die sowjetische Grenzstation.

Von dieser Ankunft habe ich damals berichtet:

»Der Torbogen, der eine Welt von der anderen trennt: ›Proletarier aller Länder vereinigt euch!‹, auf der anderen Seite: ›Der Kommunismus reißt alle Grenzen nieder!‹ Die ersten Rotarmisten, die Soldaten der siegreichen Revolution. Standarten über dem Bahnkörper. Das Glücksgefühl: es gibt ein Land, dessen Hymne die Internationale ist, ein Land, in dem all das triumphiert, wofür man in den kapitalistischen Ländern erschossen, gefoltert, eingekerkert wird. Wir kommen nicht als Gäste, sondern wir kommen als Menschen, die ihre Heimat besuchen.«

In all seinem Pathos war das echt, reichte nicht an das Erlebnis, das pathetische, heran. Grenzüberschreitung, Heimkehr ins Unbekannte, Ankunft in der Heimat. Heute noch, wenn ich das schreibe, bin ich erregt, fühl ich es fast wie damals.

Die Grenze überschreiten ...

Moskau.

Die Internationale, die uns am Perron empfängt, klingt mächtiger als die in Negoreloje.

Dann treten wir hinaus auf den großen Platz vor dem Bjelorussischen Bahnhof.

Ist das Moskau?

Unsere Augen registrieren das schmutzige Grau verwahrloster Gebäude. Und grau sind die Gesichter der schlechtgekleideten, unfrohen Menschen, die auf uns warten, zum Teil Betriebsdelegationen, zum Teil Neugierige, die gekommen sind, die Ausländer zu sehen, die sagenhaften Ausländer, die auf der Barrikade für den Sozialismus gekämpft haben. Und grau sind die Fahnen, grau, nicht rot. So registrieren es die Augen. Doch das Herz erwidert: Ihr lügt.

Die Fahnen sind rot, die Gesichter leuchten uns entgegen, und die Gebäude unterscheiden sich nicht von anderen Häusern an einem anderen Bahnhofsplatz.

Mit diesem Zwiespalt hat es angefangen: die doppelte Wirklichkeit.

Du kommst, so sagte ich mir, aus einer Welt, die du verneinst, in diese andere, die du stets bejaht hast, ins Ferne hin, versteht sich, jenseits eigener Erfahrung. Nun hast du, zur radikalen Änderung deiner selbst entschlossen, zum Verzicht auf jeden Skeptizismus, Individualismus, Intellektualismus, die Grenze überschritten. Du konntest von der Gegenwelt, die dich nun aufnimmt, nicht Vollkommenheit erwarten. Du bist sie aufgebrochen, voraussehend, daß sie unfertig sein werde, unvollendet, eine arme Welt im Rohbau. Zum erstenmal bist du mit ihr nicht als einer Vision, sondern als Wirklichkeit konfrontiert.

Doch was ist Wirklichkeit?

Die Fahnen sind grau, das Auge täuscht mich nicht. Aber sie *sollten* rot sein; vielleicht also täuscht das Auge mich doch. Sie *sind* rot, wenn auch ein wenig entfärbt, verbraucht, verstaubt. Die Revolution hat die Welt erschüttert, den Staub von Jahrhunderten aufgewirbelt; er fiel auf die Fahnen, in die Gesichter der Übermüdeten. Es wäre anders, hätten wir in Europa die Revolution nicht im Stich gelassen, wären *wir* anders gewesen, mutiger, selbstloser, solidarischer. *Wir* sind die Schuldigen. Und statt die Fahnen grau zu sehen, enttäuscht zu sein, wozu du kein Recht hast, hab deine Schuld vor Augen, und deine Pflicht, Versäumtes gutzumachen. Lerne anders sehen, besser, als man es dich gelehrt hat! In *Wirklichkeit* sind diese Fahnen rot; und heller stünde der neue Tag vor dir, hättest du mitgewirkt, ihn heraufzuführen.

In solchem Zwielicht, solcher Zwiesicht sah ich Moskau seit dieser Ankunft am Bjelorussischen Bahnhof.

Ich war, ohne es ahnen zu können, in einen radikalen Strukturwandel der sowjetischen Gesellschaft, der Kommunistischen Partei der Sowjetunion hineingeraten. Diese Partei war für mich die Partei Lenins, der alten Bolschewiki, des revolutionären Impetus mit all dem Glanz weltgeschichtlicher Leistung – war es für mich in einer Periode, in der sie aufhörte, es zu sein, in der unter dem alten Namen die alte Substanz sich verflüchtigte, die Macht eines terroristischen Apparats heranreifte. Für den von außen Kommenden, für den zum leidenschaftlichen Ja entschlossenen ehemaligen Sozialdemokraten, der Moskau zum erstenmal sah, in dieser Stadt keinen Menschen kannte, keine Fraktion, keinen Konflikt, war die vor sich gehende Transformation und Deformation kaum zu durchschauen. Eine geschichtliche Periode, die revolutionäre, war noch nicht abgeschlossen, die neue der absoluten Herrschaft des Machtapparats, erst im Entstehen begriffen. Der puritanische Heroismus der schonungslosen Industrialisierung besaß noch revolutionäre Züge. Die Formel, die damals gang und gäbe war: »Wir haben unsere Kräfte nicht geschont!«, war nicht zur Phrase abgestorben. Trotzki war im Exil; doch den meisten der alten Bolschewiki waren noch wichtige Funktionen anvertraut, Bucharin war Chefredakteur der *Isvestia*, Pjatakow leitete das Volkskommissariat für Schwerindustrie, Sinowjew, Kamenjew, Radek traten sichtbar und hörbar hervor. Wir wurden in den Klub der alten Bolschewiki eingeladen. Dieser Zusammenkunft haftete nichts Graues an. Es war die Luft der Revolution, die wir atmeten. Die Fahnen waren rot.

Gewiß: die Partei war nicht mehr die Partei Lenins, aber noch nicht eine Partei, die den toten Lenin ehrte, um seinem Werk das Leben zu nehmen, die Dialektik der Revolution durch bürokratischen Pragmatismus zu ersetzen. Die Partei war zum Mythos geworden wie die Revolution, noch nicht zum Dogma. Im Mythos aber ist Wirklichkeit aufbewahrt, fortwirkendes Erlebnis, lebendige, nicht versteinerte Antwort auf wesentliche Fragen, modifizierbare, weil lebendige Antwort. Erst im Ritus, erst im Dogma, wird Abgestorbenes, Mumifiziertes eingesargt, als Heiliges, Unwandelbares, Unantastbares zur Schau gestellt. Diese Ritualisierung und Dogmatisierung, die Reduktion dessen, was Marx, Engels, Lenin gedacht, an der Praxis überprüft, in fortschreitender Entwicklung dargelegt und abgeändert hatten, zum Kanon des »Marxismus-Leninismus«, diesen Prozeß also, der damals im Gange war, habe ich dann und wann geahnt, keineswegs aber begriffen.

Abgeschafft wurde der *Widerspruch*, also die Dialektik, also der Marxismus. Die neue Gesellschaft habe den Antagonismus der Klassen überwunden, lautete die Lehre, sie entwickele sich nicht mehr im Spannungsfeld antagonistischer Kräfte. Sie sei im Prinzip harmonisch, jeder Konflikt sei lösbar, also nicht tragisch. Jeweils sich ergebende Widersprüche seien durch Rationalität zu beheben, durch die Weisheit der Partei. Die Parteiführung war die weltgeschichtliche Vernunft, die vorsehende, die Vorsehung. Sie war unfehlbar.

Wenn ich heute davon berichte, zu begreifen versuche, wie diese undialektische Simplizität mein Denken und Fühlen überwältigt hat, graut mir vor diesem Ich, zu dem ich damals wurde. Dennoch war es keine unerklärliche Deformation. Die Entschlossenheit, nicht den Impressionen: grau, freudlos, anmaßend, autoritär zu verfallen, sondern hinter diesen befremdenden Attributen die revolutionäre Substanz zu entdecken und mich mit ihr zu identifizieren, war unanfechtbar. Es war für den in diese ihm unbekannte Welt Eingetretenen unmöglich, sich als Einzelgänger zurechtzufinden. Er war auf die Hilfe anderer angewiesen, um nachzuholen, was sie miterlebt, miterwirkt hatten, auf kluge Belehrung und freundschaftlichen Rat. Er lernte Menschen kennen, zu denen er Vertrauen faßte, und andere, die ihm zuwider waren. Für seine Haltung entscheidend wurde, daß er schon in den Begegnungen und Gesprächen der ersten Tage den Kampf zweier Richtungen wahrzunehmen meinte: einer fanatisch die bisherige Politik der kommunistischen Parteien verteidigende und einer nach neuen Konzepten suchenden, nach Erneuerung strebenden ...

Wir wurden in einem Massenquartier untergebracht. Als

»Betreuer« waren uns einige Russen, vor allem aber Deutsche und Ungarn zugeteilt.

»Nun, Genosse Fischer, wie fühlt man sich auf der anderen Seite der Barrikade?«

Der so fragte, im Ton ironischer Herablassung, war ein deutscher Kommunist. Ich weiß nicht, ob er schon damals in der Redaktion der Zeitschrift *Kommunistische Internationale* arbeitete. Jedenfalls hat er später dem Redaktionsstab angehört.

Betroffen antwortete ich: »Wieso auf der *anderen* Seite? Ich weiß nicht, was Sie meinen...«

»Sie waren doch bis vor kurzer Zeit Sozialdemokrat?«

»Das ist bekannt. Was aber reden Sie da von anderer Seite der Barrikade? Auf dieser anderen Seite standen und stehen die Faschisten, nicht wir.«

»Aber Sie können doch nicht leugnen, daß die Sozialdemokratie die soziale Hauptstütze der Bourgeoisie war.«

»Was waren wir?« rief einer der Schutzbündler.

»Ich spreche nicht von euch. Ihr habt erkannt, wo man stehen muß, ein wenig spät, aber doch. Ich spreche von den sozialdemokratischen Führern.«

»Was wir von diesen Führern halten, ist unsere Sache. Aber wo waren denn eure Führer? Auf welcher Barrikade seid denn ihr gestanden? Wir haben gegen Dollfuß zur Waffe gegriffen, zu spät, das ist wahr – aber ihr in Deutschland, was habt ihr getan?«

Damit begann der Tumult.

»Wozu seid ihr nach Moskau gekommen?«

»Um von den Russen zu lernen, verstehst du, von den Russen, nicht von den Deutschen.«

»Was sagen Sie dazu?« fragte mich der deutsche Kommunist.

»Ich weiß, daß ihr nach dem Reichstagsbrand führerlos wart, daß es damals vielleicht schon zu spät war.«

»Nur unsere Feinde konnten wünschen, daß wir unsere Kader sinnlos auf die Schlachtbank jagen.«

»Einverstanden. Doch was war vorher? Für euch waren wir

65

Sozialfaschisten, wir Sozialdemokraten ohne Unterschied. War das richtig? War das revolutionäre Politik?«
»Ideologisch«, sagte der deutsche Kommunist, »steht ihr noch immer auf der anderen Seite der Barrikade.«
Das war mein erster Konflikt mit ihm. Wir blieben Gegner. Er war für mich das Prinzip des Starrsinns, der unbelehrbaren Orthodoxie. Dagegen setzte ich mich zur Wehr, gegen das, was ich als kommunistischen Dünkel, Hochmut, Starrsinn empfand, und wandte mich allem zu, was anders war, nicht nur vernünftiger, sondern auch freundlicher und bereit, den aus der Sozialdemokratie Kommenden als gleichberechtigten Genossen aufzunehmen.
Mitten in die Diskussion hinein, in diese täglich neu sich entzündende Diskussion über die Februarkämpfe, über politische, strategische, taktische Fehler, mitten hinein in den Streit, in dem die Schutzbündler die sozialdemokratischen Führer nicht nur kritisierten, sondern verfluchten, zugleich aber den deutschen Kommunisten gereizt das Recht absprachen, sich belehrend einzumischen, rief irgendwer: »Genosse Fischer? Ist Genosse Fischer hier? Er wird gebeten, sofort zum Genossen Manuilski zu kommen. Der Wagen wartet auf ihn!«
Ich fuhr in die Komintern, in das alte, nicht sehr repräsentative Gebäude gegenüber der Manege, flankiert von der Mauer des Kreml. Die Kommunistische Internationale war bisher ein großes, in unbestimmten Konturen sich abzeichnendes Etwas am weltpolitischen Horizont. Daß sie nun plötzlich zum Gegenstand wurde, zum Gebäude, zur Komintern mit Türhütern, Passierscheinen, labyrinthischen Treppen und Korridoren, und wieder Türstehern, wieder Passierscheinen, war keine Enttäuschung; im Gegenteil, selten in meinem Leben war ich so erregt. Vor wenigen Tagen die Grenzüberschreitung in die Sowjetunion, und jetzt der Eintritt in die Komintern – es war das fast körperliche Erlebnis, daß ein Ich, an das ich mich gewöhnt hatte, ohne mich in ihm wohl zu fühlen, immer weiter zurückblieb, ein Gepäck, dessen ich mich entledigt hatte und das nun den Steil-

hang hinabkollerte, indes ich, von dieser Bürde befreit, aufwärts stieg, ein noch ungestaltetes, durch meinen Entschluß jedoch entworfenes, vorbestimmtes Ich.

Manuilski kam mir entgegen, mit einer anmutigen Liebenswürdigkeit, die sich von der Schroffheit vieler Kommunisten geradezu demonstrativ unterschied.

Alles an ihm gefiel mir: seine geschmeidige Ungezwungenheit, sein kluges Gesicht, seine dunklen Augen, ungemein wache Augen, aufmerksam, intelligent, schnell und schlau, dann und wann ein Schatten ich weiß nicht welcher verdrängten Traurigkeit, der kaum zu ahnende Hintergrund einer Bühne, auf der ein Ballett von Einfällen, Absichten, Kombinationen, Erwägungen, vorbedachten Effekten und spontanem Witz in jähem Wechsel den von ihm Angesprochenen, mit ihm Sprechenden faszinierte. Ich zweifelte nicht daran, daß Manuilski mir gefallen *wollte*, daß es sein Vorhaben war, mich zu *gewinnen*, und halb schon war ich gewonnen, *weil* es ein Spiel war mit dem Zweck, den »Neuen« nicht pedantisch zu belehren, sondern ihm das Gefühl zu geben: Du bist bei Freunden.

»Ich habe Sie gebeten, zu mir zu kommen, ohne Begleiter, und danke Ihnen, daß Sie gekommen sind. Wollen Sie so liebenswürdig sein und einige Fragen beantworten, ohne Rücksicht auf wen immer? Hat die KPÖ in den Februarkämpfen versagt?«

War das eine aufrichtige Frage? Die wachen klugen Augen beobachteten mich. Ein leises Zwinkern, ein vages Lächeln:

»Also *hat* sie versagt.«

»Wir alle haben versagt – außer den kämpfenden Schutzbündlern. Die Sozialdemokratie, die Linksopposition, die KPÖ – alle haben versagt.«

»Hat die KPÖ eine führende Rolle gespielt?«

»Das konnte sie gar nicht. Doch Kommunisten haben sich den kämpfenden Schutzbündlern angeschlossen.«

»Und vorher? War die Linie der KPÖ richtig?«

»Ich glaube – nein!«

»Sollen wir die KPÖ auflösen? Eine neue Partei konstituieren? Sagen Sie offen, was Sie denken.«

Was immer Manuilski mit dieser Frage beabsichtigte, mich auf die Probe stellen, oder weitergehende Erwägungen, meine Antwort war: »Ich bin der KPÖ beigetreten und glaube, daß es unsere Aufgabe ist, alle revolutionären Kräfte der österreichischen Arbeiterklasse in der KPÖ zu vereinigen.«

»Denken Sie wirklich so oder sagen Sie es nur aus Loyalität? Haben Sie nie gedacht, daß es besser wäre, durch eine *neue* Partei das Vertrauen der österreichischen Arbeiter zu gewinnen?«

»Solche Gedanken hat es gegeben, gibt es vielleicht noch, aber die stärkeren Argumente sprechen trotz allem dafür, die schon bestehende KPÖ zu festigen, zu erweitern, zum Teil auch zu erneuern.«

»Was meinen Sie damit?«

»Die KPÖ war bisher nicht in den Massen verwurzelt, war in mancher Hinsicht eine Sekte. Doch wenn jetzt revolutionäre Betriebsarbeiter, Schutzbündler, Jungfrontler in sie hineinströmen, werden die unvermeidlichen Absonderlichkeiten einer zu kleinen Partei schnell überwunden sein. Wir werden alles tun – glauben Sie mir, Genosse Manuilski – alles, was von uns abhängt, um eine völlige Verschmelzung der Linksopposition mit der KPÖ zu ermöglichen. Und wenn ich von Erneuerung spreche, bitte ich Sie, mich richtig zu verstehen: wir stellen keinerlei Führungsanspruch, wir fühlen uns nicht als die neuen Männer, wir fügen uns ein und haben nur einen Wunsch: daß man nicht den Begriff Altkommunisten und Neukommunisten konserviert, daß Gleichberechtigung nicht nur formell anerkannt wird.«

»Wenn das eine Beschwerde ist – Sie werden bei mir, bei uns Rat und Hilfe finden.«

»Es ist *keine* Beschwerde, ich habe keinen Grund dazu. Aber es ist ein Problem und könnte zu einer Gefahr werden.«

Manuilski sah mich nachdenklich an, mit seinen wachen, klugen Augen, in denen etwas aufglomm, fast wie Wärme.

»Fühlen Sie sich als Kommunist? Verzeihen Sie die indiskrete Frage. Ich stelle sie nicht, weil ich Ihnen mißtraue, ganz im Gegenteil.«

»Ich bin entschlossen, ein Kommunist zu werden.«

»Ein Kommunist zu sein ist oft nicht leicht. Sind Sie hart genug? Die Diktatur ist hart.«

»Ich bejahe diese Härte.«

»Obwohl Sie selber nicht hart sind?«

»Es ist eine Frage des Bewußtseins.«

»Und die Freiheit?«

Überrascht sah ich den Fragenden an. Sein Gesicht war ernst, gespannt. Ich wunderte mich, daß er nicht lächelte.

FRANZ THEODOR CSOKOR

An Lina Loos

> Nizza, Café de France
> 26. Juni 1934

Liebste Lina,

aus dem Literatencafé Nizzas, das ungefähr unserem Wiener »Herrenhof« entspricht, schreibe ich Dir, doch keine französischen Schriftsteller schlürfen hier an den Marmortischchen ihre »Pernods« und ihre »Fines«, sondern Emigranten aus Deutschland, die wir zwar seit 1933 auch in Wien kennen – »die Ratten betreten das sinkende Schiff«, glossierte damals Karl Kraus unser gleichfalls leicht gebräuntes Österreich als problematische Zufluchtsstätte. Nun freilich, hier sind es keine Ratten, auch keine kleinen Leute, sondern Vertreter von Ruhm und Namen in diesem Beruf. Da ist der alte, auf der »Laterne« oberhalb Nizzas hausende Patriarch Schalom Asch, da ist, klein und zart, Valeriu Marcu mit einer schönen Frau und einer noch schöneren Bibliothek, um die ihn seine Schicksalsgefährten sogar mehr als um die

Frau beneiden, da ist der vergnüglich bissige Hermann Kesten, mein lieber Joseph Roth, zwischen Cognac und Absinth daheim, und Walter Hasenclever taucht auf, nervös und fahrig, und die liebe alte Dame Annette Kolb, die freiwillig Deutschland verlassen hat; da ist Theodor Wolff, der frühere Chefredakteur des *Berliner Tageblattes*, zu dessen Abenden sich seinerzeit Minister und Botschafter drängten, und seine Frau, die nur mit einer Handtasche und dem, was sie am Leibe trug, Deutschland verließ, wo man sie als Geisel für ihren gerade im Ausland gewesenen Mann festsetzen wollte; sie ist »Arierin«, eine richtige brave graublonde Deutsche, um die Sechzig alt – und während er als Jude sich ziemlich abgefunden hat, leidet sie entsetzlich unter Heimweh, freilich ohne viel Worte davon zu machen, man spürt's halt so durch.

Mein guter Dori [d. i. Theodor Tagger alias Ferdinand Bruckner] und seine Betka haben hier schon einen kleinen Hausstand und helfen den Ärmeren unter den Flüchtlingen. Nun, gegen Abend erscheint gespenstig verquollen mit graugelbem Seemannsbart – Heinrich Mann, sehr gealtert im Gegensatz zu seinem Bruder Thomas, den die Emigration, nach dem Bild in einer Schweizer Zeitung, zu verjüngen scheint. Diese Emigration – ich muß Dir sagen, irgendwie zieht sie mich an. Nicht weil sich zwei meiner Stücke damit beschäftigt haben, sondern weil für meine relative Seßhaftigkeit ein ungeheurer Reiz darin liegt, einmal ganz auf sich angewiesen zu sein, mit dem Schreibtisch als Heimat! Die hier glauben allerdings an eine baldige Rückkehr, besonders Theodor Wolff, der auf Barthou fest vertraut. Aber was rede ich da – in einem Monat bin ich ja wieder daheim und sitze mit Dir und Egon in Sievering oder in Kufstein, und die Riviera mit ihren Exilierten liegt weltenweit. Und auch die Provence, in die ich nächste Woche zu meinem alten Freund Emil Alphons Rheinhardt nach Le Lavandou fahre!

Alles Liebe, Linerl!
Dein Franz Theodor

BERTOLT BRECHT

Im zweiten Jahre meiner Flucht

Im zweiten Jahre meiner Flucht
Las ich in einer Zeitung, in fremder Sprache
Daß ich meine Staatsbürgerschaft verloren hätte.
Ich war nicht traurig und nicht erfreut
Als ich meinen Namen las neben vielen andern
Guten und schlechten.
Das Los der Geflohenen schien mir nicht schlimmer als das
Der Gebliebenen.

THEODOR BALK

Das verlorene Manuskript

Die Frist, die man mir gibt, Frankreich zu verlassen, sind
fünf Tage.
Ich besitze keinen Paß. Ich besitze kein Visum für ein anderes Land. Ich besitze auch kein Geld, nicht genügend Geld,
um eine größere Reise zu unternehmen.
Ich kenne einen Senator, einen sozialistischen Senator, der
uns einmal in Spanien besucht hat. Ich spreche bei ihm vor
und finde ihn bereit, sich für mich einzusetzen. Im Innen-
ministerium. Beim Präfekten.
Für mich beginnt die Zeit der Aufschübe. Die Zeit des
Wartens. Die Zeit der Fünften Etage. Auf der Rückseite
meines Ausweisungsscheins reiht sich Stempel an Stempel,
jeder um drei, fünf, sieben oder vierzehn Tage die Voll-
streckung der Ausweisung verschiebend.
Zwei Jahre lang habe ich nun in Spanien in einer Art Frieden gelebt. Es gab da unten wohl Nächte, in denen man
durch das Geräusch explodierender Bomben und zusammen-
stürzender Häuser aus dem Schlaf geschreckt wurde. Es gab

71

Morgengrauen, die erfüllt waren von der Spannung der Stunde »H«. Nie wußte man, ob man die nächste Nacht noch im gleichen Unterstand, im gleichen Bett, unter dem gleichen Baum verbringen wird. Kurz, es gab da unten Krieg.

Aber wenn man nach Madrid auf Urlaub kam, so kümmerte man sich einen Dreck um die Fremdenpolizeivorschriften, die in der Hall, im Aufzug und im Zimmer des Hotels angebracht waren. Dieses Geschöpf, das nur dank der Unterschrift eines Polizeimeisters atmen, wohnen, an einem Ort bleiben oder von Ort zu Ort reisen durfte, dieses Geschöpf hatte ich an der Grenze bei La Junquera hinter mir gelassen.

Nach zwei Jahren Menschsein fällt es mir schwer, in den Käfig der polizeilich reglementierten Wesen zurückzukehren. Eines in Fristen von drei, fünf, sieben oder vierzehn Tagen Lebenden, vor dem schwarz die große Unbekannte einer nicht mehr vertagten Ausweisung liegt.

Aber es ist nicht nur dieses auf Fristen gesetzte Leben allein. Es sind auch die frühen Besuche mit dem harten Geräusch auf Holz klopfender Fingerknochen und dem »Ouvrez! La police«. Die Besucher sind immer neue Gesichter, und jeder will wissen, was ich hier treibe und wovon ich lebe und woher ich komme und warum ich nicht nach diesem Jugotschechien oder Tschechoslawien heimfahre und wieviel Geld ich habe, als ob all das nicht ein für allemal auf der Préfecture aufgenommen und meinem Aktenbündel beigelegt worden wäre. Manchmal nehmen sie mich mit, der Wagen steht wie beim erstenmal hinter der Ecke in der Rue de Vaugirard, einmal nach der Place Beauveau, in die Sûreté Nationale, ein anderes Mal wieder in die Anthropometrie, meine Kopfmaße und Fingerabdrücke scheinen verlorengegangen zu sein. Mit dem Gedanken an die morgendlichen Besucher gehe ich nachts zu Bett, und schlafe ich ein, so bleibt in einer Zelle meines Bewußtseins ein Horchposten wach, die ganze Nacht über. Knarren die Dielen unter den Schritten spät heimkehrender Gäste, so weckt mich der

Horchposten und ich, mit allen meinen Fibern und Sinnen, lausche auf das Kommende.

Die Préfecture, zu der ich mich in den festgelegten Intervallen von drei, fünf, sieben oder vierzehn Tagen begebe, liegt im ältesten Teil von Paris, auf der Ile de la Cité. Sie bildet hier ein Riesenkarree, von dessen Äußerem mir trotz der vielen Besuche nur der Eindruck einer schmutziggrünen unfreundlichen Masse in Erinnerung geblieben ist. Sie entstammt einem architektonischen Niemandsland, wie das Grand Palais und die Alexanderbrücke, der Zeit des zweiten Empires.

Die Cook-Wagen, die mit Touristen beladen über den Pont Neuf auf die Insel kommen, halten vor der Statue Heinrichs des Vierten. Sie halten vor der Sainte Chapelle. Sie halten vor Notre Dame. Sie halten vor dem goldenen Gitter des Palais de Justice und vor den Erkertürmchen der Conciergerie. Hier logierte einst der Kaiser Julian, als er seine Lutetia aufsuchte. Hier residierten die Capetinger, bis sie das Gebäude dem Parlament überließen und in den Louvre übersiedelten. Hier warteten auf die Charrette Ludwig XVI. und Maria Antoinette, die Heiligen des Legitimismus, hier wartete Charlotte Corday, die Heilige der Reaktion, hier wartete Danton, der Heilige der Halbrevolutionäre, und hier wartete Robespierre, der Unbestechliche und Meistverleumdete, auf die Charrette. Deshalb halten die Touristenwagen hier. Vor dem Nebengebäude halten sie nicht. Das Polizeigebäude ist ja nur Gegenwart und Zweckmäßigkeit.

Hier finde ich mich um acht Uhr morgens an den Tagen ein, die auf der Rückseite meines Ausweisungspapiers mit violettem Stempel angegeben sind. Bevor ich in das breite Tor trete, werfe ich noch einen Blick auf Théophraste Renaudot, der da in Bronze auf einem bequemen Stuhl vor dem Préfecturegebäude sitzt. Welch teuflischer Witz, dem Vorkämpfer für die Pressefreiheit gerade vor der Zentrale von Bespitzelung und Zensur das Denkmal zu setzen!

Ich finde mich gegen acht Uhr ein, obwohl die Beamten

erst um neun Uhr zu amtieren beginnen. Aber unsere Papiere nimmt der Bürodiener schon nach acht entgegen, und wer später kommt, wird auf den Nachmittag bestellt.

Wir haben unsere Papiere abgegeben, abgegriffene, in Falten gerissene und abermals und abermals geklebte Papiere mit vielen Stempeln und Unterschriften, Papiere von Habitués; neuere, wie das meine, noch wenig abgegriffene und bestempelte, die Papiere eines Novizen.

Das Warten beginnt. In Räumen, abgesondert für Männer und für Frauen. Auf Bänken oder auf eigenen Beinen, wenn alle Plätze besetzt sind.

Gegen halb zehn Uhr werden die ersten Namen ausgerufen. Manche erleben im Munde der französischen Beamten eine merkwürdige Metamorphose – Klüsch, Gensbür, Le Venger sind im Original einfach Kluge, Ginsburg und Loewinger –, und man muß mächtig auf der Hut sein, um seine Tour nicht zu verpassen. Die Umsichtigen halten sich deswegen an den offenen Türen auf und versperren den Ausgang. Die Neugierigen drängen aus der Abgestandenheit der Warteräume in das Getriebe des Korridors und werden von den Wachleuten mit zornigen Lauten in ihre Hürde zurückgejagt.

Die Abgefertigten begucken im Gehen ihren neuen Stempel. Kehren sie in den Warteraum zu Bekannten zurück, so werden sie von allen Seiten befragt, was man heute gibt. Zwar bekommt jeder sein eigenes Maß zugemessen, der eine fünf Tage, der andere einen Monat, jedoch herrschen in der Erteilung der Fristen allgemeine Kurse, wie an der Börse, und gleich ihnen sind sie beeinflußt von den Ereignissen auf dem Schauplatze der Innen- und Außenpolitik.

Manche bekommen nichts. Keinen Stempel, keinen Aufschub, nicht einmal für lumpige achtundvierzig Stunden. Der Beamte reicht ihnen das Papier wortlos zurück. Oder er sagt: »Plus de sursis« – kein Aufschub mehr. »Was soll ich nun tun?« fragt der Unglückliche. »Was Sie tun sollen? Das wissen Sie genau: bis Mitternacht Frankreich verlassen.« »Aber ich besitze keinen Paß, kein Visum, wohin soll ich?« Der Beamte zuckt die Schultern. Für ihn ist der Mann (oder die Frau) eine Aktennummer. Wo käme er hin, wenn es anders wäre! Er greift schon nach dem Aktendeckel des nächsten. Je nach Temperament, Nerven, Intelligenz zieht der so Verurteilte schleppenden oder eiligen Schrittes hinweg, oder er verlegt sich auf Bitten, Betteln, Flehen, als ob der Entscheid von diesem subalternen Schalterbeamten gefällt werden würde. Eine Frau fällt in Ohnmacht. Eine andere bekommt Weinkrämpfe. Eine andere kreischt, ihr Kind stimmt heulend ein. Polizisten eilen herbei, um die Betriebsstörung aus dem Raum zu entfernen. Assez de scènes! Assez de chi-chi!

So warten wir, still und laut, stoisch und bedrückt, erregt und abgekämpft, zeitunglesend und vor uns hinstarrend von morgens bis mittags. Wer bis zwölf Uhr nicht abgefertigt ist, muß um zwei Uhr wiederkommen. Klüsch, Gensbür und Le Venger, Karlovik, Sandory und Tschang-Kai-Schek (alle Chinesen werden der Einfachheit halber von den Beamten unter diesem Namen ausgerufen), von neuem von zwei bis sechs. Die Räume leeren sich. Die Luft ist gesättigt von all den hier gerauchten Tabaksorten, von all der hier ausgeschwitzten Angst und Ungeduld. Sechs Uhr nähert sich. Den Unglücklichen, deren Namen nicht ausgerufen worden sind, sagt man: C'est pour demain.

Wenn ich morgens in die Préfecture gehe, nehme ich mir etwas zum Lesen mit. Oft bleibt das Buch unaufgeschlagen. Im Gefängnis kann man lesen. Im Konzentrationslager kann man lesen. Auch im Krieg. Nicht hier auf der Fünften Etage. Eines der Bücher, das ich mir mitnahm, habe ich an einem Tage, von morgens bis abends, zu Ende gelesen. Es ist *Der Aufruhr der Engel* von Anatole France. Der Roman der aus dem Himmel nach Paris emigrierten Engel.

Seit dieser Lektüre suche ich auf der Fünften Etage nach den Ebenbildern der aufrührerischen Engel. Es treiben sich hier aber mehr resignierte arme Teufel als revoltierende Engel herum. Juden aus dem Osten. Vor dem Krieg wanderten sie nach Amerika aus. Denn zu Hause gab es mehr Lederarbeiter als Leder, mehr Händler als Waren. Aber seit Jahren war Amerika für viele unerreichbar geworden: Einreisequoten schlossen die Neue Welt ab, Valutenunterschiede machten die Fahrkarte unerschwinglich.

Neben Luftexistenzen aus dem Osten gibt es hier Holzfäller aus Bosnien, Erdarbeiter aus Italien, Kumpel aus Polen. Sie hatten nie in ihrem Leben daran gedacht, ihr Dorf, ihre Berge, ihre Wälder zu verlassen. Dann aber war ein Werber gekommen. Der Werber warb. Hohe Löhne. Wohnliche Wohnungen. Bezahlte Reise. Der Werber war kein Betrüger – hinter ihm stand das Comité des Huiles, das Comité des Forges, das französische Konsulat, Staat und Wirtschaft. Die armen Teufel ließen ihre Frauen nachkommen, ihre Kinder. Fünf Jahre verstrichen. Zehn. Fünfzehn. Die Erinnerung an das Dorf, an die Berge, an die Wälder verblaßte. Und nun will man sie auf einmal nicht mehr haben. Allez-vous-en!

Ohne Zweifel, es gibt auf der Fünften Etage auch revolutionäre Engel, wie im Paris von Anatole France. Nur: wer soll hier Arcade sein, der den Glauben an den alttestamentarischen Gott Jaldabaoth verloren hat und den Aufstand organisierte? Wer Fürst Isthar, der einst in der himmlischen Hierarchie den hohen Posten eines Cherubims einnahm und der nun auf Erden kleine Bomben und mächtige Elektrophore für die Revolution im Himmel erzeugte? Wer die schöne Zita, die da oben als Erzengel strahlte, in Paris aber vernachlässigt und arm in einer Dachkammer das Dasein einer Anarchistin führte?

Leichter als Ebenbilder zu finden, fällt es mir, Typen auszuschließen. Ich begegne da keinem Sophar, der Paris dem Himmel vorzog, weil sich in der Seine-Stadt gewinnreichere Waffengeschäfte als oben im Wolkenland tätigen lassen. Engel dieser Klasse werden aus Frankreich nicht ausgewiesen. Und sollte sich derartiges doch ereignen, so gibt es genügend brillante Rechtsanwälte, gewesene und kommende Minister, die die Angelegenheit in Ordnung bringen.

Am einfachsten noch fällt es mir, den kleinen Musiker Mirar zu identifizieren. Im Himmel gehörte er dem bescheidenen achten Chor der dritten Rangordnung an. Auf Erden ist er der leichten Chanteuse Bouchotte hörig und gibt Musikunterricht. »Ich bin kein aufrührerischer Geist, kein Freidenker und Revolutionär«, sagte er von sich, »und ich glaube nicht, daß es für einen Künstler gut ist, Politik zu machen.«

Mirar — ist das nicht unser erster Fahrgast, der mich für einen Kommissar hielt, der Maler aus Dalmatien, Mirko Tartaruga?

Als wir an jenem Morgen aus der Verbrecherkartothek über die Marmortreppe des Palais de Justice hinabstiegen, unsere Hände noch schmierig von der Druckerschwärze der Daktyloskopie, und vor dem goldenen Gitter in der Sonne stehenblieben, wußte er nicht, was mit sich anzufangen. Nach Hause? Ins Café? Zu Freunden? Zu seinen Mäzenen? Oder einfach stehenbleiben? Keinen Entschluß fassen? Die Dinge an sich herankommen lassen?

Aber was soll aus seinem Atelier werden? Aus Yvonne? Und wohin? Nein, mit Politik habe er sich wirklich nie befaßt. »Ich bin ein Künstler, verstehen Sie mich recht.« Aber nun lebe er schon fast anderthalb Jahrzehnte hier. Ein Leben ohne Paris? Ohne Yvonne?

Während wir so unschlüssig vor der goldenen Pforte der Justiz standen, und Mirko Tartaruga leise und abgekämpft Satz an Satz reihte, die alle zusammen ein Plädoyer gegen das Unrecht bildeten, das man ihm angetan, stockte er auf einmal und seine Stirne bedeckte sich mit dicken Schweißtropfen. Von seinen Lippen löste sich ein langgezogenes »Ach«.

»Was gibt es?« frage ich.

»Nichts. Nun weiß ich, woher mein Unglück kommt. Vom Sonnenuntergang über den Bouquinistenbuden.«

»Wie?«

»Jawohl, vom Sonnenuntergang über den Bouquinistenbuden. Yvonne meinte, das war vor ungefähr einem Jahr, ich sollte etwas für die Spanienhilfe tun. Tartarin – so ruft sie mich –, Tartarin, sagte sie, man sammelt unter Künstlern. Picasso hat eigens dazu sein *Guernica* gemalt. Auch du mußt etwas geben. So gab ich ein Aquarell, eben den Sonnenuntergang über den Bouquinistenbuden. Das wird es sein.«

Wer weiß, vielleicht mag es sich wirklich so zugetragen haben, daß Mirko Tartaruga unter die aufrührerischen Engel kam – ein neuer Mirar.

Aber wer ist Arcade? Wer Isthar? Wer Zita?

Der Belleviller Fahrgast unserer Polizeifuhre? Vielleicht. Mit den dreien gemein hat er den Haß gegen die Selbstherrscher. Er war aber nicht wie Arcade durch die Erforschung der klassischen und orientalischen Altertümer, durch das Studium der Theologie, Philosophie, Physik, Geologie und Biologie zum Revolutionär geworden. Geworden war er es in der praktischen Lehre der Fiat-Werke zu Mailand, erst nachher kamen die Bücher. Er fabrizierte auch keine Bomben und Elektrophore, wie der Fürst Isthar, was er fabrizierte waren Artikel, Aufrufe und Broschüren. Er führte kein Bohemeleben, wenn auch sein Leben ungewiß und unstet war, doch dies in einer anderen Art.

Unserem vierten Fahrgast, der mir so bekannt vorkam und der partout eine Fine, d. h. einen Kognak trinken mußte, begegne ich nicht mehr auf der Fünften Etage. Ich sehe ihn aber außerhalb, auf den Veranstaltungen der emigrierten deutschen Literatur, auch im Dôme-Café. Er ist ein deutscher Romancier und heißt Torwald Siegel. »Holt man Sie noch immer zu dieser Nachtzeit aus dem Bett?« fragt er mich, sooft wir uns begegnen. Er wurde an jenem Morgen nur wegen einer belanglosen Sache abgeholt. Die Fünfte Etage blieb ihm erspart, dem Glücklichen.

Wir übrigen aber, die wir einander durch die Regie der Préfecture in jener schwarzen Limousine kennengelernt haben, kommen auch weiter hier auf der Fünften Etage zusammen. Mirko Tartaruga, der dalmatinische Maler vom Montmartre. Und Carlo Carducci, der italienische Revolutionär aus Belleville.

Mirko Tartaruga finde ich bei unserem ersten Wiedersehen im mittleren Warteraum. Er ist heute gefaßter – und bedrückter. Gefaßter, weil er nicht allein mit seinem Schicksal ist. Bedrückter, weil es ihrer so viele sind. »Schauen Sie, die Frau mit dem Kind auf dem Arm. Haben Sie diesen Blick gesehen?« (Ab und zu kommen zu uns Frauen, um mit ihren Männern zu sprechen.) Mirko zieht seinen Zeichenblock aus der Tasche, sein Bleistift eilt über das gekörnte Papier: Augen, Augen.

Auch Carlo Carducci ist an diesem Tage da. Er sitzt über Zeitungen gebeugt. Er ist wenig von dem beeindruckt, was rund um ihn geschieht. Carlo Carducci ist hier kein Neuling. Er kennt den Betrieb. »Ich weiß nicht«, sagt er mir, »ob Sie mich hier noch wiedersehen werden. Ich möchte nicht noch einmal die Reise zur belgischen Grenze antreten.«

»Zur belgischen Grenze?«

Jawohl, zur belgischen Grenze. In die Gegend zwischen Lille und Valenciennes, wo Schmuggler Tabak und Gendarmen Menschen über die Grenze schmuggeln. Der Tabak ist in Belgien billiger als hier, die Menschen aber will niemand haben, nicht einmal geschenkt, weder hüben noch drüben. Das sind aus dem Land gewiesene, paßlose, visenlose Subjekte, wie wir es sind, Menschen der letzten, der Fünften Etage. Sie unterscheiden sich von der Ware Tabak dadurch, daß das Grenzamt sie nicht beschlagnahmt, wenn es ihrer habhaft wird, daß es sie ganz im Gegenteil dorthin zurückbefördert, von wo sie gekommen sind. So ist es auch Carlo Carducci ergangen: viermal innerhalb von drei Tagen und zwei Nächten wurde er über die Grenze geschafft, zweimal von französischen Gendarmen und zweimal von ihren belgischen Kollegen.

Mirko wird aufgerufen: Mirko Tartarüsch. Er wirft mir von der Tür einen hoffnungslosen Blick zu, als sollten wir uns nie mehr wiedersehen. Als nächster werde ich abgefertigt, kurz vor Mittag. Sieben Tage Aufschub besagt der Stempel.

In dieser Woche trifft die Antwort meiner ehemaligen Hausfrau aus Prag ein.

Ich hatte nach meiner Ankunft in Paris an den Schweizer Verleger geschrieben, dem ich, wie lange ist das her, meine »Reise durch die künftigen Kriegsschauplätze« geschickt hatte. Es kam als Antwort ein gequälter Brief: Ja, zur Zeit wäre er geneigt gewesen, das Buch herauszubringen, aber inzwischen hätte sich einiges geändert. In zu vielen Ländern drohten Verbote. Das Risiko wäre zu groß. Er habe das Manuskript an meine alte Prager Adresse geschickt, in Ermangelung einer anderen.

Ich wandte mich also an meine Prager Hausfrau. Statt des Manuskripts kommt aus Prag ein Brief: Fräulein Helen wäre eines Tages vorbeigekommen, Fräulein Helen wußte gar nicht, daß Sie, Herr Doktor, verreist waren. Ich wieder wußte nicht, was ich mit Ihrer Post anfangen soll. So bat ich Fräulein Helen, sie an sich zu nehmen. Was sie nach einigem Zögern auch tat.

Fräulein Helen war ein blondes Mädchen aus den Sudeten, Doktor der Philosophie, Bibliothekarin des Prager Clementinums, mit einem Ehrgeiz, der stärker war als alle ihre anderen Triebe.

FRIEDRICH WOLF

An seine Frau

M[oskau], 5. 5. 1936

Liebe Kaethe,

Dein Brief vom 29. IV. hat leider meine Aktion für Lukas gestoppt. Ohne Erlangung der Sowjetbürgerschaft ist für Lukas ein Bleiben hier unmöglich. Ich kann ihn überhaupt nur als meinen Sohn und als Emigranten herüberbekommen. Auch dies ist schon nicht einfach. Es kommen in letzter Zeit dauernd viele Lehrer und andre Intellektuelle mit INTU-

RIST herüber, weil das Leben und die Arbeit für sie in Germanien »eine Hölle« sei. Manche kenne ich überhaupt nicht, aber sie kannten irgendwie meine Arbeiten. Aber ich kann natürlich nichts für sie tun. Die Bestimmungen sind jetzt mit Recht hier sehr streng.

Es ist hier eine große Ehre, Sowjetbürger zu werden. Man sieht jetzt genau. Aber wenn ich Lukas als meinen Sohn herholen will und ich mich dann natürlich für ihn verbürge – nicht bloß daß er hier die Gesetze achten wird, sondern daß er grade als Emigrant sich besonders anstrengen, gut lernen und sein neues zweites Vaterland auch lieben wird, ein Land, das wie kein zweites der Erde die Ausbeutung und Knechtung der Menschen durch den Menschen beseitigt hat . . . also wenn ich mich so für Lukas verbürge, dann wird es wohl gelingen, daß auch die hiesigen deutschen Partei- und RH-instanzen seine Einbürgerung empfehlen und daß Lukas dann die Sowjetbürgerschaft erlangt. Wie gesagt, grade heute eine wirkliche Ehre.

Lukas schrieb, daß sein deutscher Paß im Dezember sowieso abläuft. Als mein Sohn kann er niemals auf die Botschaft hier gehn und etwa seinen Paß verlängern lassen, ganz abgesehen, daß ich dies als deutscher Parteigenosse nicht verantworten kann. Was soll dann aber nach dem Dezember werden, wenn Lukas' Paß abgelaufen ist?? Dann muß er doch die Bürgerschaft seines zweiten Vaterlandes annehmen.

Kaethe, ich verstehe Deine Sorge als *Mutter*, wenn Du Lukas nun auf eine vielleicht längere Zeit weggeben sollst. Deine ideologischen Bedenken aber sind völlig unbegründet. Nicht bloß etwas lernen wird hier Lukas, sondern er wird hier ein richtiger neuer Mensch werden, ein froher senkrechter Kerl. Die SU ist nicht ein Asyl aus Notbehelf, sondern eine neue Menschheitswiege. Bedenke das, Käthe, lies einmal, was Geister wie Romain Rolland, André Gide, Karin Michaelis über die SU schreiben und sende mir schnell Deine endgiltige Zustimmung zur Sowjetbürgerschaft. Denn – welche Vormundschaft auch immer – ich will nicht, daß

Lukas hier in innere Konflikte gerät. Er soll ein ganz fester Mensch hier werden. – Heute muß ich auf 2 Wochen an die Wolga. Wenn ich zurück bin, erwarte ich Deine Antwort, die diktiert ist nicht von Deinem Gefühl oder Vorurteil, sondern von der echten Einsicht, was jetzt für Lukas nottut. [...]

ÖDÖN VON HORVÁTH

An Franz Theodor Csokor

Teplice-Sanov am 15. April 38

Mein lieber, guter Csok, bester Freund – ich wollte Dir auch die ganze Zeit über schreiben und immer hoffte ich, Dir schreiben zu können, daß ich Dich besuchen werde, aber leider, leider geht das nun nicht. Ich kann jetzt nicht kommen, muß hier bleiben und fahre Ende nächster Woche nach Zürich und Amsterdam, über Budapest, Jugoslawien und Milano. Jaja, die Welt wird immer größer – Mein lieber guter Csok, ich kann es Dir absolut nachfühlen, daß Du vorerst in Polen bleiben willst. Für uns alle kommt es ja erst in zweiter oder dritter (manchmal auch in letzter) Hinsicht in Frage, *wo* wir sitzen, die Hauptsache ist, daß wir arbeiten können. Und man soll immer weiter sein Zeug machen, das ist das einzig richtige und dann wirds auch richtig. Du bist außerdem noch in der ungemein günstigen Lage, daß Du in Polen selbst einen Ruf und Ruhm hast – es ist wirklich ein schönes Geschenk der Vorsehung für Dich. Ich gratuliere Dir zu allen Deinen großen Ehrungen. Mein lieber Freund, ich würde es mir an Deiner Stelle wirklich sehr überlegen, ob Du nicht polnischer Staatsbürger werden kannst. Ich bilde mir ein, daß dies leicht gehen könnte – leicht bei allen Deinen Verdiensten um die polnische Literatur –

Aus Wien höre ich nichts, das heißt, nichts Direktes, und
was in den Zeitungen steht. Es ist nichts Schönes, mein
Gott!
Überlege es Dir auf alle Fälle, ob Du nicht etwas in Prosa
schreiben willst – ich werde auf alle Fälle in A. und ganz
unverbindlich für Dich sprechen. Du kannst Dir dann alles
noch genauestens überlegen. –
Wo ich landen werde, weiß ich noch nicht. Am liebsten
würde ich in die französische Schweiz fahren oder in
Frankreich irgendwo in der Nähe von Genf am Alpen-
rand sitzen. Ich hab ein neues großes Buch vor.
Liebster bester Csok, alles, alles Gute zu Ostern!

            Sei innigst umarmt von Deinem Ödön

P. S. Ich schreibe Dir diesen Brief expreß, damit Du ihn
zu Ostern hast.

KARL WOLFSKEHL

Auf Erdballs letztem Inselriff
Begreif ich was ich nie begriff.
Ich sehe und ich überseh
Des Lebens wechselvolle See.
Ob mich auch Frohsinn lange mied,
Einschläft das Weh, das Leid wird Lied.
Bin ich noch ich? Ich traue kaum
Dem Spiegel, alles wird mir Traum.
Traumlächeln lindert meinen Gram,
Traumträne von der Wimper kam,
Traumspeise wird mir aufgetischt,
Traumwandernden Traum-Grün erfrischt,
Hab auf Traumhellen einzig Acht.
So ward der Tag ganz Traumesnacht,
Und wer mir Liebeszeichen gibt
Der fühle sich, wisse sich traumgeliebt!

THEODOR KRAMER

Von den ersten Tagen in London

In London treib ich mich seit ein paar Tagen
herum, die Koffer stehn noch eingestellt;
wohin ich komm, hör ich die gleichen Fragen,
wie es mir Neuling hierzuland gefällt.
So groß die Stadt auch ist, sie dünkt mich ländlich
mit ihren Gassen, ganz von Grün verschönt;
im Hydepark liegt das Volk wie selbstverständlich:
ich aber bin daran noch nicht gewöhnt.

Mit Auskunft dient mir, wen ich frage, willig,
doch läßt er mich beileibe nicht heran;
es tut ihm leid, er hält es nicht für billig,
daß ich im eignen Land nicht schreiben kann.
Daß man zuweilen meinesgleichen endlich
die Straßen waschen läßt und ihn verhöhnt,
erscheint den Leuten vollends unverständlich:
ich aber bin daran schon längst gewöhnt.

Der Fisch ist billig, doch das Wohnen teuer,
die Butter salzig und das Wasser schal;
sind die Entfernungen auch ungeheuer,
nicht sitzen bleiben kann ich nach dem Mahl.
Daß man nicht immer lächelt, wenn man endlich
beherbergt wird, und aus dem Schlaf noch stöhnt,
dünkt hierzuland die Leute unverständlich:
ich aber bin noch nicht an sie gewöhnt.

FRANZ THEODOR CSOKOR

Dritte Panik

Worauf der Flüchtling sich selbst in ärgster Not noch freuen darf, das ist der *Schlaf*, wenn man ihn finden kann. Und meistens findet man ihn auch, man setzt die Flucht darin noch fort, freilich in einem anderen Bereich. Ein Haufen Menschen liegen wir in einem Stall auf Rädern, der unser Wagen ist. Roßmist klebt unaustilgbar an dem Boden, man breitet seinen Mantel drüber aus, den Kopf bettet man auf das Reisebündel, und man wartet. Man hat seit Mittag in Rejowiec so gewartet, man fuhr ein Stück, dann wartete man wieder neben zwei Bombentrichtern, in denen abgeknickte Bäume warnten, es wurde Abend und es wurde Nacht, und niemand wagte es, den Wagen zu verlassen, aus Furcht, gerade jetzt könne die Fahrt wieder beginnen ohne ihn. Und endlich heben die Räder an zu knirschen, im gleichen Augenblick vergißt man alles, Sorgen, Hunger, Gram, man trinkt den Schlaf in langen Atemzügen, es wird ein Rausch, ein Wechsel wirrer Bilder, bis man traumlos landet. Man merkt zwar noch, wie auch die Räder schweigen und Menschen sich entfernen, bloß drei bleiben, die sich um einen hingelagert haben, aber man nimmt sich nicht die Mühe zu erwachen, man sinkt wieder in die Tiefe, als suche man dort etwas, das einmal war und das man nur vergaß ... ist es der Tod?

Da reißt einen ein schriller Pfiff empor, und aus dem beizenden Gestank des Pferdekotes taumelt man auf, Stroh im Haar, an den Kleidern – wir vier, ich und der junge Warschauer mit der Studentenkappe, der grauhaarige Ingenieur in Breeches und der Kattowitzer Kaufmann, der einen licht gewesenen Sommeranzug trägt. Ein früher Morgen schauert durch die zurückgeschobene Tür. Unser Zug steht scheinbar noch am selben Platz, wo er nachts anhielt. Den mir von den Vätern in Lublin sorglich verpackten Brotlaib, in dessen Innern Butter verpfropft ist, teile ich mit den Gefährten zum Frühstück. Vergeblich blicken wir nach Wolken aus; auch dieser Tag bringt wieder Glut und blankes Fliegerwetter. Ein Zug wie unserer voll Flüchtlingen läuft ein, doch aus der Gegenrichtung, aus dem Süden, und auf dem dritten Gleise keucht ein Militärtransport heran, Geschütze unter straff geschnürten Leinen und Munitionsverschläge, auf denen schlummernde Soldaten hocken – welche Gelegenheit für Condorlegionäre im Fluge nach Lublin, geschwind sich auszuzeichnen? Die Flüchtlinge berichten übrigens, knapp hinter ihnen hätten deutsche Piloten die Strecke schon gesprengt, und der Stationschef, vor Müdigkeit grau im Gesicht, antwortet dem Sturm von Fragen nach der Weiterfahrt mit einem Achselzucken der Verzweiflung.

Also daran sind wir? – Nun, wir Vier verständigen uns rasch. Das ist *die dritte Panik*, geräuschlos aber furchtbarer als jene beiden lauten dieser letzten Tage. Vor jedem Tode tritt die Nervenlähmung ein, und was sich hier ereignet, bedeutet *das Sterben der Bahnen* vor dem allgemeinen Ende. Entschließen heißt es sich, will man nicht unter die Räder kommen, die allerorts bald stillestehen werden. Ich muß nach Stanislau, wohin man mir im Kloster an den Superior des Ordens dort ein Schreiben gab; der Weg hin führt mich über Lemberg, das Reiseziel meiner Gefährten. Versagt die Bahn, so macht man ihn zu Fuß. Das abgemagerte Gepäck zusammenraffend schwingen wir uns aus dem Wagen auf die Böschung, folgen unbesorgt den Schienen, die heute niemand mehr befahren dürfte, bis zu der Straße, die sie schneidet. Sie führt uns zwischen Sümpfen, über denen die feuchte Luft im Sonnenbrande zittert, einem Horizonte zu, an dem blaue Waldhügel aufsteigen hinter einem Kirchturm und seiner Friedhofskuppel: Das Schlachtfeld *Rawa Ruska.*

Ein Bach windet sich vorüber an den ersten Häusern, Soldaten und Gendarmen jagen auf und ab, Motorräder knattern, Autos parken, hier gibt es noch Benzin, hier scheint ein Stab zu liegen. Ein kleiner Trommler reckt sich wichtig vor einer Kaserne; ein Freiwilliger wohl, beinahe noch ein Kind mit einem treuen tapferen Gesichtchen. Aber ich denke an die Blinden von Lublin. Du guter Gott!

Im Bache baden wir; dann rasten wir im Gras. Hier unter diesem trotz der Höllenhitze immer noch nassen Rasen modern zahllose meiner österreichischen Landsleute heute beinah auf den Tag seit fünfundzwanzig Jahren. Drei Reiterdivisionen und Landwehr aus Wien und aus Graz rannten hier unter Auffenbergs Kommando gegen die Russen an, sich die Straße nach Lemberg zu erkämpfen, und brachen nieder. Troß und Geschütze ließen sie in den Wäldern und in den Sümpfen bei dem Gegenstoß des Generals Rußky, der den Sieger von Krasnik am elften September 1914 zum Rückzug nötigte. Aber träume ich jetzt – oder rollen wieder Geschütze ganz ferne? Eine katalaunische Schlacht in den Lüften, aus der Geisterstunde des glühenden Mittags geboren? – »Gewitter«, meint der Mann aus Kattowitz, den es auch weckte. Nein, es war kein Gewitter, wie ich viel später erst erfuhr – es waren wirklich wieder Österreicher, die man über den Gräbern ihrer Väter kämpfen und fallen ließ beim Marsche von der Weichsel nach Lublin.

Weiter! Mitten im Ghetto von Rawa Ruska, wo eben ein Markttag wimmelt, erreicht uns überraschend ein schweres Bombardement durch fast unsichtbar gebliebene Flieger, die aus enormer Höhe niederstoßen. Wie Maulwürfe, die unter die Erde fahren, schlüpften die Juden in ihre Häuser, hastig sie versperrend. Ratlos drückten wir uns an die Mauer einer »Schul«. Sehr günstig schien der Platz gerade nicht, denn nahe lief die Bahn vorbei, auf die man es wohl abgesehen hatte. Jenseits der Gleise aber siedelte im Frieden eines Gärtchens ein sauberes Häuschen mit rotem Blechdach, die Türe unter der Mansarde weit der Sonne geöffnet; im Garten rüttelte ein altes Mütterchen vorsichtig einen Pflaumenbaum, damit die Früchte sie nicht treffen sollten. An unser Haus bei Warschau dachte ich, das jetzt vielleicht verlassen lag samt seinen herrenlos gewordenen Tieren. Da stieg wieder jenes schneidende Schleifen an, das wir schon kannten, spitzte sich rasend zu und platzte. Wir warfen uns zu Boden, Erde spritzte hoch, eine riesige Baumkrone schwarzen Rauches wuchs in die Breite und verzog sich langsam – und in jener feierlichen Stille, die jeder Katastrophe durch Sekunden folgt, gewahrten wir den Garten eingestampft in einen Krater, zerfetzt klaffte das Dach des Häuschens, das entzwei gerissen war; nur in der Mitte stand fast unversehrt trotz der geborstenen Mauer ein blaugestrichenes Zimmer offen mit stürzenden Schränken und einem gedeckten Mittagstisch. Doch keine Spur mehr von der alten Frau, nicht einmal von dem Baum, den sie gerüttelt hatte.

Einen scharfen Haken schlägt nun unsere Straße; ihre Wegweiser nennen Worte, die man vor einem Vierteljahrhundert durch die Wiener Straßen schrie, Schlachtfeld um Schlachtfeld von Krasnik bis zum Stryj. Da sickern durch das Sumpfland, abgezehrt von der Sonne, Rata und Biala dem Bug entgegen, wo die Russen das Heer des Erzherzogs Josef Ferdinand von den Armeen Auffenberg und Dankl trennten, auf Belz zu, dessen Wunderrabbi berühmt war in ganz Polen. »Magierow« steht auf einer andern Tafel, nach wilden Nahkämpfen von Auffenberg geräumt, Zólkiew, aus dem der unglückliche Brudermann geworfen wurde und wo seine schon historische Depesche die Wiener aus dem Siegestaumel riß: »Lemberg noch in unserem Besitz!« Und Lemberg selbst, die Löwenstadt, Leopolis, gewonnen und verloren, immer wieder. Auch jetzt scheint es dort wieder hart gegen hart zu gehen; das Knurren des Artilleriefeuers vernahm man oft ganz deutlich. Wer trug aber den Angriff? – Vor einer Stunde seien deutsche Tanks hier durchgekommen, versichert man in einem Dorf. Und über Radom aus dem Westen und vom Norden nieder drücken wieder Deutsche? Liegen wir schon in einer Zange, die sich tödlich schließt?

Eine Staubsäule erhebt sich hinter uns. Wir treten an den Straßenrand. Auto um Auto löst sich nun aus ihr, saust vorbei an uns, dann folgen Wagen voll Soldaten. Im Rückteile des letzten Wagens, der Bagage führte, saß der kleine Trommler aus der Kaserne von Rawa Ruska; jetzt sah er nicht mehr stolz um sich, sondern recht müde, ein aus dem Schlaf geschrecktes Kind. Wir putzen uns den Staub ab, dann trotten wir der wilden Jagd, die uns hier überholt hat, gottergeben nach.

So wandern wir zwischen den Fronten, vier Menschen in Zivil zwischen Millionenheeren, die jeden Augenblick auf diesem blutgewohnten Boden wieder einmal die Waffen kreuzen können; ja, jeden Augenblick kann hier eine der unheimlichen Schlachten dieser Zeit beginnen, wo Feuerschleier, über Kilometer vorverlegt, einander suchen, ohne daß eigentlich ein Kämpfer sichtbar wird.

Nur wir, wir Vier, wir wandern in der Mitte.

HANS SAHL

Zwischen Tours und Poitiers

Ich weiß nicht, wann ich geboren,
Ich habe kein Signalement,
Meinen Paß, den hab ich verloren
Bei einem Bombardement.

Sie werfen nach mir mit Steinen,
Es wird mir nichts geschenkt,
Erst gestern haben sie einen
Als Parachutisten gehängt.

Jetzt halte ich mich am Rande
Und habe kein Nachtquartier,
Ich bin der Schrecken im Lande,
Ein Mann ohne Ausweispapier.

MAX BROD

Ein neues Dasein

> Hier beginnt das kurze Glück meines Lebens;
> hier kommen die friedlichen, aber raschen
> Zeitperioden, welche mir das Recht gegeben
> haben, zu sagen, daß ich gelebt habe. Köst-
> liche und oft zurückersehnte Augenblicke –
> fangt aufs neue eure zauberische Reihenfolge
> für mich an, und wenn es möglich ist, zieht
> langsamer vorüber, als ihr es in eurer flüchti-
> gen Wirklichkeit tatet.
>
> J.-J. Rousseau: *Geständnisse*

Ein fröhliches Wort an den Anfang dieses Kapitels, das neben allem anderen doch auch so viel Unfrohes, Schmerz-
liches und sehr Mühsames ins Gedächtnis zurückruft.
Schon in den ersten Monaten nach meiner Einwanderung
hielt ich Vorträge in hebräischer Sprache. Am Anfang lernte ich die Ansprachen auswendig. Zur Sicherheit schrieb ich
mir den hebräischen Text in lateinischen Buchstaben auf
und las ihn ab. Über die besonderen Schwierigkeiten, unter
denen dieser Sprung ins kalte Wasser vor sich ging (»Spring
und lerne schwimmen«), folgen später noch einige Bemerkungen. Hier nur die Tatsache: Es ging, wurde viel bewun-
dert, trug mir lebhafte Sympathien ein. Einige Monate später sagte mir der geistvolle Journalist Dow Malkin: »Ich
beglückwünsche Sie. Mit Ihrem Hebräisch geht es schon viel
besser. Sie machen schon Fehler!«
Nichts konnte mir den Abgrund, in den ich mich hinein-
gewagt hatte, deutlicher zeigen als diese Gratulation zu
meiner einigermaßen freieren Bewegung auf dem Gebiet der
schweren schönen Sprache, der ich mich zunächst nur mechanisch, in pedantischer Abhängigkeit anvertraut hatte.

Wie war es zu alldem gekommen? Ich habe bereits in einem
früheren Kapitel erzählt, daß mich gerade die besten Freunde, die ich in Palästina besaß, gewarnt hatten, ins Land

einzuwandern. Leute mit intellektuellen Berufen, noch dazu
solche, die ein gewisses Alter überschritten hätten (ich
zählte bei der Einwanderung 55 Jahre), seien hier nicht
gerade gesucht. Was man brauche, seien kräftige junge Menschen, Pioniere, Männer der Tat, Ingenieure, Traktoristen,
Hühnerzüchter, Baumfäller, Hirten. Trotzdem schlug ich
einen amerikanischen Antrag ab, als Professor an einer US-
Universität zu wirken, ging auf gut Glück ins Ungewisse.
Nie habe ich es bereut, nie eine richtigere Entscheidung aus
gutem Gefühl getroffen. »Wer wagt, gewinnt.« Und so sah
ich mich bald nach meiner Ankunft im Gelobten Land, die
eine kleine Sensation war, nicht vor einem, sondern sogar
vor zwei verlockenden Anträgen, die schöne, sei es auch
bescheidene Lebensstellungen verhießen. Der Kleinmut der
Freunde hatte wieder einmal geirrt. Zu dieser »Sensation«,
die ich nur das eine Mal in meinem Dasein erlebt habe, trug
einiges bei: das zufällige Zusammentreffen der Abreise meiner Gruppe, der außer mir mein Freund Felix Weltsch und
andere wichtige geistige Führer des Volkes angehörten, mit
dem Einmarsch Hitlers in Prag – einige falsche Zeitungs-
meldungen, die berichteten, wir seien an der Grenze gefaßt
und hingerichtet worden – die Tatsache, daß wir, als das
Dementi herauskam, von da an von der wohlwollenden
Presse Palästinas sozusagen von Station zu Station geleitet
wurden (von diesem liebenswürdigen Interesse erfuhren wir
aber erst bei unserer Ankunft) – der festliche Empfang im
Hafen von Tel Aviv, die rührende Freude unserer Lands-
mannschaft, mit dem Abgeordneten Dr. Angelo Goldstein
an der Spitze, das Zusammentreffen mit anderen Pragern
wie der Schauspielerin Ruth Klinger, die Begrüßung in einer
feierlichen Sitzung der führenden Parteien, bei der Schasár
sprach (damals noch als Redakteur Rubaschoff berühmt –
»wie hießen Sie doch mit Ihrem Mädchennamen?« fragt
man bei uns manchmal jene, die ihren Namen hebraisiert
haben). Dann die vielen Artikel, die in der hebräischen
Presse über meine Bücher und mich erschienen, auf einen
geradezu jubelnden Ton gestimmt; es hatte einige Tage lang

den Anschein, als ob die Zeitungen über nichts Wichtigeres zu schreiben hätten als über uns, die Geretteten. Ich war überwältigt; ich hatte nie geahnt, daß die Dienste, die ich jahrelang meinem Volk mit reinstem Herzen, uneigennützig und oft mit gewaltiger Anstrengung, aber doch nur in provinziellem Maßstab geleistet hatte, mir so viel Beachtung, einen Schatz von Liebe eingetragen hätten. Ich war um so mehr überrascht, als mir bei meiner zionistischen Arbeit immer Kafkas Worte aus *Josefine, die Sängerin* vorgeschwebt waren, daß »das Volk, herrisch eine in sich ruhende Masse (ist), die förmlich, auch wenn der Anschein dagegen spricht, Geschenke nur geben, niemals empfangen kann«.

Und nun diese Welle echter spontaner Dankbarkeit, die mir überall entgegenschlug, wo ich mich zeigte!

Meine Frau, die mit einem ganz eigenartigen, trocken-ironischen, nie boshaften Humor begnadet war, faßte die seltsamen Geschehnisse, die uns damals wochenlang einhüllten, in die nüchternen Sätze: »Es ist doch eigentlich ganz schön, wenn man mal ein bissel prominent« ist.« Die bizarre Wortverbindung »ein bissel prominent« wurde damals in unserem Kreis oft zitiert, wurde zum homerischen Laufvers für viele komische und in sich widerspruchsvolle Begebenheiten.

Die Huldigungen gipfelten in den schon angedeuteten zwei praktischen Vorschlägen.

Die führenden Mitglieder des Theaters »Habimah«, deren Wortführer in jener Zeit der einfallsreiche Regisseur und Schauspieler Zwi Friedland war, erschienen im Hotel »König Salomon«, meinem ersten Wohnort im Lande. Das Hotel hatte ein hübsches Sprechzimmer, das fast täglich einer Delegation als Rahmen diente, die zu meiner Begrüßung kam. Ich sage das nicht, um mich zu rühmen, sondern um die ungemeine Treue und Dankwilligkeit des jüdischen Volkes hervorzuheben, das einen sehr feinen Sinn dafür hat, wenn etwas von einem seiner Söhne oder Töchter aus reiner Liebe, nicht um des Ehrgeizes oder materiellen Vorteils willen zu seinen, des Volkes Gunsten unternommen worden ist – und wenn sich dieser Sohn, diese Tochter nicht aus leidiger Assimilationssucht vom Volk abwendet, wie dies, beklagenswert genug (siehe Werfel, siehe Pasternak oder, wie schon das Pseudonym sagt, Italo Suevo) allzuoft geschieht.

Die Direktion der »Habimah« bot mir die Stelle eines Dramaturgen an. Über die detaillierten Bedingungen sollte noch verhandelt werden.

Tags darauf kam das Konkurrenztheater angerückt, der »Ohel«. Wortführerin war eine schöne Schauspielerin. Allem Anschein nach kannte man meine Schwäche für weibliche Anmut. Die Dame nahm auf dem Sofa Platz, neben mir; sie trug ihr Anliegen sehr reizvoll vor. Aber mein Herz hatte sich schon für die »Habimah« entschieden, deren Leistungen (besonders die weltberühmte Aufführung des *Dybuk*) schon in Prag, viele Jahre zuvor, bei einer europäischen Tournee der Truppe, mich als künstlerische Taten ersten Ranges gefesselt hatten. Ich hatte den *Dybuk* zweimal, auch andere Habimah-Stücke in Prag gesehen.

Alles in allem lebte ich in einer schwer deutbaren Verwirrung. Ich war tief glücklich und tief unglücklich zugleich. In dem auf und ab steigenden Gewölk zeigte sich je nach den Blickpunkten siedeheißer Schmerz – oder ruhige Fernsicht in Landschaften der logisch richtigen und erforderlichen Arbeit, des Fortschritts. Wenn der Widerstreit gar nicht mehr auszuhalten war, stürzte ich mich in verdoppelte Anstrengungen. Das Unmögliche möglich zu machen – das war der einzige Ausweg.

Oskar Baums schöner Roman *Die Tür ins Unmögliche* kam mir dabei immer wieder in den Sinn oder der paradoxe Ausspruch eines deutschen Philosophen, den mir Hugo Bergmann überliefert hatte: »Man muß aus dem Durst einen Trank bereiten.« Dabei spitzte sich alles hie und da auch zu heftigen Auftritten zu, die ich mir heute gar nicht erklären kann. Ein hoher Funktionär der Jewish Agency, von dem ich einmal früher den (unmöglichen) Schutz und die Einwanderung meines Bruders verlangt hatte, lud mich höflich zu einem Vortrag ein. Ich schrie, in dem bei mir leider manchmal ausbrechenden Jähzorn: »Nicht früher als bis mein Bruder befreit ist.« Der Funktionär sah mich entsetzt an. Unter seinem Blick fiel ich in Ohnmacht. Es war eine Szene an der Grenze der Menschheit und ihrer äußersten Anspannungen, völlig sinnlos, ungerecht.

Mein Bruder war mir eben mehr als ein Bruder, er war auch einer meiner besten Freunde, in Dichtung und Musik mir gleichstrebend.

So wogten in mir die Seligkeiten und das Unselige durcheinander. Ich beschloß geradeauszugehen, mich nicht an Deutungen meiner Seelenkämpfe zu verlieren. Dunkel ahnte ich immerfort, daß in der einzigen Zeit meines Lebens, in der ich ganz auf der Höhe stand und in der das, was man Tugend, virtus nennt, zum Greifen nahe lag: daß mir in dieser Zeit äußere Schicksale, die üble Beschaffenheit der Gegenwart das Konzept verdarben. Ich fand einen Ausweg: Die Sorgen waren ferne entrückte Schatten, wenn auch bleibende stete Schatten. Die Anstrengungen lagen gleich links auf meinem Schreibtisch: meine hebräische Grammatik, Hefte, Übungsstücke. Die merkwürdige, rational unfaßbare Mischung dieser ganz disparaten Elemente (ferne Schatten, nahe greifbare Bemühungen) macht das Eigenartige meiner ersten Zeit in Palästina aus.

Ich habe gar kein besonderes Talent für fremde Sprachen, obwohl ich einige von ihnen zärtlich liebe. Trotz Aufwand vieler Jahre habe ich das Tschechische nie bis zur letzten Korrektheit erlernt, wiewohl ich im Staatsdienst stand und diese Korrektheit bitter benötigt hätte. Nicht das Französische oder Englische, obwohl ich lange Zeiten in französischer und englischer Lektüre geradezu eingewühlt war. Im Gespräch aber fragen: »Wie spät ist es?« – das ging meist über meine Kraft. Nur im Hebräischen habe ich es verhältnismäßig recht weit gebracht; was ich immerhin zu den seltsamen Tatsachen meines Lebens rechne. Voreilige mystifizierende Schlüsse will ich daraus nicht ziehen. Aber so ist es und nicht anders. Ich kann mich in diesem, seiner ganzen

Struktur nach europafernen Idiom gut ausdrücken. Meine Aussprache findet Anerkennung. In der Debatte weiß ich zu parieren. Namentlich wenn es um abstrakte Dinge oder um Dinge der Kunst geht. Beim Gemüseeinkauf finde ich mich schwerer zurecht.

Ich lernte manchmal bis zu zehn Stunden täglich. Zwei Jahre lang galten alle meine Mühen der Sprache und ihren Feinheiten. Wenn man mich fragte, worin der Unterschied des Hebräischstudiums in der Diaspora und in Palästina liege, so war meine Antwort: »Als braver Zionist habe ich im Ausland immer wieder angefangen, Hebräisch zu lernen. Jahr für Jahr. Immer von vorn. Ich bin aber immer wieder steckengeblieben, bin nur bis zum Hifil gekommen. (Der ›Hifil‹ ist eine schwierige, aber in der Praxis häufig vorkommende Verbalform.) In Palästina habe ich die Hürde des ›Hifil‹ genommen. Ich verwende ihn, ohne es zu wissen. Das ist der Unterschied.«

Indessen war auch diesen leidenschaftlichen Bemühungen eine Schranke gesetzt. Nicht für jedermann merkbar, aber doch (beispielsweise) für die »Königin der hebräischen Bühne«, für Chana Rowina. Einmal traten wir gemeinsam in Haifa, in einem großen Saal des Technikums auf, sie las eine Novelle von Stefan Zweig, wobei sie mitfühlend in solche Erregung geriet, daß sie in Weinen ausbrach. Das ganze Publikum schluchzte mit ihr. Ich hatte vorher eine Studie über Stefan Zweig vorgetragen, die ich möglichst frei zum besten gab, nicht eben am Manuskript haftend, das ich wie gewöhnlich mit lateinischen Buchstaben niedergeschrieben hatte. Zuletzt sagte mir die Rowina im Vertrauen: »Ihre Abhandlung war ausgezeichnet, Ihr Hebräisch ist schön. Nur eines stört: Man sieht, wie Ihre Augen von links nach rechts wandern.« Im Hebräischen schreibt man von rechts nach links, die Buchstaben werden gleichsam mit einem imaginären Meißel archaisch von rechts nach links in den Granit gehauen. Diesen Anblick konnte ich meinen Zuhörern und Zuschauern nicht bieten. Sie mußten mit den in verkehrter Richtung wandernden Augen vorliebnehmen.

BERTOLT BRECHT

1940

I

Das Frühjahr kommt. Die linden Winde
Befreien die Schären vom Wintereis.
Die Völker des Nordens erwarten zitternd
Die Schlachtflotten des Anstreichers.

II

Aus den Bücherhallen
Treten die Schlächter.

Die Kinder an sich drückend
Stehen die Mütter und durchforschen entgeistert
Den Himmel nach den Erfindungen der Gelehrten.

III

Die Konstrukteure hocken
Gekrümmt in den Zeichensälen:
Eine falsche Ziffer, und die Städte des Feindes
Bleiben unzerstört.

IV

Nebel verhüllt
Die Straße
Die Pappeln
Die Gehöfte und
Die Artillerie.

V

Ich befinde mich auf dem Inselchen Lidingö.
Aber neulich nachts
Träumte ich schwer und träumte, ich war in einer Stadt
Und entdeckte, die Beschriftungen der Straßen
Waren deutsch. In Schweiß gebadet
Erwachte ich, und mit Erleichterung
Sah ich die nachtschwarze Föhre vor dem Fenster und
                    wußte:
Ich war in der Fremde.

VI

Mein junger Sohn fragt mich: Soll ich Mathematik lernen?
Wozu, möchte ich sagen. Daß zwei Stück Brot mehr ist
                    als eines
Das wirst du auch so merken.
Mein junger Sohn fragt mich: Soll ich Französisch lernen?
Wozu, möchte ich sagen. Dieses Reich geht unter. Und
Reibe du nur mit der Hand den Bauch und stöhne
Und man wird dich schon verstehen.
Mein junger Sohn fragt mich: Soll ich Geschichte lernen?
Wozu, möchte ich sagen. Lerne du deinen Kopf in die Erde
                    stecken
Da wirst du vielleicht übrigbleiben.

Ja, lerne Mathematik, sage ich
Lerne Französisch, lerne Geschichte!

VII

Vor der weißgetünchten Wand
Steht der schwarze Soldatenkoffer mit den Manuskripten.
Darauf liegt das Rauchzeug mit den kupfernen
                    Aschbechern.

Die chinesische Leinwand, zeigend den Zweifler
Hängt darüber. Auch die Masken sind da. Und neben der
       Bettstelle
Steht der kleine sechslampige Lautsprecher.
In der Früh
Drehe ich den Schalter um und höre
Die Siegesmeldungen meiner Feinde.

VIII

Auf der Flucht vor meinen Landsleuten
Bin ich nun nach Finnland gelangt. Freunde
Die ich gestern nicht kannte, stellten ein paar Betten
In saubere Zimmer. Im Lautsprecher
Höre ich die Siegesmeldungen des Abschaums. Neugierig
Betrachte ich die Karte des Erdteils. Hoch oben in Lappland
Nach dem Nördlichen Eismeer zu
Sehe ich noch eine kleine Tür.

STEFAN ZWEIG

An Gisella Selden-Goth

> The Wyndham
> 42 West 58th Street
> New York
> Frühjahr 1940

Liebe verehrte Freundin,

ich freue mich, daß Sie wieder zurück sind; nehmen Sie es
nicht übel, wenn ich mich nicht gleich melde. Ich habe
eigentlich Angst vor jedem Gespräch um seiner unvermeidlichen Themen willen – Krieg, Judentum, Affidavits – und
habe bisher niemanden gesehen, nicht Toscanini, nicht Beer-
Hofman, und Sie wissen, wie ich diese verehre. Ich tue

Alles, um mir nicht zum Bewußtsein zu bringen, in welcher absurden Situation wir leben, und versuche es mit Arbeit als Chloroform – aber sobald einmal die inneren Wolken weichen, melde ich mich sofort.

Herzlichst Ihr
Stefan Zweig

LION FEUCHTWANGER

Unholdes Frankreich

Unser Tageslauf in Les Milles vollzog sich folgendermaßen.

Des Morgens um halb sechs ertönte das Wecksignal. Es war ein hübsches Signal, es gelang dem Trompeter nicht immer, aber wir erkannten es, und es wurde auch sogleich von vielen unter uns aufgenommen, gepfiffen und geplärrt. Jeden Morgen auch, unvermeidlich, ertönte das gewaltige Krähen des Tierstimmenimitators. Des weitern erhob sich jeden Morgen Streit darüber, welche Fenster geöffnet werden sollten. Ferner hörte man von allen Seiten mächtiges Gegrunze, Gestöhne, Gegähne, Gerülpse der Männer, die, steif vom Schlafen, sich streckten, unwillig, ihren freudlosen Tag zu beginnen. Immer die gleichen Redensarten hörte man, unflätige Witze, ungeheuerliche Obszönitäten, immer die gleichen Anflegeleien.

So war es in den Sälen des ersten Stockwerks. Im Erdgeschoß spielte sich mittlerweile folgendes ab. In dem dunkeln, katakombenähnlichen Raum stauten sich ein paar hundert Menschen, die meisten irgendwelche Gefäße in den Händen, darauf wartend, daß sich die Türen öffneten. In dem Augenblick, in dem die großen Torflügel auseinandergeschoben wurden, stürzten sich diese Hunderte aus dem Haus und begannen einen wilden Wettlauf über die Höfe, dem Waschraum zu, dem Wassertrog zu, den Latrinen zu. Sie rannten, manche recht ungeschickt, es waren viele ältere, körperlich wenig trainierte Männer unter uns, sie liefen grotesk. Vor den Latrinen dann und vor den Waschgelegenheiten stellten sie sich an.

Das Schlangestehen war eines der Merkmale des Lagers. Anzustehen hatte man vor dem Büro, wenn man eine Eingabe machen, eine Frage stellen wollte. Anzustehen hatte man, wenn man, alle vierzehn Tage, einen kleinen Betrag erhielt von dem Geld, das einem beim Eintritt abgenommen war. Anzustehen hatte man vor der Kantine, anzustehen hatte man, wenn man krank und zum Arzt beschieden war. Anzustehen hatte man, um das von der Lagerleitung zugeteilte Essen zu holen.

Den ganzen Tag standen Schlangen vor den Latrinen. Es gab da vier Holzverschläge an dem einen, drei am andern Ende des Areals. Manchmal warteten bis zu hundert Menschen vor jeder dieser beiden Gelegenheiten. Es gab kein Wasser, man konnte sich vor dem Kot nicht retten und nicht vor den dicken Schwärmen von Fliegen. Man wartete grimmig und machte Witze. Viele waren krank, alle wurden es. Wen die Nahrung nicht krank machte, der steckte sich an beim Geschäfte der Entleerung.

Daß so viele von uns das Konzentrationslager von Les Milles überlebten, ist eine schlagende Widerlegung unserer gängigen Anschauungen über die Notwendigkeit der Hygiene. ›In faecibus nascimur, in faecibus morimur‹ (Im Kot werden wir geboren, im Kot sterben wir), hatte Augustin erklärt; ein melancholischer Spaßvogel hatte das Zitat an den ersten der Verschläge angeschrieben und es ergänzt: ›In faecibus vivimus‹ (Im Kot leben wir).

Noch jetzt, wenn ich daran denke, wie ich in dieser Schlange stand und wartete, überkommt mich ein Gefühl des Ekels, der Trauer, der Empörung, der äußersten Erniedrigung. Es gab da Einzelheiten, die ich dem Leser ersparen will, weil mich Brechreiz ankommt bei der bloßen Erinnerung.

Die Soldaten hatten Vorrecht an den Latrinen. Kam ein Soldat, so hatte er das Privileg, sich, wenn die Reihe noch so lang war, als erster anzustellen. Einmal, als ich als siebenter oder achter stand, kam jemand und stellte sich einfach vorne hin. Es war gerade ein neuer Transport eingeliefert worden, ich glaubte, der Mann gehöre zu diesen Neuen, und wisse nicht Bescheid, und bat ihn höflich, sich hinten anzuschließen. Da aber ging er zornrot mit erhobenen Fäusten auf mich zu, unflätige Drohungen ausstoßend. Es stellte sich heraus, daß er ein Soldat war, er hatte den Uniformrock abgelegt, so daß er sich von den Gefangenen nicht unterschied. Ich wartete brennend darauf, endlich in die Latrine hineinzudürfen; das lächerliche Erlebnis mit dem Soldaten bedrückte mich tief und nachhaltig.

Im übrigen gab es selbst vor der Latrine Tröstliches. Ich erinnere mich, daß ich einmal etwa als zwanzigster in der Reihe stand und daß die übrigen drängten, ich solle ruhig als erster hineingehen. Ich habe in meinem Leben mancherlei Ehrungen erfahren. Dies war die höchste.

Einigen unter uns war das Zeremoniöse so eingeboren, daß sie selbst unter diesen wüsten Umständen die äußern Formen der Höflichkeit nicht vergaßen. Während sie dahockten, stöhnend, beschwerlich, erkundigte sich wohl der eine beim andern: »Wie fühlen Sie sich heute, Herr Professor?« »Wie geht es Ihnen heute morgen, Herr Geheimrat?« »Wie haben Sie heute nacht geschlafen, Herr Ministerialdirektor?«

In der Nähe des einen Latrinenraums gab es eine Art Pissoir. Hier gab es keine Reihenfolge, überall in diesem Winkel schlugen die Männer ihr Wasser ab, der ganze Platz war auf abstoßende Art versumpft. Auf der einen Seite war hier der Hof abgegrenzt von einer Böschung, hinter der Wachen patrouillierten, auf der andern durch hohes Gitter, hinter dem noch einmal Stacheldraht lief. Unmittelbar hinter dem Gitter aber begann ein schöner Park, und durch ihn und über ihn weg gab es Ausblicke in die liebliche Landschaft. Hier also pißte man.

Jede Scham hatte man sich im Lager schnell abgewöhnt. Niemand scheute sich, seine Häßlichkeiten und Gebrechen zu zeigen, die des Körpers wie der Seele. Es gab da manches über alle Worte hinaus Häßliche.

Etwa zwanzig Minuten nach dem Aufstehen brachten je zwei Mann aus jeder Gruppe ihren Leuten den Eimer mit Kaffee und die tägliche Ration Brot. Jeder holte sich mit seinem Becher seinen Teil Kaffee und tunkte sein Brot hinein. Über die Qualität des Brotes wurde viel geklagt, einige Ärzte erklärten, dieses Brot sei eine der Hauptursachen der Krankheiten, von denen wir alle befallen wurden.

Um halb acht Uhr blies es zum Appell. Dieser Appell fand unter gräßlichem Geschrei statt; trotzdem ging alles gutmütig zu und gar nicht militärisch. Erst marschierte eine starke Wache auf, etwa zwanzig ältere Bauern und Handwerker in Uniform, die gähnend und schrecklich gelangweilt herumstanden. Dann kamen ein paar Sergeanten in ihren roten Fes. Jemand brüllte gewaltig: »Stillgestanden.« Aber niemand stand still. Die älteren Herren unter uns wußten nicht recht, wie man das machen sollte, strammstehen, sie hielten es wohl auch für läppisch. Es wurde dann noch drei- oder viermal geschrien: »Stillgestanden«, dann wurden die Gruppenführer beschimpft, aber es klappte nie. Es lag auch daran, daß etwa ein Dutzend Leichtverrückter unter uns waren. Jener österreichische Polyhistor zum Beispiel irrte zumindest bei jedem dritten Appell, wenn es hieß: »Stillgestanden«, verloren zwischen den Reihen herum. Da rief man ihm dann wohl zu: »Hieher, hieher«; allein er konnte oder wollte nicht verstehen, und schließlich wandte er sich an einen der französischen Offiziere und legte ihm dar: »Ich bin Professor P., Gruppe Soundso, wohin soll ich mich stellen?« Auch sonst irrten während des ganzen Appells alte Männer herum, halb blind und halb taub, und konnten sich durchaus nicht zurechtfinden. Hinter den Reihen aber oder auch zwischen ihnen gingen die Fremdenlegionäre vorbei, welche in großen Tonnen den Kot der Latrinen vors Lager zu bringen hatten, und unvermeidlich riefen sie aus: »Eis gefällig, Schokolade, Vanille.«

Dann wurden Bekanntmachungen verlesen und die Arbeit für den Tag zugeteilt. Zunächst wurden einige Spezialisten gesucht, Elektriker, Mechaniker, Schneider, Schuster, Köche. Bei jedem Aufruf meldeten sich viele Bewerber; der Tag war lang, die Beschäftigungslosigkeit drückend. Ob Schuster oder Schneider oder was immer verlangt wurde, stets meldete sich der Wiener Gelehrte; er erklärte, er habe die Lehrbücher jeglichen Handwerks studiert. Auch von den andern Halbverrückten meldeten sich welche immerzu.

Dann wurde die Einteilung der Arbeit für alle vorgenommen. Da hatten etwa die Gruppen Soundso die Höfe zu reinigen, diese Gruppen das Innere des Gebäudes, jene hatten Küchendienst, wieder andre hatten Maurer- oder Erdarbeiten auszuführen.

Der Stubendienst, ebenso wie die Reinigung der Höfe, bestand im Aufwirbeln von Staub. Genügt hätten für den Stubendienst zwei oder drei von uns, beordert waren zwanzig oder dreißig. Wer nicht zum Stubendienst beordert war, durfte sich während der Arbeitszeit nicht im Gebäude aufhalten. Wurde man gleichwohl dort getroffen, dann erklärte man, man habe Wachdienst, man habe zu kontrollieren, daß nichts gestohlen werde. Als ich einmal während dieser verbotenen Zeit erklärte, ich sei Wache, erwiderte der kontrollierende Sergeant, es seien ja schon vier Wachen da. Ich, mit einer an mir ungewohnten Geistesgegenwart, antwortete frech, ich sei da, um die Wachen zu kontrollieren.

Der Küchendienst bestand im Einputzen von Rüben, im Schälen von Kartoffeln und dergleichen. Es waren dazu so viele Leute abgeordnet, daß auf den einzelnen, wenn es hoch kam, das Putzen von zwanzig Kartoffeln oder von zehn Rüben kam. Man verbrachte die Zeit mit Geschwätz.

Die andern, diejenigen, denen keine Arbeit zugewiesen worden war, hockten, lagen, schlenderten in den staubigen Höfen herum, wenn sie nicht irgendwo anstanden oder auf irgendwas warteten. Viele versuchten zu lesen, Sprachen zu erlernen und dergleichen. Immer sah man Leute herumgehen, sich mit den Fingern die Ohren verstopfend und vor sich hinmurmelnd; sie memorierten Vokabeln oder grammatikalische Regeln. Auch auf zerbröckelnden Ziegeln herumhocken sah man sie, Sprachstunden gebend und nehmend. Aber es kam wenig dabei heraus, und die meisten gaben es auch bald wieder auf; es war unmöglich, gesammelt zu denken in der Sonne, im Staub, im Lärm. Auch irgendwo allein zu sitzen und vor sich hinzudösen, war so gut wie unmöglich. Man wurde angesprochen, jemand hatte einem was Wichtiges zu erzählen oder einen dringlich um Rat zu fragen. Hatte man den einen fortgescheucht, so kam ein zweiter. Und selbst wenn man einmal ein paar Minuten ungestört blieb, dann machte einem das ewige Auf und Ab ringsum jede Konzentration unmöglich.

So blieb einem nichts übrig, als zu schwatzen, den ganzen, langen Tag, immer vom Gleichen, von den gleichen kleinen Hoffnungen und großen Sorgen. Die Optimisten waren optimistisch und die Pessimisten pessimistisch, und die Schwankenden glaubten heute den Optimisten und morgen den Pessimisten. Man hörte immer die gleichen Klagen über die Sinnlosigkeit des Ganzen, die gleichen Verwünschungen der französischen Desorganisation, die gleiche Empörung gegen jenes Frankreich, das wir alle ursprünglich so heiß geliebt hatten. Natürlich gab es selbst in dieser Situation Leute, die sich mühten, Frankreichs Vorgehen zu verstehen und zu verzeihen, doch ihre Objektivität war erquält.

Zeitungen waren verboten, Briefe kamen spärlich, in den ersten vier Wochen überhaupt nicht, wir waren abgeschnitten von der Außenwelt. Das gab Anlaß zu tausend Gerüchten über unsere eigene Situation sowohl wie über die gesamte politische und militärische Lage. Die Gerüchte kamen auf am frühen Morgen beim Anstehen im Waschraum oder an der Latrine. Mit der steigenden Sonne nahmen sie an Lebenskraft zu. Etwa um drei Uhr waren sie keine Gerüchte mehr, sondern Fakten. Von vier Uhr an verwelkten sie, gegen sechs Uhr waren sie tot. Um halb sieben beschimpfte einer den andern, daß er das Gerücht geglaubt und weitergegeben habe. Am nächsten Tag begab sich dann das gleiche.

Wer ein Gerücht ziemlich früh erfuhr, bevor alle darum wußten, kam sich wichtig vor. Das war wohl auch der Grund, warum die beiden Dolmetscher so hoch im Ansehen standen. Diese Dolmetscher waren aus unsrer Mitte erwählt worden, sie waren Internierte wie wir. Ihr Dienst war schwer. Sie waren die Vermittlungsleute zwischen der Lagerleitung und uns. Sie hatten die Befehle des Kommandanten weiterzugeben, bei ihnen hatte man sich zu melden, wenn man den Kommandanten sprechen wollte, bei ihnen hatten die Gruppenführer die Post abzuholen, und wenn etwas nicht klappte, dann wurden sie von den Offizieren angeschnauzt und von uns Internierten beschimpft. Andernteils – und das war wohl ihre Entschädigung – wurden sie von allen ständig befragt über die ständig wechselnden Chancen der Allgemeinheit und des einzelnen. Man glaubte, da sie immer in der Nähe des Lagerkommandanten seien, müßten sie alles Interessante an der Quelle erfahren. Sie erfuhren natürlich gar nichts, und wenn Leute mir wichtig erzählten, sie hätten das oder jenes vom Dolmetscher gehört und der habe es vom Kommandanten selber, dann mußte ich immer denken an jene schöne Geschichte aus dem ersten Krieg, die Geschichte jenes Pierre, Chauffeurs des Marschalls Foch. Diesen Pierre also bestürmten seine Kameraden ohne Unterlaß: »Pierre, wann geht der Krieg zu Ende? Du mußt es doch wissen.« Pierre vertröstete: »Sowie ich vom Marschall was höre, sag ich es euch.« Eines Tages kam er: »Heute hat der Marschall gesprochen.« »Was hat er denn gesagt?« Und Pierre erwiderte: »›Pierre‹, hat er mich gefragt, ›was glauben Sie? Wann wird dieser Krieg aus sein?‹«

Doch die Dolmetscher kamen sich wichtig vor in der Rolle dieses Pierre; ja, selbst derjenige, der gerade vom Dolmetscher was erfahren hatte, dünkte sich ein kleiner Pierre und wichtig. Manche glaubten, es tue ihrem Ansehen Eintrag, wenn sie nicht alles als erste wüßten; wenn ihnen ein neues

Gerücht erzählt wurde, dann erklärten sie gegen die Wahrheit, das wüßten sie schon lange.

So standen wir also den ganzen Tag herum und schwatzten. Nach einer Woche hatte jeder jedem alles erzählt, was es zu sagen gab. Trotzdem lief immer noch geschäftig der und jener und fragte eifrig, ob man nicht einen bestimmten andern gesehen habe, dem er etwas höchst Wichtiges mitteilen müsse.

Nun war es natürlich nicht etwa so, daß alle Gespräche gleich leer gewesen wären. Ich erzählte schon von meinen Unterhaltungen mit jenen kultivierten Wiener Herren über Malerei, Dichtung, Musik. Es gab auch sonst Menschen aller Art, mit denen ein gutes Gespräch möglich war.

Die Mittagsstunden waren öde. Da schon um elf Uhr zu Mittag gegessen wurde, hatte man nun drei leere Stunden vor sich, bis, um zwei Uhr, wieder zum Appell geblasen wird.

Die meisten versuchten, Mittagschlaf zu halten. Ich versuchte es nicht, weil ich meine ganze Müdigkeit aufheben wollte für die Nacht. Allein auch wenn ich hätte schlafen wollen, so hätte ich es nicht können. Der halbdunkle Raum war voll von Lärm, Leute stolperten über einen, Ziegel zerbröckelten krachend. Dann gab es da immer welche, die sich durch die Unbequemlichkeit des Raumes nicht davon abhalten ließen, Karten zu spielen. Sie saßen auf ihren Ziegelhäufchen, schmissen ihre Karten auf andere Ziegel oder auf ein wackeliges Brett, schrien und zankten. Die Karten waren unsäglich schmutzig; Gewinn und Verlust wurden geregelt durch Zahlungsanweisungen, gültig für die Zeit, da die Lagerleitung von dem deponierten Geld einen kleinen Betrag auszahlen würde. In einer Nische des Lattenwerks standen oder hockten gewöhnlich irgendwelche orthodoxen Juden, betend oder ›lernend‹, in der Schrift oder im Talmud studierend. Und inmitten dieses Getriebes lagen Kranke auf ihrem Stroh und stöhnten und Gesunde auf ihrem Stroh und schnarchten.

Natürlich versuchte ich manchmal zu lesen, aber es ging

nicht. Es war zu laut, zu heiß, zu staubig. So schlenderte ich denn herum oder ich saß auf meiner Bank und döste vor mich hin, oder ich hockte gekrümmten Rückens auf einem Ziegelstein vor dem Stacheldraht in der prallen Sonne.

Um zwei Uhr dann wurde der zweite Appell abgehalten. Er verlief wie der erste. Uns am Nachmittag zu beschäftigen, war noch schwieriger als am Vormittag. Man ließ uns sinnlos Ziegel umhertragen oder Erdarbeiten verrichten. Doch auch damit konnte immer nur ein kleiner Teil von uns beschäftigt werden, die meisten gingen in wachsender geschäftiger Langeweile herum.

Es waren unter uns vier Friseure, in jedem Winkel hatte einer sein Geschäft aufgeschlagen. Notgedrungen waren sie schmutzig, sie hatten wenig Seife und wenig Wasser. Doch sich rasieren zu lassen, war eine Abwechslung, viele gingen täglich, manche zweimal des Tages zum Friseur. Da hockte man auf ein paar zerbröckelnden Ziegeln, rings um einen stand ein Kreis Schwatzender, die Stände der Barbiere waren, wie überall und zu allen Zeiten, so auch jetzt bei uns die Zentren der Gerüchte. Manchmal, wenn man so dahockte, brachen die Ziegel unter einem ein; niemand lachte mehr, man war es gewöhnt. Man stand herum und debattierte, gereizt, eifrig und gleichzeitig gelangweilt.

Das Abendessen, zu dem um fünf Uhr geblasen wurde, war kärglicher als das Mittagessen, manchmal gab es nur etwas zweifelhafte Wurst, Käse, eine Sardine.

Auf dieses Abendessen aber folgte eine angenehme Zeit. Um sechs Uhr begann es kühler zu werden, der Wind legte sich, der Aufenthalt in den Höfen wurde erträglich. Die Stimmung stieg, man war zuversichtlicher, es war weniger Gereiztheit in der Luft.

Der Zufall hatte es gefügt, daß unter uns eine Reihe trainierter Fußballspieler waren. Sie spielten. Spielten so, wie es das Terrain zuließ. Einmal flog der Ball über die Mauer. Die Spieler ersuchten den wachhabenden Soldaten, der mit aufgepflanztem Bajonett zuschaute, den Ball hereinholen

zu dürfen. Der Soldat sagte, das sei streng verboten, und er
könne es nicht zulassen; aber wenn ihm einer das Gewehr
halte, dann wolle er über die Mauer klettern und den Ball
zurückholen. So geschah es. [...]

Es folgte der peinvolle Augenblick, da das Signal ertönte:
›Zurück ins Haus.‹

Schwarz durch die weiten Tore gähnte einem das Innere
des Gebäudes entgegen. Unlustig drängten sich die Gefangenen hinein, angetrieben von den Wärtern, die, sonst gutmütig, bei diesem Anlaß sehr grob werden konnten. Im
Innern des Gebäudes stieß und drängte man sich erst durch
einen Gang der Katakomben des Erdgeschosses, dann über
die schmale Holzstiege nach oben. Da und dort war eine
schwache Glühlampe, die einem die Dunkelheit nur noch
deutlicher zum Bewußtsein brachte.

Die Vorbereitungen zur Nacht waren nicht angenehm. Karl
half mir. Ich stellte meine Schuhe auf den Koffer, der mir
zu Häupten stand und mich von der Strohschütte des Mannes zu meinen Häupten trennte. In die Schuhe legte ich Uhr
und Brille, ich bin hilflos ohne Brille.

Eine halbe Stunde nach dem Signal: ›Zurück ins Haus‹
wird ein zweites Signal geblasen werden: ›Licht aus‹. Vorläufig schwatzte man. Meinen Nachbarn zur Rechten, den
Mechaniker aus der Saar, von dem ich bereits erzählt habe,
drängte es Abend für Abend, mir sein Herz auszuschütten.
Er litt unter der Gefangenschaft, sehnte sich nach seiner
französischen Frau, sehnte sich nach seiner Arbeit. Die Firma, bei der er beschäftigt war, versuchte alles, ihn heraus-
zubekommen, doch sie kam nicht an gegen die Militär-
behörde. Der Gedanke, daß er so sinnlos hier sitzen müsse,
ließ ihn nicht schlafen.

Auch mein Nachbar zur Linken war des Abends sehr be-
redt. Er war Biolog, ein schmächtiger, schwächlicher Herr.
Er litt sehr unter Asthma. Er trug es tapfer, mit scharfem,
bitterm Humor. Er sprach sachlich über Politik. Über De-
tails aus seinem Spezialfach, der Vererbungslehre, danke
ich ihm interessante Aufschlüsse.

Dann also kam das Signal: ›Licht aus‹. Wir hatten die Lichter selber zu löschen. Wir zögerten. Endlich ging von den drei schwachen Glühbirnen des sehr großen Saales die erste aus, dann die zweite. Die letzte brannte weiter, bis ungeduldige Stimmen verlangten, daß sie endlich gelöscht werde. Zögerte man zu lange, dann kam vom Hof her die barsche Mahnung der französischen Wachsoldaten.

War dann die gefürchtete Dunkelheit da, so war sie zunächst voll von Streit darüber, ob der unverschalte Teil eines bestimmten Fensters offenbleiben oder geschlossen werden solle. Die einen erklärten, bei geschlossenem Fenster sei der Gestank nicht auszuhalten, den andern wurde es bei offenem Fenster zu kalt und zugig. »Fenster auf, Fenster zu«, ging es jede Nacht eine Viertelstunde lang mit immer steigender Heftigkeit.

War die Fensterfrage erledigt, dann schwatzten in der Dunkelheit noch immer ein bis zwei Dutzend Leute weiter. Sie lachten, sprachen über ihre Geschäfte, erzählten obszöne Witze. Sie hatten den ganzen Tag nichts getan als geschwatzt, nun benötigten sie dazu auch noch die Nacht. Viele Stimmen schrien, baten, drohten: »Ruhe, wir wollen schlafen.«

Aber es wurde nicht Ruhe. Man war gereizt und zänkisch. Immer war Streit, der habe jenen gestoßen, getreten, nehme ihm zuviel Platz weg. Manchmal wurde der Streit überaus heftig. Dann kam wohl aus einem ganz andern Teil der Dunkelheit plötzlich eine brutale Stimme: »Jetzt aber mache ich Schluß«, und man hörte jemand durch den ganzen Saal hindurch über Wehklagende fort der Ecke der Streitenden zustürmen.

Die ganze Nacht hindurch wurde nicht Ruhe. Immer wieder gab es Klagen, Flüche, Beschimpfungen solcher, die getreten worden waren, gegen diejenigen, welche, in der Dunkelheit den Weg zum oder vom Abtritt suchend, sie getreten hatten.

Er war schlimm, der Weg durch die Dunkelheit zum Abtritt. Im ganzen ersten Stockwerk gab es, wie gesagt, überhaupt kein Licht. Man mußte sich durch einen schmalen Gang zwischen den Schlafenden durchwinden und dann an einer bestimmten Stelle einen breiteren, doch sehr unebenen Gang erwischen, der, wieder durch Schlafende hindurch, nach rechts führte zu der Holzstiege, über die von unten her ein schwacher Lichtschimmer drang. Unterhalb der Holzstiege dann, im Erdgeschoß, mußte man einem Lichtschimmer nach links folgen, bis man endlich die Latrinen erreichte.

Diese vier Latrinen im Innern des Hauses waren tagsüber streng verschlossen. Sie waren eisig kalt. Die ganze Nacht hindurch stand vor ihnen die Schlange der Wartenden. Knöchelhoch watete man im Kot. Eine fast noch schwierigere Aufgabe war der Weg zurück. Es kostete Mühe, Zeit, Nerven, sich im Dunkeln über die Treppe nach seiner Strohschütte zurückzutasten. Ich habe es nie aufs erste Mal fertiggekriegt. Immer landete ich zunächst auf einer fremden Strohschütte, deren Schläfer mich erschreckt und wütend zurückstieß. Mein Nachbar zur Linken half mir, indem er seinen Regenmantel als eine Art Wegzeichen aufhängte; doch es war nicht leicht, den Mantel zu ertasten. Mein Nachbar zur Rechten, der selten schlief, rief mir wohl, wenn er mich tappen und schleichen hörte, mit unterdrückter Stimme zu: »Hieher, hieher.«

Eine Woche hindurch, während eines Dysenterieanfalls, hatte ich diesen Weg Nacht für Nacht mehrmals zu machen.

Auch abgesehen von jenen bösen Wegen waren die Nächte schlimm, und der Schlummer selbst der Robustesten war kein guter Schlummer. Man spürte es ordentlich, daß der Raum voll war von quälenden Träumen. Die Ängste, die man tagsüber durch Aufwendung von Vernunft und Willenskraft hatte verscheuchen können, standen in der stöhnenden, stinkenden Nacht vag und gigantisch wieder auf. Das ging den meisten so. Wenn ich flüsterte: »Schlafen Sie«, dann flüsterte sowohl mein Nachbar zur Rechten wie zur Linken zurück: »Nein«, und sowie der erste Morgen kam und das erste, schwache Licht durch die Spalten des Holzverschlags, sah ich den Umriß meines kleinen proletarischen Nebenmannes, wie er jämmerlich auf seinem Stroh hockte und grübelte, während der Biolog zu meiner Linken ausgestreckt und offenen Auges dalag.

Die ganze Nacht hindurch war der dunkle, kalte Raum voll von Geräuschen, von Geschnarch und Gefurz. Da hustete einer laut und bellend, da rang einer um Atem, einer stöhnte, einer schrie im Schlaf. Da oder dort tappte sich einer zum andern, ihn tröstend, da oder dort rief man halblaut nach einem der zahlreichen Ärzte, die unter uns waren.

Manche, die keinen Schlaf fanden, tasteten sich hinunter in die Katakomben, wo in der Nähe der Latrine die trübe Glühbirne brannte. Zuweilen versammelten sich dort bis zu zweihundert Menschen. Wurde kontrolliert, so konnte man immer angeben, man sei auf dem Weg zur Toilette. Diese nächtlichen Versammlungen von Männern jeder Art in ihren zerlumpten Nachtgewändern, viele von den Älteren mit grotesken Zipfelhauben auf dem Kopf, hatten etwas Gespenstisches, Jämmerliches und Lächerliches. Erregt und im Flüsterton diskutierte man die Dinge, welche man schon den ganzen Tag hindurch beredet hatte. Wurde man zu laut, so kamen aus dem anstoßenden Gang, wo die früheren Fremdenlegionäre lagen, Verwünschungen und Drohungen.

Mein Nachbar zur Rechten, der vom Asthma geplagte Biolog, tappte sich jede Nacht hinunter. Auch der dalmatinische Schriftsteller R. war gewöhnlich in diesen ersten Nachtstunden in den Katakomben zu finden, eine Weinflasche unter den Arm geklemmt, aus der zu trinken er jeden seiner Freunde einlud. Handelsgeschäfte wurden dort unten viele getrieben. Fremdenlegionäre, während ihre Kameraden nebenan über unsern Lärm schimpften, versuchten, das zu verschachern, was sie des Morgens in der Kantine errafft hatten. Andere, die Caféhausbesitzer, suchten sich auf dieser nächtlichen Börse bei den in der Küche Beschäftigten ihren

Bedarf an heißem Wasser für den nächsten Tag zu sichern. Überall in den Katakomben war Geschäft.

Mittelpunkt des Handels war ein alter österreichischer Friseur. Er war ein sehr angesehener Friseur gewesen, er hatte mehreren Erzherzögen den Bart abgekratzt, ich glaube, sogar einem Kaiser, er versicherte, wahrscheinlich mit Recht, nichts Menschliches sei ihm fremd und er kenne alle Schliche. Auf alle Fälle wußte er denjenigen, die Geld hatten, die verschiedensten Dinge zu verschaffen, Klappstühlchen, Decken, Wein. Einmal, als er versicherte, er könne alles und jedes ins Lager schmuggeln, fragte ihn der dalmatinische Schriftsteller: »Na also, können Sie mir ein Reitpferd besorgen?« »Gewiß«, erwiderte der Friseur, »aber nur pfundweise.«

Ich tat alles, was ich konnte, mir den Schlaf für die Nacht zu sichern. Ich machte mir tagsüber Bewegung und setzte mich so selten wie möglich nieder. Trotzdem mußte ich mich häufig mit drei bis vier Stunden Schlaf begnügen, und mehr als fünf oder sechs Stunden Schlaf konnte ich auch in guten Nächten nicht erzielen. Die übrige Zeit lag ich wach; um mich herum war Stöhnen und Schnarchen, und in mir war ohnmächtige Erbitterung über das Jämmerliche und Unwürdige meiner Lage. Da half keine Vernunft. Ich sagte mir: ›Jetzt, gerade jetzt, während du so hier liegst, sitzen überall in der Welt Menschen, lesen deine Bücher über die Barbarei der Nazis, füllen ihr Herz an mit Grimm über diese Barbarei: du aber liegst hier, kläglich eingesperrt, menschenunwürdig, verdächtigt, ein Helfer jener Barbaren zu sein.‹ Der Zorn über die Sinnlosigkeit dieses Zustands, über die Sturheit der französischen Behörden erfüllte mich bis in die Poren. Kein Argument meines Verstandes, daß ich es ja nicht mit einzelnen Menschen zu tun hätte, sondern eben mit einem System, kam dagegen auf.

Ich versuchte mich abzulenken. Ich veranstaltete in meinem Innern Spiele mit mir selber, bemühte mich, lateinische, griechische, hebräische Verse in deutsche umzuschmieden, trieb das, was eine frühere Generation ›Übungen des Witzes‹

und Verstandes‹ genannt hatte. Suchte etwa herauszube-
kommen, wann ich dies oder jenes zum letzten Mal getan
hätte. Ich bin sechsundfünfzig Jahre alt, und schon bevor
ich interniert wurde, hatte ich mich zuweilen gefragt: ›Ist
es jetzt wohl das letzte Mal, daß du dies oder jenes tust?‹
Wenn ich ein Buch las, das ich liebe, dann fragte ich mich:
›Ist es jetzt wohl das letzte Mal, daß du dieses Buch liest?‹
Und so geschah es mir mit Bildern, die ich sah, mit Anzü-
gen, die ich wieder einmal hervorsuchte, mit Musikstücken,
die ich hörte, mit Menschen, denen ich begegnete. Im Grunde nimmt man jeden Tag von irgend etwas Abschied, ohne
es zu wissen.
Jetzt, in diesen schlaflosen Nächten im Stroh und Dreck
von Les Milles fragte ich mich: ›Wann hast du zum letzten
Mal im Meer gebadet? Wann warst du mit der und jener
Frau zum letzten Mal zusammen? Wann hast du zum letzten Mal Shakespeare gelesen?‹

BERTOLT BRECHT

Arbeitsjournal

24. 12. 41
lese im deutschen manuskript feuchtwangers UNHOLDES
FRANKREICH (devil in france). wahrscheinlich sein
schönstes buch. merkwürdiger epikureismus zwischen pi-
nien, stacheldraht, exkrementhäufchen, entschlüsse geboren
aus bequemlichkeit und einsicht, wenig privatinitiative,
zivilcourage beträchtlich. er bleibt auch in der zusammen-
getriebenen horde der herr, mit ein bis zwei dienern, und
bei einem gelegentlichen durchbrennen unter lebensgefahr
vergißt er nicht, den tafelwein sorgfältig auszusuchen. sein
humanismus hat eine gesunde grundlage.

Abschied von Europa

Frankreich, solange ich es kennen durfte, hat mich Haß nie fühlen lassen. Ich erlebte mit diesem Land das erste Jahr des Krieges, die Niederlage, und verließ es Ende August, als ersichtlich wurde, daß auch der Süden nicht mehr lange sicher sei. Nach meinem Fortgang, wohl schon vorher, empfing ich einige gedruckte Beschimpfungen; indessen wurden sie entwertet durch ihre Urheber selbst: heute denken die Verräter Frankreichs an Entkommen; ich aber war sein Freund.

Einfache Familien boten mir eine Zuflucht an. Beamte wollten mich unter einem angenommenen Namen im Gebirge verschwinden lassen: das ist der ›Busch‹, wo seither höchst aktive Flüchtlinge ihren Standort haben. Für die französische Mannhaftigkeit ist nichts zu befürchten. Eingetreten war 1940 eine militärtechnische Katastrophe; die moralische wird langsamer begriffen. Individuen und Massen sind befremdet von der Verwandlung, die mit ihnen vorgehen soll. Zögernd entschließen sie sich.

Die Franzosen waren in nichts darauf vorbereitet. Bis zum Mai hielten sie den Sieg für gewiß. Einen Deutschen, der sie vor den Machthabern ihres Landes immer gewarnt hatte, anerkannten sie und ließen ihm seine Meinung. Es tat wohl und es machte traurig. Ich hatte keinen Erfolg gehabt – da dennoch Krieg war. Aber sie dankten mir, obwohl verspätet, und wollten mich hören, als nichts zu sagen blieb.

Das ist nun eine Unterscheidung zwischen deutsch und deutsch, die ihre Bitternis hat. Sie beschämt den Empfänger; seine Sache wäre es gewesen, im Gegenteil aufzuheben, was deutsch von deutsch trennt, das Bessere zu machen aus Deutschland, das besser sein könnte. Unmöglich? Über die Kraft? Aber meinesgleichen hat bis an die Grenze der Kraft nie gehandelt: wir erkannten, was war, und ließen es zu. Wir haben kaum gekämpft.

Es fehlte nicht an ungeduldigen Rufen. Als Hindenburg das zweite Mal gewählt werden sollte, erinnerte ein Leser der Frankfurter Zeitung daran, daß es mit ihm genug sei; geachtet und Deutschland vor der Welt zu vertreten würdig sei der alte Dichter Gerhart Hauptmann. Das wußte jeder. Damit einer es aussprach, mußte er absichtlich – denn soviel Fremdheit war nicht anzunehmen – alle aufgehäuften Tatsachen übersehen, die vollendete Ungeistigkeit, nicht jedes Deutschen, aber ihrer staatlichen Gesamtheit; eine abgetragene, niemals erneuerte Machtverteilung; die krankhafte Hinneigung der Republik zu ihren Feinden, die ihr mit Haß vergalten.

An der Spitze ein Intellektueller, der sich Rechenschaft ablegte? Gesetzt, er hätte alle Konflikte durchgestanden, bis er fiel, physisch fiel, oder bis Revolution war. Ich sehe das nicht wie Dinge dieser Welt; das Nichtgeschehene erscheint gespenstisch, man greift danach umsonst.

Was hätte ich selbst getan? Denn auch mich hat man genannt. Die Frage ist immerhin erörtert worden, warum der Präsident ein abgetakelter Militär sein mußte und kein bewährter Schriftsteller sein durfte. Dieselbe demokratische Zeitung wußte hierauf eine Antwort, weltklug genug, daß sie selbst nunmehr aufgehört hat zu existieren. Vorher entehrte sie sich wie sie konnte, mit derselben Co-Operation, die später nach Frankreich verlegt wurde.

Einen merkwürdigen Aufschluß erhielt ich eines Nachts in Berlin, von einer Gesellschaft, die aufbrach und meinen Tisch streifte. »Den hätten wir lieber wählen sollen«, sagte einer, während die Gesichter, unsicher und nicht glücklich, sich nach mir umsahen. Mich zu erfreuen war nicht die Absicht. Sollte ich mit ihnen bereuen?

Weder meine Bedenken noch die Erfahrungen, die sie bestätigt haben, nehmen mir – und mehreren Anderen, nicht weniger Verpflichteten – etwas von unserer Verantwortung. Indessen sieht man sie nicht, der Einzelne bleibt mit ihr allein.

Die französischen Intellektuellen haben unvergleichlich besser gekämpft. Nicht umsonst hatten sie hundertfünfzig Jahre Revolution hinter sich. Sie konnten sagen: gegen Daladier und die Finanz ist auch nicht mehr zu machen als gegen Hitler und seine Industrie. Komme, was muß. Sie wußten aber, daß sie ein anderes Volk hatten: ein Volk schlechthin. Die Intellektuellen anderswo sind manchmal ohne Volk; sie haben Publikum. Die französischen Intellektuellen kannten das Vertrauen der Massen, sie hatten es erprobt; oftmals war ich dabei gewesen.

Auch sie stellten keinen Präsidenten der Republik, oder stellten ihn dennoch: Clemenceau, wie Briand, war der ihre; beide sind abgelehnt worden von derselben Bourgeoisie, die dem Retter Frankreichs, Robespierre, kein Denkmal gönnte. Die Intellektuellen gingen nicht mehr in das Parlament – womit das Parlament als unfruchtbar erwiesen und gerichtet ist. Hätten sie Sitz und Stimme gehabt, die Einen, auf der vorgeblich demokratischen Seite, wären, sogar wenn sie dagegen stimmten, mitschuldig geworden an der Entrechtung der Anderen, auf der sogenannt kommunistischen.

Sie dachten und handelten mit den Massen, vermittels Volksversammlungen und durch die Presse. *Ce Jour*, Herausgeber Louis Aragon und Jean-Richard Bloch, zwei Dichter und Romanciers, diese Tageszeitung bekam den Beifall der Massen sogleich, ohne die gewohnten Tricks des Erfolges, vielmehr in aller ihrer Schlichtheit. Das ganze Geheimnis war, den wirklichen Zustand auszusprechen. Keine letzten Ziele nennen. Noch gibt es keine.

Intellektuelle, die einfach feststellen, daß die Minus-Intellektuellen ihre Sache doch wohl übertreiben, sollen immer gleich Kommunisten sein. In Wahrheit haben sie mehr Leidenschaft als Doktrin. Damit sie gläubig werden, muß der Typ Laval die Gelegenheit bekommen, sogar die honnêtes gens zu radikalisieren, denn er treibt es zu arg. Der Verkauf der Nation an den Feind, durch einen fanatischen Geizhals, die vorläufige Herabsetzung der Nation von 40 auf 30 Millionen: dann ist die französische Untergrund-Bewegung, o

Wunder, kommunistisch – lies: national! Das Comité der nationalen Befreiung verdient denselben Vorwurf, wenn es einer wäre. General de Gaulle spricht von dem »teuren, mächtigen Rußland«, ihm teuer ist ein befreites Proletariat, da es das Land rettet.

Der Tschechoslowakische Konsul

Der tschechoslowakische Konsul in Marseille war ein tapferer Mann. Er hielt auf seinem Posten aus, als täglich die Gefahr näher kam. Seine amtlichen Pflichten, die uneigennützig waren, erleichterten ihm die eigenen Sorgen. Für ihn werde es noch immer einen Weg geben, meinte er. Nicht jeder verließ sich darauf. Der Konsul war vorübergehend seines Postens enthoben worden, als er eine Putzmacherin heiratete. Wie die Ämter die Norm wahrten, inmitten von Vorgängen, die sie verletzten! Eine reizende Französin aus dem Volk darf nicht die Frau des Konsuls sein, aber die Republik ist selbst deklassiert.
Jeden Tag konnten die Deutschen, voran ihre Gestapo, in Marseille eintreffen, ebensogut wie sie Lyon heimgesucht (und keinen silbernen Löffel dort gelassen) hatten, unbekümmert um den selbstverfertigten Wortlaut des Waffenstillstandes. Die Auslieferung von Personen mit verbotener Tätigkeit konnte immer verlangt werden. Die Tschechoslowakei ist ein deutsches Protektorat, ihre Konsulate verstoßen gegen geschaffene Tatsachen. Der Nachfolger meines Konsuls wartete nicht ab, daß seine Herausgabe verlangt wurde. Er entfernte sich, der Gatte der Modistin kehrte wieder, sie machte unbeanstandet Hüte.
Seine Amtsräume waren eine Börse der Gerüchte. Die es anging, verbrachten dort ihre Tage mit Hoffnungen und Ängsten, mit Reiseplänen im leeren Raum. Wenn einer erbleichte, war es Neugier auf ein Unheil, das sich heranarbeitete. Allen gab der Konsul Mut, oder wenigstens Papiere, die mehr oder weniger gültig, doch immer ein Recht

117

auf Dasein vortäuschen. Gerade wo es verzweifelt stand, versuchte er wirklich zu retten. Zweimal fuhr er nach Vichy. Mir brachte er die Nachricht mit, daß der Minister sich für mich interessiere, mir sollte geholfen werden. (Wenn die Erlaubnis der Ausreise gemeint war, sie bekam man nie, ich auch nicht. Der Minister schied aus, bevor er gewagt hatte, seine deutschen Vorgesetzten zu erzürnen.)

Nicht dies habe ich zu bewundern. Natürlich hatte die Regierung der Co-Operationisten unter ihrer ersten Mannschaft noch einen oder zwei, die zwischen Freunden und Feinden ihres Landes richtig unterschieden. Auch der Verrat will gelernt sein. Meine ergriffene Verehrung gehört der tschechoslowakischen Republik.

Hier ist ein Staat, der, weit und breit allein gelassen in einer feindlichen Umgebung – darum zuletzt auch ausgeliefert –, dennoch nichts aufgegeben hat von seiner sittlichen Reife. Die verhängnisvollen Jahre, als Hitler-Deutschland unter allgemeiner Duldung heranwachsen durfte, hat der Staat des Präsident-Befreiers Masaryk uns die Arme geöffnet. Wir – das ganze verfolgte Deutschland, das intellektuelle, das freiheitliche, waren in dem einzigen Lande nicht nur teilnahmslos geduldet: Prag empfing uns als Verwandte. Wie nahe verwandt, sollte 1938 furchtbar erweisen.

Die Tschechen haben, im Sinn ihres Staates, gewöhnlich abgelehnt, deutsch zu sprechen. Mit mir sprachen sie es. Aber als Deutschland im Unglück war – im Unglück seiner Blödheit und Verstocktheit – da entsandten sie Untersuchungs-Kommissionen in das unglaubwürdige Land, wo Volksmassen sich fanden, um zu jubeln, wenn ein bösartiger Krüppel ihnen zuschrie: »Die Menschenrechte sind aufgehoben!« Gegenstand der Freude für alle die armen Teufel, die sonst nichts hatten als nur das bißchen Achtung vor ihrer Geburt als Menschen!

Die Prager Informatoren verstanden ausgezeichnet Deutsch, das Deutsch Hitlers, seiner Prügellager, Folterkeller, seiner moralisch verwüsteten Objekte, die noch Heil! riefen, und der anderen, ohne Zunge, Augen, Niere. Soviel der Welt bekannt gemacht wurde aus den deutschen Friedenstagen, erfuhr sie – ohne es sich nahe gehen zu lassen – von Prag. Die Tschechen allein hat es nicht ruhen lassen; ihr Vorbild, ihr Erzieher hielt die Spitze ihres Staates, und war selbst nur die Vollendung ihrer Art.

Wenn je ein Mensch, hat Thomas Garrick Masaryk mir wohlgetan und geholfen. 1933, ich war schon in Frankreich, erklärte er meine Münchener Wohnung für tschechoslowakisches Eigentum und schaffte sie nach Prag. Bis 1938 haben Bücher, Bilder und der Besitz der Vorfahren ein Asyl gehabt. Was dann? Ruhe und Sicherheit über das fünfte Jahr hinaus, für uns und unsere Dinge, das war einmal, sie würden uns heute befremden. Für sein Nationalmuseum verlangte der Präsident meine alten Handschriften: mehr Ehrung als Entgelt. (Nach der bekannten Übung der Besitzergreifer von 38 sind sie – nicht wirklich, nur dem Namen nach verbrannt worden.)

1934, Deutschland hatte den 30. Juni seines Führers mit Glück bestanden, besuchte ich Prag, konnte meinen kranken Freund nicht sehen, aber sein Kanzler übermittelte mir seine Zusage, mich einzubürgern. Eine tschechische Ortschaft nahe der deutschen Grenze gewährte mir gern die Zugehörigkeit, dann nahm die Republik mich auf. Es bedurfte keiner gesetzlichen Frist, nicht einmal eines besonderen Aufenthaltes im Lande. Der Tag des Jahres 1936 ist unter meinen feierlichen. Es hinterlassen aber die wahrhaft feierlichen Augenblicke mehr Erinnerung an unser bescheidenes Los als an die empfangene Auszeichnung.

Wer war ich, daß eine fremde Nation sich meiner annahm, mich nach ihrem Konsulat in Marseille bestellte, mich in die Hand ihres Konsuls den Treueid ablegen ließ? Ich sprach die tschechischen Worte nach, falsch natürlich, denn ich kannte sie nicht. Wer war ich, daß diese Nation den Mann, verstoßen aus der seinen, ehrenvoll aufnahm und für ihresgleichen gelten ließ bis hinein in ihre eigene Verlassenheit? 1940, als der Konsul, selbst gefährdet, in Vichy für mich eintrat, hätte ich ihm sagen wollen: »Aber Landsmann! Gibt es soviel menschliche Solidarität?« Nur, daß er seine guten Werke in aller seiner nationalen Unschuld beging.

Diese Unschuld, die Witz, Klugheit, geistige Frömmigkeit vereinigt, die tschechische Unschuld ist es, die ich in einer Reihe von Romanszenen, *Lidice* genannt, habe mit Liebe bedenken wollen. Oh! unauffällig, anspruchslos. Groß auftreten, sie anreden: »Tragische Nation! Lamm auf der Schlachtbank!« stände mir nicht an, und auch ihr nicht. Im Falle Heydrich – wahrscheinlich hat seine eigene Gestapo ihn umgebracht – übertreiben die Deutschen ihre böse Besessenheit bis zum Unglaubhaften. Sie selbst übertreiben sich, mir blieb nichts zu tun übrig.

Hinsichtlich des tschechischen Volkes oblag mir nur, es leben zu sehen, wie es oft und lange gelebt hat: unter einer ungerechten Gewalt, der es begegnet mit Witz, Klugheit, geistiger Frömmigkeit, nach seiner Art. Die ländlichen Auftritte des Romans zeigen es heilig, nicht anders zu nennen als heilig – dank der unseligen Verderbtheit dieser Deutschen. Die Tücke läuft sich tot, wenn die Unschuld weise ist. Dies meine Huldigung an eine Nation, der ich nicht umsonst die Treue versprach.

Das spannende Marseille

Meine Frau löste in Nice unsere Einrichtung auf. Im gleichen Augenblick meldete das Finanzamt seine Forderung an, ich beglich sie gern. Den Staat Hitlers, der mein Guthaben stahl, hatte ich freiwillig nicht beschenkt. Hier, den jungen Advokaten, meinen anhänglichen Freund, tröstete ich mit der Hingabe von Erinnerungen. Über das Unwahrscheinliche ist man leicht getröstet: er glaubte an meine Abreise vielleicht nicht fester als ich. Mein Gefühl wollte noch immer leugnen, daß dieser Boden im Ernst für mich verloren sein sollte.

Sieben und ein halbes Jahr früher hatte ich es weniger abenteuerlich gefunden, unsere Berliner Wohnung zu verlassen, als ginge ich in das nächste Café. Das erste Exil enthüllte viel später, was es war. Dem Lande, das ich damals aufgab, hatte ich einiges vorzuwerfen. Diesem hier – nichts. Als dieses Land mich nicht mehr schützen konnte, bekam mein alter Gang durch Berliner Straßen, Februar 33, endlich sein wahres Gesicht. Die Verbannung aus Europa war es, sie hatte ich damals angetreten.

Die Cannebière, Hauptstraße von Marseille, wurde 1940 lebhaft kontrolliert von französischer Polizei, wenn auch in höherem Auftrag. Wen wollten sie eigentlich noch festnehmen, die Verschwörer regierten schon. Aber Papiere: Wer keine Papiere, oder nicht die richtigen hat, wird aus dem Grand Café geholt. Es gleißt mit überlebensgroßen Stukkaturen und Gemälden der weiblichen Typen, die 1890 die reizvollsten waren. Sie lächeln aus den Spiegeln, schwelgerisch umfängt ihr verjährtes Bild den Verzehrer von 1940, vor seinem prozentual herabgesetzten Alkohol, der dreimal wöchentlich erlaubt ist – und gleich wird jemand nach Papieren fragen.

Eines schwülen Abends blieben wir zu lange auf der Straße sitzen. Wir sahen eine Truppe gegen uns anrücken, es blieb nur übrig, ihr die Stirn zu bieten. Als wir aufbrachen, hielt sie den Rand des Gehsteiges besetzt, der Offizier spähte jedem Passanten unter den Hut, der bei einigen tief im Gesicht saß. Ich fand es geraten, den Kopf höher als sonst zu tragen. Die Gelegenheit empfahl mir dringend, etwas vorzustellen, womöglich den Präfekten der Bouches du Rhône. Der Kommandant des Ordnungsdienstes glaubte es mir, er ließ von mir ab, wir waren vorüber.

Die Augenblicke von Sein oder Nichtsein sind märchenhaft, solange sie spielen: man geht ungläubig hindurch. Nachher überwiegt der Ärger über eine plumpe Falle, in die man sich um ein Haar begeben hätte. (Andere sind aus gleichen Anlässen, die sie etwas zu weit kommen ließen, ohne viel Ehre verunglückt.) Wir vertauschten das kleine Bahnhofshotel, das vielleicht unauffällig, vielleicht verdächtig war, mit dem vornehmsten der Cannebière – es konnte auch wieder so und anders ausfallen. Vor allem bekümmerte ich mich ernstlich um die amerikanische Hilfe. Ich hätte nicht gewußt, wo anfangen, indessen ein guter Kamerad war da.

Lion Feuchtwanger ist schon lange ein amerikanischer Autor, ohne daß er aufhört, Europäer, sogar ein Deutscher des biederen Schlages zu sein. Sein Publikum in den Vereinigten Staaten hat staunend von ihm Geschichte gelernt, römische, jüdische und die großen Augenblicke Münchens, als es Weltruf erhielt durch Hitler, seinen Erfolg – und den Roman *Erfolg*, der mehr Dauer verspricht. Lion Feuchtwanger ist zuverlässig, er hat Schulung, Können und Charakter, zusammen ein seltener Besitz. Es kommt immer noch darauf an, ihn klug zu verwenden.

Er behandelte das Problem unserer Abreise wie einen seiner Romane, auf Grund sicherer Kenntnisse – der Gegebenheiten, der Personen – und im vernünftigen Hinblick auf das Abenteuer, das endlich eintreten soll. Es wäre unwahrscheinlich ohne die gewissenhafte Vorbereitung. Improvisationen verdienen keinen Glauben, zum Beispiel taugt die Fischerbarke nichts. Was für ein Roman wäre das, wenn auf hoher See unser gemietetes Schiffchen aufgehalten würde von einem feindlichen Fahrzeug – feindlich sind jetzt alle –, und die untersuchte Ladung für Nordafrika ergäbe nur drei geschlachtete Hämmel, aber sechs noch lebende Emigranten. Mäßig erfunden, schwach komponiert.

Dergleichen Pläne unbestimmten Ursprungs folgten schnell aufeinander, jeder wurde fallen gelassen; Feuchtwanger hatte ihn nicht erst wichtig genommen. Er schätzte seine Freunde, die frommen und tatenlustigen Mitglieder verschiedener Sekten von drüben, Unitarier, Quäker und so. Sie bewegten sich in dem spannenden Marseille ohne persönliche Befürchtungen, aber mit der Freude am Geheimnis. Feuchtwanger, mein seriöser Mentor, hatte in dem verschwiegenen Garten, seinem Aufenthalt, den ich beinahe als einziger kennen durfte, für alle bequemen Fabeln nur sein weises Lächeln.

Er allein hat gewußt, daß Erleichterungen diesmal nicht gewährt wurden. Uns dient mehr oder weniger ein Papier, das richtig scheint; einem geübten Gedächtnis hielte es auch nicht stand. Menschen werden uns nicht schützen: die guten machen sich Bewegung, sie betätigen sowohl ihre Weltfreundschaft wie die Nächstenliebe. Uns werden sie in der Stunde der Stunden, l'heure H, keineswegs helfen. »Zwischen sieben und zehn gibt es keine Protektion« – das Wort einer Heroine, aus den militanten Zeiten des Theaters. Wenn sie sich selbst verläßt, ist sie verlassen: so auch wir.

Wir werden zu Fuß und auf eigene Verantwortung über die Pyrenäen gehen müssen. Diese und keine andere war von Anfang an die Tatsache selbst gewesen. Phantasien wichen ihr nur aus. Daß sie es nicht zu lange taten! Richtig sehen ist nicht alles, ich ließ mich dennoch hinhalten, weil ich meine Abreise aus Europa überhaupt bezweifelte – unausweichlich wie sie war. Die Geduld meines Kameraden war verdienstvoller als meine; er leistete keinen inneren Widerstand, hat aber endlich sogar länger als ich gewartet.

Über den Berg

Der Tag brach an. In Wirklichkeit war er um drei Uhr durchaus nicht angebrochen, aber der früheste Zug wurde am wenigsten kontrolliert – meinte unser Geleiter, der wackere Unitarier. Er hatte seinerzeit die vergangene Lehrzeit benutzt, verzichtete auf Abenteuer und ging sicher, oder begnügte sich mit der Hälfte. Schwerlich vergesse ich die ansteigende Straße nach dem Bahnhof, weithin nur wir, mit unseren Rucksäcken, die wir der Unbefangenheit wegen am Arm schlenkerten. Sie enthielten aber alles, was wir greifbar besaßen. Unser Gepäck sollte folgen, wenn ein ansässiger Geschäftsmann es besorgte. Früher oder später mußte auch er von hinnen. Er starb gleich ganz.

Den frischen Wind dieses Morgens fühle ich noch. So kann ich die Luft verschiedener, sehr verschiedener Morgenstunden zurückrufen, wenn ich einst aufbrach und hatte vor Freude nicht geschlafen, oder vor Unruhe nicht, vor Sehnsucht. Oder ich war wundervoll ausgeruht, weil nur das Vertrauenswürdige bevorstand, ein grüner Berg zweitausend Meter hoch. Mein älterer Freund, damals hatte ich ältere, geleitete die bunte, sorglose Gesellschaft. Der Duft der Kräuter! Er erinnerte meine Sinne an bestandene und an vertraute Arbeiten, an ein Glück, das schon wartete, während ein abgelaufenes noch weh tat. Der kalte Hauch meines Aufbruches von Marseille befremdete eigentümlich. Ohne weiter zu insistieren, brachte er Nachricht aus künftigen Tagen, die nichts mehr von Belang zu melden hatten.

Die Bangigkeit verging, als unsere Fahrt nach der Grenze von den Amtspersonen, die dafür bestellt gewesen wären, gar nicht beachtet wurde. Bis jetzt ist Frankreich, bis hierher nichts verloren. Vorschriftsgemäß hätten wir weder in Perpignan zu Mittag essen, noch an dem nächsten Aufenthalt übernachten dürfen. Unser Dasein bestand aus illegalen Schritten, die allerseits begriffen und still gebilligt wurden. Ich glaube, was mir wohltut: ohne Geld hätten die Leute uns immer noch das Stück Brot gegeben und den Weg gezeigt. Die französische Güte, eine intelligente Güte, die auch wegsehen kann, kein Wort der Teilnahme und Demütigung verliert, Flüchtlinge für Touristen nimmt, ihnen sagt »Auf Wiedersehen«: das Beste weiß ich von ihr seit meinem letzten Tage.

Wir ergingen uns am Meeresstrand, zehn Uhr vormittags, in der Meinung, bis übermorgen hierzubleiben. Der verläßlichste Beamte wurde dann erwartet. Indessen erschien unser Unitarier, infolge genauer Nachforschungen hatte er anders beschlossen: wir brachen auf, wie wir dastanden. Die Rucksäcke holen war alles. Ein Hut meiner Frau, der nachfolgen sollte, versäumte es – wieder ein Stück weniger. Ausgangspunkte unseres kleinen Ausfluges standen zur Wahl. Während unser Amerikaner den rechten erkundete und wir auch, kam er uns abhanden.

Mein Neffe Golo wollte sich auf die Suche machen, ich hielt ihn dringend zurück: zuletzt wäre jeder von uns einzeln durch die Berge geirrt. Wir fragten einen Einheimischen, der uns gleich verstand. »Nach Spanien? Hier.« Die Hand des Mannes riet uns, von der Straße abzuweichen auf einen kaum gebahnten Anstieg. Bald verlor der Weg sich im Gestrüpp. Von einem Steinblock zum anderen mußten wir die leidliche Verbindung finden. Am besten versetzte man sich in die Gewohnheiten der Ziegen, die hier sonst verkehrten. Heute, Sonntag, blieben sie zu Hause. Unterwegs waren nur wir.

Eine Wendung, die wir machten, legte unterhalb unseres Klettersteiges die bequeme Straße frei. Sie wäre länger gewesen; außerdem hätte sie uns genötigt, das französische Zollhaus zu betreten. Zwei Gendarmen gingen davor auf und ab. So gut wir sie sahen, bemerkten sie uns. Sie konnten uns anrufen. Sie wendeten uns den Rücken, und wir entschwanden.

Der Ziegensteig nach dem Exil überhob vieler peinlicher Eindrücke, er strengte körperlich an. Ich hatte seit Jahrzehnten keinen beträchtlichen Berg mehr bestiegen, war nunmehr ungeschickt und nicht jung: ich fiel recht oft auf die Dornen. In die Füße drangen sie ohnedies, fehlte noch mit den Händen hineinzugreifen. Mehrmals unterstützte mein Neffe mich, dann überließ er es meiner Frau, die an sich selbst genug gehabt hätte. Er nahm die noch steileren Abkürzungen, kehrte aber zurück, wenn wir gescheitert auf einem Stein saßen. Er verließ uns nicht, eher machte er den Weg dreifach.

Er war ein ernster junger Mann mit wenig weltlichem Eifer, viel mehr geistigem Ehrgeiz – weshalb ich den Irrtum beging, als könnte er sich mir anschließen. Ein unerlaubter Irrtum. In meinen Jahren sollte die Frage abgetan sein, wohin die Jugend sich neigt. Zu der anderen Jugend natürlich, und wäre es die unfreundlichste. Dann haßt man einander und ist mitten im Leben vereint: eine klare, leichte Sache. Wie verhält man sich aber hinsichtlich des halbwegs Ausgeschiedenen? Schon sitzt er auf dem Stein und schöpft Atem.

Wer alt ist, weiß es nicht – will heißen, daß er nicht ganz im Ernst daran glaubt. Das Alter ist beschwerlich: noch mehr für die jüngeren, die mit ihm zu tun bekommen. Ihm unter die Arme greifen, so daß es fühlen müßte, was es nicht hören will? Das wäre nicht schonend. Allein weiterlaufen, verbietet sich auch. Übrigens trägt ein Junger an sich selbst nicht leicht, die besten am schwersten. Mein lieber Neffe hatte die französische Universitätslaufbahn vergebens versucht. Dennoch kehrte er, als Krieg war, aus der Schweiz zurück, bereit, in der tschechoslowakischen Legion zu kämpfen.

Wie geschah ihm nun? Unter dem Vorgeben, daß er nach einem Soldatenlager geführt werde, sah er sich plötzlich in dem Lager der Entwaffneten und der Lästigen. Festgehalten, bis sie der Übergabe Frankreichs nicht mehr im Wege sein konnten; nachher mochten sie zusehen, wo sie blieben; derart geriet der junge Mann endlich auf denselben Berg wie der alte. Er war besser zu Fuß, dafür mußte er durch härtere Erlebnisse gehen. Er verschwieg sie, weil er sich schämte für dieses vielgeliebte Land. Einer beim anderen fanden wir kein Wort des Unwillens.

Er hätte sich beklagen können, ich nicht. Wenn ich an nichts anderem leiden wollte als an meinen persönlichen Unbequemlichkeiten, sie zählten gar nicht, das Unheil des Landes und so vieler, die ihm vertraut hatten, nahmen einem Ix das Recht, sich besonders zu beachten. Ich erging mich auf meinem Dornenweg noch immer wie Gott in Frankreich. Ob ich die Grenze des anderen Landes in zwei Stunden oder nie mehr überschritt, ich durfte es dem Lauf der Welt anvertrauen. Das erleichtert immerhin. Mühselig, aber mit Sorgen unbeladen, kletterte ich weiter.

Siehe, ein Zeichen. Für unseren verlorengegangenen Amerikaner war plötzlich ein anderer da. Bergab in großen Sätzen sprang er uns entgegen; sein Amt und Beruf waren gerade wir, Leute wie uns pflegte er zu holen. Der griff mir unter die Arme, oh! er fürchtete nicht, jemand zu beschämen, weder mich noch Frankreich. Ihm war trefflich zumut. Diese Europäer hatten sich durch Dummheiten, die zu begreifen nicht lohnte, in eine verdammte Lage gebracht. Er half ihnen über den Berg, damit war alles in Ordnung.

Oben angelangt, die spanische Landstraße tief drunten, erklärte er uns, das Übrige könnten wir allein. Was ihn betraf, er müsse noch andere heraufholen. Hauptsache sei für uns: die Straße zurück, bis nach dem Zollhaus! Ganz unumgänglich, das erste Amtslokal des neuen Staates! Ich versuchte den tüchtigen Jungen zu belohnen, bei mir herrschte die Leichtlebigkeit des Zwangsausverkaufes. Indessen versicherte er, in Amerika habe er Geld. Später hörte ich, er sei hier, wo er soviel Gutes getan, zum Konsul ernannt worden. Hoffentlich hat es für ihn nicht mit der Auslieferung an die deutsche Macht geendet. Er war ein musterhafter Vertreter des Kontinentes, nach dem es mich drängte.

Der Abschied

Der Gendarm im Zollhaus bekundete mehr Mitgefühl als Neugier, verkaufte übrigens Zigaretten. Der Weg zum Städtchen erwies sich reich an Schleifen, aber man wanderte, als wäre das Ziel ein Pyrenäenbad mit seiner entschlafenen Fremdenindustrie. Auf der französischen Seite kannte ich manche, nun gut, dies war die spanische. Angelangt, warteten wir, nicht bis das Bad bereitet wäre, sondern daß man geruhte, unsere Papiere zu prüfen.

Auch ein Pole saß da, nicht so ruhig, wie man sein sollte. Die Altersgrenze, bis zu der sie noch auswandern und durch das neutrale Spanien reisen durften, betrug siebzehn Jahre. Mit allen seinen Bartstoppeln nannte er sich siebzehn.

»Wenn wir noch lange warten müssen«, sagte meine Frau, »werden Sie inzwischen achtzehn.«

Er wurde es. Er wurde sogar siebenundzwanzig. Fast war er durchgelassen, da entdeckte der Beamte in dem Paß die Fälschung. Als der Pole hörte, daß er zurück müsse, weinte er wie ein echter Siebzehnjähriger. Umsonst, das neutrale Spanien wachte darüber, daß Hitler keines deutschen Soldaten verlustig gehe, und wär es ein Pole. Ein Vernichteter, unter Millionen Gezeichneter.

Unser eigenes Papier war keineswegs gefälscht, es traf nur nicht zu. Es diente hier, es diente in Barcelona bei der deutschen Lufthansa: diese einzige Gebieterin der spanischen Lüfte beförderte uns willig nach Madrid und bis Lissabon. Papiere, echte Papiere überzeugen auch Straßenräuber und Propagandisten, die autoritären Menschenarten. Vor Papieren danken sie ab. Gerührt gedachte ich meines Freundes Feuchtwanger.

Der Gipfel des Wunders: ein richtiges Papier trotzt der Dichtigkeit der Materie, aus einem Verschluß hervor strahlt es Kräfte aus. Am Flughafen Lissabon hatten wir Gründe, unser Papier zu verheimlichen. Wir behaupteten, es befände sich in unserem Gepäck – morgen sollte der Koffer eintreffen, illusorisch wie er war. Der portugiesische Herr über Sein oder Nichtsein betrachtete den Fall, er ließ ihn im Zweifel, bis wir von den zahlreichen Ausgeschifften der Lufthansa als Letzte übrig blieben. Ein deutscher Graf, der mich zu erkennen schien, hatte geschwiegen. Eine tschechische Frau, in Spanien als gefährlich für die öffentliche Sittlichkeit abgestempelt, wurde zurückgewiesen, wie an einem andern Tag der Geschicke der nicht mehr siebzehnjährige Pole. Reiseregeln: meide den Geschlechtsverkehr! Das Schlachtfeld sei dein liebstes Ziel!

Wir kamen durch. Vielleicht, daß unsere naive Unkenntnis uns vertrauenswürdig machte. Wer es wagt, papierlos aufzutreten, könnte zum Schluß das beste haben? Oder war der Herr von geradezu entsetzlichem Scharfsinn, durchschaute die dichte Materie eines vorgeschützten Koffers und gefiel sich als unsere Vorsehung? Auch ist zu bedenken, daß er endlich schlafen gehen wollte. Die kleinen Stunden, le ore piccine, brachen an.

So entließ er uns nach der Stadt, mit dem Versprechen, morgen unsere Papiere bei der Polizei vorzuweisen. Das Versprechen unterlag mentalen Vorbehalten, auch von seiner Seite. Wir selbst – ach! dem Überschwang der papiernen Sucht begegnen zu müssen, macht treulos. Wir haben uns nie gemeldet. Für niemand war es von Nachteil. Dafür bedaure ich, daß die Papiere seither sich rächen an dem wohlwollenden Portugal. Spione Hitlers haben Papiere, so viele irgend nötig, um dem Land zu schaden.

Entlassen, wie wir waren, nahmen wir am Lufthafen das letzte Auto-Taxi: es hatte uns unverdrossen erwartet. War der hübsche, junge Portugiese, der sich einfand, verabredet, mit ihm, mit uns? Genug, er stieg ein. Von ihm beraten, besichtigten wir das nächtliche Lissabon. Die Hotels, unser erstes Augenmerk, gingen in das Wesenlose über, nachdem zwei oder drei sich besetzt erklärt hatten.

Der Chauffeur und der Mitreisende verzagten unseretwegen noch nicht. Mir scheint, daß ich nur fuhr, um zu fahren, durch Straßen ohne eindringliche Gegenwart, eine Seite tiefschwarz, die andere vom Mond sehr weiß. Die Bogenlampen vergesse ich, in meiner Pietät für die Häuser, die sie gern entbehrt hätten. Achtzehntes Jahrhundert, seine ernste, steife Manier. Was vorher dastand, fiel 1755 plötzlich um. Stürzen wird fortan mehr. Unvermeidlich, so oft man umkehrt, ist der große Platz mit seinen Cafés; aus Schläfrigkeit sind sie offen geblieben, auf den Terrassen lagern immer dieselben Nachtgestalten. Obdachlos, obwohl mit geblähten Taschen? Ihre Gedanken geistern – nach einem Dollar-Konto jenseits? Nach Schiffskarten, die zu erringen, falschen Papieren, die für Geld an den Mann zu bringen sind?

Um die dritte Morgenstunde bekam unser Taxi-Chauffeur es satt, vor Hoteltoren zu hupen, immer vergeblich, wie er im Voraus wußte. Seine nächste Anregung galt einem Seebad, nur anderthalb Stunden entfernt, wahrscheinlich mit verfügbaren Betten. Der junge Landessohn, unser Begleiter, war geduldig die ganze Zeit mit uns umhergeirrt, ohne ein Wort davon, daß sein eigenes Hotel auf halbem Weg nach dem Seebad lag. Angelangt stieg er aus, nahm herzlich Abschied, bewegte sich heiter durch Palmen nach dem prächtigen Gebäude, dessen einwandfreier Gast er war. Der letzte Europäer ging nach Haus.

In dem unbekannten Seebad wurden wir, noch bei Nacht, vor einem altmodischen Grand Hotel abgesetzt. Um unseretwillen war der Wächter auf. Wir bekamen unser Haupt hinzulegen, ja, auch kalt zu essen. Seit Mittag und Madrid wird man hungrig. Wie erfreulich, nun wieder Tag ist, in einen beliebigen alten Hof zu blicken. Verschlungene Gartenwege suchen ihn zu vergrößern und machen aus ihm das Beste. Sogleich stand fest: hier werde ich das Schiff erwarten. Die Szene soll bald von Grund auf wechseln; wohin sich vorher noch bemühen.

Eine bemerkenswerte Kolonialausstellung war damals am Meeresstrand errichtet; die Kleinbahn nach der Stadt ging vorüber, hielt eigens an – ich bin deshalb nicht ausgestiegen. Das macht der Abschied: man nimmt ihn innerlich, ist stark beschäftigt. Was sonst berückt hätte, wird übersehen. Der eigene Brigantin des Entdeckers Vasco da Gama lag haushoch auf dem Wasser. Wenn auch nur nachgeahmt, strahlten die phantastischen Umrisse doch von Vergoldung. Meinetwegen hätte der berühmte Reisende selbst droben gestanden und den Hut geschwenkt: meine bevorstehende Reise setzte die seine herab. War er nicht zurückgekehrt?

Meine Frau war eifrig im Kampf um die Schiffskarten. Es erforderte einige, immer dringlichere Angriffe auf Agenturen und Ämter, natürlich gewappnet mit Papieren. Ich nahm teil ohne rechte Überzeugung, als hätten wir reisen können oder nicht. Noch immer fragte ich: würden sie mich hier dulden, Jahre lang, und wäre es zu wünschen? Die Dollars in meiner Tasche erwiesen sich bei jeder Rechnung unersetzlich. In Frankreich hatte ich mein übliches

Einkommen gehabt, zum kleinen Teil aus Frankreich, alles aus Europa. Deutschland war so lange entbehrlich gewesen: das nunmehr geraubte Europa war es nicht.

Der Blick auf Lissabon zeigte mir den Hafen. Er wird der letzte gewesen sein, wenn Europa zurückbleibt. Er erschien mir unbegreiflich schön. Eine verlorene Geliebte ist nicht schöner. Alles, was mir gegeben war, hatte ich an Europa erlebt, Lust und Schmerz eines seiner Zeitalter, das meines war; aber mehreren anderen, die vor meinem Dasein liegen, bin ich auch verbunden.

Überaus leidvoll war dieser Abschied.

NEW YORK TIMES

14. Oktober 1940

Franz Werfel, Heinrich Mann und fünfzehn weitere Autoren und Journalisten, die auf der Fahndungsliste der Gestapo standen, kamen gestern aus Lissabon mit dem griechischen Schiff Nea Hellas in New York an. Es hatte 678 Passagiere an Bord, darunter 60 amerikanische Staatsbürger, und legte um sechs Uhr morgens an der Vierten Straße, Hoboken, an.

Die Flüchtlinge wurden von Dr. Frank Kingdon, dem Vorsitzenden des Emergency Rescue Committee, begrüßt, das vielen Intellektuellen zur Flucht aus Europa verholfen hat.

Herr Werfel, dessen epischer Roman *Die vierzig Tage des Musa Dagh* kurz nach seiner Veröffentlichung vor sechs Jahren von den Nazis auf ihre Liste »unerwünschter Literatur« gesetzt wurde, war in Begleitung seiner Gattin Alma. Er sagte, ihm seien hierzuland veröffentlichte Berichte bekannt, denen zufolge er in einem Nazigefängnis gesessen habe, versicherte jedoch, daß er nie von ihnen in Gewahrsam genommen worden sei.

Auf die Bitte, seine Reise von der Côte d'Azur in Südfrankreich, wo er zu Beginn des Krieges wohnte, nach Lissabon zu beschreiben, sagte Herr Werfel: »Darüber zu reden wäre sehr gefährlich. Viele meiner Freunde sitzen noch in Konzentrationslagern.«

Als gebürtiger Tschechoslowake benutzte er einen Reisepaß dieses Landes. Auf der Flucht vernichtete er zwanzig seiner Aufsätze in der Überzeugung, sie könnten ihm »gefährlich« werden im Falle einer Verhaftung. Einmal sind ihm fast alle seine Manuskripte abhanden gekommen, sagte er, doch hätten er und Frau Werfel einiges Material wieder auffinden können, darunter das Manuskript eines neuen Romans.

Vor der Fahrt nach Lissabon verbrachten die Werfels zwei Monate in Marseille, von wo sie am 13. Juni nach Barcelona aufbrachen. Sie reisten teils zu Fuß und teils per Auto. Von Barcelona flogen sie nach Lissabon.

Auf die Frage nach seinen Plänen in den Vereinigten Staaten sagte Herr Werfel lächelnd: »Zuerst will ich einmal ein wenig Frieden finden.« Er fügte hinzu, er hoffe, Bürger dieses Landes zu werden.

Herrn Werfels zuletzt veröffentlichter Roman *Der veruntreute Himmel* ist das Angebot des Book-of-the-Month Club für den Monat Dezember.

Heinrich Mann, der in Begleitung seines Neffen Gottfried Mann reiste, wurde am Pier von Dr. Thomas Mann abgeholt, dem deutschen Schriftsteller und Nobelpreisträger, der im freiwilligen Exil lebt. Dr. Mann ist der Vater von Gottfried und der Bruder von Heinrich.

Gottfried, der seinen Vater zuletzt vor anderthalb Jahren sah, wohnte in Zürich, wo er bei Kriegsbeginn eine deutschsprachige Zeitschrift herausgab. Bald danach ging er nach Frankreich, in der Absicht, sich zum Heer zu melden; er wurde jedoch verhaftet und in ein Konzentrationslager gesteckt, wo er fünf Wochen verblieb.

Heinrich Mann, dessen historischer Roman *Die Jugend des Königs Henri Quatre* hier 1937 veröffentlicht wurde, sagte,

132

er hätte in Nizza gelebt und dort nach Kriegsausbruch keinerlei Unterdrückung erleiden müssen.

Dr. Mann sagte, er rechne damit, daß sein Bruder und Sohn auf einige Zeit bei ihm in Princeton (New Jersey) bleiben werden. [...]

Unter den Passagieren befanden sich außerdem die Schriftsteller Alfred Polgar, Walther Victor und Hermann Budzislawski. Dreiundvierzig Passagiere waren jüdische Flüchtlinge aus deutschbesetzten Ländern, die nach dem Kriegseintritt Italiens in dortige Konzentrationslager eingeliefert wurden. Sie sind auf der Weiterfahrt zur Flüchtlingssiedlung in der Dominikanischen Republik.

ALFRED MOMBERT

An Hans Reinhart

> Maison de Retraite Idron, Idron par Pau
> Basses Pyrénées/France
> 13. 4. 1941

Mein lieber Freund Reinhart!

An Muri: Dieser Brief kommt aus einem richtigen Zimmer (in dem ein gutes Bett steht!) und ist an einem richtigen Tisch geschrieben: seit 5 1/2 Monaten zum ersten Mal. Der Blick schweift vom hochgelegenen Fenster auf die heute völlig entwölkte verschneite Pyrenäen-Kette, ein herrlicher Anblick. Die Versetzung (Entrückung in die andere, einigermaßen »frühere« Welt), derentwegen so viel Tinte geflossen ist, geschah wieder plötzlich, wie die erste Entführung. Es hieß: »Befreit« (Liberés): binnen 1/4 Stunde Abfahrt in die Nacht. Und nachdem die kleine Gesellschaft (mich interessierte vor allem meine Schwester und ich selber) mit Gepäck in ein Auto verladen war, ging es auf Um- und Irr-Wegen nach Idron. Der Szenen-Wechsel ist schwer beschreibbar; für ein Gemüt mit Fantasie vergleichbar dem Wechsel von der Hades-Szene in Glucks *Orfeus* (»Nein«) zu dem Reigen der Seligen. Wir befinden uns also jetzt in schönster Pyrenäen-Landschaft, in vollster Frühlings-Vegetation. Das »château« besitzt reichlich großes Privat-Gelände (Park, Wiese, Wald, Fluß), in dem ich mich in völliger Einsamkeit ergehen kann (eine wunderbare Sache!). Die Direktion des Hauses hat ein früherer Heidelberger Arzt, Dr. Brunswig, der mich dort schon behandelte. Meine Schwester ist wie neugeboren (bei mir gehört das zum Beruf). Für die nächste Zeit habe ich also eine sehr schöne Residenz und warte hier – dichtend und denkend – die weitere Etappe meiner Wanderschaft ab. Da so Vieles – für gewöhnliche Begriffe Alles! – versunken ist, will ich mich ganz in meine unangreifbare Fantasie-Welt versenken. Ihnen, lieber Muri, meinen schwer ausdrückbaren Dank für die schließlich geglückte Regie. Brief vom 12. März, Karte vom 15. aus Speicher sind richtig in der »Baracken-Finsternis« angekommen. Ich hoffe nun auch auf baldiges Eintreffen von Muris *Denkmal* und *Testament*, denen ich mit freudigstem Interesse entgegensehe. Wie wird's mit dem »Nachlaß« gehen? Wird die Absendung (eine große Anzahl Kisten, die Kosten dürften doch aus meinem zurückbleibenden Vermögen bestritten werden!) glatt vonstatten gehen? Einstweilen ist wohl Einlagerung in ein sicheres helvetisches Lagerhaus geboten, bis mein weiteres Schicksal bestimmbar ist. Wird man den »Dichter der Höhen« noch einmal hineinlassen? Oder sind die Alpen »Privateigentum«? Wieviel Fragen gibt's auf dieser kleinen Erde! Herzlichst! freundschaftlichst! dankbarst!

Sfaira der Alte

NB. Könnten Sie mir eine Taschenausgabe von Luthers Bibelübersetzung (Heilige Schrift) – am liebsten die kleine 8° Ausgabe in *Dünn-Druck* der »Britischen Bibelgesellschaft« – früher für circa 2 fr. erhältlich senden? – Ich kann von Deutschland nichts erhalten!

THOMAS MANN

An Hermann Hesse

Pacific Palisades, California
13. Juli 41

Lieber Herr Hesse,

Ein Brief aus der Schweiz und einer von Ihnen, das ist viel
Freude. Sie glauben nicht, mit welcher Angelegentlichkeit
ich so ein Post-Stück mit der Helvetia-Marke unter den
dummen amerikanischen Lang-Couverts hervorziehe und
ihm den Vorzug gebe vor allem andern. Merkwürdig genug,
die Schwyzer haben sich gegen uns Vaterlandslose, die wir
mit unserer Regierung auf schlechtem Fuße standen, doch
garnicht so besonders nett benommen. Dennoch haben mich
die fünf dort verbrachten Lebensjahre dem Lande so herzlich attachiert, daß das Gedenken daran dem Heimweh
zum Verwechseln ähnlich sieht. Es ist ein Trost, daß die von
Ihnen so zutreffend gekennzeichnete Weltgeschichte den
Kontakt mit der Schweiz und den dortigen Freunden noch
hat bestehen lassen; und der wichtigste und würdigste dieser
Kontakte ist der mit Ihnen.
Ihr Brief, von Ende März, ist alt genug, daß ich hoffen
darf, Ihre gichtischen Beschwerden, die damals eine wirkliche Beeinträchtigung gewesen sein müssen, möchten sich
unter dem Einfluß der guten Jahreszeit längst wieder gebes-
sert haben. Sie werden sich noch manchmal verschlimmern
und wieder bessern, und Sie werden aushalten – vor allem
einmal, um das heiter-geheimnisvolle Buch vom Glasperlenspiel fertig zu stellen, das für die Späteren gewiß zu den
zwei, drei rechtfertigenden Hervorbringungen dieser hunds-
föttischen Epoche gehören wird. Ich freue mich dauernd
darauf.
Meinerseits muß ich wohl sehr dankbar sein, daß die Jahre
mich mit körperlichen Quälereien und merklichen Herab-
setzungen vorläufig so gut wie ganz verschont haben. Nei-

gung zu Müdigkeit, Empfindlichkeit gegen Unregelmäßigkeiten des Lebens, das war eigentlich immer da und machte sich nicht wesentlich stärker bemerkbar; ich bin im Alter so ziemlich der Alte geblieben. Das Klima des amerikanischen Ostens freilich, mit seiner feuchten Hitze im Sommer (die gerade dieses Jahr unausstehlich sein soll) und seinen Polar-Winden im Winter, hatte ich satt; und da man als Europäer nur die Wahl hat zwischen New York und Umgebung und diesem zweiten kulturellen Centrum im Westen, Los Angeles und Zubehör, so haben wir in Princeton unsere Zelte abgebrochen und uns hier niedergelassen – vorläufig in einem hübsch ländlich gelegenen und bequemen Miethäuschen, nahe dem Meer, 25 Minuten Wagenfahrt von Hollywood. Sogar aber sind wir im Begriffe, uns nahe von hier auf einem schon vorigen Sommer erstandenen Grundstück ein eigenes Häuschen zu bauen. Das geht schnell hier; aus Holz und Beton ist in 3 Monaten etwas sehr Wohnliches, mit allem Comfort der Neuzeit Ausgestattetes erstellt. Der Platz ist auf einem Hügel mit Blick auf den Pacific und die Berge sehr schön gelegen, mit einer Menge Citronenbäumen und sieben Palmen bestanden, weshalb denn auch der Name »Seven Palms House« in Aussicht genommen ist.

Moni, die arme kleine Witib, ist bei uns und führt ein leises, resigniertes Leben. Golo erwarten wir. Wir hoffen, ihn an einem College irgendwo in der Nähe als Lehrer der Geschichte, des Deutschen, des Französischen, oder worin immer man will, unterzubringen. Klaus muß in dem dampfenden New York bleiben im Interesse seiner literarischen Zeitschrift *Decision*, die ihm viel Mühe, Sorge und Freude macht. Er schreibt nur noch englisch, short stories, essays, was Sie wollen, und zwar mit erstaunlicher Natürlichkeit und Beherrschung des Wortschatzes. Ich kann da nicht mehr so mit. Amerikaner fragen mich oft, ob ich denn nun nicht den *Joseph* auf englisch zu Ende schreibe. Es ist sehr schwer, ihnen begreiflich zu machen, warum das nicht so recht angeht.

Erika, unsere Älteste, das tapfere Kind, ist wieder in London. Wir haben sie schweren Herzens den gefährlichen Weg nach Lissabon und von da, wie es scheint, zu Schiff nach England ziehen lassen, aber es litt sie nicht in satten Friedenslanden, deren Bewohner noch immer hoffen, ihren »way of life« nach Gewohnheit fortsetzen zu können (was ihnen kaum gewährt sein wird), und sie wollte aufs neue, wenigstens für einige Monate, die Leiden und Entbehrungen des großartigen Volkes teilen, dem sie ja der Nationalität nach angehört, und das, nach vielen verhängnisvollen Sünden seiner Mächtigen, jetzt so bewunderungswürdig dem Übel widersteht. Sie arbeitet für das britische Informations-Ministerium, das große Stücke auf sie hält. –

Wann sieht man sich wieder, lieber Herr Hesse? Die Frage müßte wohl lauten: *ob* man sich wiedersieht. Es wird ein langer, schrecklicher Prozeß, fürchte ich, und vielleicht muß er lang sein, wenn er die Völker auf eine höhere Stufe ihrer sozialen Bildung bringen soll. Wenn der deutsche Nationalismus und Rassismus, der seit mindestens anderthalb Jahrhunderten die deutsche Intelligenz vergiftet, dabei gründlich ausbrennt, so war es der Mühe wert. Ich bin im Grunde gutgläubig, den Ausgang dieses Welt-Bürgerkrieges betreffend. Schließlich steht der Großteil der Menschheit auf der besseren Seite. Rußland, China, das empire und Amerika, das *ist* ja beinahe die Menschheit, und es müßte doch mit dem Teufel zugehen, wenn all dies Gewicht nicht die Schale senken sollte. Aber vielleicht *geht* es mit dem Teufel zu.

Leben Sie recht wohl! Halten wir uns heiter und tätig!

Ihr
Thomas Mann

Flucht nach Taschkent

Ich war in aller Herrgottsfrühe in den Park gegangen und hatte eine Unmenge Veilchen gepflückt, die mein Mann so sehr liebte. Die Veilchen hatte ich in einer flachen Schale, die Larissa mir ausgeborgt hatte, angeordnet. Dann kaufte ich dem Milchjungen zur Feier des Tages vier Glas Milch ab und baute sie um die Schale mit den Veilchen auf.

Das größte Geschenk war ein Bild von Nikita, eine seiner berühmten Bazarszenen, er hatte es mir am Tag vorher gegeben.

Am Abend kamen Johannes R. Becher und Scharrer mit ihren Frauen. Dr. Friedrich Wolf war nicht mehr da, sie hatten ihn zu einem Frontabschnitt abkommandiert, und Else Wolf, die auf dieser nichtendenwollenden Fahrt von Kasan nach Taschkent unsere spärlichen Lebensmittelzuteilungen immer gerecht unter uns alle verteilt hatte, lag in einem Krankenhaus. Die Kinder von Wolfs, ebenso Marianne Weinert waren in der berühmten Kominternschule bei Ufa im Ural, wo die treuen Kommunisten »gemacht« werden. Das durften wir, die Nichtkommunisten, natürlich nicht offiziell wissen.

Larissa Antonowna hatte Piroggen gebacken und brachte sie als Festmahl zu uns herüber. Ich lud sie ein, mit uns zu feiern, aber sie sträubte sich eine ganze Weile, bis sie schließlich nachgab. »Darf ich Nikita mitbringen?«

»Der wird sowieso kommen«, beruhigte ich sie. »Ich habe ihn gestern selbst eingeladen.« Da kam er auch schon, mit einer Flasche Wodka unter dem einen und zwei seiner Hocker unter dem anderen Arm. Er wurde allen vorgestellt, und als er mit allen angestoßen hatte, sagte er: »Ich werde vorsichtshalber auch noch meine beiden anderen Hocker holen, vielleicht kommen mehr Gäste.«

Es kamen tatsächlich noch mehr. Zuerst die Lukács', das ungarische Ehepaar, das uns während der Fahrt durch sein stilles und zurückhaltendes Wesen angenehm aufgefallen war. Sie brachten Wein mit, wie die anderen Gäste. Wein war das einzige, was für uns alle erschwinglich war, und außerdem gab es ihn ohne Marken. Größere »Trockenheit« war nicht zu befürchten.

Dann kamen Li Weinert und Lisa Bredel, die beiden Strohwitwen. Sie hatten gemeinsam ein Zimmer zugewiesen bekommen, worüber sie nicht gerade glücklich waren. Sie waren beide seit ihrer Jugend Kommunistinnen, das war aber auch das einzige, was sie verband. Sonst verstanden sie sich überhaupt nicht – die kesse Li Weinert mit ihrem munteren Berliner Mundwerk, die vor der Hitlerzeit in proletarischen Kabaretts Lieder und Gedichte ihres Mannes vorgetragen hatte, und die stille, verbitterte Hannoveranerin Lisa Bredel, die immer und an allem etwas auszusetzen hatte. Wir wußten alle, warum sie so verbittert war: Sie war mit ihrem Mann, einem proletarischen Schriftsteller, genau wie wir anderen vor Hitler geflohen und schließlich in die Sowjetunion emigriert. Hier lebte ihr Mann seit Jahren mit einer russischen Freundin zusammen und kümmerte sich nicht um sie. Aber Lisa hing an ihm und wollte sich nicht scheiden lassen, vor allem nicht wegen ihres Jungen, der im Augenblick in einem Schulungslager war.

Es wurde viel getrunken bei dieser Geburtstagsfeier, und auch die Mäßigen unter uns tranken eine ganze Menge über den Durst. Mir schien, das hatte seinen guten Grund: Wir wollten einmal unser gemeinsames Elend und den Kummer, den außerdem noch jeder einzelne hatte, gründlich vergessen.

[...]

Aber Taschkent...
Es wurde Mai.
An einem heißen Tag, Ende Mai, an dem der Himmel tiefblau und wolkenlos war – darunter das Gelb des Lehms und das üppige Grün der hohen Bäume, wie auf den Bildern von Nikita –, erschien bei uns der Vorsitzende der

deutschen Sektion des sowjetischen Schriftstellerverbandes: Johannes R. Becher.

Er machte ein so offizielles Gesicht, daß ich ihn in meiner Phantasie mit dem Zylinder in der Hand sah. Er trug aber keinen Zylinder, sondern ein Schreiben. Ich sah die vielen Stempel und war zu aufgeregt, um den Sinn der Worte auf dem Schreiben gleich zu begreifen.

»Eure Kommandierung nach Ufa«, sagte Becher.

Was wußte ich viel von Ufa? Es war die Hauptstadt der Autonomen Republik Baschkirien, das wußte ich. Und ich wußte auch, daß im Herbst 1941, als es vor Moskau brenzlig wurde, die Komintern aus Moskau nach Ufa evakuiert worden war. Das war der Anfang vom Ende gewesen. Nun, es war inzwischen anders gekommen. Moskau war längst nicht mehr in Gefahr . . .

Was hatten wir mit der Komintern zu tun? Wir waren beide parteilos, zu sogenannter politischer Arbeit also nicht zu gebrauchen.

Mein Mann kam und las Bechers offizielles Schreiben durch.

»Wozu befiehlt man uns nach Ufa?« fragte er verständnislos.

»Das werdet ihr schon sehen«, erwiderte Becher kurz.

»Fahren wir alle?« Ich meinte mit ›alle‹ die deutschen Emigranten, mit denen wir aus Moskau über Kasan hierher nach Taschkent gekommen waren.

»Du fragst zuviel, liebe Hilde. Du hättest dir das viele Fragen eigentlich längst abgewöhnen sollen! Ich habe es dir doch oft genug gesagt.« Becher war nicht unfreundlich, aber leicht gereizt. Natürlich hatte er Grund dazu. Ich mußte wissen, daß man hier nicht fragt, sondern zu allem Ja und Amen sagt oder zumindest den Mund hält, und ich konnte selbst einen Johannes R. Becher mit meiner ewigen Fragerei in Verlegenheit bringen. Auch ein Johannes R. Becher hatte nicht zu fragen.

»Also dann, in zwei Tagen abends um acht Uhr auf dem Bahnhof«, fuhr Becher fort. »Fahrkarten und Proviant bekommen wir dort.«

»Fährst du mit?« Ich fragte schon wieder.

Aber diesmal war Becher nicht mehr gereizt. Wahrscheinlich hatte er es bei mir aufgegeben. Er lächelte:

»Du kannst das Fragen nicht lassen.«

Plievier war über diese Einladung nach Ufa, wie Becher die Kommandierung genannt hatte, alles andere als erfreut.

»Hier haben wir doch wenigstens einigermaßen privat leben können«, knurrte er. »Und in Ufa sitzen wir auf dem Präsentierteller. Da gucken sie mir wieder über die Schulter auf jede Zeile, die ich schreibe, auf jeden Schritt, den ich tue.« Ich wußte, daß er in diesem Augenblick an Erich von Schneider dachte, der vielleicht schon über alle Berge war. Vielleicht ...

[...]

Vor dem Hotel »Baschkirija« hielt der Omnibus. Das ist das größte und modernste Hotel in Ufa, aber reserviert nur für Spitzenfunktionäre der Komintern.

Hier wohnte Dolores Ibarruri, die Generalsekretärin der kommunistischen Partei Spaniens; Wilhelm Pieck und Walter Ulbricht von der Führung der Kommunistischen Partei Deutschlands; Koplenig, Fürnberg und Fischer von der KP Österreichs; Ana Pauker, zu jener Zeit noch Führerin der rumänischen Kommunisten, und Manuilski und Wilkow von der KP der UdSSR, die Leiter der politischen und organisatorischen Abteilung der Komintern. »Illustre Gäste – und wir beiden da mittendrin«, stellte Plievier mißbilligend fest. Wir fühlten uns nicht recht wohl in unserer Haut. Aber wir bekamen die illustren Hotelgäste kaum zu Gesicht, sie waren meist unterwegs, in Kuibyschew, wo sich die Regierungsinstanzen und die Rundfunksender befanden; sie kontrollierten die Parteischulen, die über das ganze Land verstreut lagen, sie besuchten Kriegsgefangenenlager, wo sie Konferenzen vorbereiteten und abhielten. Auch Dimitroff, den ehemaligen Generalsekretär der Komintern, sahen wir nie. Aber wenn er einmal zu einem kurzen Abstecher in Ufa war und im Hotel »Baschkirija« wohnte, dann flüsterten sich alle im Hotel, in einer Mischung von Bewunderung und Angst, zu:

»Dimitroff ist im Hause.«

[. . .]

In Ufa bekam ich auch eine Aufgabe: mit meinem Mann zusammen mußte ich das Material bearbeiten, das aus den geheimnisvollen Säcken quoll, die bei unserer Ankunft, während der Fahrt zum Hotel, in unseren Wagen geworfen worden waren. Wir wurden noch von einem Ehepaar unterstützt, dem begabten, vielseitigen Journalisten Fritz Erpenbeck und seiner Frau Hedda Zinner. Hedda hatte erst vor kurzem ihren ersten Band kommunistischer Gedichte herausgegeben, aber beide waren nicht so hundertprozentig gesinnt. Sie waren sogar sehr sympathisch. Hedda Zinner war elegant und gepflegt.

»Warum soll man als Kommunistin ungepflegt herumlaufen?« sagte sie. »Warum soll man auf das ›Make-up‹ verzichten? Ich kann das nicht einsehen. Frau ist Frau, und dabei bleibe ich.«

Das »Material« . . . Das waren tausende von Feldpostbriefen gefallener oder kriegsgefangener deutscher Soldaten. Wir mußten sie ordnen, wir mußten Auszüge daraus machen, mußten feststellen, in welchem Lager sich dieser und jener der Briefschreiber befand. Manchmal mußten wir auch mit ihnen in Verbindung treten.

Andere im Hotel verfaßten antifaschistische Flugschriften, die über den Fronten abgeworfen wurden; sie schrieben antifaschistische Broschüren, die, tausendfach vervielfältigt, in den Gefangenenlagern verteilt wurden. Die Propaganda lief auf vollen Touren.

Unter dem »Material« waren hunderte von Tagebüchern. Wir wunderten uns immer wieder, mit welcher zum Teil erstaunlichen Offenheit die Soldaten über ihr Leben in »Dreck und Speck« schrieben. Und es war schmerzlich und tröstlich zugleich: die vielen Briefe der Mütter, Frauen,

Schwestern, Bräute, Töchter zu lesen, die fast jeder Soldat, vom einfachsten Landser bis zum höchsten Offizier, sauber und sorgfältig gebündelt mit sich herumgetragen hatte – Briefe, deren Inhalt uns unsere Heimat wieder so lebendig machte, die wir vor fast zehn Jahren fluchtartig verlassen mußten.

Wenn ich mich, von der Schreibarbeit müde, ins Bett legte, nahm ich mir noch ein Bündel Briefe als Abendlektüre mit.

Eines Abends, mein Mann saß noch arbeitend am Schreibtisch, muß ich beim Lesen unbewußt gestöhnt haben. Er drehte sich zu mir um.

»Warum weinst du?«

Ich weinte, aber ich merkte es erst, als mein Mann mich darauf ansprach.

»Dieser Brief ist so erschütternd«, sagte ich. »Die Frau eines Professors hat ihn geschrieben. Sie wohnt in Berlin-Wilmersdorf in derselben Straße, in der wir gewohnt haben.«

Ich las ihm den Brief vor:

»›Mein geliebter Jüngster, Du, der einzige, der mir geblieben ist! Gib gut acht auf Dich! Ich weiß, Gott wird Dich beschützen, denn er kann nicht so grausam sein, mir mein Letztes zu nehmen! Mit gleicher Post schicke ich Dir ein Päckchen mit warmen Sachen, denn der erbarmungslose russische Winter steht ja bald wieder vor der Tür, und Du sollst nicht wieder so frieren wie im vorigen Jahr vor Moskau. Du weißt, mein Sohn, ich habe nie gebetet, aber jetzt bitte ich den Gott, an den ich nie geglaubt habe, jeden Abend, daß er Dein junges Leben beschützen möge. Ich liebe Dich so, wie ich es gar nicht ausdrücken kann, und ich denke Tag und Nacht an Dich. – Deine Mutter.‹« Der junge Leutnant, an den dieser Brief gerichtet war, lag in einem Massengrab. Seine Mutter ahnte es noch nicht.

Das Leben in Ufa war eintönig. Wir hatten unsere Arbeit, wir hatten keine Sorgen. Man sorgte für uns. Etwas zuviel für meinen Geschmack. In diesem Hotel waren wir unter ständiger Aufsicht, nicht nur umsorgt, sondern bewacht. Trotzdem wagte ich, um der Eintönigkeit zu entfliehen, immer wieder eigenmächtige Ausflüge in die Stadt.

Einmal kam mein Mann mit. Wir besichtigten den Trotzkij-Dom, ein herrliches Kuppelbauwerk aus dem 16. Jahrhundert. Er war zum Teil schon verfallen. Wir waren beide keine leidenschaftlichen Museumsbesucher und auch nicht darauf erpicht, alte oder neue Kunstwerke zu entdecken. Wir hatten einfach nur einmal der öden, keimfreien Atmosphäre unseres Hotels entfliehen wollen. Wir waren ziemlich lange ausgeblieben, denn Plievier hatte hinterher noch nach einer Kneipe gesucht.

»Irgendwo muß es hier doch eine Kneipe geben, wo normale Menschen sitzen und ihren Wodka trinken.«

Wir fanden kein solches Lokal. In Ufa schien es das nicht zu geben.

Als wir spät ins Hotel zurückkamen, saß Becher in unserem Zimmer und sagte ärgerlich:

»Wo, zum Teufel, treibt ihr euch so lange herum? Ihr wißt doch, daß man das nicht gern sieht. Werdet ihr denn nie vernünftig? Auf euch muß man aufpassen wie auf kleine Kinder.«

Wir schwiegen. Was sollten wir sagen? Natürlich wußten wir, daß er von seinem Standpunkt aus recht hatte.

Als Becher ging, war er wieder besänftigt. Und er sagte etwas, was er wahrscheinlich nur zu uns sagte – vielleicht nur um uns zu trösten – was er niemals zu seiner Frau oder gar zu Ulbricht oder Pieck gesagt hätte:

»Denkt ihr vielleicht, ich habe dieses isolierte Leben hier nicht auch satt?«

Wir arbeiteten weiter. Plievier machte Auszüge und Notizen aus der Riesenfülle des »Materials«. Was durchgearbeitet war, wurde an jedem dritten Tag abgeholt.

Über der Arbeit wurde es Winter. Und dann kam der Februar. Februar neunzehnhundertdreiundvierzig.

Stalingrad war gefallen.

Die große Wende war eingetreten.

Wir spürten es auch in unserem Hotel. Es schien, als sei eine neue Zeit angebrochen.

Das Hotel »Baschkirija« glich auf einmal einem Taubenschlag. Gäste – wenn man das so nennen kann – fuhren ab, neue Gäste kamen. Eine der ersten, die abfuhr, war die spanische Kommunistin Dolores Ibarruri. Ich habe mich im allgemeinen nicht für die kommunistischen Parteiführerinnen interessiert, aber für diese Spanierin interessierte ich mich. Ich hatte Fotos von ihr in vielen Illustrierten gesehen, sie schien sehr schön, aber auch sehr linientreu, ich hatte ihre flammenden Reden gelesen und ich hatte immer wieder versucht, sie einmal kennenzulernen. Aber ich habe sie nicht ein einziges Mal zu Gesicht bekommen, nicht einmal auf der Treppe oder auf einem Korridor im Hotel. Und nun war sie abgereist.

Dafür kamen andere Gäste. Zum Beispiel der charmante Franzose Jean R. Bloch, der so spannend und amüsant von seinen Erlebnissen in Alma-Ata erzählen konnte. Er war also auch in unserer Gegend gewesen, in Usbekistan, in einer so märchenhaft schönen, halb alten, halb neuen Stadt wie Taschkent es war.

[...]

Und wenn unser Häuschen nicht zerstört gewesen wäre, wenn es noch gestanden hätte wie damals im Oktober 1941, als wir es verlassen mußten, wir hätten jetzt nicht mehr dort leben dürfen.

Wir mußten in Moskau bleiben.

Unsere neue Heimat wurde bis auf weiteres, also bis Kriegsende, das Hotel »Lux«. Das galt als hohe Auszeichnung, und viele werden uns darum beneidet haben. Denn hier wohnten, wie im »Baschkirija« in Ufa, alle hohen Funktionäre der Komintern. Sie war allerdings inzwischen aufgelöst worden – ein Geschenk Stalins an die westlichen Verbündeten.

Aber die Komintern lebte weiter. Nicht dem Namen nach, doch als Institution. Das merkten wir hier im »Lux«. Das ehemalige Gemeinschaftshaus der Komintern nannte sich jetzt wieder »Hotel Lux«, wie es in der Zarenzeit geheißen hatte. Aus der ehemaligen Twerskaja war die Gorkowa, die Gorki-Straße, geworden.

Dieses Hotel mit dem wiedererstandenen Namen »Lux« war kein Hotel. Es war eine Welt für sich, wir waren vom ›gewöhnlichen‹ Leben noch mehr abgeschlossen als im »Baschkirija« in Ufa. Von jedem Schritt, den wir taten, wußte man, wohin er uns führte, jeder Besuch wurde genau kontrolliert. Das Hotel besaß eine eigene Wäscherei, eigene Kleider- und Schuhwerkstätten, ein eigenes Krankenhaus, mit den modernsten Einrichtungen ausgestattet. Es besaß sogar eine eigene Miliz, die alle Fragen der An- und Abmeldung regelte.

Man brauchte das Hotel nicht zu verlassen, aus keinem Grunde. Es war ein goldenes Gefängnis.

Wenn man es verließ, dann nur zur Arbeit, irgendwo in einer Dienststelle in einem anderen Stadtteil. Aber man brauchte da nicht zu Fuß zu gehen oder ein öffentliches Verkehrsmittel zu benutzen. Den im Hotel »Lux« wohnenden Mitarbeitern der Komintern – die nach ihrer offiziellen Auflösung in Wirklichkeit weiterbestand und jetzt den Namen »Vertreter der ausländischen kommunistischen Parteien« führte – standen eigene Autobusse zur Verfügung. Wir brauchten nicht zu laufen, das heißt: wir durften nicht zu Fuß gehen oder mit der U-Bahn fahren. Wir durften fast keinen Schritt unbewacht tun.

Wir mußten in diesem goldenen Gefängnis jedes Wort auf die Waagschale legen, und dabei konnten wir uns, so gut es uns materiell ging, nicht wohlfühlen. Plievier am wenigsten. Für ihn wurde es erst besser, als er den Plan faßte, den Roman *Stalingrad* zu schreiben.

Als Pieck und Ulbricht über Johannes R. Becher von diesem Plan hörten, waren sie zunächst alles andere als begeistert:

»Ein Schriftsteller, der nicht der KP angehört, kann nicht ›richtig‹ über Stalingrad schreiben«, war ihre Meinung.

Aber Becher setzte ihnen so lange zu, bis sie einsahen, daß mein Mann eben doch konnte.

Auf einmal standen ihm alle Möglichkeiten und alle Mittel zur Verfügung, damit er sich das nötige Material beschaffen konnte. Er fuhr jeden zweiten Tag nach Ljunowo, das ist eine Stunde Autofahrt von Moskau. Hier war der Sitz des neugegründeten ›Nationalkomitees Freies Deutschland‹, dem schon damals fast alle höheren Offiziere und Generäle angehörten. Nur Paulus, der Befehlshaber der Sechsten Armee, nahm eine Sonderstellung ein; er wohnte in einer Villa, aber natürlich unter entsprechender Bewachung. Paulus trat dem Nationalkomitee erst Ende 1944 bei und dann setzte auch er seine Unterschrift unter die Aufrufe, die das ›Freie Deutschland‹ herausgab.

Plievier saß halbe Nächte im Kreise dieser Offiziere.

»Zuerst waren sie völlig zugeknöpft«, erzählte er mir. »Aber dann tauten sie, je länger wir miteinander sprachen, langsam auf. Sie fingen an, von ihren Erlebnissen zu erzählen, als wir nicht mehr im Gemeinschaftsraum zusammensaßen, sondern als ich mit ihnen auf ihre Zimmer gehen durfte. Immer zwei haben ein Zimmer.«

So erfuhr Plievier alle Einzelheiten dieses furchtbaren Ringens und Sterbens vor Stalingrad.

Er bekam einen amerikanischen Jeep, mit einem NKWD-Mann als Fahrer. Er fuhr in den Gefangenenlagern herum, in denen deutsche Stalingrad-Gefangene saßen.

»Die armen Kerle brennen darauf«, sagte er nach den ersten Fahrten, »alles loszuwerden, was sie innerlich so stark bewegt. Es macht sie, wenigstens für den Augenblick, frei, wenn sie von den unmenschlichen Leiden und Qualen erzählen können. Schönes und Gutes haben sie nicht zu berichten.«

Plievier brachte von jeder Fahrt viele engbeschriebene Blätter mit. Ich habe sie immer sofort auf der Schreibmaschine abgeschrieben.

Wir sahen und hörten nichts von dem, was draußen vorging.

Der Krieg ging weiter, das wußten wir. Und er ging diesmal in der anderen Richtung, das wußten wir auch.

»Und wie wird das enden?« fragte ich.

Mein Mann gab keine Antwort auf meine Frage. Er wußte nicht, wie es enden würde, und er wollte nicht darüber sprechen. Er vergrub sich in seine Arbeit. Er saß nur noch am Schreibtisch und arbeitete fieberhaft. Er sah und hörte nichts. Er hörte nicht, was ich sagte, und er sah nichts von seinem goldenen Gefängnis. Er arbeitete bis zu sechzehn Stunden am Tag.

Die Mahlzeiten mußte ich ihm auf einer Ecke des Schreibtisches servieren. Beim Frühstück las er mir vor, was er in der Nacht geschrieben hatte. Wir diskutierten darüber, wir korrigierten, wir verwarfen oder nahmen an. Das war die einzige Stunde am Tag, wo wir zusammen sprachen.

Und dann begann meine Arbeit. Becher hatte uns eine zweite Schreibmaschine besorgt und uns zu einem kleinen Schreibzimmerchen verholfen. Hier schrieb ich die Reinschrift.

Als die ersten beiden Kapitel fertig waren, riß Becher sie Plievier fast aus der Hand.

Kurze Zeit später erschienen sie gedruckt in der *Internationalen Literatur.*

Mein Mann schrieb sofort weiter. In dieser Umgebung konnte er arbeiten. Unser Zimmer zumindest hatte nichts von der sterilen, bedrückenden Atmosphäre des Hauses. Es war für russische Verhältnisse sogar ausgesprochen luxuriös eingerichtet: eine große Couch, Tisch und Sessel dazu passend, sehr schöne Lampen. Die Bettnische lag hinter einem großen Vorhang, dahinter war auch das Waschbecken. Fließendes warmes und kaltes Wasser. Und – das wichtigste: ein großer Schreibtisch.

Davor: Plievier, bei Tag und bei Nacht.

Und ich in meinem Schreibzimmerchen, hinter der Schreibmaschine.

Ich hatte auch noch eine Nebenbeschäftigung: ich mußte Hausfrau spielen.

Es gab im Hotel »Lux« keinen Speisesaal, jedenfalls nicht für die kleinen Leute, wie wir es waren. Es gab einen Bankettraum, in dem hohe Gäste in besonderen Fällen bewirtet wurden. Für uns gab es auf jedem Korridor eine geräumige Küche mit elektrischen Herden und mit einem Schrank, wo jeder sein Geschirr und seine Lebensmittel unterbringen konnte.

Es gab natürlich noch Lebensmittelkarten. Vor den Brotläden standen die Russen Schlange. Wir brauchten nicht Schlange zu stehen. Wir hatten das »Büchlein für verdiente Ausländer«, in dem die Menge an Lebensmitteln eingetragen war, die wir im Monat kaufen durften. Es war reichlich. Es gab so viel Brot, daß wir es nie aufessen konnten. Ich verschenkte eine Menge davon.

Und ich tauschte wieder. Das hatte ich inzwischen gelernt. Ich fragte nicht viel und ging auf den ›freien Markt‹. Ich tauschte Schwarzbrot und Weißbrot gegen Eier, Milch und Kartoffeln. Die Preise, die die Bäuerinnen für die freien Lebensmittel nahmen, waren schwindelnd hoch. Aber für Brot konnte ich alles haben, vor allem Kartoffeln. Plievier war ein Kartoffel-Narr, und in Taschkent hatten wir nicht ein einziges Mal eine Kartoffel gesehen.

Ich schrieb, ich lief nach Lebensmitteln herum, ich kochte, ich flickte unsere Wäsche, und dann saß ich wieder an der Schreibmaschine. Abends, wenn ich todmüde auf mein Bett fiel, kam mein Mann und sagte:

»Ach, lies dir doch mal die neuen Seiten durch. Ich bin nicht sicher, ob sie geglückt sind.«

Dann konnte ich nur noch seufzen: »Heute beim besten Willen nicht mehr. Morgen früh...« Über diesen Worten schlief ich ein.

So ging es fast jeden Tag.

JOHANNES R. BECHER

Moskau

1941

Da heult er auf, der langgezogene Schrei,
Und dehnt sich weit, um alle zu erreichen,
Und keiner, keiner hört an ihm vorbei.
Und keiner kann im Schlafe ihm entweichen.

Schon ist der Himmel leuchtend aufgeschreckt,
Ein schwankes Gitterwerk von weißen Strahlen,
Und jeder suchend seinen Fangarm streckt
Und tastet ab den Wolkenrand, den fahlen.

O Moskau! Name, dessen Klang beschwingt
Die Herzen aller Völker! Tausend Sterne
Schießt du empor, und donnernd rollt die Ferne,
Wenn platzend der Geschosse Stern zerspringt.

Von fernher spüre ich um dich geschart
Die Liebe aller Völker. Alle wissen:
Der Feind kreist über dir zur letzten Fahrt,
Du hast ihn aus dem Flug herabgerissen.

Hoch auf den Dächern stehen deine Wachen
Und kämpfen nieder den geworfenen Brand,
Und es gelang dem Feinde, zu entfachen
Nur *eine* Glut, und die schürt jede Hand:

Die Glut der Liebe, die hält Moskau dicht
Mit ihrem Strahl und ihrem Stahl umschlossen,
Die Glut macht auch das tiefste Dunkel licht
Und schlägt empor in blitzenden Geschossen.

O Moskau! Wenn die hohe Strahlenspur
Dich überwölbt, es donnern mächtige Weiten,
Dann wiederhole ich wie einen Schwur,
Was ich dir vormals schrieb zu andern Zeiten:

»Von allen Städten, die ihr nennt und preist,
Ist sie die Stadt, die wächst und sich vollendet.
Sie reicht viel weiter, als ihr Stadtbild weist,
Und niemand weiß, wo ihre Grenze endet.

Du bist die Stadt, die mehr verlangt, als wir
Gewesen sind, und nie ruht dein Verlangen.
Ihr, die ihr eingeht, wißt: ihr werdet hier
Vergangen sein mit allem, was vergangen.

Von allen Städten, die ihr preist und nennt,
Ist sie die Stadt, die strebt nach Raum und Dauer –
Und ordnet sich nach einem neuen Sinn.

Kommt her und seht! Auf bestem Fundament
Ist sie erbaut. Das Volk ist dein Erbauer,
Du freie Stadt! Du Weltbefreierin!«

LEO LANIA

The Darkest Hour

Als ich am nächsten Morgen mein Hotel verließ, fiel mir
sofort ein riesiges Plakat auf der anderen Straßenseite
auf.
»RESSORTISSANTS ALLEMANDS!« stand da. Ich trat
näher. Das Plakat besagte, daß alle Männer deutscher Ab-
stammung im Alter von siebzehn bis fünfundfünfzig Jahren mit Wohnsitz Paris (einschließlich Österreicher, Saar-
länder und Tschechen) sich am folgenden Tag im Stade de
Colombes, einer großen Sportsarena im Westen von Paris,
zu melden hätten. Dazu sollten sie eine Decke und Verpflegung für zwei Tage mitbringen.
Ich war auf dem Weg zum Propagandaministerium.
Das Kriegsministerium hatte mir mitgeteilt, daß ich augen-
blicklich nicht für die Armee tauglich sei, da ich über vier-

zig Jahre alt war. Früh an diesem selben Morgen hatte mein französischer Journalist mit der Nachricht angerufen, Giraudoux erwarte mich.

Das Plakat interessierte mich nicht sonderlich. Schon seit ein paar Tagen waren Gerüchte im Umlauf, daß sich alle Deutschen und Österreicher zur Paßkontrolle einfinden sollten und zur Beweisführung, daß sie keine Hitler-Sympathisanten waren. Meine Papiere waren in Ordnung, meine antifaschistischen Ansichten waren wohlbekannt. In der Tasche hatte ich einen Brief von Herrn de Margerie, dem ehemaligen Botschafter Frankreichs in Deutschland, der ihn zur Zeit meiner Flucht aus Berlin geschrieben und mich darin den französischen Militär- und Zivilbehörden herzlich empfohlen hatte. In dem Brief war von meinen Betätigungen gegen Hitler und von meinen Enthüllungen hinsichtlich der geheimen Wiederbewaffnung in Deutschland zu lesen. Im Laufe meiner sechs Jahre in Paris hatte ich viele neue Freundschaften geschlossen, darunter mit Abgeordneten, führenden Schriftstellern, Journalisten und Beamten in den Ministerien. Und während dieser Zeit hatte ich den Kampf gegen den Nazismus in meinen Büchern fortgesetzt, in der deutschen Emigrantenpresse und in französischen Zeitungen. Ich besaß ein Schriftstück, das mir die freiwillige Meldung zur Armee bescheinigte. All das schien mir hinreichender Beweis dafür, daß ich nicht zur Fünften Kolonne gehörte.

Außerdem erwartete ich Anweisungen von Giraudoux.

Der alte Palast beim Invalidendom erschien wie im Stich gelassen. Ich ging durch den Vorhof, eine Treppenflucht hinauf und eine andere wieder hinunter – keine Seele ließ sich blicken. Ich ging zu einem anderen Eingang, und der Wächter schickte mich zum ersten zurück. »Warten Sie im Empfangszimmer im ersten Stock«, sagte er. »Es wird schon jemand kommen.« Der Salon war mit kostbaren Antiquitäten ausgestattet. Ich stand am Fenster und schaute auf die schmale Straße hinab, wo Arbeiter mit dem Bau von Luftschutzvorrichtungen beschäftigt waren.

Über den Dächern links erhob sich die goldene Kuppel des Invalidendoms; weiter im Hintergrund rechts die sich überkreuzenden Streben des Eiffelturms. Hoch über mir flogen zwei Flugzeuge nach Osten. Rings um mich herrschte Friede und stille Ruh. Man konnte kaum glauben, daß das Land sich im Krieg befand und daß dies eines der wichtigsten Ministerien im gesamten Kriegsapparat war.

Nach einer Weile erschien ein Diener und versprach, mich zu melden. Ein paar Minuten später kam er wieder und geleitete mich zur Privatsekretärin des Ministers.

»Sie werden in drei Tagen zurückkommen müssen – am Montag«, erklärte sie. »Wir ziehen ins Hotel Continental um, unser neues Hauptquartier. Herr Giraudoux sieht Ihrer Bekanntschaft erwartungsvoll entgegen. Gewiß werden Sie uns sehr nützlich sein. Er wird dann persönlich mit Ihnen sprechen. Ihr Memorandum liegt auf seinem Schreibtisch.« (Auf Anraten des französischen Journalisten hatte ich ein ziemlich langes Memorandum aufgesetzt, in dem ich meine Ideen für Rundfunkpropaganda gegen die Nazis dargelegt hatte.)

»Ich muß mich aber doch im Stade de Colombes melden«, warf ich ein.

Die Sekretärin war darüber vollauf informiert. »Eine reine Formalität«, versicherte sie. »Die Flüchtlinge müssen einfach registriert werden. Das kann höchstens ein paar Stunden dauern – im schlimmsten Fall werden Sie dort eine Nacht verbringen müssen; tausende dieser Fälle müssen ja behandelt werden. Wenn Sie sich aber morgen melden – Samstag – sind Sie bestimmt rechtzeitig wieder draußen. Ich merke Sie für Montag morgen elf Uhr vor. Ist es Ihnen so recht?«

Natürlich war es mir so recht.

BERTHOLD VIERTEL

Lebensgang

Erdnähe, Sonnenferne
Ist unser Los.
Winzig sind uns die Sterne
Und New York riesengroß.

Das Meer schmiegt sich uns in die Poren,
Wenn es zu Tropfen zerrinnt.
Wir haben den Weg verloren,
Den wir begannen als Kind.

HANS NATONEK

In Search of Myself

Ich hätte mich ja einer jener Exilcliquen anschließen können, die überall in New York aufsprossen, ärmlichen
Grüppchen, die immer noch an einem verschwundenen Leben auf einem völlig fremden Kontinent festzuhalten trach-
teten, einem von ihrer Sprache und Nationalität, ihren Vor-
urteilen oder politischen Ansichten umgrenzten Leben. Doch
diese sich befehdenden Gruppen hatten etwas Deprimieren-
des an sich, wie sie so ihre alten Antipathien aus der engeren Heimat weiterschürten, anstatt ihre Energien darauf zu
konzentrieren, ihr Andenken an Europa als ganzes zu
bewahren und es nicht in winzige unzusammenhängende
Partikel zu zerlegen. Ihnen geht es ja gar nicht um die Wie-
dererrichtung der Menschenrechte. Ganz einfach um praktische Grenzen, politischen Parteienhader, kleinlichen Staa-
tenegoismus sind sie besorgt. Das Vorbild eines geglückten
Staatenbundes regte sie nicht zur Nachahmung an, nicht
einmal in Gedanken.

Was außerdem dazu beitrug, daß ich mich nicht, *faute de mieux,* einem dieser getto-ähnlichen »kleinen Europas« anschloß, war mein wachsendes Verständnis für Amerika selbst. Sollte ich mich in eine Zelle einkerkern, die mir keine Verbindung zur Außenwelt, nicht einmal den Kontakt durch die Sprache, erlaubte? Ich liebe meine Muttersprache, aber ich merke voll Trauer, daß sie verwelken muß, wenn man sie aus dem Boden reißt, mit dem sie verwurzelt ist. Die Muttersprache läßt sich nicht unter fremde Himmel tragen, sie wächst und blüht dort nicht. Sie ist vielleicht gerade noch etwas Erinnertes, dessen man sich bei Gelegenheit bedient, um eine Freundschaft oder ein anderes Leben sich ins Gedächtnis zu rufen.

Manchmal stelle ich mir Amerika als ein Land vor, das doch noch faschistisch geworden ist, und seine Schriftsteller strömen ins überseeische Ausland auf der Suche nach schützender Zuflucht. Was würden sie ohne ihre täglichen Zeitungsspalten, ihre Artikel und Literaturbeilagen tun? Was würden sie tun ohne eine Sprache, die sie verstehen und schreiben können, und ohne Verleger, die ihre Arbeiten drucken? Die meisten von ihnen würden zugrunde gehen, glaube ich, vor Entbehrung oder aus Zorn.

Mir kommen diese europäischen Cliquen wie Aquarien für Goldfische vor, die in der Weite des Ozeans untergegangen sind. Die flutend sich ausweitende Größe Amerikas betont dabei um so stärker, wie gemein sie doch durch die Überfüllung geworden sind. Warum soll ich mich dazu verurteilen, mühsam in einer Glaskugel herumzukreisen, wenn ich mich frei in ein schier unerschöpfliches Element stürzen kann! Worin liegt denn der Vorteil, in einer Glaskugel zu leben? Das Brot ist knapp, und zumeist ist es das Brot der Barmherzigkeit. Die Elritzen, Goldfische, Klumpfische, Aale machen ihre kleinen schüchternen Bewegungen, zappeln mit dem Schwanz und japsen mit den Kiemen in solch aufdringlichem Beisammensein, daß alles Persönliche verschwindet und zum Typ sich vereinigt. Die Typen werden dann nach Güteklassen eingestuft, A B C, wie Eier. Private Gedanken oder Handlungen gibt es nicht.

Schon merke ich, wie sich im Auge des Flüchtlings die Erkenntnis andeutet: »Es gibt zu viele von uns!« Zuerst dachte ich, das muß mein eigenes Vorurteil gegen die in der Glaskugel sein, das bilde ich mir bloß ein. Doch war dem nicht so. Die machen solche Bemerkungen nun schon mit lauter Stimme, diese dummen Leute, die lieber in Glaskugeln leben! »Zu viele von uns! Zu viele . . .!«

Eines Tages werde ich in Amerika auf Reisen gehen. Ich werde mit eigenen Augen die Entfernungen sehen, die ich mir jetzt nur vorstellen kann. Zu viele!

Halt dich von der Menge fern, von der Unbequemlichkeit zu enger Nachbarschaft. Such die verlassenen Gegenden auf, wo es Platz gibt. Glaub bloß nicht, daß »deine eigenen Leute« dich besser verstehen und behandeln als Fremde. Es ist ein Glücksfall, unbekannt zu sein.

Ich bin so einsam wie eine Spinne mit ihrem Netz, wie ein vergessener Regenschirm in der Untergrundbahn. Ich gleiche dem Alchimisten des Mittelalters, der seinen Elfenbeinturm bestieg und sein Leben damit verbrachte, nach dem Stein der Weisen zu suchen, der sich nach ständiger Suche und mit der Zeit als ein Luftgespinst erwies. Der Suchende merkt dann wohl, wie er sich verrannt hat, doch er kann sein Leben nicht mehr ändern; er kann nicht in eine verschwundene Jugend zurückkehren. Die Einsamkeit atme ich ein und aus. Sie begleitet mich durch die Straßen wie eine geliebte Gefährtin. Ich kannte sie in Paris, wo sie eine zarte Provinzidylle war. Hier erreicht sie melodramatische Ausmaße.

LEONHARD FRANK

Links wo das Herz ist

Anfangs war Michael oftmals im Auto von Hollywood ans
Ufer des Pazifischen Ozeans gefahren und hatte, überwältigt von herzabdrückender Europasehnsucht, hoffnungslos
hinausgestarrt, in dem Gefühl, hinter jenem fernen Horizont sei Europa. Erst nach Wochen war ihm plötzlich bewußt geworden, daß er in die entgegengesetzte Richtung
gestarrt hatte, weg von Europa – nach Asien.
In der Bahn trugen die neuerwachten Lebensgeister Michael
empor in eine seit vielen Jahren nicht mehr erlebte gesunde
Freude, weil er die ewig besonnte, lebensferne Hölle von
Hollywood hinter sich hatte und in New York seinem Ziel,
Europa, um 4800 Kilometer näher sein würde. Er hatte wie
in vergangenen Zeiten wieder das gehaltvolle Gefühl innerer
Kraft.
In New York besuchte Michael am ersten Abend einen al-
ten Bekannten aus Europa. Nach dem Essen trat er ins
Zimmer nebenan und blickte durch das geschlossene Fen-
ster hinaus in die beleuchtete Nacht. Nach einer Weile kam
der Gastgeber herein und fragte verwundert lächelnd:
»Warum stehst du denn hier? Was ist denn?«
Michael, der in Hollywood, wo auch im Winter Sommer,
wo ewig Sommer ist, fünf Jahre keine Schneeflocken gesehen hatte, antwortete, ohne den verzauberten Blick abwenden zu können: »Es schneit.« Ihm war, als hätte er das
Leben wieder eingeholt. Er mußte wie ein sentimentaler
Knabe ein bißchen schlucken und drücken, während er zu-
sah, wie die beleuchteten Flocken schräg herunterschweb-
ten, lautlos über dem tobenden Verkehr.
Während der fünf Kriegsjahre waren in New York keine
Wohnhäuser gebaut worden und die Einwohnerschaft hatte
sich nach Kriegsende um hunderttausende Neuankömmlinge
vermehrt. Eine Wohnung war ohne absonderlichen Glücks-
zufall nicht zu finden. Viele Wohnungssuchende sahen ihre

letzte Rettung im Tod alleinstehender Menschen – sie warteten jede Nacht vor dem Gebäude der New York Times, bis um drei Uhr früh die Zeitung herauskam, studierten begierig die Todesanzeigen und eilten bei Tagesanbruch zu den Hausbesitzern, in der Hoffnung, die Wohnung des Verstorbenen zu bekommen.

Nach Monaten vergeblichen Suchens bekam Michael schließlich eine möblierte Wohnung in der besten Gegend New Yorks, durch Bestechung des Hausverwalters und durch das Unglück des bisherigen Mieters, eines Schweizers, der geisteskrank geworden und in eine Anstalt überführt worden war. Der Hausverwalter hatte zu Michael gesagt, brutal scherzend: »Der Mann muß irrsinnig gewesen sein, sonst hätte er gewußt, daß er seine Wohnung verliert, wenn er irrsinnig wird.«

Ein paar Tage nach dem Einzug in die neue Wohnung las Michael in der Zeitung, daß Würzburg nicht mehr existierte. Kalt am ganzen Körper las er die Schilderung, wie seine Heimatstadt nach dreizehnhundertjährigem Bestehen in fünfundzwanzig Minuten durch Brandbomben zerstört worden war.

Er sah Würzburg, die Stadt des edelsten Barock, und sah zugleich den riesigen grauen Trümmerhaufen, aus dem Würzburg sofort wieder emporstieg in seiner ganzen Schönheit, die Stadt, die nicht mehr existierte. Der Schlag traf ihn mitten ins Gefühl und erschlug sein Gefühl. Er war innerlich taub. Sein Schmerz war substanzlos, gleich dem eines Menschen, der den Schmerz im amputierten Arm noch spürt. Ein gefühlsgeladener Teil seines Lebens war für immer weggewischt. Er hatte für die Millionen Kindheitserlebnisse den Schauplatz nicht mehr.

Politik und Propaganda

ERNST TOLLER

Rede auf dem PEN-Club-Kongreß in Ragusa

Gestern sprach ich nicht, ich wollte den offiziellen deutschen
Delegierten die Chance geben, mir Rede und Antwort zu
stehn und meine Behauptungen, wenn sie es können, zu wi-
derlegen. Da sie trotz der Schwere der Anklagen es vor-
ziehn, aus formellen Gründen der Sitzung fernzubleiben,
bin ich gezwungen, in ihrer Abwesenheit zu sprechen. Sie
mögen an andrer Stelle antworten.
Man hat mir von vielen Seiten geraten, nicht zu sprechen,
man hat Gründe der Nützlichkeit angeführt, warum es besser wäre zu schweigen.
Der Schriftsteller ist einzig dem Geist verpflichtet. Wer
glaubt, daß neben der Gewalt auch moralische Gesetze das
Leben regieren, darf nicht schweigen.
Nur einem glücklichen Geschick habe ich zu danken, daß
ich hier stehe. In der Nacht nach dem Brand des deutschen
Reichstags wollte man mich verhaften. Zufällig war ich in
der Schweiz. Dieses Geschenk der Freiheit ist eine Verpflichtung gegen alle Kameraden, die in Deutschland im
Gefängnis leben.
Gestern haben die deutschen Delegierten eine Resolution
angenommen, in der die Worte vorkommen: »Es ist die
Pflicht des Künstlers, den Geist in seiner Freiheit zu erhalten, damit die Menschheit nicht zum Raub der Unwissenheit, der Schlechtigkeit und der Furcht werde. Die Literatur
kennt keine Grenzen und soll allgemeines freies Gut trotz
politischer und internationaler Wechselfälle bleiben.«
Ich war sehr erstaunt, daß die Herren des deutschen PEN-
Clubs dieser Resolution zugestimmt haben, und ich wollte

sie fragen: Wie verträgt sich diese Zustimmung mit der Wirklichkeit?

Vor einigen Wochen haben zehn Mitglieder des deutschen PEN-Clubs die Mitteilung erhalten, daß sie aus dem PEN-Club ausgeschlossen sind, weil sie kommunistischen oder ähnlichen Organisationen nahestehn. Ich will mich gar nicht mit der vagen Diktion dieser Worte beschäftigen. Kommunist ist für die Herren jeder, der nicht in ihren Reihen steht. Die Herren des deutschen PEN-Clubs haben sich gestern dagegen gewehrt, daß im PEN-Club politische Fragen erörtert werden. Wenn sie Schriftsteller aus Gesinnungsgründen ausschließen, sind sie es, die Politik in den PEN-Club tragen.

Im vorigen Jahre in Budapest haben die Herren Schmidt-Pauli und Elster, die heute der offiziellen Delegation angehören, einer Entschließung zugestimmt, die sich dagegen wandte, daß Dichter und Werke wegen ihrer Gesinnung verfolgt werden. Was haben sie getan, als die deutschen Schriftsteller Ludwig Renn, Ossietzky, Mühsam, Duncker, Wittfogel, als zehntausende deutsche Arbeiter ins Gefängnis gesperrt wurden? (Zuruf: »Nichts haben sie getan!«)

Am 10. Mai wurden die Werke der folgenden deutschen Schriftsteller verbrannt: Thomas Mann, Heinrich Mann, Stefan Zweig, Arnold Zweig, Jakob Wassermann, Lion Feuchtwanger, Kurt Tucholsky, Emil Ludwig, Theodor Wolff, Alfred Kerr, Bert Brecht, von Ossietzky, Hellmut von Gerlach, Lehmann-Rußbüldt, Rudolf Olden, Friedrich Wolff, Anna Seghers, Martin Buber, Jürgen Kuczinski, Erich Maria Remarque, Joseph Roth, Hans Marchwitza, Alfred Döblin, Werner Hegemann, Bruno von Salomon, Ernst Bloch, Walter Mehring, Arthur Holitscher, Professor Gumbel, Professor Großmann, Krakauer, Hermann Wendel, K. A. Wittfogel, Egon Erwin Kisch, F. C. Weiskopf, Johannes R. Becher, Regler, Bruno Frei, Paul Friedländer, Heinz Pol, Otto Heller, Erich Weinert, Ludwig Renn, Hermann Duncker, Bernhard Kellermann, Leonhard Frank, Franz Werfel, Ludwig Fulda, Vicki Baum, Adrienne Thoma, Ferdinand Bruckner, Carl Sternheim, Georg Kaiser, Carl Zuckmayer, Georg Bernhard, Heinrich Simon, Arthur Eloesser, Erich Baron, H. E. Jacob, Ernst Toller.

Was hat der deutsche PEN-Club gegen diese Verbrennung getan? Nun werden die Herren einwenden, die Verbrennung sei ein Akt junger, unreifer Menschen gewesen. Diese Verbrennung beschützte der Minister Goebbels und er nannte die verbrannten Werke jener Männer, die ein edleres Deutschland repräsentieren als er, »geistigen Unflat«.

Was hat der deutsche PEN-Club gegen die Verjagung der bedeutendsten deutschen Universitätsprofessoren und Gelehrten getan, gegen die Verjagung Einsteins, Zondeks, Hellers, Lederers, Bonns, Schückings, Goldsteins und all der andern Männer aus dem Bereich der Medizin, der Rechtswissenschaft, der Philosophie? Sie müssen im Ausland leben, verbannt, getrennt von ihrer Arbeit, ihrem Werk, nicht mehr imstande, Deutschland, der Menschheit zu dienen.

Was hat der deutsche PEN-Club dagegen getan, daß Künstler wie Bruno Walter, Klemperer, Weill, Busch, Eisler verhindert wurden, in Deutschland zu wirken?

Was hat der deutsche PEN-Club dagegen getan, daß bedeutende Maler wie Käthe Kollwitz, Otto Dix, Hofer, Klee heute nicht mehr an deutschen Akademien schaffen können, daß der große Maler Liebermann gezwungen war, die Akademie zu verlassen, weil er nicht in Unwürde arbeiten wollte?

Was hat der deutsche PEN-Club gegen die Verjagung großer Schauspieler von den deutschen Bühnen getan?

Was hat der deutsche PEN-Club gegen den Ausschluß deutscher Dichter aus dem Schutzverband deutscher Schriftsteller getan?

Was gegen die schwarze Liste der Werke jener Schriftsteller, die heute nicht mehr in Deutschland gedruckt werden und nicht mehr in deutschen Buchhandlungen verkauft werden dürfen?

Was hat der deutsche PEN-Club dagegen getan, daß ausländische Verleger, die Werke verfolgter Schriftsteller drukken wollen, mit dem Boykott ihrer gesamten Produktion in Deutschland bedroht werden?

Der Schriftführer des deutschen PEN-Clubs ist heute ein Herr von Leer. In seinem Buch *Juden sehen Dich an* hat er es gewagt, die Juden als Teufel in Menschengestalt zu bezeichnen. Unter die Bilder von Einstein, Ludwig, Lessing setzte er das Wort »Ungehängt«, unter das Bild von Erzberger, der übrigens kein Jude war, die Worte »Endlich gerichtet«.

Wird man diesen Ausbruch des Wahnsinns und der Barbarei verurteilen, wird man Herrn von Leer aus dem deutschen PEN-Club ausschließen? Werden den Reden und Resolutionen der Herren die Taten folgen?

Ich spreche nicht von meinem privaten Schicksal, nicht vom privaten Schicksal all jener, die heute im Exil leben müssen. Es ist hart genug. Das Land, in dem sie geboren sind, dürfen sie nicht wiedersehn, sie sind vertrieben, verjagt, verstoßen. Aber andre haben Schwereres erlitten.

Wir leben in einer Zeit des tobenden Nationalismus, des brutalen Rassenhasses. Die geistigen Menschen werden isoliert, werden bedroht und bedrängt von den Mächten der Gewalt, die Vernunft wird verachtet, der Geist geschmäht. (Zuruf: »Warum sprechen Sie nur von Deutschland?«) Wenn ich hier nur von Geschehnissen in Deutschland gesprochen habe, so darum, weil sie am brennendsten und mir vertraut sind, aber ich erwarte von Ihnen, daß Sie den gleichen Mut im Kampf gegen Gewalttaten in Ihren Ländern zeigen werden.

Man wird mir in Deutschland vorwerfen, daß ich gegen Deutschland gesprochen habe. Das ist nicht wahr. Ich wende mich gegen die Methoden der Männer, die heute Deutschland regieren, die aber keine Legitimation besitzen, sich und Deutschland gleichzusetzen. Millionen Menschen in Deutschland dürfen nicht frei reden und frei schreiben. Wenn ich hier spreche, spreche ich mit für diese Millionen, die heute keine Stimme haben. Die Herren berufen sich auf die großen deutschen Geister. Wie sind die geistigen Forderungen Goethes, Schillers, Kleists, Herders, Wielands, Lessings vereinbar mit der Verfolgung von Millionen Menschen?

Wahnsinn beherrscht die Zeit, Barbarei regiert die Menschen. Die Luft um uns wird dünner und dünner. Täuschen wir uns nicht, die Stimme des Geistes, die Stimme der Humanität wird von den Mächtigen nur dann beachtet, wenn sie als Fassade dient für politische Zwecke. Täuschen wir uns nicht, die Politiker dulden uns nur und verfolgen uns, wenn wir unbequem werden. Aber die Stimme der Wahrheit war niemals bequem.

In allen Jahrhunderten, ob wir an Sokrates, Giordano Bruno oder Spinoza denken, wurden die Männer des Geistes und der Wahrheit gemetzelt, verfolgt, getötet, weil sie sich nicht beugten und eher den Tod wählten als die Lüge, weil sie an eine Welt der Freiheit, der Gerechtigkeit, der Menschlichkeit glaubten.

Ich zweifle, ob wir in diesem Europa noch oft die Möglichkeit finden werden, uns zu versammeln und miteinander zu sprechen. Wer sich heute auflehnt, ist gefährdet. Was liegt an uns. Überwinden wir die Furcht, die uns erniedrigt und demütigt. Wir kämpfen auf vielen Wegen, es mag Wege geben, wo wir gegeneinander stehn müssen; aber in uns allen lebt das Wissen um eine Menschheit, die befreit ist von Barbarei, von Lüge, von sozialer Ungerechtigkeit und Unfreiheit.

KURT TUCHOLSKY

An Walter Hasenclever

Zürich, Florhofgasse 1
4. 3. 33

Lieber Max,

[...] Ich glaube nach wie vor nicht an extrem blutige Sachen in Deutschland. Es kann aufflackernde kommunistische Putsche geben, die werden blutig unterdrückt, 80 Tote, und 80 nutzlose Tote. Dann aber Totenstille. Dann setzt etwas viel, viel Schlimmeres ein: nach dem Spiel »Das dürfen die Leute ja gar nicht!« kommt das Spiel: »Ich weiß gar nicht, was Sie wollen – so schlimm ist es nun auch wieder nicht!« Das möchte ich nicht mitspielen, und ich werde es nicht mitspielen.

An einer etwa einsetzenden deutschen Emigrationsliteratur sollte man sich unter keinen Umständen beteiligen. Lieber Max, erstens wird es keine große Emigration geben, weil, anders wie damals bei der russischen, 1917, Europa nicht aufnahmefähig für solche Leute ist. Sie verhungern. Zweitens zerfallen sie, wie jede Emigration, und nun noch deutsche, in 676 kleine Grüppchen, die sich untereinander viel mehr bekämpfen werden als etwa alle zusammen Adofn (dem wir das L nun endgültig wegnehmen wollen, wir brauchen es ja für Eckner, Hei Adof!). Drittens sollte man es nicht tun, weil es den Charakter verdirbt, man bekommt Falten um die Mundwinkel und wird, bei allem Respekt, eine leicht komische Figur. Lieber Freund, ich kann das nicht vergessen, wie damals im Salon der Frau Ménard-Dorian das ganze durchgefallene Europa da war: der unsägliche Kerenski, Nitti, Karolyi, die Italiener – und alle hatten recht, nur leider eben bloß im Salon. Und da fragte jemand den Nitti: »Qu'est-ce que vous faites à Paris, Monsieur Nitti?« – Und da sagte der, und der Satz ist mir als Lehre eingebrannt: »J'attends.« Und wenn er nicht gestorben ist, dann wartet er heute noch. Und das wollen wir nicht mitmachen.

Ich brauche Ihnen nicht zu sagen, lieber Max, daß ich nicht inzwischen die »aufbauwilligen Kräfte im Nationalsozialismus« entdeckt habe. Ich werde nie einen Finger breit abgehn. Aber ich muß nicht meine Kraft und meine Arbeit an eine Sache setzen, die mir nicht einmal in der Negation wert ist, mich nach ihr herumzudrehn. Ich habe dazu kaum noch Beziehungen; es ist möglich, daß ich nichts mehr zu fressen habe, aber daß ich mich mit den Konvul-

sionen von Kru-Negern abgeben soll, also ich nicht. Die
Leute wollen das ja so, im Grunde. Die letzte Tat des
Reichsbanners ist ein Werbemarsch für den Wehrsport gewesen, die SPD versichert heute noch, sie sei doch aber
patriotisch und ruhrkämpferisch, fast alle erkennen die von
Adof gesetzten Kategorien an und streiten sich nur um ihre
Einordnung, niemand hat den Mut zu sagen: Der Wert
eines Menschen hängt nicht von seinem Soldbuch ab. Und
damit soll ich mich befassen? Nein, lieber Herr. Mich geht
das nichts an, nur eben als Zeichen der Zeit, in der wir ja
leben. Aber sonst – ohne mich.

Vorgestern haben wir hier einen Radio installiert und Adof
gehört. Lieber Max, das war sehr merkwürdig. Also erst
Göring, ein böses, altes blutrünstiges Weib, das kreischte
und die Leute richtig zum Mord aufstachelte. Sehr erschreckend und ekelhaft. Dann Göbbeles mit den loichten-
den Augen, der zum Vollik sprach, dann Heil und Gebrüll,
Kommandos und Musik, riesige Pause, der Führer hat das
Wort. Immerhin, da sollte nun also der sprechen, welcher ... ich ging ein paar Meter vom Apparat weg und ich
gestehe, ich hörte mit dem ganzen Körper hin. Und dann
geschah etwas sehr Merkwürdiges.

Dann war nämlich gar nichts. Die Stimme ist nicht gar so
unsympathisch wie man denken sollte – sie riecht nur etwas
nach Hosenboden, nach Mann, unappetitlich, aber sonst
gehts. Manchmal überbrüllt er sich, dann kotzt er. Aber
sonst: nichts, nichts, nichts. Keine Spannung, keine Höhe-
punkte, er packt mich nicht, ich bin doch schließlich viel
zu sehr Artist, um nicht noch selbst in solchem Burschen
das Künstlerische zu bewundern, wenn es da wäre. Nichts.
Kein Humor, keine Wärme, kein Feuer, nichts. Er sagt auch
nichts als die dümmsten Banalitäten, Konklusionen, die gar
keine sind – nichts.

Ceterum censeo: ich habe damit nichts zu tun.

Marginalie: Ossietzky unbegreiflich. Man hat mir erzählt,
daß man ihm seinen Paß nach Tegel gar nicht wiedergege-
ben habe. Ob das wahr ist, weiß ich nicht – er schreibt ja

keine Briefe. Dieser ausgezeichnete Stilist, dieser in der Zivilcourage unübertroffene Mann, hat eine merkwürdig lethargische Art, die ich nicht verstanden habe, und die ihn wohl auch vielen Leuten, die ihn bewundern, entfremdet. Es ist sehr schade um ihn. Denn dieses Opfer ist völlig sinnlos. Mir hat das mein Instinkt immer gesagt: Märtyrer ohne Wirkung, das ist etwas Sinnloses. Ich glaube keinesfalls, daß sie ihm etwas tun, er ist in der Haft eher sicherer als draußen. Nur bei einem wenn auch mißglückten Attentat auf Adof kann etwas passieren, dann würde die SA die Gefängnisse stürmen und von den Wärtern an nichts gehindert werden. Sonst aber kommt er nach zwei, drei Wochen, denke ich, heraus. (Wenn nicht Konzentrationslager gemacht werden!)

Kurz: ich lebe in keinerlei Panik. Und mein Pessimismus setzt genau da ein, wo der der andern aufhört, etwa zu dem Zeitpunkt, wo das Zentrum mitmacht. »Es wird ihnen die Kanten abschleifen!« sagen die falschen Propheten. An Schmarrn. Dann, erst dann, ist diese neue Herrschaft ganz totensicher fundiert, dann ist gar nichts mehr zu machen. Und wer wird und soll etwas machen? Man kann für eine Majorität kämpfen, die von einer tyrannischen Minorität unterdrückt wird. Man kann aber nicht einem Volk das Gegenteil von dem predigen, was es in seiner Mehrheit will (auch die Juden). Viele sind nur gegen die Methoden Hitlers, nicht gegen den Kern seiner »Lehre«. Und wenn es die Opposition nicht von innen her geschafft hat, so werden wir es nie schaffen, wenn in Paris ein paar Käsblätter erscheinen. Ich werde das nicht mitmachen.

Ceterum censeo: Ihr Hindenburggeburtstags-Artikel sollte von den Kanzeln verlesen werden.

Lieber Max, hoffentlich lassen sie Rutchen heraus, er ist so schön und dick, und wir wollen ihn noch ins Krematorium tragen, wenn er tot ist, und dann trinken wir mit der Leiche einen Apéritif.

Hallo, lieber Max, das ist ein langer Brief geworden. Nie wieder Korreschpondanx. Kommt noch solche nach Hindås? Ich habe inzwischen nichts bekommen. Mögen Sie –!

[...] lesen Sie auf alle Fälle *Voyage au Bout de la Nuit*. Es lohnt sich.

In Treue fest

>   Ihr alter Mitkolumbus
>   Edgar, formalz Adof.
>   Verfasser broschierter und gebundener Werke.
>   Ehemal. Mitglied der deutschen Republik
>   aufgehörter Dichter

Böse Enttäuschungen werden wir nun an unsern berliner Freunden erleben. Es wird *sehr* übel werden.

WALTER MEHRING

Ode an Berlin

> »Ausgebürgert wurden wegen Untreue und Lan-
> desverrates aus dem Deutschen Reich: ...«
> *Namensliste des Reichsgesetzanzeigers*
> *– M bis Z – 1934*

Manchmal berliner ick aus'm Traume –
  Und soo 'ne Träne kullert mir auf't Schemisett.
Ick höre ümmassu:
  »Nu sind wa frei im deutschen Raume!«
Ne, Emil; nich, det ick Dir flaume,
Aber Emil, angter nanu (entre nous):
  Jloobst'n det? Jloobst'n det?

I

Ihr Spreeathener,
              rauh, mit defter Plauze:
Wir kenn'n uns doch – mir kommt ihr doch nich doof.
Der helle Deez – die wunderkesse Schnauze –
Der vierte Hinterhof mit Feez und Schwoof –
Die ›jriene Minna‹ – und die Mutta Jrien –

Und sonntachs nach de Müggelberje peesen –
Mir wollt a was assähl'n von fremden Wesen?
  Mir nich, Berlin!
  Mir nich, Berlin!
Ick war doch imma mang eich mang mit Herz und Breejen!
Det ist der Dank – is das der Dank?
Von wejen!

II

Ihr duften Pankejöhr'n – Ihr frechen Bollen!
Wir jing'n uns doch ins jleiche Freibad aal'n.
– Eeen Kissken, Schatz! – Herr Oba, noch swee Mollen!
Der Mond, da drob'n – der konnte uns wat mal'n!
Det war doch soo! – wir hatten doch wat los,
Wenn wir zwei in de Lausekiste pennten.
Jetzt quatschste wat von fremden Elementen?
  Ne, sach ma bloß!
  Ne, sach ma bloß!
War ick nich ümma mang dir mang mit Seele, Leib und
                                        Breej'n?
Det is der Dank – is das dein Dank?
Von wejen!

III

Ihr Bowkes – und ihr blauen Abführmittel:
Jetzt bin ick Neese, wenn's nach Treptow jeht?
Nu brillt Ihr: Heil? und looft im braunen Kittel?
Wat denn! Da hat woll eener dran jedreht?
Ick weeß doch, wo de Ferdeäppel bliehn –
Ick stand doch du und du mit jedem Zossen.
Mir habt ihr aus de Innung ausjeschlossen?
  Sach ma, Berlin,
  Schämste dir nich?
Ick bleibe mang dir mang mit Schnauze, Herz und Breejen!
Wat is dein Dank – das is dein Dank?
Von wejen!

BERTOLT BRECHT

Das Saarlied

Von der Maas bis an die Memel
Da läuft ein Stacheldraht
Dahinter kämpft und blutet jetzt
Das Proletariat.
  Haltet die Saar, Genossen
  Genossen, haltet die Saar.
  Dann werden das Blatt wir wenden
  Ab 13. Januar.

Das Bayern und das Sachsen
Das haben uns Räuber besetzt
Und Württemberg und Baden auch
Sind fürchterlich verletzt.
  Haltet die Saar, Genossen
  Genossen, haltet die Saar.
  Dann werden das Blatt wir wenden
  Ab 13. Januar.

In Preußen steht General Göring
Der Thyssen räubert am Rhein.
In Hessen und in Thüringen
Setzten sie Statthalter ein.
  Haltet die Saar, Genossen
  Genossen, haltet die Saar.
  Dann werden das Blatt wir wenden
  Ab 13. Januar.

Die uns das große Deutschland
Zerfleischten ganz und gar
Jetzt strecken sie die Hände aus
Nach unserer kleinen Saar.
  Haltet die Saar, Genossen
  Genossen, haltet die Saar.
  Dann werden das Blatt wir wenden
  Ab 13. Januar.

Da werden sie sich rennen
An der Saar die Köpfe ein
Das Deutschland, das wir wollen, muß
Ein andres Deutschland sein.
  Haltet die Saar, Genossen
  Genossen, haltet die Saar.
  Dann werden das Blatt wir wenden
  Ab 13. Januar.

EGON ERWIN KISCH

Notizen aus dem Pariser Ghetto

7. Notiz:

Im Einfahrtstor der alten Adelssitze legen Trödler ihr ganzes Warenlager an verbeultem Geschirr, zerbrochenen Leuchtern und zerschlissenen Kleidern aus. Die steinernen Karyatiden, Zeugen vergangenen Glanzes, müssen sich eine Schiefertafel gefallen lassen, auf der mit Kreide jeden Tag der Kurs von Stoffresten, Altpapier, Eisenstücken und Holzabfällen notiert wird. Auf französisch hat diese Ware den an Brokat erinnernden Namen »brocante«, auf jiddisch aber heißt sie nur »Schmattes«. Im barocken Hof liegen alte Wäschestücke und andere Lumpen zuhauf. Das Seitenpförtchen, einst von Lakaien benützt, und manchmal von der Marquise als Durchschlupf zu heimlichen Liebesabenteuern, ist heute für die Wohnungsinhaber zum Haupteingang geworden.

Der Chiffonnier, der Lumpenhändler im engeren Sinn, lebt nur von Hadern und Altpapier, leer ist das Schaufenster seines winzigen, modrigen Ladens. Viele haben nach Beginn des Hitlerterrors die erblindete Glastür ihres Geschäftchens über und über mit bedruckten Zetteln beklebt: »Les représentants des maisons allemandes ne sont pas reçu.«

Groteske Vorstellung: die Vertreter deutscher Handelshäuser, steife Herren im Pelz, ein Paket zerschlissener Hadern unter dem rechten Arm, einen Stoß alter Zeitungen unter dem linken Arm, wollen bei dem Schmatteshändler in der schmutzig-schmalen Rue du Prévot vorsprechen, da erblicken sie diese Affichen und ziehen enttäuscht von dannen.

Ach, es ist nicht zum Lachen. Der arme Lumpenkleinbürger hat die Boykottpropaganda ernst genommen, mit der die nationalen und religiösen Juden vorgaben, gegen die Verfolgung ihrer Glaubensgenossen in Hitlerdeutschland protestieren zu wollen. In ohnmächtigem Fanatismus hat er sein winziges Gewölb mit den Boykottzetteln tapeziert, und sicherlich würde er kein noch so günstiges Geschäft mit dem Feind abschließen. Seine reichen »Mitstreiter« aber denken nicht eine Sekunde lang an ihre Parolen, wenn ein Profit lockt, und der Großhändler, an den der kleine Chiffonnier seine Waren weiterverkauft, handelt ohne Gewissensbisse mit Nazideutschland, ob er, der Großhändler, nun Jude ist oder Franzose oder beides. So hat der großmäulig angekündigte Warenboykott die Flut der Greuel und Scheuel nicht eingedämmt, und die Gebete in der Rue Pavé und das koschere, kosherere und koscherste Fleisch und das Matzes-Essen und das religiöse Fasten helfen weder den Juden im allgemeinen vor Verfolgung, noch retten sie den armen Chiffonnier aus seiner Armut.

Aber im Plätzl leben nicht nur Kleinbürger, im Plätzl leben wie in Belleville und am Montmartre zehntausende anderer Juden, solche, die wissen, daß im faschistischen Reich nicht ihre Glaubensgenossen, sondern ihre Klassengenossen gemordet und gemartert werden, die wissen, daß es kein Bündnis gibt zwischen Arm und Reich, daß Solidarität auf Grund von Religion und Rasse utopisch ist. Diese anderen wissen, daß sie die Genossen hingerichteter, eingekerkerter oder illegal weiterarbeitender deutscher Arbeiter sind, diese anderen kleben keine Boykottzettel, diese anderen kämpfen geschlossen gegen Dumpfheit und Reaktion und für eine Welt ohne Ghetto und ohne Klassen.

JOSEPH ROTH

Der eiserne Gott

Ich bekam eine Botschaft von dem Herrn über die tausend
Zungen, ich möchte eiligst zu ihm zurückkehren.
Ich hätte schon, sagte er, viele Völker und Städte besucht,
ich solle mich ausruhen, das eigene Land besichtigen und
wie immer ich es selber wolle.
Also besuchte ich das eigene Land, das heißt, das Land mei-
nes Herrn über die tausend Zungen.
Dieses Land liegt in der Mitte Europas zwischen Osten und
Westen – und ist ein merkwürdiges Land, das heißt, viele
Menschen, die dort wohnen, erschienen mir merkwürdig.
Manche unter ihnen rühmten sich, sie seien von Gott aus-
erwählt. Und als ich einen von ihnen fragte, zu welchem
Zweck sie Gott auserwählt haben könnte, sagte er:
»Um der Welt die richtige Ordnung zu geben, das Licht
unserer Gedanken, den Reichtum unserer Sprache, die
Wahrheiten, die unsere Gelehrten fast jeden Tag entdek-
ken.«
»Zu all dem, was Sie da sagen«, erwiderte ich, »können alle
Menschen und Völker der ganzen Welt auch gelangen. Gott
hat niemals jemanden auserwählt, damit er irdische Taten
vollbringe; es sei denn solche, die dem Himmel dienen. Es
müßte ein merkwürdiger Gott sein.«
»Es ist auch ein merkwürdiger Gott«, erwiderte der Mann.
»Es ist nämlich unser Gott. Unser eigener Gott. Der Gott
unseres Volkes. Der Gott, den alle anbeten, ist der Gott der
Liebe, ein jämmerliches Geschöpf. Aber unser Gott ist stark.
Er ist der Gott der Kraft. Er hat das Eisen wachsen lassen.
Es ist ein eiserner Gott.«
»Sie beten«, so sagte ich ihm, »nicht das Goldene Kalb an,
sondern das eiserne.«
»Wir beten nicht an«, sagte er, »wir kämpfen, das ist unser
Gebet.«
»Ihr kämpft also nicht nur gegen die anderen Völker«,

fragte ich, »sondern auch gegen den Gott der anderen Völker?«

»Ja«, sagte er, »wir sind noch niemals besiegt worden.«
»Dann«, sagte ich, »mögt ihr nur weiterkämpfen. Denn ihr seid schon Besiegte, noch ehe der Kampf begonnen hat.«
Und er verstand mich nicht und entließ mich ohne Abschied.

Und als ich sein Haus verließ, sah ich einen Mann vor seiner Tür, der trug auf seiner Kopfbedeckung, über der Stirn und am rechten Arm das Zeichen des Kreuzes. Aber es war kein gewöhnliches, sondern ein Kreuz, das rechts und links und am oberen und am unteren Ende gebrochen und geknickt war. Es sah so aus, als ob der Mann das heilige Zeichen des Kreuzes zuerst mutwillig zerbrochen und hierauf vergessen hätte, wie es richtig wieder zusammenzusetzen wäre. Auch war es so, als ob das Kreuz selber Schmerzen litte, da es so verkrümmt und verbogen war. Und da ich Mitleid hatte mit dem Mann und auch mit dem Kreuz, sagte ich: »Lieber Herr, Sie haben Ihr Kreuz nicht richtig. Erlauben Sie, daß ich Ihnen zeige, wie ein Kreuz aussieht?«

»Nein«, sagte er, »mein Kreuz ist das richtige. In diesem Zeichen werden wir siegen und nicht in jenem, das Sie meinen.«

»Sie irren sich«, erwiderte ich.

Da schlug mich der Mann über den Kopf, daß ich hinsank und für eine Weile wie tot dalag.

Und mitleidige Menschen hoben mich auf und trugen mich in ein Spital.

Und als ich nach langer Zeit wieder zu mir kam, schrieb ich noch einmal an den Herrn über die tausend Zungen folgendes:

Hochmächtiger Herr über die tausend Zungen,

Ihr Land kann ich nicht besuchen, denn man schlägt mich über den Kopf, und ich liege da wie ein Toter.

Aber auch dieses würde mich nicht hindern, das Land zu sehn, solange ich hoffen kann, wieder gesund zu werden.

Etwas anderes aber hindert mich daran, nämlich die Tatsache, daß man andere Götter hat als Gott, den einzigen, in Ihrem Lande. Ich war in einem Lande, wo es heißt, Gott sei nicht vorhanden. Und in jenem anderen Lande, wo die Menschen sagten, Er sei ihr Erbonkel. Und bei den heidnischen Völkern, die sagten, Er sei viele Götter auf einmal. Aber noch niemals habe ich ein Land gesehn, in dem die Leute Gott anbeten und schmähen in einem Atemzug. Und wo sie dem Sohn Gottes nicht etwa nur nicht folgen, sondern ihn auch hassen; und ihn nicht nur hassen, sondern auch ihn verachten, seinen Tod und seine Liebe und seine Demut. Denn sie haben sein Kreuz verkrümmt und sagen, dies sei das rechte und das echte Kreuz. Und es sei gar nicht verkrümmt oder verbogen. Ihr Gott sei ein eiserner. Und ich weiß, daß in der Apokalypse Johannes geschrieben steht, die Diener des Antichrist würden ein Malzeichen tragen an der Stirn und an der rechten Hand. In diesem Lande tragen die Leute schon dieses Malzeichen. Und sie bereiten den Weltuntergang vor, und ich vermag nicht, gerecht von ihnen zu reden, denn sie schlagen mich über den Kopf. Wo man Gott leugnet, kann es immer noch vorkommen, daß man Ihn eines Tages erkennt. Wo man Gott verwechselt oder verkennt, kann Er sich noch offenbaren. Wo man Gott aber in einem einzigen Atem lästert und anbetet, offenbart sich nur der Antichrist. Als die Kinder Israels das Goldene Kalb anbeteten, waren die Zehn Gebote noch nicht verkündet worden. Nun aber, da die Kinder Ihres Landes das eiserne Kalb anbeten, galten die Zehn Gebote schon fünftausend Jahre, und zweitausend Jahre leuchtet das Kreuz über der Welt. Entlassen Sie mich nun aus Ihrem Dienst, hochmächtiger Herr über die tausend Zungen.

Seine Antwort lautete:

Ich entlasse Sie mit heutigem Datum (Datum des Poststempels) aus meinen Diensten.
Sie sind eine widerspenstige Zunge. Ich habe bereits eine neue und willige gefunden.
Meine Zeit, unsere Zeit, ist angebrochen.
Ich brauche nicht mehr höflich mit Ihnen umzugehen.
Und ich schließe mit der Wahrheit:
Heil das Antikreuz!

> Unterschrift: Der Herr über die tausend Zungen

Der Mensch fürchtet den Menschen

Und ich verließ das Land des Herrn über die tausend Zungen und ging über die Grenze in andere Länder.
Ich nahm Aufenthalt in einem der Häuser, die man Hotels nennt.
Und dorthin kamen allerhand Menschen, die mich noch gekannt hatten, als ich eine der tausend Zungen gewesen war.
Es kamen: ein Reicher, ein Armer, ein Frommer, ein Gottesleugner, ein Jude, ein Judenhasser, ein Heide, ein Christ, ein Vertreter des Herrn über die tausend Schatten, einer, der die Rebellion in der Welt ersehnte, und ein anderer, der die Erhaltung der Welt wünschte, so wie sie ist, einer, der den Frieden wollte, und ein anderer, der den Krieg wollte.
Sie alle hatten einmal die Wahrheiten gelesen, die ich geschrieben hatte. Und sie kamen, die einen, mich zu fragen; die andern, um mich auszuhorchen; die dritten, um mich zu verführen. Und aus allen redete der Antichrist.

RUDOLF OLDEN

Der 30. Juni

Die Ernennung Adolf Hitlers zum Reichskanzler ist nicht die Geburtsstunde des Dritten Reichs. Dazwischen liegen die letzten Wehen: die Umgestaltung der preußischen Polizei, der Reichstagsbrand, das Einsetzen des Terrors, die Reichstagswahl, die Überrumpelung der kleineren Länder. Zweimal sieht es so aus, als ob die alten Mächte sich zur Wehr setzen wollten – nicht die Republikaner und Sozialisten, sondern die Konservativen, die fast überall vor Hitler regiert haben.

Im Berliner Regierungsviertel geht ein Aufmarsch des Stahlhelms vor sich, der nicht geringes Aufsehen erregt. Sein Zweck bleibt in Dunkel gehüllt. Es soll ein Anschlag auf die Person Hindenburgs geplant worden sein. Wer über seine Unterschrift verfügte, konnte noch immer alles ändern. Aber man weiß nicht, wer der Angreifer und wer der Verteidiger ist. Während die Nerven aller Eingeweihten aufs höchste gespannt sind, geschieht nichts.

In Bayern wird Widerstand vorbereitet – aber nicht geleistet. Die Hoffnung Verzweifelnder wendet sich nach dem Süden, dem Hort der Antithese, wo Hitler einmal niedergeworfen worden ist und wo man ihn seitdem ohne Respekt betrachtet. Dort steht noch immer Kronprinz Ruprecht, genannt »Seine Majestät«, in der Reserve, zu dem Hitler in der Bürgerbräunacht eilen wollte, das Unrecht wiedergutzumachen, das die Revolution »seinem hochseligen Herrn Vater« angetan hat.

Jetzt wäre der Augenblick, der letzte, in dem er handeln, König werden, Bayern und das Reich retten könnte. Die bayrischen Minister haben noch in dem Monat zwischen den Epochen den Mund recht voll genommen. »Als der Bamberger Dom gebaut wurde, rieben sich dort, wo jetzt Berlin steht, die Wildsäue an den Bäumen«, hat einer von ihnen historisch geschwärmt. Und ein anderer drohte: »Wenn die Berliner einen Reichskommissar schicken, wird er an der Grenze verhaftet.« Aber da sie handeln sollen, beweisen sie wieder, daß sie Schimpfer und keine Politiker sind.

Röhm und Epp besetzen mit der SA die Regierungsgebäude, kein Lüftchen regt sich. Die Kommissare Hitlers nehmen die Macht in die Hand. Sogar Esser, der Sexualantisemit, Kampfgenosse Hitlers aus frühen Tagen, der Mann mit den vielen zweifelhaften Affären, steigt zu Ministerwürden empor. Und sein enger Kollege Streicher, der Nürnberger Psychopath, wird Diktator in der fränkischen Provinz.

In den anderen Ländern geht es ebenso. Wenige Tage genügen, um die Herrschaft Hitlers überall herzustellen. Wenn Preußen erobert ist und die Reichswehr Gewehr bei Fuß steht, kann Hessen oder Lübeck nicht die Verfassung verteidigen. Wenigstens nicht mit Erfolg. Und nirgends zeigt sich ein Ansatz zu vergeblichem Heroismus.

Deutschland liegt dem Führer zu Füßen. Wenn er seine Herrschaft antritt, sind die Augen der Welt auf ihn gerichtet. Es ist, kein Zweifel, ein historischer Augenblick ersten Ranges. Wie präsentiert sich der Revolutionär, der Gefreite des Weltkriegs, der Sohn des Volks, der Aufpeitscher der Massen als Diktator?

Höchst denkwürdiges Bild.

Hitler erscheint in einem Kostüm, in dem ihn noch niemand gesehen hat. Auf dem Kopf trägt er einen hohen Röhrenhut, schwarz, in den acht Reflexen glänzend, der traditionelle Ausdruck bürgerlicher Feierlichkeit. Sein Körper ist in das absonderliche Kleidungsstück gehüllt, das die Deutschen mit dem englischen Wort Cut bezeichnen. Die Schwalbenschwänze fliegen, wenn er sich vor Hindenburg verbeugt, der zur Ehre des Tages die kaiserliche Uniform angelegt hat.

Der Reichstagssaal ist ausgebrannt. Auch als die junge Republik ihr erstes Parlament abhielt, war das Gebäude nicht gebrauchsfertig. Damals wurden die Verhandlungen im Nationaltheater in Weimar abgehalten. Hitler verlegte die Eröffnung des Reichstags nach Potsdam in die Garnisonkirche.

Die Antithese Potsdam–Weimar, Wachtparade–Dichterfürsten, ist ausgelaugt und abgegriffen, zu Tode gehetzt, zum Spott geworden. Trivialitäten scheut der große Agitator nicht. Aber mußte für die braunen Kämpfer nicht verwunderlich sein, daß er Potsdam, das Symbol des alten Preußens, als Stätte wählte für das große Fest des erwachten Deutschlands?
Allerdings, die Berufung auf das Preußentum war eine der Walzen gewesen, die gedreht wurden, um die Demokratie herabzusetzen. Aber hatte man nicht auch gegen die Reaktion gewütet? Waren nicht »die Barone« ein Lieblingsgegenstand des nationalsozialistischen Angriffs gewesen, dieselben, die jetzt noch in Ministersesseln saßen? Hatte man nicht ein Zuchthausgesetz gegen Hindenburg verlangt, als er den Young-Plan unterzeichnete? Hatten nicht die jungen SA-Burschen mit Messern nach seinem Bild geworfen?
Hitler und die feinen Leute, immer ungelöstes Problem, wird es ihn jemals loslassen? Noch sind seine Braunhemden an die Verwandlungskünste ihres Führers gewöhnt, die Routine des politischen Chamäleons enttäuscht sie noch nicht. Auch jetzt vertrauen sie ihm, daß er lügt, lassen ihm den Zylinder, die Koalition mit adeligen Diplomaten und Beamten, die Lakaienverbeugung vor dem Generalfeldmarschall hingehen. Sie grinsen: er wird sie schon hereinlegen.

Es ist wie bei einem Boxkampf, der kein Knock Out bringt. In jeder Runde wird gezählt, wieviel Treffer die Kämpfer anbringen. Nach der ersten Feier des Dritten Reichs müssen die Zuschauer feststellen: die Runde gehört den feinen Herren.
Es ist schwer von Adolf Hitler zu sagen, wer er eigentlich ist. Er ist nicht nur anpassungsfähig, gewandt in der Ausnützung der Situation, geschickt, wie sein Jugendvorbild

Lueger, »sich all der einmal schon vorhandenen Machtmittel zu bedienen, bestehende mächtige Einrichtungen sich geneigt zu machen« – der Verdacht liegt nahe, daß es seinem Wesen an Substanz fehlt und daß darum die Schwierigkeit so groß ist, ihn zu charakterisieren.

Wer ihn am 24. März 1933 sieht und hört, ohne ihn sonst zu kennen, der kann nicht daran zweifeln, daß ein Demagog in der Minute, da er am Ziel ist, die verführten Massen preisgibt, die ihn emporgetragen haben, und sich denen in die Arme wirft, die er bisher gereizt, gekitzelt, herausgefordert – auch umschmeichelt, aber nie bekämpft – hat, bis sie ihm den ersten Platz einräumten: ein lästiger und frecher Agent, aber endlich doch nur ein Agent der Macht, die er nie antasten wollte.
Wie er, umgeben von blitzenden Uniformen, die schwarzen Rockschöße schwingt, wie seine Rede überquillt von »Bismarck« und »Kaiserproklamation«, wie er die Vorsehung anruft, wie er den uralten General hofiert: »Diesem jungen Deutschland haben Sie, Herr Generalfeldmarschall, in großherzigem Entschluß die Führung des Reiches anvertraut« ... »Dank Ihrem Verstehen, Herr Reichspräsident, die Vermählung vollzogen zwischen den Symbolen der alten Größe und der neuen Kraft ...«, wie er »die Reaktion« umschmeichelt und nur den ohnehin niedergeworfenen Sozialisten »barbarische Rücksichtslosigkeit« ankündigt.

Wer die Stimme hört, die mühsam dem Hochdeutsch der Gebildeten angepaßte Klangfarbe des oberösterreichischen Kleinbürgers, die gequetschte Ehrfurcht, die verschmierte Ergebenheit, die süßliche Hochachtung, wenn er von den »geheiligten Räumen« der Potsdamer Garnisonkirche, von »der Bahre seines größten Königs«, Friedrichs des Zweiten, spricht, der glaubt, sicher sein zu können in der Beurteilung der Person des Redners. Der denkt an das harte Urteil des Generals von Lossow, der mit Verachtung vom sentimentalen und brutalen Hitler sprach. Der erinnert sich, daß der

Held des neuen Deutschlands nur die Schwachen mit der Vernichtung bedroht hat.

Nach dem Festgepränge in Potsdam findet eine Reichstagssitzung in der Berliner Krolloper statt, die letzte, die noch einer parlamentarischen Beratung ähnelt. Aber es ist nur eine schwache Ähnlichkeit.
Ein Teil der sozialdemokratischen Führer ist untergetaucht oder ins Ausland gegangen und hat damit gezeigt, daß er die Situation richtig verstanden hat. Andere sind geblieben und versuchen, loyale Opposition zu spielen. Wels, der Vorsitzende des Parteivorstands, spricht. Man hat den Mut gelobt, den er zeigte, als er zwischen den Reihen bewaffneter Terroristen hindurchgehend die Rednertribüne bestieg. War es richtig, daß er sprach? Sicher war das nicht richtig, was er sprach. Hat der Führer der deutschen Arbeiterschaft in so großer Stunde nicht die Berufung gespürt, als ein Held und Märtyrer in die Geschichte einzugehen, sein persönliches Wohl für die Zukunft seiner Klasse aufzuopfern? Welch ein Fanal, wenn er an der Stelle, die in diesem Augenblick die sichtbarste der Welt war, Protest erhob gegen den Verrat an den Volksrechten, gegen den Bruch der Verfassung, gegen die Verhaftung der kommunistischen Abgeordneten, gegen das Hereinbrechen der Gewalt, wenn er an den Weltgeist der Humanität appellierte und die Internationale Völkerbefreiende Sozialdemokratie hochleben ließ!

Dimitroff sollte der Held der Unterdrückten in Deutschland werden, der bulgarische Kommunist, nicht Wels, der deutsche Arbeiterführer.
Wels benützte die letzte Gelegenheit, da ein Sozialist öffentlich in Deutschland sprechen durfte, um zu beteuern, daß die Sozialdemokraten auch national seien, »Auch-Nationalisten«, wie man sie schon früher genannt hat.
Und Hitler hatte die glücklichste Geste des großen Tags, als er ihnen zurief: »Spät kommt ihr, doch ihr kommt!«

Da Hitler und seine Partei an der Macht sind, wäre es an der Zeit, an das Parteiprogramm zu erinnern. Was die sozialistischen unter den fünfundzwanzig Punkten angeht, so darf in Deutschland niemand wagen, von ihnen zu sprechen, die Gegner nicht, aber ebensowenig die Parteigenossen. Ein paar von ihnen, die es riskieren, verschwinden schnell im Konzentrationslager. Ob die sozialistischen Programmpunkte jemals im engen Kreis der Regierenden erörtert werden? Schwerlich. Dort hat man sie nie ernst genommen.

»Das Herzstück des Nationalsozialismus« ist »Die Brechung der Zinsknechtschaft«. So hat der Mann gesagt, dessen Ideen Hitler zum Grundstein der Bewegung machte – gerade weil er sie für undurchführbar hielt –, den er zum Verfasser und Interpreten des Parteiprogramms feierlich eingesetzt hat, der Ingenieur Gottfried Feder. Er darf sich noch Staatssekretär nennen. Aber Experimente mit der Wirtschaft darf er nicht machen. Die wird den alten Routiniers überlassen. Nach Hugenberg ist es ein Mann des großen Geschäfts, Schmitt, und dann Schacht, früher einmal von den Nationalsozialisten »Verbrecher am deutschen Volk« genannt, nun, da er verzückt »Mein Führer« zu sagen gelernt hat, Reichsbankpräsident und Reichswirtschaftsminister zugleich.

Nicht wenig Sozialistisches verlangt das Programm. Zählen wir auf: »Abschaffung des arbeits- und mühelosen Einkommens. Verstaatlichung der Trusts. Gewinnbeteiligung der Arbeiter an Großbetrieben. Großzügiger Ausbau der Altersversorgung. Sofortige Kommunalisierung der Groß-Warenhäuser und ihre Vermietung zu billigen Preisen an kleine Gewerbetreibende. Bodenreform, Schaffung eines Gesetzes zur unentgeltlichen Enteignung von Boden für gemeinnützige Zwecke, Abschaffung des Bodenzinses und Verhinderung jeder Bodenspekulation.«

Aber wir wissen schon, was inzwischen aus dem »Herzstück« geworden ist – »brechen muß höchstens, wer den

Unsinn hört«, sagte der witzige Goebbels zum Reichswehr-
leutnant Scheringer –, und so wundern wir uns nicht, daß
Hitler in seiner ersten Reichstagsrede etwas ganz anderes
proklamiert: »Grundsätzlich wird die Regierung die Wahr-
nehmung der wirtschaftlichen Interessen des deutschen Volkes nicht über den Umweg einer staatlich zu organisieren-
den Wirtschaftsbürokratie betreiben, sondern durch die
stärkste Förderung der Privatinitiative und durch die Anerkennung des Eigentums.«
Er findet damit gerechterweise den Beifall der Deutsch-
nationalen.

Die Arbeiter werden nach dem viel realeren Programm abgefunden, das Hitler in dem Abschiedsgespräch mit Otto
Strasser aufgestellt hat: »Sehen Sie, die große Masse der
Arbeiter will nichts anderes als Brot und Spiele . . .«
Wie dies Programm in der Praxis aussieht, das wird in klas-
sischer Form skizziert von der *Deutschen Bergwerkszeitung*
vom 17. Mai 1933. Das Organ der rheinischen Schwerindu-
striellen fordert auf zur »Rückkehr zu Lykurg«: man werde
»weniger Fleisch, weniger Fett« konsumieren und »ohne
falsche Scham« geflickte Hosen und Schuhe tragen. »Das
erfordert Nerven und die wird das Propagandaministerium
zu stärken wissen.«
Auch der Reichsbankpräsident Schacht fordert unbekümmert dazu auf, »den Hosenriemen enger zu schnallen«. Er
spricht nicht einmal von den Spielen. Seiner rauhen Art
genügt die Berufung auf die heroische Legende des Preu-
ßentums, das sich »großgehungert« haben soll.
Das Propagandaministerium allerdings leistet Außerordent-
liches an Massenversammlungen, wie sie die Welt noch nicht
gesehen hat, ungeheuren Aufmärschen, einer gewaltigen
Ausnützung des Rundfunks und an Unterdrückung jeder
Kritik in der Presse. Die Partei übernimmt auch die Organisation »Nach der Arbeit«, die der italienische Fascismus
erfunden hat, nennt sie poetisch »Kraft durch Freude« und
ersetzt damit einen kleinen Teil des vielgestaltigen Vereins-

wesens, das der Sozialismus geschaffen hat und das jetzt vernichtet ist.

Den »Marxismus«, wie Hitler ihn versteht, hatte er »vernichtet«, das war erstaunlich schnell, erstaunlich leicht gegangen. Die sozialistischen Parteien aller Art treten von der Bühne ab. Nur die Fortsetzung durch die illegale Arbeit dauert an. Trotz Spionage, Konzentrationslagern und Terrorurteilen ist sie nicht zu unterdrücken. In der Anonymität der geheimen Agitation bringt ein ruhmloses Märtyrertum seine Opfer. Die Gewißheit, beim geringsten Verdacht den Unterhalt zu verlieren, dem Hunger preisgegeben zu sein, hält die unbekannten Soldaten der Revolution so wenig von der Erfüllung ihrer Aufgabe zurück wie Diffamierung, Einkerkerung, Mißhandlung. Viele sterben für ihre Überzeugung. Alle Mittel einer grausamen Verfolgung durch Staat und Partei reichen nicht aus, um die stille Glut des sozialistischen Protestes auszulöschen.

Einen anderen Teil seines Programms hat Hitler sofort in Angriff genommen: den Kampf gegen die Juden. Er begann mit Gewalttätigkeiten in den Wohnvierteln der jüdischen Armen und wurde bald in ein System gebracht.
Es gehört zur Taktik Hitlers, die sich auf die ganze nationalsozialistische Bewegung übertragen hat, daß er immer als der Angegriffene erscheinen will. Er hat sein bürgerliches Ideal der Bravheit und Unschuld nie aufgegeben, immer wieder möchte er der nette kleine Junge sein, der kein Wässerlein trüben kann. Das vereint sich zwanglos mit der wilden Kraftmeierei blutiger Drohungen.
In den ersten Tagen des März 1933 versichert Göring: »Wenn sich die Juden loyal verhalten und ihren Geschäften nachgehen, hat niemand etwas zu befürchten.«
Und Papen sekundiert: »Die jüdischen Staatsbürger in Deutschland dürfen versichert sein, daß ihnen gleiche Behandlung mit allen guten Staatsbürgern zuteil werden wird.«

So wurde allerdings nur zu ausländischen Zeitungskorrespondenten gesprochen. Ins Innere gewendet erhebt Göring die Faust: »Ich habe keine Gerechtigkeit zu üben, sondern zu vernichten und auszurotten!«

Als die Weltpresse trotz den offiziellen Beruhigungen ungünstige Berichte aus Deutschland veröffentlicht, nennt Hitler das jüdische Hetze, ein Attentat des internationalen Judentums. »Juda erklärt Deutschland den Krieg«, schreibt sein Blatt, der *Völkische Beobachter*, und droht: »Deutschland erwache! und Juda – den Tod!« Für den 1. April 1933 wird ein allgemeiner Boykott aller jüdischen Geschäfte, Ärzte, Rechtsanwälte angeordnet. Alles, was jüdisch ist, wird für den einen Tag unter Interdikt gestellt. Mit knabenhafter Feierlichkeit führen SA und SS die Acht durch. Das ist ein »Spiel«, mit dem die sozialistischen Instinkte der jungen Parteisoldaten für eine Weile abgelenkt werden. Die Juden übernehmen wieder einmal ihre uralte Rolle des Prügelknaben.

Der katastrophale Eindruck, den das Aufgebot der Staatsmacht gegen eine wehrlose Minderheit in der Welt macht, verhindert die Fortführung der Aktion. Aber der *Völkische Beobachter* nennt sie ausdrücklich eine »Generalprobe«.

Das Kabinett ist jetzt der Gesetzgeber, und auch in ihm wird nicht abgestimmt. Was Hitler anordnet, ist beschlossen. Er erläßt die »Nichtariergesetze«. Die konservativen Kabinettsmitglieder ringen Hitler Schonung der Juden ab, die an der Front gekämpft haben, und der Älteren, die schon zwanzig Jahre im Amt sind. Aber sonst werden alle Juden und alle Abkömmlinge von Juden aus den höheren Berufen entfernt. Richtern, Professoren, Journalisten, Ministerialbeamten, Ärzten, auch den angesehensten, wird die Lebensaufgabe genommen, der Boden, in dem sie wurzeln, entzogen. Ihren Söhnen und Töchtern wird der Zugang zu den akademischen Laufbahnen unmöglich gemacht. Hier hat Hitler nicht renommiert: Das geschieht wirklich mit »barbarischer Rücksichtslosigkeit«, mit »entschlossener Brutalität«.

Der Diktator war bis zur Machtübernahme, bis zu dem Vorgang, den er »die nationale Erhebung« nennt, der Führer der Revanchepolitiker, der Kriegshetzer; *Mein Kampf* ist die wildeste Kriegshetze. Von dem Augenblick an, da er Reichskanzler wurde, hat er nur noch von Frieden gesprochen, hat in immer wiederholten Reden an die Welt seine und Deutschlands friedliche Absichten versichert.

Er hat den Beweis erbracht, daß er Sinn für das hat, was man Taktik oder Diplomatie nennen mag, für die Verbergung der wahren Absichten, für die Vortäuschung eines nicht vorhandenen guten Willens.

Sicherlich haßt und verachtet er die Polen. Seine Presse nannte sie nie anders als »Polacken«, und nur der leise Verdacht einer Verbindung mit ihnen trug jedem Politiker die zügellosesten Angriffe seiner Partei ein. Irgendein gleichgültiges, längst vergessenes Abkommen mit den östlichen Nachbarn wurde von ihm mit dem Young-Plan unter Zuchthausdrohung gestellt. Aber er hat es über sich gebracht, mit ihnen einen Vertrag zu schließen und äußerlich herzliche Beziehungen zu pflegen. Niemand täuscht sich darüber, daß die Herzlichkeit nur gemacht ist und daß die Gefühle der deutschen Nationalisten, trotz Beteuerungen, Ministerbesuchen, Ordensverleihungen, trotz dem Schweigen der Presse, so unverändert haßerfüllt sind, wie sie es immer waren.

Aber das Beispiel beweist schlagend, daß Selbstbeherrschung zum politischen Arsenal Hitlers gehört. Er kann sich bezähmen.

Warum das entgegengesetzte Verfahren gegenüber den Juden?

Es gibt eine einfache Antwort: er braucht einen Erfolg. Da er so viele Versprechungen nicht erfüllen konnte und wollte, mußte er in einem Punkt dem Programm Genüge tun. Auch bleiben die Juden eine bequeme Ausflucht. Da es unmöglich ist, daß sie alle auswandern, kann die Unzufriedenheit immer wieder auf sie abgelenkt werden.

Der Botschafter einer westlichen Macht hat über eine Unterredung berichtet, die er bald nach der Machtergreifung mit dem Reichskanzler hatte: wie freundlich, verständig, gegen alles Erwarten versöhnlich sich Hitler gezeigt habe, zu Konzessionen aller Art bereit, entgegenkommend auf allen Gebieten. Als der Diplomat, ermutigt durch so viel Verbindlichkeit, endlich auch auf den ungünstigen Eindruck hinwies, den die Judenverfolgungen in seinem Land hervorriefen, habe sich Hitlers Wesen plötzlich verändert, sein Gesicht sei erstarrt, das Auge glühend geworden, er habe die Gewalt über sich verloren – er, der Botschafter, habe die Unterredung abbrechen müssen.

Die Sündenbocktheorie genügt nicht.

Es mag sein, daß Hitler die Juden, wie die Sozialisten, für schwach hält, daß er glaubt, nichts zu riskieren, wenn er sie verfolgt. »Vernichtung der Schwachen«, Brutalität gegen die Wehrlosen – das hält er, wir wissen es, für seine Mission.

Aber hier hat sein Opportunismus ein Ende, der Haß scheint echt, der in ihm glüht. Man darf die Unannehmlichkeiten nicht unterschätzen, die ihm seine Judenfeindschaft schon eingetragen hat. Die Welt, und vor allem die englische Welt, die ihm so wichtig ist, hat es ihm schon oft gezeigt, daß sie durch die mittelalterlichen Methoden schockiert ist.

Julius Streicher, der Sexualmonoman, sein Stellvertreter in Franken, ist ein Kamerad aus frühen Tagen. Aber Hitler muß wissen, daß die Freundschaft ihm Schaden bringt. Wieviel Spott und wieviel Abscheu hat Streichers Art, die Juden zu beschimpfen und zu verleumden, in England und Amerika erregt. Wie oft ist Hitler schon bedeutet worden, daß die Trennung von diesem Freund ihm und seiner Regierung nützlich sein würde. Goebbels hat einmal verboten, das pornographische Wochenblatt, das Streicher herausgibt, ins Ausland zu versenden. Aber Hitler hält den Gesinnungsgenossen.

ANNA SEGHERS

Vaterlandsliebe

Wir haben in dieser Zeitwende, die wir, wie kaum eine Nation die ihre, mit qualvoller Bewußtheit erleben, Menschen um Ideen wie um Fahnen bis zum Zerfetzen kämpfen sehen. Vielleicht ist um keine Idee raffinierter und trivialer geschriftstellert worden als um die: Vaterland. Um keine wurde mehr Schultinte von Knaben verkleckst, mehr Blut von Männern vergossen. Ideen, mit denen viel gehochstapelt wird, sind verdächtig. Da nennen Schriftsteller »Vaterland« den gültigsten aller immanenten Werte, den gültigsten aller Stoffe. Andere entlarven ihn als einen Betrug oder als eine Fiktion. Ein deutscher Schriftsteller nennt das Vaterland »unentrinnbaren Lebensraum, mittleren der drei Daseinsräume, von denen der engste unser Körper, der weiteste unsere Erde sein soll«. Vergißt dieser Schriftsteller, daß auch diese Erde in unserem Bewußtsein nicht immer die gleiche war, sie ist erst die unsere geworden durch Kepler und Kopernikus, unter Kämpfen und Opfern.

Es ist noch nicht allzulange her, seit Menschen für die Idee »Vaterland« ein schweres Leben erleiden oder einen schweren Tod. Am Anfang der bürgerlichen Epoche, da wurde der Nationalstaat die neue und weite und gemäße Form für neue gesellschaftliche Inhalte, ein Tiegel, in dem die Reste des Feudalismus vertilgt wurden. Damals war es ein und dasselbe, Patriot und Revolutionär zu sein. Heute hämmern Schriftsteller vieler Länder der Jugend ein, nach leeren und ratlosen Zeitabläufen sei eine Epoche nationaler Vaterlandserfüllung die gleiche wie am Anfang der bürgerlichen Epoche? Die historisch notwendige Form eines neuen gesellschaftlichen Inhalts, die Vaterlandserfüllung Manzonis und der Marseillaise, »Liberté, liberté chérie«? Oder dient sie als Klammer, um eine aus den Fugen gehende Gesellschaft mit Zwang zusammenzuhalten? Täuschen wir uns aber nicht, wir kommen mit der Verneinung dieser Frage keinen

Schritt weiter. Auf jeden Irrtum in der Einschätzung der nationalen Frage reagieren die Massen unerbittlich.

Wenn im Bewußtsein der heutigen Menschen der Vaterlandsbegriff längst entlarvt schien, er regenerierte sich trotzdem täglich und minütlich aus dem Sein heraus. Jeder Zuruf in der Muttersprache, jeder Erdkrümel zwischen den Fingern, jeder Handgriff an der Maschine, jeder Waldgeruch bestätigte ihnen von neuem die Realität ihrer Gemeinschaft. Die heutigen Nutznießer dieser Gemeinschaft nennen sie gottgewollt. Bewußt oder unbewußt dichten in ihrem Auftrag Schriftsteller den Mythos von Blut und Boden. Es nützt nämlich dem Schriftsteller nichts, wenn er sein Handwerk auch so gut gelernt hat, wie es einmal Flaubert gefordert hat, daß sich der von ihm geschilderte Baum von allen anderen je gesehenen Bäumen unterscheidet. Der Schriftsteller unserer Tage muß etwas anderes vom Wesen des Baumes begriffen haben. Es gibt keine Heimaterde schlechthin, es gibt keinen Apfelbaum schlechthin, es ist ein anderer Apfelbaum auf dem Feld des Feudalbesitzers, ein anderer auf dem vom Fiskus gepfändeten Feld, und wieder ein anderer im Kolchos.

Wenn einer unserer Schriftsteller quer durch Deutschland fuhr, etwa von Nordosten nach Südwesten, und er erblickte die grandiose, höllische, schwefelgelbe Leuna-Fabriklandschaft, die Herzpumpe seines Vaterlandes, in der Zehntausende von Arbeitern dem kargen Land eigentümliche Erfindungen verwirklichen, ist er dann stolz auf diesen Anblick? Ist er stolz auf das Nationalgut Leuna? Er ist nicht stolz auf das Nationalgut, doch ist er stolz auf die Arbeitskraft von fünfzigtausend Arbeitern, stolz auf die Erringung dieser vom mitteldeutschen Aufstand durchbluteten Landschaft, stolz auf die Zukunft von Leuna. Fragt erst bei dem gewichtigen Wort »Vaterlandsliebe«, was an eurem Land geliebt wird. Trösten die heiligen Güter der Nation die Besitzlosen? ... Tröstet die »heilige Heimaterde« die Landlosen? Doch wer in unseren Fabriken gearbeitet, auf unseren Straßen demonstriert, in unserer Sprache gekämpft hat, der wäre kein Mensch, wenn er sein Land nicht liebte. Schriftsteller, denen dies Doppelwesen entgeht, schildern das Trugbild einer scheinbar einheitlichen Gemeinschaft und den Krieg als ihre höchste Erfüllung. Die Dichter der nationalen Befreiungskriege am Anfang der Epoche, die konnten noch den wahren Sachverhalt dichten, die wahren Ziele ausrufen. Den heutigen Verherrlichern des Krieges ist es genommen, die wahren Ziele zu verkünden. Sie dürfen weder dichten »Freiheit, geliebte!«, sie können auch nicht dichten »Profitrate, geliebte!«. Bei ihnen wird der Krieg ein ungeheures Elementarereignis über der friedlichen oder rauhen Landschaft des gesellschaftlichen Lebens, wird zum dunklen, unentrinnbaren Ausbruch aller Naturgewalten.

Was dürfen wir bei unseren eigenen Aufgaben nicht übersehen? Es ist nicht mehr, daß der Krieg nur droht, er verlockt auch. Der Mensch an der Stempelstelle, am laufenden Band, im Arbeitsdienstlager ist ein Niemand. Der dem Tod konfrontierte Mensch scheint wieder alles. In gewissem Sinne ist die Lüge wahr und deshalb furchtbar verlockend: »Das Vaterland braucht dich.« Bis jetzt war derselbe Mensch mit all seinen reichen Werten, mit all seiner Begabung unverwertbar, ungebraucht, lästig, in jedem Vaterland Millionen seiner Art zuviel. Auf einmal ist er verwertbar. Das Vaterland hat keine Handbewegung von ihm gebraucht, keinen seiner Gedanken, keine seiner Erfindungen, keine seiner Mühen. Auf einmal braucht es den ganzen Menschen, den letzten Einsatz. Das, wonach er seine Jugend lang dürstete, tritt scheinbar ein, er kann sich bewähren. Der Krieg wird zur Verwertung der Unverwertbaren, zum Ausweg der ausweglosen Welt. Da regeneriert sich abermals eine scheinbare Gemeinschaft: im Frieden gab es keine Gleichheit, jetzt gibt es, mächtige betrügerische Verlockung, die Gleichheit vor dem Tod. Kämpfen doch zwei nebeneinander erbittert um den gleichen Quadratmeter Boden. Sie kämpfen aber gar nicht um das gleiche: der eine kämpft um die Rente dieses Bodens, um sein Erbe, der andere kämpft um die Flüche und die Mühe, die er diesem Boden abgegeben hat. Selten entstand in unserer Sprache ein dichterisches Gesamtbild der Gesellschaft. Große, oft erschreckende, oft für den Fremden unverständliche Einzelleistungen, immer war es, als zerschlüge sich die Sprache selbst an der gesellschaftlichen Mauer. Erinnern wir uns, was Maxim Gorki auf dem Sowjet-Schriftstellerkongreß über die eminente gesellschaftliche Bedeutung von Geisteskrankheit gesagt hat. Bedenkt die erstaunliche Reihe der jungen, nach wenigen übermäßigen Anstrengungen ausgeschiedenen deutschen Schriftsteller. Keine Außenseiter und keine schwächlichen Klügler gehören in diese Reihe, sondern die Besten: Hölderlin, gestorben im Wahnsinn, Georg Büchner, gestorben durch Gehirnkrankheit im Exil, Karoline Günderode, gestorben durch Selbstmord, Kleist durch Selbstmord, Lenz und Bürger im Wahnsinn. Das war hier in Frankreich die Zeit Stendhals und später Balzacs. Diese deutschen Dichter schrieben Hymnen auf ihr Land, an dessen gesellschaftlicher Mauer sie ihre Stirnen wund rieben. Sie liebten gleichwohl ihr Land. Sie wußten nicht, daß das, was an ihrem Land geliebt wird, ihre unaufhörlichen, einsamen, von den Zeitgenossen kaum gehörten Schläge gegen die Mauer waren. Durch diese Schläge sind sie für immer die Repräsentanten ihres Vaterlandes geworden.

Entziehen wir die wirklichen nationalen Kulturgüter ihren vorgeblichen Sachwaltern. Helfen wir Schriftsteller am Aufbau neuer Vaterländer, dann wird erstaunlicherweise wieder das alte Pathos wirklicher nationaler Freiheitsdichter aufs neue gültig werden.

KURT TUCHOLSKY

An Arnold Zweig

15. 12. 35

[...]

Man hat eine Niederlage erlitten. Man ist so verprü-
gelt worden, wie seit langer Zeit keine Partei, die alle
Trümpfe in der Hand hatte. Was ist nun zu tun –?

Nun ist mit eiserner Energie *Selbsteinkehr* am Platze. Nun
muß, auf die lächerliche Gefahr hin, daß das ausgebeutet
wird, eine Selbstkritik vorgenommen werden, gegen die
Schwefellauge Seifenwasser ist. Nun muß – ich auch! ich
auch! – gesagt werden: Das haben wir falsch gemacht, und
das und das – und hier haben wir versagt. Und nicht nur:
die anderen haben ... sondern: wir alle haben.

Was geschieht statt dessen? Statt dessen bekommen wir
Lobhudeleien zu lesen, die ich nicht mag – Lob der Juden
und Lob der Sozis und der Kommunisten – »sie sitzen da
und hochachten einander« heißt es einmal im schwedischen.
Und das ist keine Sache der Partei. Eine Geißlung so einer
Schießbudenfigur wie Breitscheids vorzunehmen oder Hil-
ferdings oder sonst eines – das ist ja Leichenschändung.
Doch haben weder die noch irgendein andrer, wenigstens
ist mir kein Beispiel bekannt, überhaupt begriffen, was
ihnen geschehen ist. »Ohne Hören, ohne Sehen, stand der
Gute sinnend da, und er fragt, wie das geschehen und warum ihm das geschah.«

Statt einer Selbstkritik und einer Selbsteinkehr sehe ich da
etwas von »Wir sind das bessere Deutschland« und »Das
da ist gar nicht Deutschland« und solchen Unsinn. Aber
ein Land ist nicht nur das, was es *tut* – es ist auch das, was
es verträgt, was es duldet. Es ist gespenstisch, zu sehen, was
die Pariser Leute treiben – wie sie mit etwas spielen, was
es gar nicht mehr gibt. Wie sie noch schielen – wie sie sich
als Deutsche fühlen – aber zum Donner, die Deutschen wollen euch nicht! Sie merken es nicht.

Das ist Deutschland. Die Uniform paßt ihnen – nur der

Kragen ist ihnen zu hoch. Etwas unbequem – etwas störend – so viel Pathos und so wenig Butter – aber im übrigen? Wie sagt Alfred Polgar: »Der Umfall beginnt damit, daß man hört: Eines muß man den Leuten lassen...« Und sie lassen ihnen das eine und das andere und dann alles.

Das ist bitter, zu erkennen. Ich weiß es seit 1929 – da habe ich eine Vortragsreise gemacht und »unsere Leute« von Angesicht zu Angesicht gesehen, vor dem Podium, Gegner und Anhänger, und da habe ich es begriffen, und von da ab bin ich immer stiller geworden. Mein Leben ist mir zu kostbar, mich unter einen Apfelbaum zu stellen und ihn zu bitten, Birnen zu produzieren. Ich nicht mehr. Ich habe mit diesem Land, dessen Sprache ich so wenig wie möglich spreche, nichts mehr zu schaffen. Möge es verrecken – möge es Rußland erobern – ich bin damit fertig.

Ich glaube Sie als Schriftsteller zu kennen – es ist möglich, daß Sie sich hiermit auseinandersetzen. (Es wäre mir in einem solchen Falle lieb, *sehr lieb*, wenn Sie meinen Namen fortließen; ich will nicht einmal als Diskussionsbasis über deutsche Dinge dastehn – vorbei, vorbei.) Aber ich kann nicht unrecht haben –: die Tatsachen sprechen für mich. Die Tatsache, daß es ein Volk gibt (Juden und die schwächliche deutsche Bourgeoisie, die sich als links ausgab oder es zum kleineren Teil auch gewesen ist), ein Volk, das Demütigungen einsteckt, ohne sie zu fühlen. Sie haben eine Frau – Sie haben Kinder, glaube ich. Nun...

– – »Dabei sensible Naturen, die es vielleicht nicht so schroff empfanden, wenn ein Knote ganz bieder am Versöhnungstage einem Herrn mit Gebetbuch ›Verfluchtes Judenaas!‹ nachrief; oder wenn ein Major von den ›Elfern‹ vorn auf der Straßenbahn offen erklärte: ›Wieviel schwangere Judenweiber man sieht – 's ist zum Kotzen!‹ Nicht das war verletzend. Sondern wenn aufgeklärte Freunde, Wohlwollende, schonend sagten ›Die jüdischen Herrschaften‹ – das traf.«

Das ist von Kerr. Wie soll das also erst bei einem mindern Menschen aussehen.

Nein, mein Lieber – das ist nichts und das wird nichts. Diese Frage sehe ich weit über das Jüdische hinaus – ich sehe eine Sozialdemokratie, die erst siegen wird, wenn es sie nicht mehr gibt – und zwar nicht nur, weil sie charakterlos und feil und feige gewesen ist (und wer war denn das anders als eben wieder Deutsche) – sondern die die Schlacht verloren hat, weil die Doktrin nichts taugt – sie ist falsch. Glauben Sie bitte nicht, ich sei inzwischen zu Blut und Boden oder sonst etwas übergelaufen – ich empfehle Ihnen von Dandieu et Aron *La révolution nécessaire*, ich empfehle Ihnen die Hefte des *Ordre Nouveau*, eine der belangreichsten Sachen, die mir je untergekommen ist, ich empfehle Ihnen à la rigueur auch den *Esprit* (Paris) – und Sie werden sofort begreifen, was ich meine.

Man muß von vorn anfangen.

Man muß ganz von vorn anfangen – »Ford, c'est Descartes descendu dans la rue« heißt eine der Formeln Dandieus – (Er ist leider, viel zu jung, mit 36 Jahren gestorben.) Man muß von vorn anfangen – nicht auf diesen lächerlichen Stalin hören, der seine Leute verrät, so schön, wie es sonst nur der Papst vermag – nichts davon wird die Freiheit bringen. Von vorn, ganz von vorn.

Wir werden das nicht erleben. Es gehört dazu, was die meisten Emigranten übersehen, eine Jugendkraft, die wir nicht mehr haben. Es werden neue, nach uns, kommen. – So aber gehts nicht. Das Spiel ist aus.

Nihilismus –? Lieber Zweig, ich habe in den letzten fünf Jahren viel gelernt – und wäre mein schlechter Gesundheitszustand nicht, so hätte ich dem öffentlich Ausdruck gegeben. Ich habe gelernt, daß es besser ist, zu *sagen*, hier sei nichts – als sich und andern etwas vorzuspielen. (Was Sie nie getan haben.) Aber das Theater der Verzweiflung, die noch in so einem Burschen wie Thomas Mann einen Mann sieht, der, Nobelpreisträger, sich nicht heraustraut und seine »harmlosen« Bücher in Deutschland weiter verkaufen läßt – die Verzweiflung, die dieselben Fehler weiter begeht, an denen wir zugrunde gegangen sind –: es nämlich nicht so genau mit den Bundesgenossen zu nehmen – dieses Theater kann ich nicht mitmachen. Und hier ist das, was mich an der deutschen Emigration so abstößt –: es geht alles weiter, wie wenn gar nichts geschehen wäre. Immer weiter, immer weiter – sie schreiben dieselben Bücher, sie halten dieselben Reden, sie machen dieselben Gesten. Aber das ist ja schon nicht gegangen, als wir noch drin die Möglichkeit und ein bißchen Macht hatten – wie soll das von draußen gehn! Sehn Sie sich Lenin in der Emigration an: Stahl und die äußerste Gedankenreinheit. Und die da –? Schmuddelei. Doitsche Kultur. Das Weltgewissen ... Gute Nacht.

Ich enthalte mich jedes öffentlichen Schrittes, weil ich nicht der Mann bin, der eine neue Doktrin bauen kann – ich bin kein großer Führer, ich weiß das. Ich bin ausgezeichnet, wenn ich einer noch dumpfen Masseneinsicht Ausdruck geben kann – aber hier ist keine. Entmutige ich –? Das ist schon viel, wenn man falsche und trügerische Hoffnungen abbaut. Ich glaube übrigens an die Stabilität des deutschen Regimes – es wird von der ganzen Welt unterstützt, denn es geht gegen die Arbeiter. Aber stürzte das selbst zusammen –: die deutsche Emigration ist daran unschuldig. Ich sehe den Referenten im Propagandaministerium: er muß sich grinsend langweilen, wenn er das Zeug liest. Es ist ungefährlich.

Das ist ein langer Brief geworden – halten zu Gnaden.

Ja, wenn Sie herkommen und ich bin grade in der Schweiz, wirds mich freuen, mit Ihnen zu plaudern. Ich bin ein aufgehörter Schriftsteller – aber mit Ihnen sprechen, das wird immer ein kleines Fest sein.

Alles Gute für Sie. Und vor allem für Ihre Augen!

Herzlichst Ihr getreuer
Tucholsky

HEINRICH MANN

Die deutsche Lebenslüge (1936)

Eine unglückliche Geschichte ist nicht auszulöschen. So lebendig ist keine andere geblieben wie die unglückliche Geschichte Deutschlands. Sein Volk büßt heute Versäumnisse, die vierhundert Jahre alt sind. Es zehrt an überlebten Mißerfolgen. Eine historische Scheelsucht ist der eigentliche Boden seines merkwürdigen nationalen Bewußtseins. Dies Volk hängt an Mythen, die seine Lebenslügen sind. Eine Lebenslüge kann armselig, aber wohltätig sein. Deutschland belügt sich seit siebzig Jahren mit zunehmender Bösartigkeit. Seine Rachepläne gegen die Welt sind nur ausschweifender geworden, sein Wüten gegen sich selbst nur trister. Dem Träger einer unglücklichen Geschichte, der sich dauernd verkennt und vermißt, kann Gutes nicht bevorstehen. Nach ungezählten falschen Schritten drängt es die Deutschen des heutigen Zustandes zu dem letzten falschen Schritt. Das wäre der Krieg, für den sie rüsten.

An dem unglücklichen Ende ihres Krieges, viel zu spät würden sie bemerken, was sie aufs Spiel gesetzt hatten: mehr als ihre Einheit, die ohnedies noch niemals verwirklicht war; mehr als ihre eingebildete Weltmacht, wie wenn ihnen eine Weltmacht je wäre zugedacht gewesen; auch mehr als ihren Rassenmythos, ihren Mythos vom auserwählten Volk und den übrigen Inhalt ihrer Lebenslüge – viel mehr. Das Land, das Land selbst, in dem sie wohnen, es ist ihr Einsatz; um ihr Land wird es gehen in dem von ihnen gewollten Krieg. Glauben sie denn, daß nur andere Länder durch Niederlagen in Kolonien verwandelt werden könnten? Sie finden es ganz natürlich, die Ukraine oder sogar das halbe Frankreich in deutsche Kolonien zu verwandeln. Bedingung ist allein, daß gesiegt wird. Wenn aber die anderen siegen? Kein Wehrwissenschaftler scheint sich überlegt zu haben, daß auch Deutschland geeignetes Kolonialgebiet liefern könnte, und gerade das deutsche »Menschenmaterial«, willig und tüchtig wie es ist, würde dem Kolonisator jede Chance bieten.

Mit Kolonien wird herkömmlicherweise nicht gefackelt. Die Bevölkerung wird zu einem Teil am Leben gelassen, zum anderen nicht. Es gibt zeitgemäße Methoden: die Deutschen selbst erproben sie soeben an ihren Juden und an ihren Staatsfeinden. Aushungern, ausbürgern, in Lagern verkommen lassen, das Verfahren kann ausgebaut und vertieft werden. Ausrottung selbst im größten Maßstab wird immer annehmbar und erlaubt scheinen, solange sie sich an die moderne Technik hält. Sterilisierung der Geschlechter, Abtreibung der wirtschaftlichen Existenz haben als Formen der Ausrottung noch eine große Zukunft. Niemand ist davon durchdrungen wie die Deutschen, die dies alles im kleinen, dann im mittleren Maßstab zu Hause betrieben haben. Sie hätten auch nicht die Wahl. Die Einwohner sogar der am dünnsten bevölkerten Länder wären für den Kolonisator noch zu zahlreich. Wozu die ganze Eroberung, wenn die Eroberten im Besitz des Landes und der Produktionsmittel blieben oder das Bürgerrecht behielten. Man bedenke, daß im Staat der Deutschen von sechsundsechzig Millionen nur zwölf Millionen vollgültige Bürger sind. Danach kann ermessen werden, was den Ureinwohnern der vorgesehenen Kolonien bevorstände, falls sie sich von Deutschland unterwerfen ließen. Übrigens denken sie nicht daran.

Sowohl Frankreich als die Ukraine sind gegen Überraschungen von seiten dieses Deutschlands zweifellos gesichert: zuerst moralisch, dann militärisch. Eines bedingt das andere. Der geistig Geradgewachsene wird der bessere Krieger sein. Ein Krieger schlägt sich niemals belangvoller als für sein gutes Gewissen. Es ist weder leicht noch bekömmlich, zweitausend Jahre Recht abzuschaffen, sei es mit allen Behelfen des Schreckens, und dagegen die Rache an der eigenen Geschichte, das sinnlose Haßgefühl und die nackte Gewalt für Recht zu erklären. Zwar meldet sich in dem allen nur wieder die längst bekannte deutsche Lebenslüge, dies aber ist ihr gefährlichstes Auftreten. Die deutsche Lebenslüge ist in das offene Tribunal gestiegen, und sie allein entscheidet jetzt dortzulande. Nun läßt sich in Menschen die nationale Verlogenheit wohl züchten, solange es keine größeren Schrecken gibt als die der Staat anwendet, um sie zu züchten. Die Schrecken des Krieges sind noch etwas größer. Nach allem Ermessen muß die nationale Lebenslüge unter ihnen zusammenbrechen. Indessen noch ist Vorkrieg, die deutsche Lebenslüge hat den Rest ihres Weges zu machen.

Was für ein Zustand unter der Gewaltherrschaft der nationalen Lebenslüge, welche Phantastik aller Einzelheiten! Der Deutsche ist gehalten, seine Briefe in keinen anderen Kasten zu werfen als den nächsten bei seinem Haus. Ingenieure, die aus der Sowjetunion nach Deutschland zurückgekehrt sind, werden bei Leib und Leben verpflichtet, nichts verlauten zu lassen von allem, was sie gesehen und an Kenntnissen mitgebracht. In Deutschland muß viel ausgekundschaftet, aber nichts darf bekannt werden, damit der Lügenbau des Staates notdürftig zusammenhält noch die genaue Zeit. Gerade damit steht es anders in den von Deutschland begehrlich angeäugten Ländern. Diese dürfen im Gegenteil über Deutschland alles wissen, sie können nicht genug wissen über Deutschland; die Nachrichten sind höchst ungeeignet, ihre Völker zu verführen. Weder der französische Proletarier noch ein Soldat der Roten Armee werden im künftigen Krieg an der Hinschlachtung Deutscher sittlich gehemmt sein durch verbotene Neigungen für das Dritte Reich. Darauf ist nicht zu rechnen. Etwas ganz anderes ist statt dessen zu fürchten.

Die Deutschen trompeten ihre »Weltanschauung« hinaus in die Welt, der sie vielmehr strengstens verheimlichen sollten, wie Deutschland sie anschaut. Bücher wie die von Rosenberg und Hitler hätten niemals als Massenartikel auftreten dürfen; im kleinsten Kreis, durchaus wie die nahe verwandten »Weisen von Zion«, hätten auch diese Rabbiner der Weltherrschaft sich genügen müssen. Hitler und Rosenberg antworten, daß die Weisen von Zion es leicht haben, den Mund zu halten, da sie ja nicht existieren. Aber auch was die Deutschen ihre Wehrwissenschaft nennen, hätte jenseits ihrer Grenzen niemand erfahren dürfen. Was tun sie indessen? Sie veranstalten eigens ein Buchdumping, damit das Ausland zu Schleuderpreisen sich alles aneignen kann, was jetzt deutsch ist. Da lernt dann das Ausland, staunt, entsetzt sich, verachtet und haßt, was es lernt; aber unmöglich ist, den deutschen Lehren fremd zu bleiben. Deutschland will übrigens, daß alle werden sollen, was es selbst aus sich gemacht hat. Welch eine helle Freude über jeden bekehrten Westeuropäer, dem Deutschland durch Goethe nichts zu sagen hatte, aber um Hitlers willen verehrt er es! Solche Gestalten sind die ständigen Gäste Berlins, sie lösen einander ab, lange Reihen, aus Ost und West; und was sie erleben und mitnehmen –

Was sie mitnehmen ist die unmenschlichste Geisteshaltung in geschichtlicher Zeit, eine Ausgeburt menschlicher Verwüstung und Niedertracht. Aber es macht Eindruck, weil es ungehemmt durch Vernunft und im Sittlichen orgiastisch ist. Mit Menschen umspringen wollen wie mit Zuchtvieh, glänzend! Nach Gutdünken entscheiden, wer leben darf und wer nicht, ein Fest! Den Völkern, sobald man sie in der Hand haben wird, dasselbe versprechen, was an Menschen, die man in der Hand hat, schon jetzt geschieht, zu schön, um wahr zu sein! Die Botschaft ist sicher, Glauben zu finden, das Beispiel wirkt. Die sittlich Minderwertigen aller Gegenden kehren aus Berlin und Nürnberg zurück und haben ihr Mekka gesehen. Unter Hemden in jeder Farbe klopfen dieselben tatbereiten Herzen; und die Unzucht am Menschengeschlecht, die sie zu treiben gedenken, der Mord am Menschentum, den sie sich vorsetzen, die Verhöhnung und Erniedrigung des Namens Mensch, worin sie zum Gipfel streben – aus Deutschland bringen die vereinigten Minderwertigen es heim, all das ist deutscher Überfluß, das besitzt ein sonst verschuldetes Land, und hierin sind alle in seiner Schuld. Nie zu vergessen: aus Deutschland kehren die Hemden in ihr Land zurück, um mit frischem Mut herauszufordern alle, die im Herzen noch Ehre und Gesittung tragen. Wer fordert wirklich heraus? Deutschland. Das sollte sich an allen rächen, nur nicht an Deutschland?

Das deutsche Treiben ist gefährlich, bei weitem am gefährlichsten ist es für Deutschland, wie sich noch herausstellen wird. Aber dieses ist offenbar gesetzmäßig so weit gelangt, es handelt nach dem unausweichlichen Gesetz seiner Geschichte. Wer ewig an überlebten Mißerfolgen weiterzehrt, wird es allerdings mit denen, die ihm die Mißerfolge vorgeblich zugefügt haben, zuletzt nicht mehr aushalten. Der Weltteil soll deutsch werden oder untergehen – was außerdem längst vorher durch Rundfunk überall verbreitet werden muß. Denn die immer zunehmende Bösartigkeit macht »dynamisch«; aber sie macht auch geschwätzig. Man verrät sich, und den Selbstverrat nennt man Propaganda. Dazwischen entsinnt man sich der gebotenen Schlauheit, dann steigt unvermittelt ein Hymnus auf den Frieden, man gebärdet sich wütend vor Pazifismus und droht mit dem Ölzweig wie sonst mit der Bombe. Listig wie nur die Dummheit – kein Mensch glaubt ein Wort. Der Ton der Friedensreden enthüllt alles, niemand muß ihre Sprache verstehen. Auf der Straße, im fernen Land steht ein Wagen, die deutsche Radiostimme schallt hervor, unausgebildet und roh, ein Gebell. Die angesammelten Neugierigen wissen beim zehnten Wort, was das ist; verstehn nicht, sondern hören: da kündet sich das Unheil an. Es ist das Letzte und Äußerste, das sich ankündet, nachher kann keins mehr unsere Welt befallen, sie wird ausgelitten haben.

Die Drohung aber kommt immer aus derselben Richtung. Die entsetzliche Spannung, die unerträgliche Gefährdung unserer Tage, jedes armen Lebenstages, und bei der ersten Anwandlung von Vertrauen ein ahnungsvoller Blick zum Himmel, sind das schon die Bombenflugzeuge? Immer aus derselben Richtung. Das wird nicht mehr lange gutgehen. Deutschland verlasse sich darauf. Es wird die Welt nicht auf die Dauer reizen, mit Furcht und Schrecken quälen und sie beleidigen in dem einzigen, das ihr wahrhaft heilig ist: das ist ihr Friede. Jeder weiß es, der Friede ist heute mehr wert als in Jahrhunderten. Er ist erfüllt mit Aufgaben wie nur zu den seltensten Zeiten; die Wirtschaft der Völker, ihr internationales Recht, das Bewußtsein der bisher souveränen Staaten von ihren Pflichten gegen die Gesamtheit – alles ruft laut nach Erneuerung. Der Wille zur praktischen Hilfe, damit endlich nach mehr als genug technischen Fortschritten ein sittlicher erreicht wird, der Wille ist nahe daran, alle Schranken zu durchbrechen, und sein Gebot ist Friede. Der Krieg war noch niemals wirklich verboten gewesen: heute ist er es. Er ist es mit einer Leidenschaft und einer Unbedingtheit, von der nur die Unkundigsten sich noch keine Vorstellung machen, aber sie wird ihnen beigebracht werden. Wie schnell sind dem Diktator Italiens die Augen aufund übergegangen!

Deutschland, als ob nichts wäre, lauert weiter hinter den Ereignissen und wartet auf seine Stunde. Hetzt und wartet, oder tut gleichgültig und wartet – wird so und so nicht vergebens warten. Seine Stunde kommt, nur anders, als es denkt. Kein Deutscher, keiner ahnt die Erbitterung, die jetzt anwächst gegen den nächsten Friedensbrecher – um so mehr, da es der bekannte ist, vom vorigen Mal. Während der späteren Jahre der Republik hatte schon niemand mehr von der deutschen Alleinschuld am vorigen Kriege gesprochen. Nur deutsche Abenteurer, die nachher an ihr Ziel gelangt sind, bellten von der »Kriegsschuldlüge«. Seit Hitler nennt die ganze Welt den Schuldigen wieder höchst geläufig beim Namen. Zweifel an der vorigen Kriegsschuld können nicht mehr aufkommen, da die nächste schon jetzt felsenfest steht. Das bedeutet, wie die Menschheit nachgerade gesonnen und gewillt ist, für den künftigen Besiegten die Vernichtung. Deutschland, das gar nichts weiß, wird auch die lebenswichtigste Tatsache nicht erfahren, solange noch Zeit wäre. Es wiegt sich in Hoffnungen, daß die »schwachen Demokratien«, wenn Deutschland wieder »unbesiegt« den Kampf aufgäbe, es verschonen würden wie das vorige Mal. Gefehlt. Sie werden es vernichten. Inzwischen hat sich einiges geändert. Der Krieg ist das schlechthin Verbotene und Deutschland der allgemeine Feind, noch ehe es losschlägt. Entweder besteht eine deutsche Macht wie diese heutige, oder Europa speit sie aus und lebt, anstatt an Deutschland zu ersticken. Europa will leben, und deutsche Kolonien wird es hier nicht geben. Aber nach seinem letzten verlorenen Krieg wird aus Deutschland eine Kolonie, mit verändertem Namen übrigens. Nichts wird zurückbleiben. Die künftigen Sieger wissen heute selbst noch nicht, wessen sie fähig sein werden. Erst im Krieg und durch ihn sollen sie das Letzte lernen. Bis dahin gehen sie durch die gute Schule der deutschen Propaganda: die macht sie reif, einst Deutschland zu vernichten.

GEORGE W. WRONKOW

Schlacht um Irun

Wir liegen am Strande nahe von Hendaye. [. . .] Strahlende Sonne und blauer Himmel über der Bucht von Biscaya. Plötzlich hören wir Donnergrollen vom Meer her. Donner und keine Wolke am Himmel? Wir steigen auf einen Felsen. Draußen auf dem Meer, drüben in spanischen Gewässern, liegt ein Rebellenkreuzer und schießt auf Irun, unmittelbar jenseits der Grenze. Zwei loyale Flugzeuge erscheinen am Himmel und werfen Bomben auf den Kreuzer. Wir hören eine Explosion und sehen schwarzen Rauch; der Kreuzer dreht ab und verschwindet schnell hinter dem Horizont. Wir sind Zeugen der ersten See-Luftschlacht der Kriegsgeschichte. Später erfahren wir, daß der Kreuzer gesunken ist; das erste Kriegsschiff, das durch eine Flugzeugbombe versenkt wurde. Militärsachverständige erklären: »Ein Zufallstreffer wohl direkt in den Schornstein: keinerlei strategische Bedeutung . . .«

»Wenn Sie die Schlacht um Irun sehen wollen, dann fahren Sie mit der Bergbahn auf die ›Rhune‹«, sagt der Kellner im

Strandhotel von Hendaye. Die »Rhune« ist ein 900 Meter hoher Berg im Vorgebirge der Pyrenäen. Sein Kamm bildet die Grenze zwischen Frankreich und Spanien. Von Hendaye fährt eine Bergbahn auf die französische Seite. Touristen lieben diesen Ausflug, aber heute sehen manche Mitreisenden wenig nach Touristen aus; junge Männer, die nicht den freundlichen Blick von Urlaubsreisenden haben.

Der Zug schleppt sich fauchend in vielen Kurven den Berg hinauf zur Station direkt unter dem Kamm. Die Männer mit den finsteren Gesichtern verschwinden schnell. Später sehe ich sie bewaffnet auf spanischer Seite: Phalangisten, die die spanische Seite halten. Es scheint ihnen nicht schwergefallen, sich durch die französischen Grenzwachen zu schlängeln.

Auf dem Kamm selbst herrscht Kirmesbetrieb. Hart an den Grenzsteinen haben fliegende Händler ihre Stände mit Pommes Frites, Sandwichen und Landwein aufgeschlagen. Das kleine Restaurant bietet keine Konkurrenz, es liegt auf spanischem Boden und ist geschlossen. Tüchtige Unternehmer haben Klappstühle heraufgeschleppt und vermieten außerdem Ferngläser, zwei Francs für drei Minuten Sicht. Ein paar hundert Touristen blicken aufgeregt herunter ins Tal der Biadossa, dem kleinen Bergstrom, der einige Kilometer weiter nördlich zum Grenzfluß zwischen Spanien und Frankreich wird.

Da unten tobt der Krieg. Mit Stahlplatten bedeckte Güterwagen sind von den loyalistischen Basken in einen Panzerzug verwandelt worden, der wie eine Kindereisenbahn von unserer Höhe aus wirkt und ständig ein, zwei Kilometer hin- und herpendelt. Der schwarze Rauch aus der Lokomotive mischt sich mit weißen Wölkchen, die aus Kinderkanonen zu kommen scheinen. Regierungssoldaten haben am Ufer der Biadossa einen Schützengraben ausgehoben, in den die Francorebellen ungehindert von den Höhen der »Rhune« einsehen und hineinschießen können. In der Ferne brennen einige kleine weiße Häuser. Wir werden Zeugen eines Straßenkampfes in dem Dorf zu unseren Füßen, wir hören

Maschinengewehrfeuer und das Dröhnen von Artilleriegeschossen. Im Hintergrunde liegt Irun.

Krieg von bequemen Klappstühlen aus gesehen, mit Pommes Frites und Landwein. Krieg zum Greifen nah, aber er scheint für die Ausflügler, die ihn gegen Zahlung von zwei Francs drei Minuten lang durchs Fernglas vergrößert genießen können, in einer anderen Welt stattzufinden.

»Das ist mein aufregendster Ferientag«, ruft eine rundliche Französin und schmiegt sich an ihren stämmigen Begleiter: »Charmant, daß du mir das alles zeigst.«

Zwei französische Kampfflieger streifen über unseren Häuptern als Wächter der französischen Neutralität [. . .]. Ein französischer Gendarm hat sich auf einen Grenzstein gesetzt und steckt sich eine Zigarette an. Ein anderer unterhält sich mit einigen Ausflüglern. Zwei von denen stehen wie auf einem Feldherrnhügel und üben Manöverkritik: »Ein gutgezielter Schuß auf die alte Lokomotive, und der ganze Panzerzug würde entgleisen.«

»Da ist wieder ein Haus in Brand geschossen«, ruft die derzeitige Dreiminutenmieterin des Fernglases, »ich seh's ganz deutlich. Sieh mal schnell durchs Glas, François.« François greift nach dem Glas, doch der Vermieter ist schneller: »Erst zwei Francs bitte.«

Jetzt kann man die Flammen auch mit bloßem Auge sehen. Ein Bahnbeamter pfeift: »Letzter Zug nach Hendaye.« Die Ausflügler räumen den Kamm der »Rhune«. [. . .]

Irun hat diesen ersten Angriff der Phalangisten überstanden. Die Basken sind harte Kämpfer.

Der Tag der ersten Schlacht um Irun ist mein letzter Urlaubstag. Am ersten Arbeitstag in Paris übersetze ich eine Rede Léon Blums: . . .»Frankreichs Nichtintervention in Spanien ist ein Appell an die Ehre der anderen Mächte.«

HEINRICH MANN

Was will die deutsche Volksfront? 1937

Es kann für die heutige Konferenz unseres Ausschusses zur
Vorbereitung der deutschen Volksfront keine bessere Eröffnung geben als die uns alle beglückende Feststellung, daß
unsere Arbeit in den verflossenen Monaten nicht vergeblich
war. Obwohl erst ein Anfang, trug sie schon einige Früchte
in unserem deutschen Lande. Der Gedanke der Volksfront
hat die Sperrketten der Gestapo durchbrochen, unsere Aufrufe werden in Deutschland verbreitet. Von Mund zu Mund
geht die Flüsterpropaganda, unterstützt durch die lebendige
Ausstrahlung der französischen und spanischen Volksfront
– die geflüsterte, geschriebene, gefunkte Propaganda für die
große Einheit unseres Volkes gegen Hitler, der Deutschland
in die Katastrophe des Krieges treibt.
Der Gedanke zündet in vielen Herzen, die sich nach persönlicher und politischer Freiheit sehnen. Der Gedanke erfaßt die Hirne, die sich der schrecklichen Drohung des
Krieges bewußt werden und eine Rettung für unser Land
und unser Volk suchen. Der Gedanke der Volksfront ist
heute schon die Hoffnung und Zuversicht vieler Tausender
Werktätiger im Dritten Reich.
Aber der Gedanke beginnt bereits zur Tat zu werden. Das
Volk will nicht noch mehr Opfer für den Hitlerschen
Kriegswahn bringen. Viele schaffende Deutsche stellen immer vernehmbarer die Frage: *Wie kommen wir in Deutschland zur Volksfront?*
Was ist heute schon im Sinne der deutschen Volksfront zu
tun? Was ist das Ziel der deutschen Volksfront, das die
große Kraft besitzt, das ganze Volk zu einigen zur Befreiung Deutschlands von der Herrschaft der Kriegstreiber und
Tyrannen?
Heute sind wir hier als Vertreter der deutschen antihitleri-
schen Opposition zusammengetreten. Den Blick auf die Entwicklung in unserem von Hitler geknechteten Land gerich-

tet, sehen wir die unstreitig wachsenden Schwierigkeiten unseres Feindes, des Feindes von Frieden und Freiheit in der ganzen Welt. Seine wirtschaftlichen Reserven sind für die wahnwitzigen Rüstungen verschleudert. Sein militärisches Prestige ist durch den heldenmütigen Widerstand der spanischen Volksmilizen erschüttert. Guadalajara hat die Legende von der Unbesiegbarkeit der faschistischen Legionen zerstört. Auch wirtschaftlich ist Hitler für das deutsche Volk nur noch Legende. Hitler, der alles für die Kriegsrüstung vergeudet hat, wirft heute noch Hunderte von Millionen für den General Franco hinaus. Spanien enthüllt ihn und sein System ganz: wirtschaftlich ist es der Bankrott, militärisch ist es die Niederlage, sozial ist es die Auflösung, denn seine Soldaten desertieren, weil sie an das Hitler-System nicht glauben.

Hitler beklagte sich kürzlich über die Erklärung des englischen Außenministers Eden, daß die Hitler-Regierung eine Politik der Selbstisolierung treibe. Ist aber Hitlers kriegerische Intervention in Spanien nicht eine unverhüllte Provokation der gesamten friedliebenden Menschheit? Im deutschen Volk hört man die Frage: »Was haben wir eigentlich in Spanien zu suchen?« Das deutsche Volk – nichts. Aber allerdings der es beherrschende Klüngel, jene reaktionären Kapitalmächte, die das deutsche Volk knechten und aussaugen. Kann nach dem spanischen Exempel noch jemand zweifeln, daß Hitler ebenso den Krieg gegen die anderen demokratischen Länder, gegen die Tschechoslowakei, Frankreich und die Sowjetunion vorbereitet? So treibt Hitler das deutsche Volk in das schreckliche Unglück des Krieges, der nur mit einer noch schlimmeren Niederlage als im Jahre 1918 enden kann. *So treibt Hitler Deutschland in die Katastrophe.*

Der Kampf gegen Hitlers Krieg in Spanien ist ebenso die Sache des deutschen wie des spanischen Volkes. In Spanien kämpfen die Bataillone des jungen Volksheeres mit Gewehr und Flugzeugen gegen die faschistischen Eindringlinge, für die militärische Niederlage Hitlers. Die deutschen Hitler-

Gegner haben angesichts des Heldentums von Madrid und Guadalajara eine um so größere Verantwortung vor Deutschland und der Welt, sie müssen alles tun, die Flamme des Widerstandes in Deutschland selbst zu entfachen! Wir fühlen in uns die hohe Verpflichtung, all unsere Kraft einzusetzen für die Einigung des deutschen Volkes gegen den gemeinsamen Feind.

In den Monaten seit unserer letzten Tagung sehen wir die *Zeichen einer ansteigenden Massenopposition im deutschen Volk* gegen die immer drückender werdenden Rüstungslasten und den Zwang, der jede Regung von persönlicher Freiheit erstickt. Wir sehen ganz neue Formen dieses Kampfes und neues Heldentum, das trotz der größten Schwierigkeiten lernt, die Massen für ihre Interessen und Rechte zum gemeinsamen Handeln zu führen. Ich möchte nur auf einige Beispiele hinweisen, die zeigen, wie sich heute der Kampf um die Freiheit in unserem Lande entwickelt:

In Berlin *fordern* die Metallarbeiter die Erhöhung der Akkordpreise und die Verminderung der vielen Abzüge. Im Ruhr-Bergbau *erreichten* die Bergarbeiter durch ihr kameradschaftliches Zusammenhalten das Recht auf Bestimmung von Arbeitervertretern zur Mitwirkung an der Lohnfestsetzung und dadurch eine Verbesserung ihrer Löhne. An diesen Bewegungen nahmen auch viele SA-Leute und andere nationalsozialistische Werktätige teil. In Oldenburg *erzwang* die Volksbewegung durch Delegationen, Protestschreiben und Einwohnerversammlungen das Stattfinden einer großen Versammlung in Cloppenburg, der Reichsstatthalter Röver wurde gezwungen, die Verordnung auf Beseitigung der Kruzifixe aus den Schulen zurückzuziehen. Hier war der Kampf um Glaubensfreiheit eng verbunden mit der Bewegung der Bauern dieses Gebietes gegen die Maßnahmen der Kriegszwangswirtschaft. In Frankenholz hat die Saar-Volksfront einen neuen Erfolg gegen den Gauleiter Bürkel errungen: Die Katholiken führten erfolgreich einen Schulstreik gegen die Entfernung der Kruzifixe von ihrem alten Platz in den Schulzimmern durch und wurden in diesem

Kampfe von den Bergarbeitern der nahegelegenen Gruben durch passive Resistenz unterstützt. Unter dem Druck der Volksbewegung mußten die Verhafteten entlassen und die Verfahren gegen sie eingestellt werden. In den Dörfern mehren sich die Fälle, in denen die Bauern sich den Zwangsablieferungen und unwürdigen Kontrollmaßnahmen widersetzen und in den Ortsbauernschaften in großer Zahl Beschwerden gegen die hohen Abgaben und Steuern erheben. In den Innungen fordern die Handwerker die Einlösung der Versprechungen, die Hitler dem Mittelstand einst gemacht hat. Die demonstrativen Beifallskundgebungen nach der Rede des Professors Sauerbruch auf dem Dresdener Ärztekongreß waren ein sichtbarer Ausdruck der Sehnsucht nach freier wissenschaftlicher Forschung. Die Beifallsausbrüche im Berliner Theater bei der Aufführung von Schillers *Don Carlos* sind nur eines der Zeichen, wie lebendig im deutschen Volk seine beste Vergangenheit ist, das freiheitliche Erbe seiner deutschen klassischen Literatur.

Das Gemeinsame all dieser Widerstände ist das Streben nach Volksrechten, nach Freiheit, nach sozialer Gerechtigkeit. *So entwickelt sich der Kampf der deutschen Volksfront in der Tat.*

Erlauben Sie mir in diesem Zusammenhang, daß ich den Entwurf zu einer Plattform der deutschen Volksfront durch sozialdemokratische Funktionäre in Deutschland als einen wertvollen Beitrag für unsere gemeinsamen Bestrebungen begrüße. Dieser Vorschlag, wie viele andere Vorschläge, ist geboren aus dem Willen, den Weg zum Sturz Hitlers zu finden und eine große gemeinsame Volksbewegung für Frieden und Freiheit zu entfalten. Wir sind uns bewußt, daß *diese geschichtliche Aufgabe nicht von einer einzelnen Partei oder Gruppe und auch nicht unter Ausschaltung dieser oder jener Partei erfüllt werden kann.* Die große Bedeutung bekommt das Dokument jener sozialdemokratischen Freunde in Deutschland durch ihren Vorschlag, daß Verhandlungen aufzunehmen sind zwischen dem Parteivorstand der SPD und dem Zentralkomitee der KPD und mit den katholischen, den demokratischen Kräften. SPD, KPD, Katholiken, Demokraten, wie auch die Gewerkschaften, alle sind für Freiheit, alle wollen nach Hitlers Sturz die demokratische Volksrepublik. Wäre es nicht das Natürlichste der Welt, wenn diese Kräfte, die nur gemeinsam siegen können, einheitlich handeln wollten? Dazu ist unerläßlich, daß überall in Deutschland, in jedem Betrieb, in jeder Stadt, in jedem Dorf, die aktivsten Hitler-Gegner in treuer Kameradschaft einander beistehen und den Kampf des Volkes gegen seine Peiniger führen. Dazu ist notwendig, daß die Zwietracht und das Hervorheben der Gruppen-Sonderinteressen, die nur dem Gegner nützen, überwunden werden.

Gestatten Sie mir, liebe Freunde, daß ich zusammenfasse: Hitler treibt Deutschland in die Kriegskatastrophe. Damit stellt er vor dem deutschen Volk die Frage des Schicksals unserer deutschen Heimat. Die Hauptaufgabe der deutschen Volksfront kann daher nur sein, gegen Hitlers Kriegspolitik, gegen die unerträglichen Rüstungslasten und die Kriegs-Zwangsmaßnahmen, für die Erhaltung des Friedens zu kämpfen. Dieser Kampf für den Frieden, der auch unsere Jugend vor der Vernichtung auf dem Schlachtfeld rettet, entspricht den wahren nationalen Interessen des deutschen Volkes. Es ist möglich, den Frieden zu erhalten und Millionen Menschen das unermeßliche Leid des Krieges zu ersparen, wenn Hitler gestürzt wird, bevor er die Brandfackel entzünden kann!

Jede Hinauszögerung des Kriegsausbruches durch die Stärkung der internationalen Friedenskräfte, jeder militärische Erfolg des spanischen Volksheeres gegen die Interventionstruppen, jeder Widerstand der deutschen Volksmassen schafft günstigere Möglichkeiten für den Sieg über den Volksfeind Hitler.

Das große einigende Kampfziel aller Freunde des Friedens und der Freiheit in Deutschland ist die demokratische Volksrepublik. In dieser demokratischen Volksrepublik wird das deutsche Volk selbst frei über seine Geschicke entscheiden. Es wird den Faschismus mit der Wurzel ausrotten. Es wird nicht die folgenschweren Fehler und Schwächen von 1918 wiederholen, sondern eine starke Volksmacht gegen die Feinde der Volksfreiheit schaffen. Persönlich darf ich hinzufügen, daß ich niemals, auch in der Zeit der Weimarer Republik, etwas anderes gewollt habe. Neben mir sitzt jemand, der es weiß.

Nur die deutsche Volksfront wird die Kraft sein, die alle im Volke niedergedrückten freiheitlichen Regungen entfalten und zu großen Volksbewegungen einigen wird. Nur die deutsche Volksfront kann das Werk der Einigung des Volkes gegen Hitler vollbringen. Nur die deutsche Volksfront wird die Gestalterin einer freien glücklicheren Zukunft Deutschlands sein.

Guernica

Die Zerstörung der Stadt Guernica und des baskischen Landes ist keine Kriegshandlung, sie ist ein gemeines, niederträchtiges Verbrechen. Wir schämen uns der Deutschen, die es begangen haben. Wir leugnen, daß sie den Namen von Deutschen verdienen. Die Feiglinge, die aus der Luft herab die flüchtenden Frauen und Kinder ermordet haben, deutsche Soldaten sind sie nicht. Sie sind von der Art der verachtungswürdigen Knechte, die in den zahllosen Folterkellern des nationalsozialistischen Staates ihre verkommene Bestialität an deutschen Opfern tagtäglich üben. Jeder Menschlichkeit entfremdet durch das Regime, dem sie verfallen sind und blind gehorchen, tun sie einem fremden Volk, was sie jederzeit auch dem eigenen zufügen würden.

Aber Millionen ehrenwerter Deutscher sind erbittert, weil dieser Auswurf ihres Landes in Spanien alles, was deutsch heißt, entehrt und zum Abscheu macht. Millionen und nochmals Millionen Deutscher hassen aus dem Grunde der Seele die Machthaber im Lande, ihre ekelerregende Grausamkeit, die sie in Redensarten vom »totalen Krieg« kleiden, ihre niedrige Verlogenheit, wenn sie sich als »Retter der westlichen Zivilisation« aufspielen. Die Basken sind Katholiken. Die Brandbomben auf ihre Kinder retten wohl die westliche Zivilisation? Oder wird sie durch den Terror gegen die deutschen Katholiken gerettet? Durch ihre massenhaften Verfolgungen um ihres Glaubens willen und durch die Ermordung von Geistlichen?

Die Flammen von Guernica beleuchten auch Deutschland mit. Daß die Welt es doch sähe! Daß doch alle freiheitlich Denkenden auf seiten des deutschen Volkes wären, nun es begonnen hat, nach seiner Freiheit zu verlangen, und große Teile des Volkes schon im Kampf um sie stehen. Einzig und allein die deutsche Befreiung wird auch die Befreiung der Welt sein von der schändlichen Bedrohung mit dem »totalen Krieg«, von der Verhetzung der Völker durch verlogene »Weltanschauungen« und von Greueln wie in Guernica.

Wollt ihr den Frieden? Freie Völker der ganzen Welt, zwingt den Machthaber Deutschlands abzutreten! Ihr könnt es, denn Deutschland will den Frieden. Glaubt uns! Die Deutschen sind Freunde des Friedens und sehnen sich danach, der Welt befreundet zu sein. Vereinigt euch gegen den Kriegstreiber! Er hat sich die Herrschaft über Deutschland angemaßt, ist aber nicht deutsch. Wir sind es.

ALFRED KANTOROWICZ

Spanisches Kriegstagebuch

12. Juni 1937

Am Nachmittag gingen Ewald und ich nach vorn. Als wir zur dritten Kompanie kamen, fragte ein junger österreichischer Soldat: »Du, wo steckt eigentlich der Kisch? Kannst ihm nicht schreiben, daß er herkommt? Hier fänd' er Stoff für eine schöne Reportage.« – »Vielleicht kommt er bald«,

tröstete ich (ohne innere Überzeugung). Es schallte zurück: »Ach, zu uns kommt er nimmer. Hat genug in Madrid zu sehen.« Einer setzte bissig hinzu: »Bei der Elften.«
Bei der ersten Kompanie zeigte man uns ein Flugblatt, das die Faschisten aus Flugzeugen abgeworfen hatten. Es ist in einem skurrilen Deutsch verfaßt. Sein Text lautet:

> »Auslander! wenn Ihr zu uns nationalen Spanien herüber-
> kommt wird Ihr es nicht bereuen. Euer Leben wird ge-
> schont und Freigeleit in Eure Heimat wird Euch ver-
> sprechen. Mehrere Eurer Kameraden, die freiwillig her-
> über kamen sind schon in der Heimat. Franco verspricht
> es Euch!«

Einige Kameraden, die herumstanden, lachten, während Ewald und ich dieses seltene Dokument buchstabierten. »Feine Sache, was?« rief einer. »Freifahrt in die Gestapo-keller.«
»Na ja, der Faschist kann nur versprechen, was des Faschi-sten ist«, formulierte Ewald treffend. Dann fügte er ernster hinzu: »Is man jut, det se das Zeuch in Deutsch verfaßt ham. Von uns könn' se damit keenen hintern Ofen vor-locken und die Ungarn und Polen ooch nich. Aber unter den andern jibt es vielleicht eenen, der sich det durch 'n Kopf jehn läßt, wenn's zu brenzlich wird.«
Und auf einmal hatte ich den Schlüssel für die Frage, die mich noch unterwegs gequält hatte. Ja, es gibt einen Un-terschied zwischen den Kameraden verschiedener Natio-nalitäten, selbst hier – nein: gerade hier!
Ich schließe mir auf, worin unsere »Besonderheit« besteht. Es sind nicht die nationalen Charakteristiken, die hier mit-sprechen. Vielmehr zieht sich diesseits der – gewiß nicht zu verleugnenden, sogar zu bejahenden, aber im gemein-samen antifaschistischen Kampf nicht ausschlaggebenden – nationalen Eigentümlichkeiten die Scheidelinie: zwischen den Antifaschisten, die in ihren Heimatländern illegal sind, also Deutschen, Italienern, Ungarn auf der einen und de-nen, die aus noch demokratischen Ländern kommen, also

Engländern, Franzosen, Amerikanern, Skandinaviern, Holländern, Tschechen usw. andererseits.

Die Erfahrung hat uns bewiesen, daß in ganz entscheidenden Stunden, in den verzweifeltsten Situationen die Mehrheit der Deutschen, Italiener, Ungarn noch hartnäckiger, zäher, verbissener sich schlägt als Kameraden demokratischer Nationen. Weiter: daß auch in ruhigen Zeiten die Disziplin, das Bewußtsein, die Bereitschaft jener im allgemeinen stabiler bleibt als dieser.

Ich versuche mir über die Gründe klarzuwerden, und sie scheinen mir auf der Hand zu liegen. Die Italiener, Deutschen, Österreicher, Ungarn, die hier in Front stehen, sind bereits eine ausgewählte Mannschaft, die durch Verfolgungen und Leiden, durch Mißhandlung und Einsperrung, durch die Not der Emigration hart geschmiedet wurde. Sie kommen aus den Prügelkellern der SA und SS, aus den Konzentrationslagern, von den Liparischen Inseln. Sie kennen den Faschismus. Ihr Haß ist groß und ihr Bewußtsein wach. Auf diese Stunde, in der sie mit der Waffe in der Hand gegen ein System kämpfen dürfen, das ihre eigenen Völker würgt und die ganze Welt unterjochen will, haben die meisten von ihnen seit vielen Jahren gewartet.

Sie sind, so wie sie herkamen, bereits durchgesiebt durch Jahre physischer und seelischer Nöte. Sie wissen, was hungern heißt, sie kennen die Gefahr, keine Schwierigkeit hier kann größer sein als die, die sie schon überwinden mußten. Die Schwachen sind in diesen Jahren abgefallen, müde geworden. Die nun aber hier sind, sie sind hindurchgegangen durch alle die Schrecken, Gefahren, Nöte dieser Jahre. Sie sind nicht müde und nicht schwach geworden; daß sie hier sind, beweist es. Sie haben alle Prüfungen bestanden. Sie sind die Kader des Freiheitskampfes, die Besten, Stärksten, Leidenfähigsten, Zähesten, Tapfersten, Gesinnungstreuesten, Bewußtesten, Härtesten ihrer Völker und Länder.

Das ist unabweisbar. Es ergibt sich aus dem Schicksal, das sie durchlebt, durchkämpft haben. Daher es nicht anmaßlich ist, der Wahrheit gemäß festzustellen, daß eine Auswahl bereits vollzogen ist, die sich bei Freiheitskämpfern demokratischer Nationen erst hier in furchtbarer und zwangsläufiger Unerbittlichkeit vollzieht. Unter den Kämpfern aus diesen demokratischen Nationen müssen noch solche sein, die bei uns bereits abgefallen oder ausgeschieden sind; Schwache, Mutlose, Weiche, Labile, Ungeschulte. Der Kern schält sich erst hier heraus; noch haften Schlacken an. Es kann nicht anders sein. Und können sie den Faschismus wohl so hassen wie wir, die wir ihn an unserem eigenen Leibe erlebt haben und seine furchtbare materielle und moralische Einwirkung auf unsere Völker tagtäglich seit Jahren neu erkennen müssen?

Nehmen wir einen höchst konkreten und sehr beispielkräftigen Fall an, der sich hier täglich ereignen kann und oft ereignet. Er steht im Zusammenhange mit jenen »Versprechungen« Francos, die mich auf die richtige Spur dieses Gedankenganges gebracht haben. Nehmen wir an: eine Truppe gerät hier in eine Situation, die sie vor die Alternative stellt, sich zu ergeben oder bis zur letzten Patrone ohne Hoffnung auf Rettung weiterzukämpfen und zu sterben.

In dieser Situation fällt den zum Beispiel stehenden Kameraden das Versprechen Francos ein. Was verspricht Franco? Freigeleit in die Heimat. Das heißt für uns Deutsche: Freigeleit in die Kerker der Gestapo. Unser Tod wird nicht rasch und kriegsmäßig sein; wir werden erst durch Abgründe von Qualen geschleift werden, bevor es mit uns zu Ende geht.

Daher lachen wir natürlich über solche »Versprechungen« nur, selbst wenn sie ernst gemeint wären, ja gerade, wenn wir sie ernst nehmen würden. Wenn sie überhaupt irgendeine Wirkung auf uns hätten, so doch nur die, uns in unserem stillschweigenden Entschluß zu festigen, unter gar keinen Umständen lebend in die Hände der Faschisten zu fallen. Wir werden uns immer und überall wehren bis zum äußersten. Es bleibt uns gar keine Wahl. Wir kämpfen bis zur letzten Patrone, genauer, bis zur vorletzten. Die letzte sparen wir uns für uns selber. In diesem äußersten Fall dürfen wir es tun, ohne Feiglinge zu sein, ohne daß die Kameraden an uns als Deserteure des Kampfes denken. Ehe wir uns gliedweise von den Moros zerstückeln lassen oder ehe wir nach unausdenklichen Qualen in den Folterhöhlen der Gestapo verrecken, dürfen wir die letzte Kugel für uns aufsparen.

Das ist die Alternative, vor der wir Deutschen und mit uns die italienischen, österreichischen und eine Anzahl exponierter ungarischer, polnischer, bulgarischer und jugoslawischer Kameraden stehen. Sie läßt keine Zweideutigkeiten zu.

Für die Kameraden anderer Nationalitäten aber ist die Alternative anders. Es gibt Fälle, in denen englische, französische, amerikanische Freiwillige aus der Gefangenschaft bei Franco lebend in ihre Länder zurückkamen, nicht viele – aber man hat Beispiele. Wer wird nicht sein Leben zu retten suchen, wenn auch nur minimale Chance besteht? Auch die tapfersten, ergebensten Kameraden aus den demokratischen Ländern stehen vor diesem Konflikt. Es gibt für sie Augenblicke, da die Entscheidung vor ihnen steht, den sicheren Tod zu erleiden oder die geringe Chance, die ihnen offenbleibt, zu benützen. Das ist ein schwerer Konflikt auch für einen militanten Antifaschisten, der schwerste, den es geben kann, es geht ums Leben. Und da sind welche nicht so fest, nicht so hart, nicht so entschlossen, die nützen die Chance, reißen den Zögernden mit. In verzweifelten Situationen wird diese Differenz virulent: die einen stehen und fallen, die anderen mögen versucht sein, eine Minute vor zwölf ihre Haut zu retten.

Und weiter, ein anderer Gesichtspunkt: Für uns deutsche Antifaschisten liegt die Heimat gegenwärtig wirklich vor Madrid, wie es in dem Liede der Internationalen Brigaden heißt. Wir haben auch darin keine Wahl, die uns Qual machen könnte. Wir haben kein Zuhause, solange in unserem Lande der Mord, die Lüge, das Unrecht, die Gewalttat im Namen Hitlers herrschen. Sollen wir in die Emigration zurück? Ohne Papiere, gehetzt, hungernd, heimatlos, vogelfrei, zum schadenfrohen Gespött unserer Feinde und eine Last für unsere Freunde. Auf uns wartet niemand – es seien denn Kerker und Konzentrationslager. Weh uns, wenn wir aus Spanien als Besiegte fliehen müßten! Alles, was wir bisher gelitten, wäre nicht mehr als Vorspiel zu den Leiden, die dann für uns begännen. Nein, wir haben hier nichts zu verlieren als unser Leben, und das wiegt für manch einen von uns nicht mehr schwer. So ist unsere Lage. Sie ist furchtbar eindeutig.

Da sind aber beispielshalber unsere französischen Kameraden, und es gibt unter ihnen einige, die voll guten Glaubens so argumentieren: Wir sind als Freiwillige hierhergekommen in der Stunde der größten Gefahr für unsere spanischen Brüder. Wir haben unser Leben eingesetzt, viele von uns sind für die Sache der Freiheit des spanischen Volkes gefallen. Wir haben Gefahren, Not, Entbehrungen ertragen seit nunmehr schon sechs oder gar sieben Monaten, immer in Front, immer an den Brennpunkten des Kampfes, immer im Feuer. Sollen gerade wir denn bis zum letzten Mann fallen? Wie viele von uns sind denn überhaupt noch übrig? Und zu Hause warten unsere Frauen, unsere Mädchen, unsere Kinder auf uns; eine Wohnung, eine Familie, ein Akker, ein Arbeitsplatz. Wir haben Sehnsucht nach zu Hause. Haben wir nicht das Unsere getan? Dürfen wir nicht in Ehren zurück nach sechs oder sieben Monaten dieses schweren Kampfes, den wir freiwillig auf uns genommen haben?

Was soll man ihnen entgegnen? Wir Deutschen jedenfalls haben das Recht nicht, ihnen Belehrungen zu erteilen. Sie könnten uns antworten: abgesehen davon, daß ihr nichts zu verlieren habt, kämpft ihr ja unter anderem auch dafür, daß ihr wieder in euer Land zurück dürft. Ihr steht hier euren direkten Feinden gegenüber, Hitler und Mussolini, und wenn ihr sie besiegt, so siegt ihr für euch, für euere Freiheit; euere Heimat gewinnt ihr zurück. In unserem Lande aber herrscht der Faschismus noch nicht, dank unserer Gegenwehr. Wir kämpfen hier nicht unmittelbar für uns, vielmehr mittelbar für euch. Wir haben noch ein Heimatland, wir haben noch eine gewisse Freiheit. Schweigt doch ihr, die ihr den Faschismus in euerem Lande nicht habt verhindern können.

BERTOLT BRECHT

Die Bücherverbrennung

Als das Regime befal, Bücher mit schädlichem Wissen
Öffentlich zu verbrennen, und allenthalben
Ochsen gezwungen wurden, Karren mit Büchern
Zu den Scheiterhaufen zu ziehen, entdeckte
Ein verjagter Dichter, einer der besten, die Liste der
Verbrannten studierend, entsetzt, daß seine
Bücher vergessen waren. Er eilte zum Schreibtisch
Zornbeflügelt, und schrieb einen Brief an die Machthaber.
Verbrennt mich! schrieb er mit fliegender Feder, verbrennt
           mich!
Tut mir das nicht an! Laßt mich nicht übrig! Habe ich nicht
Immer die Wahrheit berichtet in meinen Büchern? Und jetzt
Werd ich von euch wie ein Lügner behandelt! Ich befehle
           euch:
Verbrennt mich!

LEOPOLD SCHWARZSCHILD

Die Annexion

Der Schmerz um Österreich wäre quälend genug.
Grausam genug wäre der Anblick des Opfers, über dessen
armem, zerfleischtem Leib fressend, schlurfend, schmatzend,
fletschend das Ungeheuer sitzt. Verzweifelt genug wäre die

Vorstellung, wie das kostbare Schmiedewerk der Jahrhunderte nun rettungslos in dem Schmelztopf versinkt, darin es zu weiterem, genormtem Material für die adretteste aller kannibalischen Maschinen werden soll. Herzzerbrechend genug wäre die stumme Klage all der Hunderttausende, unter deren Füßen nun die Heimat versinkt, vor deren Augen die Zukunft erlischt, deren Atem im aufdünstenden Kerkerstank schon röchelt. Leb wohl, Du Österreich, an Dir hing viele Liebe! Sei Gott Euch gnädig, Ihr, die Ihr Österreich wart! Es ist eine unsagbare Trauer in dieser Abschiedsstunde, und am Schmerz allein um Österreich hätte man übergenug zu tragen.

Das Schicksal läßt es nicht dabei. Es stülpt über die eine Nacht eine zweite. Neben dem Drama Österreich steht das Drama Europa. In der Stunde, in der das Herz sich wegen Österreich krampft, krampft es sich auch wegen eines Europas in seiner tiefsten Erniedrigung. Der kritische Augenblick, voraussehbar und vorausgesehen, fand Europa in einem kompletten Vakuum. Der Erdteil und das heißt heute: seine beiden westlichen Großmächte – stand in der Probe dieser Tage mit dem Anschein, an Kräften definitiv überflügelt, seines Verstandes definitiv entleert, im Willen definitiv gebrochen zu sein.

Nie in all den zwanzig Jahren fortgesetzt gesteigerter Fehler und Schwächen hat er sich so kompromittiert wie diesmal. Nie hat er – was noch schlimmer ist – das liberaldemokratische Staatssystem, das hier seine letzte Stätte hat, so in Verruf gebracht wie in diesen Tagen. All das ist nicht weniger atembeklemmend, in seinen Folgen nicht weniger bedrohlich als der Fall Österreich selbst – blickt man in die Runde, so kann nicht zugegeben werden, daß es irgendwo Menschen oder Kräfte gäbe, die, weil sie selber keinen Schuldanteil hätten, die unverbrauchte Reserve wären und auf deren Hervortreten man jetzt die Zuversicht richten könnte. Keiner der Männer, die Europa leiteten und leiten, keine der Nationen, der Parteien und der Klassen ist unbeteiligt an dem, was da geworden ist. Alle haben sie, bald abwechselnd, bald gleichzeitig, ihren Beitrag zum Verhängnis hinzuaddiert. Alle die einzelnen wie die Massen, die Wissenden wie die Träumenden, Briten wie Franzosen, Rechte wie Linke: alle können sich rühmen, mit ihrer eigenen Dosis von Unwissenheit, Blindheit, Leichtsinn, Bequemlichkeit, Feigheit, Selbstsucht, Irregeführtheit und Irreführung die Entwicklung während zwanzig Jahren ein Stück weiter getrieben, die Summe um einen Posten vergrößert zu haben. Wenn irgend etwas noch die Trauer verbittern, die Sorge noch steigern kann, so gerade die Universalität der Schuld und so gerade die Erkenntnis, daß die Wendung des Schicksals nicht von neuen Menschen, von neuen Kräften zu erhoffen ist, sondern nur vom Umlernen, fast der Neugeburt der Alten.

Aber Schmerz, Trauer, Zorn, Sorge sind keine politischen Kategorien. Was ist geschehen? Wohin führt der Weg?

FRANZ WERFEL

Heimkehr ins Reich

Dies ist eine Fastnacht der tollen Verdrehungen. Die Begriffe sind seekrank geworden. Rechtsherum, linksherum, alles verkehrt. Das Älteste funkelt uns plötzlich jugendlich an, das Neue, soeben noch triumphierend, liegt da in welker, röchelnder Agonie. Wahrhaftig, Rechts und Links, diese braven Ausgeburten der klassischen Parlamentsgeographie, sind durcheinandergeschüttelt worden bis zur Unkenntlichkeit. Der Geist der Geschichte spielt Blindekuh mit uns.

Eine der tollsten Verdrehungen lautet: »Heimkehr ins Reich«. Erfunden wurde die Formel am elften März 1938 von Großpreußen und gemünzt wurde sie auf Österreich. Was aber ist das Reich? Und wer kehrt heim?

Vor mehr als hundertunddreißig Jahren verschwand der

Name des Heilig Römischen Reiches Deutscher Nation von den Tafeln der Geschichte. Dieses gewaltige Ereignis vollzog sich auf dem Höhepunkt der Napoleonischen Epoche ziemlich unauffällig dadurch, daß sich die österreichische Monarchie von den deutschen Stammesfürstentümern und Kleinstaaten, mit denen sie bis dahin in einem traditionsmorschen Zusammenhang geblieben war, nun vollständig lostrennte. In Wirklichkeit jedoch bestand jenes heilige Imperium Romanum in Gestalt des österreichischen Kaisertums lebendig fort; es hatte sich nur, in Verteidigung gedrängt, auf die Linie des geringeren Widerstandes zurückgezogen und seine Kräfte gesammelt. Das Palladium der Reichsidee blieb einzig innerhalb seiner Grenzen, wenn auch verborgen und beinahe vergessen. Jenseits der Grenzen aber, in deutschen Landen, die das dämonenbannende Palladium verloren hatten, entwickelte sich die Kraft der uralten losgebundenen Gegengötter, die sich des geheimnisvollen Zwangs nun und für immer ledig glaubten. 1813, das Jahr der »nationalen Erhebung«, und die deutsche Romantik in vielen Erscheinungen sind Stufen dieser Entwicklung, die schon ein halb Jahrhundert früher von dem Deutschenhasser Friedrich dem Zweiten eingeleitet worden war, diesem totalsten aller Zyniker der Macht. Jene alten Dämonen aber, die einst Karl der Große und Bonifatius ausgerottet hatten, rissen unter dem neuen Namen des Nationalismus die Herrschaft an sich, und sie zögerten nicht, je nach Bedarf sich mit den modernsten Geistesströmungen der Naturwissenschaft und des werdenden Sozialismus zu verbünden. Sie sind es auch, die dem deutschen Nationalismus jene menschenfresserischen Ober- und Untertöne verleihen, jene überhebliche Giftigkeit und verbissene Rauflust von Anfang an, die man z. B. in dem edlen und großmütigen Risorgimento der Italiener vergeblich suchen wird. Da die Deutschen sich seit Luther Schritt für Schritt von der übergeordnet universalen Reichsidee abgewandt hatten, mußte es so kommen und nicht anders. Traurig ist es nur, daß sich die kleinen Völker zwischen Alpen und Karpaten keinen besseren als diesen deutschen Nationalismus zum Muster ihres eigenen Erwachens nehmen. Die Geschichte ihres Erwachens ist zugleich die Krankengeschichte des alten Reiches.

Ich gehöre nicht zu den Deterministen, die jedes Faktum für unausweichbar halten und im Zuge der Weltgeschichte kein »Wenn« und kein »Hätte« gelten lassen. Meiner Überzeugung nach wäre der Krieg von 1914 leicht zu vermeiden gewesen. Die Schuld an ihm trug eine ebenso schwächliche wie kraftmeierische, von Großpreußen gegängelte Oberschicht in Wien, von der ein Teil sich jetzt logischerweise des leidenschaftlichsten Führerkults befleißigen soll. War aber der verbrecherische Krieg nicht aufzuhalten, hätte sich nicht wenigstens Saint-Germain vermeiden lassen, dieser Schädelgrundbruch Europas? Wer trägt die Schuld an der Zerstörung? Man kann nur entgegnen: Schuld an dieser Zerstörung trägt die Ohnmacht des menschlichen Intellekts, der eine politische Situation nicht für drei Wochen, geschweige denn für ein Jahrzehnt vorausberechnen kann. Weder Sieger noch Besiegte ahnten in ihrem Rausche, in ihrer Not, daß die Vernichtung des uralten Imperium Romanum in Gestalt des österreichischen Völkerstaates gar bald ihre eigene Vernichtung nahebringen würde. Und doch! Vielleicht ist es gut so. Vielleicht müßten wir singen: Jubilate, exultate! Erst unser Leiden, erst die tragische Katharsis, durch welche nicht nur die Österreicher, Verbannte daheim und hier, hindurchgehen müssen, sondern ebenso Tschechen und Ungarn, erst dieses Reinigungsfeuer läßt in tausenden Seelen die Idee des völkerverbindenden Reiches als Sehnsucht und als Notwendigkeit auferstehen.

Ideae ante res, heißt es. Man kann den antiken Satz erweitern: Ideae ante et post res. Denn Ideen sind nichts anderes als dauernde geistige Gestaltungsprinzipien, die sich – wenn auch zeitweilig scheinbar aufgehoben – die Wirklichkeit immer wieder und in immer neuen Formen unterwerfen. Ein blanker Nationalstaat ist noch lange kein Reich, mag er auch über Kolonien gebieten. Erst das Hinzutreten eines geistigen Gestaltungsprinzips, einer übergeordneten Idee, einer allmenschlichen Sendung, der er machtvoll und bewußt dient, erteilt ihm die Weihe des Reiches.

Doch noch in dem kleinen, verstümmelten Österreich nach 1918 war irgendwo das Palladium verborgen. Die wenigsten wußten darum, aber in dem, was man österreichische Menschlichkeit, Ironie, Anmut nannte, tat sich die Ahnung des verschollenen Heiligtums kund. Die Preußen, die frech die alte Kaiserkrone geraubt haben, sie werden den unsichtbaren Schatz nicht finden.

Das Reich, von dem wir hier als von einer dauernden Idee im Wandel der Formen reden, hat ein Emigrant gegründet, der fromme Trojerheld Äneas, der, aus Ilions Zusammenbruche fliehend, nach hundert Grenzgefahren, Aufenthaltsschwierigkeiten und, wie es sich für einen erfahrenen Réfugié gehört, nach Kenntnisnahme der Unterwelt endlich an Latiums Küste landete. Nicht sein eigener Machttrieb, sondern die Vorsehung, der Wille der Götter bringt den oft Widerstrebenden durch Kampf und Elend ans Ziel, wie's uns Vergil in reinen und süßen Versen lehrt. Sonderbare Sage! Nicht in Blut und Boden, nicht in Art und Rasse liegt der Ursprung des weltbeherrschenden Roms; nein, ein ganz und gar Fremder kommt übers Meer gefahren, ein Asiate, ein Entblößter, ein Verhärmter, ein Umhergejagter ohne irdische Heimat mehr. Nach den kleinbürgerlichen Vorstellungen, die heute allgültig sind, ist dieser Mann etwas höchst Verdächtiges, ja sogleich Auszuweisendes. Nichts andres nennt er sein als eine göttliche Sendung, einen prophetischen Geist und eine in der Unterwelt erprobte Seelenkraft. Dieser zarte Troer und kein Machtlümmel oder Muskelflegel der latinischen Gefilde wird Stifter des wahren Imperiums, das von Romulus zu Cäsar, von Augustus zu Karl dem Großen und von diesem bis zu den letzten Habsburgern reicht. Was will uns die Mythe heimlich damit anvertrauen? Sie lehrt, daß derjenige, welcher auserkoren ist, vor Gott und Menschen die legitime Macht auszuüben, von anderswoher kommt, durch Not und Tod gegangen ist und die Prüfungen des Exils bestanden hat. Sie lehrt ferner, daß nur jener das Recht besitzt, das bindende, ausgleichende Imperium über Völker und Rassen zu errichten, der in sich selbst die Volkheit überwunden, der das sacrificium nationis gebracht hat. Als Äneas den Fuß auf italischen Boden setzte, hatte er den Troer für immer abgetan.

Sacrificium nationis, die Aufopferung der dämonischen, erdgebundenen, blutbedingten, ehrgeizzerfressenden Triebe unserer Seele zugunsten einer höheren, weltumspannenden Einigung, ist das nicht die ewige Reichsidee, die Idee Österreichs? Hatte nicht der »Gelernte Österreicher« in sich die Volkheit des Deutschen, Tschechen, Slowenen usw. überwunden, um ein neuer Mensch zu werden, farbloser vielleicht, aber freier und gerechter als vorher? Menschen dieser ideal abstrakten Art waren Prinz Eugen, Grillparzer, Franz Joseph, doch ebenso auch Th. G. Masaryk, den das Schicksal dazu bestimmt hatte, die letztvergangene Erscheinungsform des Reiches zu zerstören. Neben diesen symbolischen Leuchten aber wirkten abertausend Namenlose jeglicher Art und Rasse, die vielgeschmähten »Hofräte«, welche das Wunderwerk jener gerechten, supranationalen Verwaltung schufen, vor dem sich selbst ein fanatischer Anhänger der italienischen Revolution wie Stendhal vorbehaltlos beugte.

Die erwachenden Nationen haben das Werk vernichtet, Zug um Zug. Zuletzt drangen die gottlosen Horden, von denen der Aufruhr gegen den allmenschlichen Geist ausging, gröhlend, plündernd, mordend in Wien ein. Sie löschten nicht nur die Existenz, sondern sogar den Namen Österreichs aus, denn in der dumpfen Angst der Missetäter fürchten sie selbst das Wort, das ihr Verbrechen anklagt. Sie fürchten den Namen mit Recht. Die Idee, die er ausdrückt, ist mächtiger als je bereit, Wirklichkeit anzunehmen.

Wir wissen nicht, in welcher Gestalt das alt-neue Reich sich erstrecken wird. Wir wissen aber, daß es zwischen Rhein und Schwarzem Meer unter dem ungeheuren Atmosphärendruck von Terror und Verzweiflung hervorwächst wie ein Kristall, von Tag zu Tag. Wir wissen nicht, mit welcher politischen Form und Verfassung das Reich ins Leben treten wird. Wir wissen aber zumindest, daß die totale Hysterie des Nationalismus und die kriminelle Pöbelherrschaft gebrochen sein werden, wenn es aufersteht. Wir wissen aber noch mehr. Die Schäden und Übel der vergangenen Erscheinungsform Österreichs, die aus der Feudalzeit mitgeschleppten Privilegismen und Halbheiten, werden nicht mit auferstehen. Die allmenschliche Idee in ihrer fortgeschrittenen Ausprägung will nicht nur ein supranationales, sondern ein wahrhaft soziales Reich schaffen, das erste soziale Reich auf Erden vielleicht, unabhängig von Klassenherrschaft und ökonomischen Theoremen, eine Gemeinschaft der freien Seelen, die langerträumte civitas humana.

Wie reich sind wir doch in unserm Exil, wie lang auch immer es dauern möge, reicher als andre! Denn in einer Welt der vollkommenen Verwirrung und Verdrehung wissen wir, festen Glaubens und Willens, wohin wir heimkehren werden.

LEOPOLD SCHWARZSCHILD

Die Stimme seines Herrn

Der als Tschechoslowak maskierte Agent des Deutschen Reiches Konrad Henlein hat am 24. April die Forderung bekanntgegeben, die sein als tschechoslowakische »Partei« maskierter Auftraggeber an den Staat und die Regierung Tschechoslowakiens richtet. Henleins Stimme war die Stimme seines Herrn. Sie war es schon deshalb, weil sie die – befristeten! – Forderungen aufs deutlichste mit Kriegsdrohungen verband:

»... Es wird von der Einsicht und dem Willen der Regierung des tschechischen Volkes abhängen, ob *am Tage des zwanzigjährigen Staatsjubiläums* die heute für uns unerträglichen Verhältnisse noch bestehen bleiben oder *der tschechische Beitrag zum Frieden Europas* geleistet wird. Wir wollen weder nach innen noch nach außen den Krieg, *aber* wir können *nicht länger* einen Zustand dulden, der für uns Krieg im Frieden bedeutet.«

Die Frist reicht also bis zum Oktober, »nicht länger«. Dann ist der »Frieden Europas« (wohlgemerkt dieser, nicht etwa der innere tschechoslowakische Friede) entweder durch Beseitigung »der für uns unerträglichen Verhältnisse« gesichert, oder ...! Der Prager Regierung wurde an anderer Stelle nochmals zugeschoben, durch Unterwerfung unter Henleins Forderungen den »entscheidenden Anteil zur Sicherung des *europäischen* Friedens auf sich zu nehmen«. Noch weitere Sätze gleichen Sinns könnte man herausschälen. Aber schon diese Beispiele dokumentieren klar genug, daß der Redner seine befristeten Forderungen mit der Alternative Krieg vortrug – Krieg von außen, europäischer Krieg. Da nicht bekannt ist, daß Herr Konrad Henlein über ein Heer geböte, das diese Sanktion, den Krieg, verwirklichen könnte, muß er in Vollmacht eines Heeresbesitzers gesprochen haben. Das Heer seines Herrn. Die Stimme seines Herrn.

Auch der Inhalt der Forderungen ist ebenso eindeutiger Herkunft. Ein Teil des tschechischen Staates – der »deutsche Siedlungsraum« – soll ohne Umschweife in einen separierten Teil-Staat mit »Selbstverwaltung in allen Bereichen des öffentlichen Lebens« verwandelt werden. Gut. Der Regierung dieses Sonderstaats soll eine Spezialgewalt über sämtliche Deutschen auch in anderen Provinzen übertragen werden. Gut. Den Deutschen des ganzen Landes soll für alle »Schäden«, die ihnen seit 1918 erwachsen sind, »Wiedergutmachung« geleistet werden. Gut. Aber was weiter geht, ist der Anspruch, »das Leben unsrer Volksgruppe« gemäß den »nationalistischen Grundauffassungen gestalten« zu können; es in »offenem Bekenntnis zur deutschen, nationalistischen Weltanschauung« gestalten zu können – das heißt also: mit Gleichschaltung und Anerkennung der obersten Autorität des Führers. Da ist die Kulisse schon weggezogen. Und noch weiter geht schließlich die Bedingung,

es müsse eine *»Revision jener außenpolitischen Stellung«*
vollzogen werden, »die den tschechoslowakischen Staat bisher in die Reihen der Feinde des deutschen Volkes geführt
hat«. Ausdrücklich werden die »Bündnisse mit Frankreich
und Rußland« genannt:

»...eine Revision jener außenpolitischen Stellung, die den
Staat bisher in die Reihen der Feinde des deutschen Volkes
geführt hat. *Dabei* wird sich das tschechische Volk *auch*
klar sein müssen, daß die Neuordnung seines Verhältnisses
zum Großdeutschen Reich *nicht ohne* gleichzeitige Neuordnung seines Verhältnisses zu unserer Volksgruppe möglich
ist.«

Unter diesem nebensächlicheren Signum des »dabei« und
des »auch« folgen dann erst die innenpolitischen Schmerzen. Primär ist also die außenpolitische Schwenkung und
nur sekundär die Neuordnung im Innern! Mit Minderheiten-
Unterdrückung, mit Vergewaltigung und wie sonst die Vokabeln alle lauten, hat diese außenpolitische Bedingung
sichtlich nichts zu tun. Aufs eklatanteste werden nur und
ausschließlich Interessen des Deutschen Reiches, Interessen
der ewigen nationalsozialistischen Außenpolitik – Isolierung
und dann Vernichtung Frankreichs – vertreten. Die Rolle
des tschechoslowakisch vermummten Konrad Henlein, die
Rolle eines puren und simplen Agenten des Deutschen Reiches, wird durch dieses Kernstück seiner Forderungen definitiv etabliert.

In der sozusagen geistigen Sphäre ist das nur erfreulich.
Derjenige, dem die Unwissenheitsunschuld von achtzig Prozent der Menschen und die Vernageltheit von weiteren fünfzehn Prozent ein Axiom ist, wird sich ganz gewiß nicht in
die Illusion versteigen, daß die Wahrheit über das sudetendeutsche Martyrium-Theater nun Allgemeingut in allen
Welten werde. Aber von den 5 Prozent, die über Verstand
verfügen, ist es ganz und gar ausgeschlossen, daß jetzt einer
noch ehrlich annehmen kann, es gehe dort unten wirklich
um das sympathiewürdige Aufbegehren einer Bevölkerung,
die nur bessere Behandlung für sich fordert, und um die

Anteilnahme des großen Blutsbruders an ihrem Los. Es ist von nun ab definitiv unglaubhaft, daß von diesen auch nur einer noch immer nicht verstanden habe, daß die Sudeten selbst, diese armen Schachbrettbauern, in dieser ganzen Veranstaltung Luft und Dunst sind und daß es sich ganz allein um eine rein machtpolitische berlinische Aktion handelt, den im Südosten noch vorhandenen Affilierten des Westens entweder mattzusetzen oder zu zerschlagen. In der sozusagen geistigen Sphäre ist diese Klärung kein schlechter, kein wertloser Ertrag der Rede, in der aus dem Instrument des Agenten Henlein so überdeutlich die Stimme seines Herrn ertönte.

Aber die politische Sphäre ist unterschieden von der geistigen. Hier genügt es nicht zu wissen; hier geht es um Entschlüsse. Und wenn es je eine Situation gab, in der Entschlüsse zu fassen waren, so nach diesem Ultimatum des Deutschen Reiches an die Tschechoslowakei, sich *entweder* seiner Außenpolitik zu unterwerfen und die Dauerhaftigkeit dieser Unterwerfung durch innenpolitische Aufspaltung und durch Auslieferung eines Teils der inneren Macht an einen anderen Seyss-Inquart namens Henlein zu garantieren *oder* militärische Gewalt zu erleiden. Nach diesem Ultimatum, das so belehrend dezidiert gerade auf die Außenpolitik abgestellt ist, endet jede Möglichkeit für Erörterungen über das Thema, ob man wirklich für die »Tschechoslowakei« – oder gar »gegen die Sudetendeutschen« – eintreten solle. Täuschungen von gestern bestenfalls. Die Front dieser Unternehmung war immer und ist jetzt sogar zugegebenermaßen wider ganz andre Gegner gerichtet, nach ganz anderen Himmelsrichtungen gekehrt – und es ist nicht mehr eine erst drohende, sondern eine schon begonnene Unternehmung. In dieser Situation prüft der Zuschauer in den Ländern, auf die es ankommt, besonders genau die Reaktionen der öffentlichen Meinung. Sprechen sie über die Sache wie über eine immerhin fremde, oder sprechen sie darüber wie über eine eigne? Verurteilen sie, was gegen das kleine Land da komplottiert wird, nur aus der Distanz, oder eilen ihm ihre Ermunterungsrufe entgegen und ist das Gefühl unverkennbar: *Tua res agitur?* Vielleicht will es auf die Dauer noch nichts besagen: in den ersten Stunden jedenfalls sind Reaktionen des zweiten Grades, wenn überhaupt, so nur selten feststellbar gewesen.

RUDOLF LEONHARD

Viererpakt

Vier große Staatsmänner,
die trafen sich in München,
um ihres Erdteils Karte neu
zu schneiden und zu tünchen;
der eine saß nur still dabei,
er hatte nichts zu sagen
und vieles zu ertragen,
da waren's eigentlich nur drei.

Drei große Staatsmänner
woll'n weiter mit vertrackten
heimlichen Sonderpakten
bedrücken und zerstücken;
für Ungarn und die Polackei
geschlachtet wird die Slowakei
hinter des einen Rücken,
da sind es nur noch zwei.

Zwei große Staatsmänner
stehn in Europas Mitte;
der vierte und der dritte,
die möchten gern im Einerlei
behaglich weiter wohnen,
und woll'n, damit nur einer sei,
um ganz zu trennen eins und zwei,
den andern hoch belohnen.

Ein großer Staatsmann will
die andern alle verschlingen
und läßt Europa niemals still
und will vor allen Dingen
im großen Reiche ohne Drohen
den fünften niederringen;
doch einmal ist es, eins, zwei, drei,
auch mit dem letzten Mann vorbei,
dann zählen die Millionen.

ROBERT NEUMANN

Auf dem Rassenamt

Setting: Waiting Room of Race Research Office, in Vienna.
Characters: S c h w e y k , speaking German with Czech
accent
F r a u S o p h e r l , speaking pure Viennese.

*(Marching feet outside in the street. Military commands by
Prussian barrack yard voice: Halt! Rechts um! Links
schwenkt! Ihr schlappen Brüder werdet noch – Bajonett
auf! So'n oberfauler Jammerlappen. Und jetzt mal Stech-
schritt! Junge, ick laß dir Jewehrgriffe klappen, bis du
schwarz wirst. Etc.*

A window is being shut: the din is muffled.)

F r a u S o p h e r l : Wer hat denn da das Fenster zu-
g'macht? Sie ham's Fenster zug'macht. Sie Herr Sie.
S c h w e y k : No warum denn nicht?
F r a u S o p h e r l : Weil ich möcht da in kein Gedräng
kommen. Gleich könnt einer anzeigen, das Fenster ist
zug'macht worden, damit man nicht anhören muß, wie
unsere armen Buben von dem Saunazi – Jesusmarand-
josef, ich red zuviel, hörns nicht zu, Herr.

S c h w e y k : Aber regens Ihnen doch nicht so auf, bei mir müssens doch keine Sorgen haben, Frau Sopherl.

F r a u S o p h e r l : Der Herr kennt mich?

S c h w e y k : Wer kennt nicht die Frau Sopherl vom Naschmarkt? Wo ich doch zehn Jahr Ihnen gegenüber gewohnt hab in der Fillgradergasse auf Nummer –

F r a u S o p h e r l : Jessas, der Herr Schweyk! Vom Elferhaus! Leben denn Sie wieder in Wien?

S c h w e y k : Nein, in Prag, im Protektorat. Ich bin ein Protektionskind vom – na wie heißt er denn gleich? Ich kann mir den Namen nicht merken, denkens Ihnen. Adolf – und noch was.

F r a u S o p h e r l : Der Herr von Schweyk! So ein Zufall – grad da im Wartezimmer vom Rassenamt! – Erinnern sich noch an den Herrn Dr. Kohn vom Dreizehnerhaus? Lebt auch nimmer in Wien.

S c h w e y k : Der Kohn, so. Nach Lublin?

F r a u S o p h e r l : England.

S c h w e y k : Gegen Engelland ist er gefahren?

F r a u S o p h e r l : Eine Postkarten hat er mir noch geschrieben von dort, so ein feiner Mensch.

S c h w e y k : Da sind jetzt viele was gegen Engelland fahren und dann von dort Postkarten schreiben. Aber übers Rote Kreuz.

F r a u S o p h e r l : Hörens mir auf! Mein Bub will auch zu die Flieger! – Und was tut der Herr von Schweyk eigentlich hier am Rassenamt, wenn man fragen darf? Wollen sichs vielleicht richten, daß Sie ein rassenreiner Germane sind, damit Sie ebenfalls – aber na! Sie san ja net teppert!

S c h w e y k : Nein, Gott sei Dank, ich bin ein Böhm, ich bin Gott sei Dank minderwertig. Ich komm nicht her wegen meiner selbst, sondern aus rassenforscherischem Wissensdurst. Wegen dem – na wie heißt er denn.

F r a u S o p h e r l : Sie meinen den –

S c h w e y k : Schicklgruber. Ich habs. Gott sei Dank.

F r a u S o p h e r l : Psst! Wissens denn nicht, daß der

Führer strengstens verboten hat, daß man ihn Schickpardon! Also daß man ihn so nennt?

Schweyk: Recht hat er. Warum soll man grad ihn beim rechten Namen nennen dürfen? Mich interessiert, von meinem eigenen nationalen Standpunkt, daß –

Frau Sopherl: Weiß schon. Daß er eigentlich ein Tschech is, von der Mutter her, weil die doch –

Schweyk: Nein, halt, nichts für ungut, aber gerade das muß ich mir verbitten, bitt schön. Die Anstreicher in der ganzen Welt haben schon protestiert: er ist kein Anstreicher. Jetzt auf einmal soll er – natürlich! Die Tschechen, glaubt man, müssen sich alles gefallen lassen!

Frau Sopherl: Ich hab Ihnen nicht beleidigen wollen, Herr von Schweyk. Aber mit die Rassen – wer kennt sich da aus? Ja, das waren noch Zeiten, wie wir Wiener noch keine Rass gehabt haben und dafür etwas zum essen! Und der Herr von Schweyk war noch da, und der Herr von Kohn, während jetzt – Die Juden san weg und mir sitzen im – entschuldigen schon. Is jetzt ein Wiener Sprichwort.

Schweyk: Ein Prager Sprichwort, entschuldigen schon. Und was machen eigentlich Sie auf dem Rassenamt, wenn man fragen darf?

Frau Sopherl: Mein Bua! Zu die Flieger will er, und mich schickt er daher – a Bestätigung über seine rassenreine deutsch-arische Weißgottwas muß ich ihm bringen, dem Trottel. An Stammbaum! Nur damit er mir dann so a Rotekreuz-Postkarten –

Schweyk: Jetzt muß ich Ihnen aber ermahnen, liebe Frau Sopherl, redens nicht so laut. Mit alle die Braunhemden da auf dem Korridor.

Frau Sopherl: Ah, das sind keine Nazi, das sind österreichische Beefsteak. Sie wissen ja. Außen braun – innen rot. Die tragen das Braune nur als eine Trauerfarb. No ja! Jahraus jahrein hat man g'lebt da in unserem Österreich und hat g'laubt man ist g'sund, Puls gut, alles normal, ka Fieber net, und jetzt plötzlich hört man, man

hat die ganze Zeit schon die Germanische Rass g'habt
und hats net g'wußt.

S c h w e y k : Tröstens Ihnen, Frau Sopherl. Wenn Ihnen
so ein Nazi etwas erzählt von Rass und so Schwindel –
denkens an die Hund. Haben Sie schon einmal ein rassen-
reinen Windhund gesehn?

F r a u   S o p h e r l : Ein edles Tier.

S c h w e y k : Ein saublödes Tier. Dagegen was man ein
Scherenschleifer nennt, eine Promenademischung! Schlau
wie ein Dackel; stark wie ein Schäferhund; wachsam wie
– ah, redens mir nichts von Rass! Dieses Wien, mit seiner
Feurigkeit von die Ungarn; mit seiner Musikalität von
die Italiener und Krowoten; und den Dickschädel gegenüber so plötzlichen Massenerkrankungen wie die
braune da, den habts ihr von uns Böhm'! Und dann sind
da natürlich doch auch gute Deutsche hineingemischt,
ich sag: gute Deutsche. Und vielleicht auch ein-zwei ge-
scheite Juden, Frau Sopherl – gar nicht so schlecht! Ah,
und Türken von die Türkenkriege, und –

F r a u   S o p h e r l : Hörns mir auf! Da wird einem ja
ganz schwindlig.

S c h w e y k : Stolz wird einem, wenn man nicht grad ein
finsterer Spinatfresser aus Braunau is, der den ganzen
Zauber von dieser Wienerstadt nicht verstehen kann!
Kennens das Büchel von ihm, Mein Kampf? Lesens einmal, was er dort über die Wiener geschrieben hat. An
alle Mauern hier müßt mans plakatieren.

F r a u   S o p h e r l : Recht habens, Herr von Schweyk.
Kommens – gehn ma. Und wissens, was ich jetzt tu? An
Kanzlisten von dem Nazi-Rassenamt da geb i fufzig
Mark Trinkgeld, daß er mein Buben a jüdisch-tsche-
chisch-türkische Großmutter in sein Stammbaum hinein-
manipuliert die sich g'waschen hat! Dann kann er –

(Noise of door opening.)

S c h w e y k : Psst! Ein Beamter!

E i n e   p r e u ß i s c h e   S t i m m e : Der Nächste! Na –
was denn los mit Ihnen? Wollen nichts? Ulkiges Völk-

chen. Rumsitzen und dem lieben Führer 'n Tag stehlen. Na. Wer hat denn das Fenster zugemacht? Gehört auf!
(Window open. Marching outside, and military shouts as at beginning.)
F r a u S o p h e r l : Eins freut mich nur. G'rächt haben wir Österreicher uns ja doch an ihnen. Wir haben die Rass. Dafür haben sie den – na wie heißt er denn? Herr von Schweyk! Sie haben mich ang'steckt!

The End

KLAUS MANN

An Thomas Mann

The Bedford, [Hotel]
New York
16. 4. 40

Mon père:

anbei die copy meines großen Schreibebriefes an Monsieur le Prince –: fast so schön wie der neulich an Willi Schlamm, und *dabei* auch noch berechtigt.
Kannst mir das document ja gelegentlich in Princeton zurückgeben.
Very truly yours,

Mr. Mann, junior

An Hubertus Prinz zu Löwenstein

The Bedford, New York,
den 9. April 1940

Lieber Hubertus,

als es, vor geraumer Weile, zwischen Ihnen und einigen meiner nächsten Freunde zu Streitigkeiten und sogar zu öffentlichen Auseinandersetzungen kam, habe ich nicht Partei genommen und den Verlauf dieser mißlichen Diskussionen nicht einmal sehr genau verfolgt. Sie wissen, daß ich Ihnen stets die herzlichsten Gefühle entgegengebracht habe – wenngleich mir einzelne Äußerungen, die als aus Ihrem Munde stammend kolportiert wurden, zur gelinden Verwunderung Anlaß gaben. Dergleichen kleine Schocks haben indessen niemals vermocht meine freundschaftlichen Beziehungen zu Ihnen zu trüben. Ich bin, by nature, ein sowohl toleranter als auch anhänglicher Mensch – was vielleicht ein bißchen selbstgefällig klingt, aber eher selbstkritisch gemeint ist. Anhänglichkeit und Toleranz sind bequeme Tugenden: zu weit getrieben, können sie in Schwäche, Laxheit, Unentschiedenheit ausarten. Damit wären sie schon zu Lastern geworden. Manche meiner Freunde halten mir vor, daß meine verständnisbereite Gutmütigkeit nahezu lasterhaften Charakter habe ...

Indessen gibt es Grenzen, selbst für mich. Der Augenblick kommt, wo der Spaß und mein wohlwollendes Verständnis aufhören. Ich bin entsetzt über Ihren Artikel »Gefahren der Vernichtungspolitik für die Alte Welt«.

Alles an dieser Publikation schockiert mich. Schon das Forum, das Sie für Ihre Äußerung wählten, ist mir scheußlich unangenehm. Wie kann man für ein Dreiviertels-Nazi-Blatt schreiben? Aber am Ende passen Ihre Gesinnungen gar nicht so übel in dies dubiose Milieu ... Und das ist eben das Traurigste, das Ärgste an der Sache ... Ich habe nicht vor, hier und jetzt das Problem zu diskutieren, ob eine Aufteilung des Reiches, innerhalb einer Europäischen Föderation, opportun, wünschbar, durchführbar wäre. Dies ist ein komplexer, vielschichtig bedeutsamer Gegenstand, auf den ich mich nicht so en passant einlassen möchte. Was mich erstaunt, um nicht zu sagen empört, ist nicht so sehr der eigentlich politische Inhalt Ihres Artikels – die Warnung vor der »Zertrümmerung« des Reiches –, als vielmehr der Tenor Ihrer Äußerung, die gesamte Haltung, der Geist, aus dem heraus sie geschrieben ist. Ihr Artikel ist pure, offene

Propaganda *gegen* die Mächte, die das Abendland vor der Hitler-Aggression verteidigen – gegen Frankreich und England. Gegen Hitler kommt kaum noch ein strafend Wörtchen bei Ihnen vor – ebenso wenig wie in den neueren Äußerungen der Kommunisten, mit denen Sie sich ja auch sonst in mehrerer Hinsicht finden.

Ich habe mich, seit dem Oktober verstrichenen Jahres, von meinen kommunistischen Freunden trennen müssen – was mir in manchen Fällen Schmerz bereitet hat. Es fällt mir nicht leichter, Ihnen zu sagen, daß ich zwischen uns jene Übereinstimmungen nicht mehr finde, die wir wohl beide für die Voraussetzung einer produktiven Kameradschaft halten. Ihr Artikel – den ich verspätet zu Gesicht bekomme – macht mir erschreckend klar, daß zwischen Ihnen und mir die notwendige Basis für eine ergiebige Diskussion nicht mehr existiert.

Sie halten es für Ihre Pflicht, eine amerikanische Öffentlichkeit, die sich ohnedies schon in wahren Ekstasen der »isolation« befindet, vor der »alliierten Propaganda« zu warnen, die »vorsichtig aber zähe beginnt ... das Land zu überschwemmen«. Ich, ganz im Gegenteil, habe viel mehr Angst vor der Propaganda des Doktor Goebbels und wünsche den Fürsprechern der Demokratischen Sache, daß sie recht zähe sein mögen und nicht aus lauter Vorsicht *zu* leise werden. – Ihre Mitgefühle konzentrieren sich vor allem auf deutsche Frauen und Kinder, die so munter die Hakenkreuzfahne schwingen; ich indessen muß immer noch zuweilen an jene Tschechen, Polen und Finnen denken, die sich nicht schuldig gemacht haben, indem sie den Hitler als Messias acceptierten, und denen, trotzdem, noch mehr Unannehmlichkeiten zugemutet werden, als selbst Ihren geliebten Berlinern. Sie erwähnen mit bitterem Sarkasmus, daß die Blockade von englischer Seite als eine »notwendige Maßnahme« bezeichnet wird, während ich dem Churchill in diesem Punkt, wie in manchem anderen, völlig recht gebe. Gebe Gott, daß diese Deutschen endlich in die rechte Stimmung kommen, ihren süßen Adolf rauszuschmeißen, ehe sich Hunderttausende von honetten Franzosen an der Siegfried-Linie verbluten müssen! Sie lechzen nach dem Tage, an dem die Franzosen und Engländer Revolution machen – ein frommer Wunsch, den Sie sowohl mit Stalin wie mit Hitler gemeinsam haben. Mich, ganz im Gegenteil, würde die Revolution in Deutschland unvergleichlich mehr freuen. – Mit dem Colonel Lindbergh und dem Genossen Browder stimmen Sie darin überein, daß die Schlachten Englands und Frankreichs keineswegs die Schlachten Amerikas sind. Ich bin der entgegengesetzten Ansicht. Sie sorgen sich, daß die Alliierten ihren Sieg mißbrauchen könnten. Ich wünschte mir, sie hätten nur erst gesiegt. Denn ich finde halt immer noch, daß es der Hitler ist, der eine »Vernichtungspolitik« macht, nicht der Churchill.

Ich schreibe dies an dem Tage, da die Nazi-Truppen in Dänemark und Norwegen einfallen. Wenn das keine Vernichtungspolitik ist! Aber Sie grämen sich vor allem bei dem Gedanken, daß die Alliierten jene »völkischen Lebensrechte, für die man zu kämpfen behauptet«, irgendwann einmal mißachten könnten. Inzwischen werden Lebensrechte – und keineswegs nur die »völkischen« – von den schönen deutschen Jungens mit Füßen getrampelt, während die »Alten, Kranken und Schwachen«, halbverhungert aber immer noch alert, in Leipzig und Breslau über solche Heldentaten schmunzeln.

Mir wäre es sehr recht, wenn die politische Macht Deutschlands recht gründlich gebrochen würde. Ich interessiere mich mehr für die Zivilisation als für das Völkische – und das ist wohl der fundamentale Gegensatz zwischen unseren Conceptionen. Sie sehen wohl: da ist kaum noch eine Verständigung möglich. Sie sind sehr ehrgeizig, und Sie gehen den Weg, der Ihnen am ehesten eine Karriere im »Vierten Reich« zu garantieren scheint. Ob dieses Vierte Reich nun kommunistisch ist oder deutsch-national: Sie werden sich schon einzufügen wissen. Für mich sieht das anders aus. Ich habe weder Lust, einem neuen Bismarck noch auch einem preußischen Stalin die Füße zu küssen: Beide haben Soldatenstiefel an, die stinken nach Blut und Dreck. Auch wäre ich in Gefahr, von dem einen oder dem anderen ins Gesicht geschleudert zu bekommen, ich sei »fürwahr kein ehrlicher Patriot«, vielmehr ein »Landesverräter«. Diese ganze Terminologie gefällt mir nicht. »The Other Germany«, das ich zu analysieren und zu preisen unternommen habe, ist nicht jenes, in dem mit solchem Turnhallen-Pathos geredet und gestikuliert wird.

I am very sorry.

Lassen Sie es sich gut gehen!

Ihr Klaus Mann

LEO LANIA

hopelessness of Fr. propaganda effort

The Darkest Hour

Armut, Sorge, Verzweiflung – von allen Frauen hörte ich dieselbe Geschichte. Ich begann zu verstehen, daß ihr Los vielleicht noch schwerer gewesen war als unseres. Den Männern hatte man wenigstens Verpflegung und Unterkunft gegeben, die Frauen blieben sich selbst überlassen. Ihr Mut war bewundernswert, heroisch. Die meisten von ihnen kamen mit den zwölf Francs ihrer täglichen Notunterstützung aus und konnten selbst davon noch etwas sparen. Über Monate hinaus aßen viele von ihnen nichts als Brot mit schwarzem Kaffee, um ihren Männern im Lager oder in der Legion etwas Eßbares und Zigaretten zu schikken. Ihre Behandlung erscheint um so unverzeihbarer, wenn man bedenkt, daß viele von ihnen genausogut nützliche Arbeit im Büro oder in der Fabrik hätten leisten können. (Es bestand damals akuter Arbeitermangel; französische Frauen, die gezwungenermaßen die Arbeit ihrer Männer übernahmen, arbeiteten bis zu zwölf Stunden pro Tag, selbst sonntags.)

Inzwischen war schon eine ganze Anzahl Österreicher aus Krankheitsgründen und ihrer guten Beziehungen wegen entlassen worden. Wir schlossen uns zusammen, um so unseren Kampf um Anerkennung eines Österreichischen Komitees in Paris fortzusetzen.

In seiner Weihnachtsbotschaft hatte Präsident Lebrun die Befreiung Österreichs wie Polens und der Tschechoslowakei als Ziele der alliierten Kriegspolitik bezeichnet. Berichte aus Österreich sprachen von steigender Unzufriedenheit: die Bevölkerung würde unruhig. Selbst ehemalige Nazis fänden es unmöglich, die Verpreußung des österreichischen Verwaltungsapparats und die Ausplünderung ihres Landes durch die Deutschen zu tolerieren. Im polnischen Feldzug wären österreichische Regimenter in die gefährlichsten Stellungen geschickt worden und hätten die schwersten Verluste erlitten. Zu Anfang Januar hätten sich Sabotageakte in verschiedenen großen Rüstungsfabriken Wiens ereignet; in Wiener Neustadt hätte ein Regiment gemeutert. In einer seiner Reden hatte Daladier auf diese Ereignisse hingewiesen, und Hitler hatte erwidert, der französische Premier würde schon »eines Tages die österreichischen Soldaten kennenlernen«.

Es war klar, daß die Einrichtung eines Österreichischen Komitees in Paris und die Bildung einer Österreichischen Legion mit entsprechender Presse- und Radiopropaganda die antinazistischen Kräfte in Österreich recht eindrucksvoll ermutigen würde und damit auch der französischen Kriegführung höchst vorteilhafte Dienste leisten könnte.

In der Absicht, die politischen Meinungsverschiedenheiten innerhalb der österreichischen Emigration so niedrig wie möglich zu halten, einigten sich die verschiedenen Gruppen auf einen unpolitischen und allgemein geachteten Vorsitzenden, auf Richard Wasicky, einen ehemaligen Dekan der Universität Wien. Die Entscheidung, ob Österreich Monarchie oder Republik werden sollte, wurde einem freien Volksentscheid nach dem Krieg überlassen. Was wir aber wollten, war die offizielle Anerkennung Österreichs als eines Landes, das Hitler mit Gewalt annektiert hatte, was für uns gesetzliche Gleichheit mit Polen und Tschechen bedeutete. Das hätte die Entlassung aller internierten Österreicher – außer den Nazis – bedeutet, die Rückgabe ihrer gesperrten oder konfiszierten Guthaben, das Recht auf Arbeit für uns und unsere Frauen.

Mit einer Delegation Österreicher aller Parteien wurde ich bei Minister Rochard vorstellig, der die Abteilung Mitteleuropa im Außenministerium leitete. Wir fanden ihn voller Sympathie und Verständnis.

Er erhob sich zur Begrüßung. »Bevor Sie fortfahren«, sagte er, »möchte ich Ihnen versichern, daß ich die Internierung der Flüchtlinge aus Österreich bedauere und die Maßnahmen, deren Sie sich zu unterziehen hatten, verurteile. Dies ist nicht mein privater Standpunkt. Er wird von allen meinen Kollegen hier im Ministerium geteilt.«

So sprach der Herr Minister Rochard. Und so sprachen hohe Beamte in den anderen Ministerien, darunter Edouard Herriot, Präsident der Kammer, führende Abgeordnete der Regierungsparteien, führende Publizisten wie Wladimir d'Ormesson, Henri de Kérillis, Emile Buré, Madame Geneviève Tabouis und nahezu die gesamte Presse vom *Figaro* der Rechten bis zum *Le Populaire* der Linken. General Plénard, der das Kriegsministerium in der Regierungskommission vertrat, beteuerte seine Sympathie. Außenminister Champetier de Ribes, der engste Mitarbeiter Daladiers in diesen Angelegenheiten, ließ Professor Wasicky wissen, daß er sich auf eine offizielle Anerkennung »innerhalb weniger Tage« verlassen könne. Das war Ende Januar gewesen. Jetzt war es März – und absolut nichts war geschehen.

Wir standen vor einem Rätsel. Wer in diesem doch sicherlich demokratischen Land hatte die Macht, politische Maßnahmen durchzusetzen, die von der öffentlichen Meinung, von politischen und militärischen Führern und selbst von den verantwortlichen Ressortchefs aller Ministerien abgelehnt wurden?

Die endgültige Entscheidung lag auf jeden Fall bei Daladier. Und Daladier konnte sich nicht entschließen. Warum? Vielleicht lag es nur daran, daß er in jenen Monaten zu überhaupt keinem Entschluß fähig war. Doch möglicherweise war auch etwas an den Gerüchten, Daladiers Geliebte, die Marquise de Crussol, widersetze sich der Anerkennung eines Österreichischen Komitees in der vorliegenden Form. Sie liebäugelte mit den Monarchisten und protegierte die Hocharistokratie; unser Komitee hat vielleicht zu sehr nach Demokratie gerochen.

Auf jeden Fall machten wir keinerlei Fortschritte.

Doch verloren wir den Mut nicht. Wir bildeten eine »Vereinigung Freies Österreich«. Wir bombardierten die Presse mit Aufrufen, wir setzten ein Memorandum für Präsident Roosevelt auf und überreichten es mit Wissen des französischen Außenministeriums an Sumner Welles während dessen Aufenthalt in Paris. Wir dankten dem Präsidenten für seine wohlwollende Haltung gegenüber den unterdrückten Nationen in ihrem Kampf um die Befreiung und baten, er möge uns weiterhin moralische Unterstützung leisten, in der Hoffnung, so die Aufmerksamkeit der französischen Öffentlichkeit auf unser Anliegen zu lenken.

Und schließlich arbeiteten wir Vorschläge zur Intensivierung und Verbesserung von Radiopropaganda in deutscher Sprache aus, die sich an das österreichische Volk wenden sollte.

Der gesamte Propagandadienst, einschließlich Film, Radio und Presse, unterstand dem Informationsministerium unter Leitung von Jean Giraudoux und hatte seine Büros im Hotel Continental. Die Arbeit dieses Ministeriums, das doch von solch eminenter Bedeutung für die moderne Kriegführung ist, kann man nur unzureichend nennen.

Ich will mich nicht mit den Zensoren aufhalten, deren Hauptverbrechen die Dummheit war. Alle führenden Staatsmänner Frankreichs müssen doch gewußt haben, wie wichtig es war, die amerikanische Presse auf ihrer Seite zu haben. Doch jeder amerikanische Korrespondent hätte einen dicken Band über seine Auseinandersetzungen mit der Zensurbehörde schreiben können.

Die Unfähigkeit der Abteilung für Propaganda ist vielleicht nicht größer gewesen, die Folgen davon waren auf jeden Fall viel weitreichender.

Ich wohnte einer Debatte in der Kammer zum Thema Hotel Continental bei. Kein einziger Abgeordneter konnte sich einer Kritik enthalten. Alle Sprecher waren sich darin einig, daß die Rundfunksendungen völlig unmöglich waren.

Giraudoux freilich traf die Schuld nicht. Das Hotel Continental war mit Beamten überlaufen, die eine weitverzweigte bürokratische Apparatur aufgebaut hatten. Alle waren sie gebildete, kultivierte Männer mit den besten Absichten und ohne die geringste Ahnung, wie man Propaganda macht. Jean Giraudoux trat zurück. Ludovic Frossard trat an seine Stelle, und die Apparatur lief gemächlich daher wie zuvor.

In den Ländern unter deutscher Kontrolle standen jedem, der antinazistische Sender abhörte, schwere Strafen bevor; in Deutschland und Österreich konnte er hingerichtet werden. Briefe von Freunden aus Wien, die uns auf großen Umwegen erreichten, beschrieben die Qual, in einem hermetisch abgeriegelten Land leben zu müssen, und berichteten von der leidenschaftlichen Sehnsucht dieser Leute nach wahren Informationen von der Außenwelt. Allen Verboten zum Trotz schalteten sie die Sendungen in deutscher Sprache aus Paris ein. Hungrig griffen sie den kleinsten Fetzen Nachrichten auf. Aber was gab ihnen das Hotel Continental zu hören? Außer den offiziellen Wehrmachtsberichten, trocken wie Staub und kaum dazu angetan, die Einbildungskraft anzufeuern, gab es langatmig gelehrte Vorträge. An einen erinnere ich mich noch, der von der Herrschaft Maria Theresias handelte und beweisen sollte, daß die Kaiserin Österreichs in ihren Regierungsgeschäften demokratischer verfahren war als Friedrich der Große von Preußen. Für diese Vortragsreihe sollten die armen Österreicher nun ihr Leben aufs Spiel setzen.

Statt daß man das Kriegsgeschehen von einem aktiven, dynamischen Kommentator diskutieren ließ, der die Lage mit ein paar Worten dramatisieren und so seine Hörer fesseln konnte, las unser deutscher Sprecher ohne wirkungsvolle Anordnung oder Emphase bloß das ab, was ihm von den offiziellen Agenturen zugestellt wurde. Den Hörern setzte man so ein völlig unverständliches Durcheinander von unbekannten Namen und Daten vor.

Die Herren im Continental hätten da schon etwas von M. Paul Ferdonnet, »dem Verräter von Stuttgart«, einem Meister in der Auslandspropaganda, lernen können. Die Kommentare dieses abtrünnigen Franzosen waren gezielt und lebendig. Er erfand eindringliche Formulierungen, kühne Schlagwörter, die beim Hörer trotz ihrer offenkundigen Verlogenheit großen Eindruck hinterließen. Statt die Gelegenheit wahrzunehmen, Ferdonnets Lügen zu beantworten und zu enthüllen, beschloß das französische Propagandaministerium, den Sender Stuttgart zu stören, was jedoch nicht ganz gelang, dabei aber die Neugier des Durchschnittsfranzosen erregte, der sich dann fragte, ob an Ferdonnets Geschichte »nicht doch was Wahres dran ist«.

Eine Diktatur kann sich schwankende Bevölkerungsteile durch Terror unterwerfen. Eine Demokratie, die solche Methoden anwendet, wird nicht weit kommen, da sie niemals die Perfektion totalitären Terrors erreichen kann. Sie kann Menschen wie Puppen manipulieren, aber sie muß sich täglich und jede Stunde um deren Gefühle und Gedanken bemühen. Eine Diktatur ist *aggressiv*, die Demokratie muß *aktiv* sein. Der französische Propagandadienst war immer defensiv, immer passiv und damit ein Spiegelbild der diplomatischen und militärischen Richtlinien der Regierung. Statt die Bevölkerung zu begeistern, hat man sie eingeschläfert, bestenfalls mit Opiaten wie »Die Maginotlinie ist uneinnehmbar«, in der Regel durch pure Langeweile.

Jedesmal war es eine Qual, wenn ich im Hotel Continental vorstellig wurde. Ich sprach mit diesem und jenem; alle hörten sich meine Vorschläge interessiert an, alle stimmten mir zu, doch zum Schluß stellte es sich immer heraus, daß der angeredete Beamte »für diese Abteilung nicht zuständig« war. Niemand war »zuständig«. Niemand konnte sich durch den Dschungel persönlicher Rivalitäten und die Streitereien über die Ressortbefugnisse hindurchfinden. Es galt, eine Welt, eine Idee, eine Zivilisation zu verteidigen; die Herren vom Continental waren einzig an der Verteidigung ihrer Schreibtische interessiert.

Trotz all der Uniformen deutete nichts auf Krieg.

CARL BRINITZER

Erster Brief des Gefreiten Hirnschal

Teure Amalia, vielgeliebtes Weib!

Indem ich Dir ein fröhliches Weihnachtsfest wünsche, bitt' ich Dich, lauf' mal gleich hinüber zum Krummen Gustav, der wo die Brauselimonade erzeugt, die wo mich immer an eingeschlafene Füße erinnert, und sag' ihm, er soll mir schnell zwei Dutzend Limburger Käse schicken, denn ich habe die Wette gewonnen.

Und wenn der Krumme Gustav fragt: »Welche Wette?«, dann sag': »So? Wissen Sie vielleicht nicht mehr, was im November 1918 geschehen ist?« Und wenn er sagt, er wisse es nicht, dann frag' ihn: »Haben Sie am Ende vergessen, daß mein Mann, der Gefreite Adolf Hirnschal, eine historische Persönlichkeit ist?« Und wenn er sich noch immer nicht daran erinnert, dann sag' ihm, er soll' sein Fußbrausehirn ein wenig anstrengen und daran denken, wie wir zusammen strengen Arrest an der Westfront hatten, und an der Mauer rann das Wasser herunter, und ich sagte: »Heut' ist der zwölfte November!« Und er sagte: »Nein, der dreizehnte November!« Und ich sagte: »Nein, Gustav, es ist der zwölfte!« Und so haben wir hin und her gestritten, bis auf einmal jemand draußen mit den Stiefeln gegen die Tür tritt, und es ist der Holuska, und er schreit: »Jesus Maria, jetzt haben sie euch richtig da unten vergessen! Frieden ist, einen Waffenstillstand haben sie geschlossen, und die Armee ist schon fort auf dem Wege nach Hause.« So frag' ich ihn: »Und der wievielte November ist heute?« Und er sagt: »Der elfte«. Dann haben wir die Tür eingetreten und sind hinaus, der Krumme Gustav als erster und ich als zweiter, und somit war ich der letzte deutsche Soldat, der wo im Weltkrieg in strengem Arrest gesessen ist.

Und dann haben wir einen Ziegelwagen gestürmt und sind den andern nachgefahren, und ich sage zum Krummen Gustav: »Gustav«, sag' ich, »heut' nacht hab' ich eine Vision gehabt.« Und er antwortet: »Dir sind wohl die Mohrrüben im Magen gelegen, Hirnschal.« Und ich sag': »Ich hab' geträumt, daß alles wiederkommt. Alles kommt wieder, Gustav – das Blut-und-Gut und das Deutschland-Deutschland-über-Alles und das Schulter-an-Schulter-in-schimmernder-Wehr und das Eherne-Stahlbad und der Heilige-Verteidigungskrieg ... alles, hab' ich geträumt, kommt wieder, und das ganze Hurra-Geschrei und das EK 1 und die Feldlatrinen und alle die glorreichen Siege und die ganze Angst und der ganze Dreck und das ganze Durchhalte-Geschrei und zum Schluß der Zusammenbruch ... alles das kommt wieder, hab' ich geträumt.« Der Krumme Gustav hat geantwortet: »Du bist mondsüchtig.« Und ich hab' gesagt: »Nein, Gustav, es war eine Vision, und du wirst sehn, ich werde wieder Arrest bekommen in dem neuen Krieg, sogar das wird wiederkommen.« Und er meinte: »Hirnschal«, sagt er, »das ist ein Blödsinn mit Sahne.« Und ich erklär' ihm, es ist alles wahr, und so haben wir gewettet um zwei Dutzend Limburger Käse.

Und darum bitt' ich Dich, sag' jetzt dem Krummen Gustav, ich hab' gerade die Wette gewonnen, und ich werde Dir erklären wieso. Also, ich sitz' gerade auf einem Zaun, zusammen mit dem Emil Jaschke, der wo ein Papiergeschäft hat in Hudemühlen, und vor uns ist eine Tafel, darauf steht: »Nach Cherbourg 3 km«, und dahinter ist ein Misthaufen. Und wie wir so sitzen in Gedanken versunken, da sag' ich: »Emil, da sieht man gleich, daß das kein deutscher Misthaufen ist, sondern ein französischer.« Und der dicke Jaschke spuckt aus und fragt: »Wieso, Hirnschal?« Und ich erklär' ihm: »Weil dieser Misthaufen da ganz undiszipliniert ist und unorganisiert, und wenn es ein deutscher Misthaufen wäre, dann hätt' man schon drauf gesehen, daß die Mistkäfer gleichgeschaltet werden und alle in einer Richtung laufen und nicht kreuz und quer wie die Schaben in meinen Hausschuhen.« Und dann beschreibe ich ihm, wie groß und herrlich alles heute ist im Dritten Reich, nicht nur für die SS-Obersturmführer und Reichsamtsleiter, sondern auch für den einfachen Mann, der wo immer zahlen muß und mit Stiefeln getreten wird, damit er ganz glücklich ist. Und warum? Weil alles bei uns organisiert ist im Tausendjährigen Reich, durch und durch diszipliniert bis zum letzten Fliegenfänger, und solche französischen Misthaufen werden bald nicht mehr vorkommen, dafür wird unser geliebter Führer schon sorgen, und wie hat doch der allerhöchste Reichsorganisationsleiter Dr. Ley vor kurzem gesagt: »Wir werden das vollenden, was zum Wiederaufbau notwendig ist. Und alle schaffenden Deutschen müssen sich ihrer großen Mission bewußt sein.« Und die ganze Zeit blicken wir auf den Misthaufen, und plötzlich steht der Leutnant Mücke hinter uns und fragt: »Zum Teufel! Wo sehn Sie denn die ganze Zeit hin?« Und ich bin ganz erfüllt vom Weihnachtsgeist und denke nicht mehr an den Misthaufen, sondern nur an die goldenen Worte von Dr. Ley und spreche ihm nach, genau wie er es in seiner erhebenden Rede gesagt hat: »Wir blicken in eine tausendjährige Zukunft.« Und darauf bekomme ich gleich drei Tage Arrest. Und in diesem Sinne, mein vielgeliebtes Weib, wünsche ich Dir ein recht fröhliches Weihnachtsfest und geh' gleich zum Krummen Gustav und sag' ihm, er soll nur schnell die Limburger Käse schicken – aber durch müssen sie sein.

> Dein Dich innig liebender Adolf,
> Gefreiter in Frankreich.

Thomas Mann

Radiosendung nach Deutschland, August 1941

Deutsche Hörer!

Es ist ein Streit in der Welt, ob man zwischen dem deutschen Volk und den Gewalten, die es heute beherrschen, eigentlich einen Unterschied machen kann und ob Deutschland überhaupt fähig ist, sich der neuen, sozial verbesserten, auf Frieden und Gerechtigkeit gegründeten Völkerordnung, die aus diesem Kriege hervorgehen muß, ehrlich einzugliedern. Stellt man mich vor diese Fragen, so antworte ich so:

Ich gebe zu, daß, was man Nationalsozialismus nennt, lange Wurzeln im deutschen Leben hat. Es ist die virulente Entartungsform von Ideen, die den Keim mörderischer Verderbnis immer in sich trugen, aber schon dem alten, guten Deutschland der Kultur und Bildung keineswegs fremd waren. Sie lebten dort auf vornehmem Fuße, sie hießen ›Romantik‹ und hatten viel Bezauberndes für die Welt. Man kann wohl sagen, daß sie auf den Hund gekommen sind und bestimmt waren, auf den Hund zu kommen, da sie auf den Hitler kommen sollten. Zusammen mit Deutschlands hervorragender Angepaßtheit an das technische Zeitalter bilden sie heute eine Sprengmischung, die die ganze Zivilisation bedroht. Ja, die Geschichte des deutschen Nationalismus und Rassismus, die in den Nationalsozialismus ausging, ist eine lange, schlimme Geschichte; sie reicht weit zurück, sie ist zuerst interessant und wird dann immer gemeiner und gräßlicher. Aber diese Geschichte mit der Geschichte des deutschen Geistes selbst zu verwechseln und sie in eins damit zu setzen, ist krasser Pessimismus und wäre ein Irrtum, der dem Frieden gefährlich werden könnte. Ich bin, so antworte ich den Fremden, gutgläubig und vaterlandsliebend genug, dem Deutschland, das sie lieben, dem Deutschland Dürers und Bachs und Goethes und Beethovens, den längeren historischen Atem zuzutrauen. Dem anderen wird der

Atem *ausgehen* – sehr bald: man darf sein heutiges Schnauben nicht als gewaltige Atemkraft mißverstehen. Es hat sich ausgelebt oder ist im Begriffe, sich auszuleben, sich wahrhaft zu Ende und zu Tode zu leben, nämlich im ›Dritten Reich‹, das als Bloßstellung einer Idee durch ihre Verwirklichung etwas Unüberbietbares und durchaus Tödliches darstellt. – *Eben hierauf beruht alle Hoffnung.* Sie beruht auf der Tatsache, daß der Nationalsozialismus, diese politische Erfüllung von Ideen, die seit mindestens anderthalb Jahrhunderten im deutschen Volk und in der deutschen Intelligenz rumoren, etwas Äußerstes und physisch und moralisch vollkommen Extravagantes ist, ein Experiment letzterreichbarer Unmoral und Brutalität, das sich nicht übersteigern und nicht wiederholen läßt. Das Über-Bord-Werfen aller Menschlichkeit; der Amoklauf gegen alles, was Menschen bindet und sittigt; die desperate Vergewaltigung aller Werte und seelischen Güter, die sonst doch auch den Deutschen und nicht zuletzt ihnen am Herzen lagen; die Errichtung des totalen Kriegsstaates im Dienste des Rassen-Mythos und der Weltunterjochung – mehr kann man nicht tun, weiter kann man nicht gehen. Schlägt *dieses* Experiment fehl – und es *wird* fehlschlagen, da sich die Menschheit den endgültigen Triumph des schlechthin Bösen nicht bieten lassen kann –, so wird der deutsche Nationalismus, der gefährlichste, den es je gab, weil er technisierte Mystik ist, wirklich ausgebrannt sein, und Deutschland wird gezwungen – sagen wir lieber: es wird ihm erlaubt sein, sich in eine ganz andere Richtung zu werfen. Die Welt braucht Deutschland, aber Deutschland braucht auch die Welt, und da es sie nicht ›deutsch‹ machen konnte, wird es sie in sich aufnehmen müssen, wie Deutschland das immer mit Liebe und Sympathie zu tun gewohnt war. Es wird sich gehalten sehen, Überlieferungen wieder ans Licht zu ziehen, die heute tief in den Grund getreten, aber nicht weniger national sind als diejenigen, deren Verderblichkeit so offenbar geworden ist. Sie werden es ihm sehr leicht machen, sich mit einer Welt zu vereinigen, in der Freiheit und Gerechtigkeit so weit verwirklicht sind, wie es der Menschheit zu dieser ihrer Lebensstunde gegeben ist.

Das ist das eine. Das andere ist, daß Deutschland *nie glücklicher* gewesen sein wird – und dies auch im Grunde heute schon vorahnt – denn als Glied einer in Freiheit befriedeten und durch die Verflüchtigung nationalstaatlicher Eigenmächtigkeit entpolitisierten Einheitswelt. Für eine solche Welt ist Deutschland geradezu geboren, denn wenn je Macht-Politik ein Fluch und eine verzerrende Unnatur war für ein Volk, so war sie es für das wesentlich unpolitische Volk der Deutschen. Ein boshafter Franzose hat gesagt, wenn der Deutsche graziös sein wolle, so springe er zum Fenster hinaus. Das tut er auch, und zwar mit noch wilderer Entschlossenheit, wenn er politisch sein will. Macht-Politik, das heißt für den Deutschen *Entmenschung*: der Hitlerismus, dieser gräßliche Sprung aus dem Fenster, beweist es. Er ist der krampfige Überausgleich eines Mangels, auf den stolz zu sein der Deutsche nie stolz genug war.

Das Ende nationalstaatlicher Macht-Politik – für kein Volk wird das eine solche Erlösung, eine solche Begünstigung seiner besten, stärksten und edelsten Eigenschaften bedeuten wie für das deutsche, und gerade in *der* Welt, die es heute in verblendeter Anstrengung hintanzuhalten trachtet, werden diese großen Eigenschaften sich glücklich entfalten können.

GEORG KAISER

Nach einem verlorenen Krieg

Nach einem verlorenen Krieg, wo Hungersnot und Verkommenheit – Verschiebung aller Begriffe – herrscht, erkennt ein Marktschreier seine Chance. Er spürt, da er selbst voll niederer Instinkte ist, daß er alle regieren kann, wenn er Erlösung aus diesem Zustand der Hoffnungslosigkeit verspricht. So verspricht er, verspricht *alles* – wenn man ihm folgt und folge!

Und dieses Volk, das alles verlor und keinen Ausweg sieht, glaubt in seiner Dummheit diesem hohlen Geschrei, das nicht seinem Wohl, sondern nur der eigenen Macht – diesem schäbigen Gelüst zu herrschen – gilt. Gering ist im Anfang die Zahl der Glaubenden, doch immer lauter wird das Geschrei, immer kühner die Versprechungen – nie kontrollierbar und nie kontrolliert. Wer nichts zu verlieren hat, nicht denken und nicht prüfen will, folgt dem Lockruf des Verführers. Der ins Verderben führt. Taumelnd vor Hunger – betäubt vom Geschrei der Zahlen – getrieben von der Sehnsucht nach Freiheit und Frieden schreien sie nach, was sie so sehr sich wünschen.

Der große Schurke hat sein Ziel erreicht – jetzt stampft er sie, die er mit seinen frechen Lügen lockte, zu einer gequälten Masse, die er beherrscht und ausnützt. So weit geht sein Sadismus, daß er das Gefängnis neben seinen Palast bauen läßt. Er hört die Ketten rasseln – die Geplagten stöhnen und bläht sich größer auf: er hat jetzt die Macht über aller Leben und Sein. Und während alle hungern und verkommen, durchquert an jedem Tag ein Lastwagen mit gefälschter Aufschrift den Gefangenenhof zum Palast mit allem Luxus von Speise und Trank. Diese Zunge will sich mit feinsten Leckerbissen stärken zu neuen Lügen, die alle unerfüllbar bleiben müssen.

Doch langsam merkt das Volk, daß nichts von dem geschah, was ihm versprochen. Man muß die Empörung noch unterdrücken – doch die Menge der Empörten schwillt rasch an. Noch wird alles geflüstert, aber vorbereitet ist der Plan: den gemeinsten Lügner zu stürzen. Und als eines Tages am Lastwagen das Steuer versagt und im Anprall an die Mauer das herrlichste Essen vor die Hungernden fällt, ist das Signal gegeben. Es gelingt einigen, sich von den Ketten loszureißen – rasch sind die Wächter überwältigt und man stürmt in den Palast – zu jedem Mord bereit.

Der so Bedrohte überlegt schnell. Und viel zu feige, um zu

seiner Tat sich zu bekennen, flieht er durch einen unterirdischen Gang selbst in das Gefängnis. Er hatte vorher nur wenig seinen Bart verändert und die Haare anders gelegt – unkenntlich für jeden oberflächlichen Blick schließt er sich selbst an Eisenringe und wimmert um Befreiung. Sie wird ihm von den Aufrührern rasch gewährt, und er stürmt voran – sich selbst zu suchen. Und wieder rasen seine Reden, er will das Volk befreien von diesem Tyrannen. Und wieder merkt es keiner, wie er betrogen wird. Er führt sie an: sich selbst zu finden und zu vernichten. Und johlend folgt man ihm, den man vernichten will! Maßlos verächtlich macht er jenen Feigling, der floh – setzt hohe Preise auf seinen eignen Kopf und wird zum zweiten Mal als Held erkoren, dem man sich beugt und willig folgt. Und merkt nichts.

Heimlich vor seinen hohen Spiegeln belustigt er sich damit, sich anzuschauen, wie er wirklich aussieht, und probt bereits die nächste Maske. Als Filmheld? Als Reporter, der Reichtum häuft in Schmähschriften gegen sich selbst?

Bevor zum zweiten Mal der Aufruhr und die Verfolgung beginnt, ist sein Plan gefaßt: er macht sich selbst zum Heiligen. Fastend und betend lebt er in einer Waldhütte, und die betrogene Menge, der kein Irdischer helfen konnte, wallfahrtet zu ihm – dem Halbgott. Jetzt hat er den endgültigen Sieg erreicht: er kann versprechen, was er nicht zu halten braucht. Und wird angebetet.

THOMAS MANN

Radiosendung nach Deutschland, 27. September 1942

Deutsche Hörer!

Man wüßte gern, wie ihr im stillen von der Aufführung derer denkt, die in der Welt für euch handeln, die Juden-Greuel in Europa zum Beispiel – wie euch dabei als Men-

schen zumute ist, das möchte man euch wohl fragen. Ihr
steht immer weiter zu Hitlers Krieg und ertragt das Äußerste aus Furcht vor dem, was die Niederlage bringen würde:
vor der Rache der mißhandelten Nationen Europas an
allem, was deutsch ist. Aber gerade von den Juden ist solche Rache ja nicht zu erwarten. Sie sind das wehrloseste,
der Gewalt und der Bluttat abgeneigteste aller eurer Opfer.
Selbst heute noch nicht sind sie eure Feinde; ihr seid nur
ihre. Ihr bringt es nicht fertig, den Haß wechselseitig zu
machen. Juden sind fast immer deutschfreundlich, und
wenn es mit euch zum Ärgsten kommt, wie es wahrscheinlich ist – sie gerade, unemotional und altersweise, wie sie
sind, werden davon abraten, euch Gleiches mit Gleichem
zu vergelten – sie werden vielleicht in der Welt eure einzigen Freunde und Fürsprecher sein. Sie sind entmachtet,
entrechtet, enteignet, in den Staub gedemütigt worden –
war das nicht genug? Was sind das für Menschen, für Ungeheuer, die des Schändens nie satt werden, denen jedes
Elend, das sie den Juden zufügten, nur immer ein Anreiz
war, sie in noch tieferes, noch erbarmungsloseres Elend zu
stoßen? Anfangs gab es in der Behandlung dieses Restes der
Antike, der aber überall mit modernen Nationalleben eng
verwachsen war, ja noch einen Schein von Maß und Vernunft. Die Juden, hieß es, sollten gesondert von ihren Wirts-
völkern, ausgeschlossen von Ämtern und Einfluß, als gedul-
dete Gäste leben, aber ungestört ihrem eigenen Kultus, ihrer
eigenen Kultur sich widmen können. Das ist längst vorbei.
Auf keiner Stufe machte die Quälsucht halt. Jetzt ist man
bei der Vernichtung, dem maniakalischen Entschluß zur
völligen Austilgung der europäischen Judenschaft angelangt. »Es ist unser Ziel«, hat Goebbels in einer Radio-Rede
gesagt, »die Juden auszurotten. Ob wir siegen oder geschlagen werden, wir müssen und werden dieses Ziel erreichen. Sollten die deutschen Heere zum Rückzug gezwungen werden, so werden sie auf ihrem Wege den letzten Juden von der Erde vertilgen.«
Kein vernunftbegabtes Wesen kann sich in den Gedanken-

gang dieser verjauchten Gehirne versetzen. Wozu? fragt man sich. Warum? Wem ist damit gedient? Wird irgend jemand es besser haben, wenn die Juden vernichtet sind? Hat der unselige Lügenbold sich am Ende selber eingeredet, der Krieg sei vom ›Weltjudentum‹ angezettelt worden, es sei ein Judenkrieg und werde für und gegen die Juden geführt? Glaubt er, das ›Weltjudentum‹ werde vor Schrecken den Krieg gegen die Nazis untersagen, wenn es erfährt, daß deren Untergang den Untergang des letzten Juden in Europa bedeuten wird? Die Niederlage hält Gundolfs mißratener Schüler nachgerade für möglich. Aber nicht allein werden die Nazis zur Hölle fahren, sie werden die Juden mitnehmen. Sie können nicht ohne Juden sein. Es ist tief empfundene Schicksalsgemeinschaft. Ich glaube ja freilich, daß die zurückflutenden deutschen Heere an anderes zu denken haben werden als an Pogrome. Aber bis sie geschlagen sind, ist es irrsinniger Ernst mit der Ausrottung der Juden. Das Ghetto von Warschau, wo fünfhunderttausend Juden aus Polen, Österreich, Tschechoslowakien und Deutschland in zwei Dutzend elende Straßen zusammengepfercht worden sind, ist nichts als eine Hunger-, Pest- und Todesgrube, aus der Leichengeruch steigt. Fünfundsechzigtausend Menschen sind dort in *einem* Jahr, dem vorigen, gestorben. Nach den Informationen der polnischen Exil-Regierung sind alles in allem bereits siebenhunderttausend Juden von der Gestapo gemordet oder zu Tode gequält worden, wovon siebzigtausend allein auf die Region von Minsk in Polen entfallen. Wißt ihr Deutsche das? Und wie findet ihr es? Im unbesetzten Frankreich wurden kürzlich dreitausendsechshundert Juden den unterschiedlichen Konzentrationslagern entnommen und nach dem Osten verfrachtet. Bevor sich der Todeszug in Bewegung setzte, begingen dreihundert Menschen Selbstmord. Nur Kinder von fünf Jahren und aufwärts durften bei ihren Eltern bleiben; die kleineren überließ man ihrem Schicksal. Im französischen Volk hat das viel böses Blut gemacht. Und wie steht es, Deutsche, mit euerem Blut?

In Paris wurden binnen weniger Tage sechzehntausend Juden zusammengetrieben, in Viehwagen verladen und abtransportiert. Wohin? Das weiß der deutsche Lokomotivführer, von dem man sich in der Schweiz erzählt. Er ist dorthin entflohen, weil er mehrmals Züge voller Juden zu fahren hatte, die auf offener Strecke hielten, hermetisch verschlossen und dann durchgast wurden. Der Mann hatte es nicht mehr ausgestanden. Aber seine Erfahrungen sind keineswegs außerordentlich. Ein genauer und authentischer Bericht liegt vor über die Tötung von nicht weniger als elftausend polnischen Juden mit Giftgas. Sie wurden auf ein besonderes Exekutionsfeld bei Konin im Distrikt Warschau gebracht, in luftdicht verschlossene Wagen gesteckt und binnen einer Viertelstunde in Leichen verwandelt. Man hat die eingehende Beschreibung des ganzen Vorganges, der Schreie und Gebete der Opfer und des gutmütigen Gelächters der SS-Hottentotten, die den Spaß zur Ausführung brachten. – Und da wundert ihr Deutschen euch, entrüstet euch sogar darüber, daß die zivilisierte Welt beratschlagt, mit welchen Erziehungsmethoden aus den deutschen Generationen, deren Gehirne vom Nationalsozialismus geformt sind, aus moralisch völlig begrifflosen und mißgebildeten Killern also, Menschen zu machen sind?

LUDWIG RENN

Zusammenschluß gegen Hitler

Freie Deutsche, Hitlergegner aller Richtungen, deutsche Antifaschisten!

Was wir zehn Jahre wünschten und hofften, wofür wir zehn Jahre mit allen Kräften arbeiteten und litten, beginnt sich an diesem schmachvollen Jahrestag des Naziregimes am Horizont abzuzeichnen: die Niederlage Hitlers.

Auf dem Rückzug in der Sowjetunion, geschlagen in Ägypten, Libyen und Tripolitanien, isoliert und bedroht in Tunis, die unterdrückten Völker Europas in steigender Rebellion – das ist die Bilanz des Nazi-Imperialismus im vierten Kriegsjahr.

Deutschland aus vielen Wunden blutend, Opfer in jeder Familie, Auszehrung der Wirtschaft und Ruin der Volksgesundheit, das deutsche Volk mit der schweren Verantwortung für die Schandtaten der Nazis belastet, von Ernüchterung und wachsender Empörung erfaßt – das ist die Bilanz von zehn grausamen Jahren Hitlerregime.

Verzweifelt versucht die Propaganda von Goebbels, dem deutschen Volke den wahren Stand der Dinge zu verheimlichen. Wenn es ihr heute noch gelingt, größere Teile unseres Volkes glauben zu machen, daß sein Schicksal auf Gedeih und Verderb mit dem Naziregime verbunden sei, daß eine Niederlage Hitlers auch zwangsläufig die Vernichtung Deutschlands bedeute – wie lange noch kann sie diese Täuschung fortsetzen?

Wie lange noch? Das hängt mit von uns ab! Wir haben die Möglichkeit, uns zu unterrichten und offen zu sprechen. Wir leben nicht im Bannkreis der Gestapo und der Nazipropaganda. Wir sehen, daß Hitler unser Heimatland und unser Volk an den Rand des Abgrunds gebracht hat. Eine Welle von verschuldetem Haß brandet gegen Deutschland wegen der unzähligen Verbrechen, die die Nazis an allen Völkern begangen haben. In dieser Lage haben wir Freien Deutschen die große gemeinsame Verpflichtung: durch unser Wort und unsere Tat zur schnellen Herbeiführung der Niederlage Hitlers beizutragen.

Denken wir an diesem schmachvollen Jahrestag daran: Hitler siegte in Deutschland nur, weil seine Gegner uneinig und zersplittert waren, weil er einen nach dem andern isolieren und schlagen konnte. Zehn Jahre Unterdrückung und Schande, zehn Jahre Blut und Leid sollten alle Hitlergegner in Deutschland gelehrt haben, daß es für sie eine alles überragende Aufgabe gibt: *sich zu einer umfassenden Front gegen das verhaßte Regime zu einigen.* Wer Hitlers Gewaltherrschaft und seine mörderische Eroberungspolitik als ein Unglück für Deutschland und die Welt erkannt hat, wer sich seiner Verantwortung als Deutscher bewußt geworden ist, ob Katholik, Protestant oder Jude, Kommunist, Sozialdemokrat oder Hitlergegner aus einer früheren Partei der Rechten – der muß in dieser gemeinsamen Front der gesamten Antinazi-Opposition den Weg zur Rettung des deutschen Volkes aus dem fürchterlichen Hitlerkrieg finden. Sie ist der einzige Weg zur demokratischen Freiheit in Deutschland.

Wie in unserer Heimat selbst, so ist auch im Ausland die Vereinigung von uns deutschen Hitlergegnern und Antifaschisten das einzige Mittel, um uns zu einer starken politischen Kraft zu machen. Nur die Überwindung des Erzübels der Zersplitterung und Spaltung macht uns fähig, eine ernsthafte Hilfe für den Sieg der Vereinigten Nationen in diesem gerechten Freiheitskrieg zu leisten. Unsere Einheit wird zu einer mächtigen Waffe, um die Fünfte Kolonne der Nazis in den demokratischen Ländern Lateinamerikas planmäßig zu bekämpfen. Die Gemeinsamkeit unseres Handelns wird nach Deutschland ausstrahlen und dort helfen, die Erhebung des deutschen Volkes gegen die Nazidiktatur herbeizuführen. Unsere Einheit ist ein Baustein der neuen Demokratie in Deutschland, die morgen von uns gemeinsam errichtet und gesichert werden muß.

In Erkenntnis der Notwendigkeit des Zusammenschlusses wenden wir uns an alle bestehenden Antinazi-Organisationen und Komitees, an alle demokratischen Auslandsdeutschen und antifaschistischen Emigranten, ohne Unterschied der politischen Einstellung, mit der Aufforderung: Vereinigen wir unsere Kräfte und Organisationen!

Beweisen wir den Völkern Lateinamerikas durch unsere Tat, daß alle demokratischen Deutschen Hitlers Verbrechen als tiefste Schändung Deutschlands empfinden und sie in schärfster Weise bekämpfen!

Schließen wir uns zusammen in dem Lateinamerikanischen Komitee der Freien Deutschen!

Dies sei unser Willensausdruck zum schmachvollen Zehnjahrestag der Hitlerdiktatur.

Organisationskomitee zum Zusammenschluß der deutschen antifaschistischen Bewegungen und Persönlichkeiten Lateinamerikas zu einem Lateinamerikanischen

Komitee der Freien Deutschen.

Ludwig Renn, Präsident   Paul Elle

Waldemar Altner   Luise Heuer

Dr. Begun, Sekretär   Paul Merker, Sekretär

Movimento dos Alemaes Livres do Brasil

Karl v. Lustig-Prean   Stefan Baron

Alemania Libre, Chile

Dr. Ludwig Lintz   Jul. Heerwagen

Alemanes Libres, Amigos del Movimiento Alemania Libre, Cuba

Gert Caden

Movimiento Alemania Libre. Mexiko

Ludwig Renn   Erich Jungmann

OTTO ZOFF

Tagebücher aus der Emigration

17. April [1943]

Nach – vielleicht 12 – Jahren Bert Brecht wiedergesehen. Ich kam gegen 10 Uhr abends zu ihm hinauf, die steile Treppe, und ich sah an einer Bewegung unter seiner Gesichtshaut, wie überrascht er war, mich so gealtert wiederzufinden. Das erste, was er mich beim Händedruck fragte: »Wann gehen Sie nach Europa zurück?« Er bewegte den Kopf noch unablässiger als zuvor, wenn er spricht. Er ist ruhiger, milder, toleranter. Sogar die europäische Kultur, um die er in so weitem Bogen herumgegangen – (wenn der

Bogen so groß war, muß doch das, worum er ging, sehr groß gewesen sein) – erscheint ihm jetzt, hier, wie ein teurer, ihm sehr persönlicher Besitz!

BERTOLT BRECHT

Arbeitsjournal

1. 8. 43

abends kommen bei viertels zusammen: TH[OMAS] MANN, H[EINRICH] MANN, FEUCHTWANGER, BRUNO FRANK, L[UDWIG] MARCUSE, H[ANS] REICHENBACH und ich. in vier stunden wurde folgendes entworfen:
In diesem Augenblick, da der Sieg der Alliierten Nationen näher rückt, halten es die unterzeichneten Schriftsteller, Wissenschaftler und Künstler deutscher Herkunft für ihre Pflicht, folgendes öffentlich zu erklären:
Wir begrüßen die Kundgebung der deutschen Kriegsgefangenen und Emigranten in der Sowjetunion, die das deutsche Volk aufrufen, seine Bedrücker zu bedingungsloser Kapitulation zu zwingen und eine starke Demokratie in Deutschland zu erkämpfen.
Auch wir halten es für notwendig, scharf zu unterscheiden zwischen dem Hitlerregime und den ihm verbundenen Schichten einerseits und dem deutschen Volke andrerseits.
Wir sind überzeugt, daß es ohne eine starke deutsche Demokratie einen dauernden Weltfrieden nicht geben kann.
Thomas Mann Heinrich Mann Lion Feuchtwanger
Bruno Frank Bertolt Brecht Berthold Viertel
Hans Reichenbach Ludwig Marcuse.
den ersten satz fügte TH[OMAS] MANN hinzu. er fand die erwähnung der sowjetunion etwas bedenklich. das letzte mal, wo ich ihn gesehen habe, im februar, sagte er, einen teller mit sandwiches haltend: »ich wollte, die russen wären

vor den alliierten in berlin.« nachher erfuhr ich, daß er an
diesem nachmittag auf dem russischen konsulat eine gratu-
lationsrede für die rote armee auf eine platte gesprochen
hatte und traktiert worden war. jetzt überzeugte ihn bruno
frank, daß die nichterwähnung des moskauer komitees nur
komisch wäre, so wandte sich die debatte zu dem begriff
›verbundene schichten‹, wobei th[omas] ›mitschuldige‹,
h[einrich] ›trusts‹ vorschlug. am ende stimmten alle der
obigen fassung zu, und th[omas] verlas sie befriedigt unten,
vor den frauen.

2. 8. 43

und heute morgen ruft TH[OMAS] MANN feuchtwanger
an: er ziehe seine unterschrift zurück, da er einen ›katzen-
jammer‹ habe, dies sei eine ›patriotische erklärung‹, mit der
man den alliierten ›in den rücken falle‹, und er könne es
nicht unbillig finden, wenn ›die alliierten deutschland zehn
oder zwanzig jahre lang züchtigen‹.
die entschlossene jämmerlichkeit dieser ›kulturträger‹ lähm-
te selbst mich wieder für einen augenblick, der moder-
geruch des frankfurter parlaments betäubt einen heute noch.
mit goebbels behauptung, hitler und deutschland sei eins,
stimmen sie überein, wenn hearst sie übernimmt. ist dem
deutschen volk, sagen sie, nicht zumindest knechtseligkeit
vorzuwerfen, wenn es sich goebbels so unterwarf, wie sie
sich hearst unterwerfen? und waren die deutschen nicht
schon vor hitler militaristisch? th[omas] mann erinnert sich,
wie er selber 1914 den einfall der kaiserlichen armeen in
belgien zusammen mit 91 andern intellektuellen gut befunden hat. solch ein volk muß gezüchtigt werden! wie gesagt,
für einen augenblick erwog sogar ich, wie ›das deutsche
volk‹ sich rechtfertigen könnte, daß es nicht nur die untaten des hitlerregimes, sondern auch die romane des herrn
mann geduldet hat, die letzteren ohne 20–30 SS-divisionen
über sich.

9. 8. 43

als THOMAS MANN vorigen sonntag, die hände im schoß, zurückgelehnt sagte: »ja, eine halbe million muß getötet werden in deutschland«, klang das ganz und gar bestialisch. der stehkragen sprach. kein kampf war erwähnt, noch in anspruch genommen für diese tötung, es handelte sich um kalte züchtigung, und wo schon hygiene als grund viehisch wäre, was ist da rache (denn das war ressentiment von dem tier).

30. 8. 43

budzislawski hat die erklärung vom 1. 8. umgeformt, so daß die bezugnahme auf die kriegsgefangenenerklärung vermieden ist. tillich rät überhaupt ab.

An Thomas Mann

Sehr geehrter Herr Mann,

Sie wissen, wie sehr mir Versuche am Herzen liegen, eine Einigung der deutschen Hitlergegner im Exil zustande zu bringen, war es doch besonders die Zwietracht der großen Arbeiterparteien der Republik, die eine Hauptschuld an der Machtergreifung Hitlers trug. Da ich weiß, wie viel Sie zu einer Einigung beitragen können, glaube ich mich verpflichtet, Sie von dem schmerzlichsten Erstaunen zu unterrichten, das Ihr so betonter Zweifel an einem starken Gegensatz zwischen dem Hitlerregime und seinem Gefolge und den demokratischen Kräften in Deutschland allen erregt hat, die ich nach der Zusammenkunft gesprochen habe. Die Vertreter der früheren Arbeiterparteien und, deutlich aus einem tief religiösen Gefühl, Paul Tillich fühlen es weder als ihr Recht noch als ihre Pflicht, sich dem deutschen Volk gegenüber an einen Richtertisch zu setzen, ihr Platz scheint ihnen auf der Bank der Verteidigung. Die Verbrechen Hitlerdeutschlands sind offenbar und wir Exilierten waren die ersten, welche sie aufdeckten und eine, lange Zeit ungläubige oder in Indifferenz gehaltene Welt zur Gegenwehr aufriefen. Wir sind es aber auch, die von den Verbrechen dieser Monster gegen das eigene Volk wissen und vom Widerstand dieses, unseres Volkes gegen sein Regime. Die deutsche Kriegsführung zeigt entsetzlich klar, daß der physische Terror des Regimes zu ungeheuerlichen geistigen und moralischen Verkrüppelungen der ihm ausgesetzten Menschen geführt hat. Jedoch opferten auch über 300 000 Menschen in Deutschland ihr Leben in den meistens unsichtbaren Kämpfen mit dem Regime allein bis zum Jahre 42 und nicht weniger als 200 000 aktive Hitlergegner saßen zu Beginn des Krieges in Hitlers Konzentrationslagern. Noch heute binden die Hitlergegner in Deutschland mehr als 50 Divisionen Hitlerscher Elitetruppen, die sogenannte SS. Das ist kein kleiner Beitrag zur Niederringung Hitlers. Diesen Kämpfern gegenüber tragen wir, die so viel weniger beitragen können, eine schwere Verantwortung, wie mir scheint. Ich stelle denn auch eine echte Furcht bei allen unsern Freunden fest, daß Sie, sehr geehrter Herr Mann, der Sie mehr als irgend ein anderer von uns das Ohr Amerikas haben, die Zweifel an der Existenz bedeutender demokratischer Kräfte in Deutschland vermehren könnten, denn die Zukunft nicht nur Deutschlands, sondern auch Europas hängt wohl davon ab, daß diesen Kräften zum Sieg verholfen wird. Ich schreibe diesen Brief, weil ich ehrlich überzeugt bin, daß es sehr wichtig wäre, wenn Sie unsere Freunde über Ihre Stellungnahme in dieser wichtigsten aller Fragen beruhigen könnten.

Ihr
Bertolt Brecht

New York City
124 East 57th Street
1. 12. 43

THOMAS MANN

An Bertolt Brecht

Pacific Palisades, California
1550 San Remo Drive
10. XII. 43

Sehr geehrter Herr Brecht:

Ihren Brief habe ich aufmerksam gelesen. Lassen Sie mich
Folgendes darauf erwidern.

Mitte November habe ich in New York in der Columbia
University einen politischen Vortrag gehalten. Tausend
Menschen haben mir zugehört, aber, grundsonderbar und
wohl echt deutsch, nicht ein einziger der Herren, mit denen
ich damals versuchsweise über die Einigung der deutschen
Hitlergegner im Exil zu beraten hatte, war darunter. Man
hätte meinen sollen, daß wenigstens der Eine oder der Andere von ihnen sich für die öffentlich vorgetragenen politischen Gedanken eines Mannes interessieren würde, den sie
für berufen halten, sogar für allein berufen halten, jene Einigung zustande zu bringen. Keiner war neugierig genug.
Wäre aber nur Einer dabei gewesen, so hätten Zweifel an
meiner Gesinnung, wie Sie sie in Ihrem Briefe äußern, nicht
aufkommen können.

Ich habe in dem Vortrag zwar eingeräumt, daß eine gewisse Gesamthaftung für das Geschehene und das, was noch
geschehen wird, nicht von der Hand zu weisen sei. Denn
irgendwie sei der Mensch und sei ein Volk verantwortlich
für das, was er ist und tut. Dann aber habe ich nicht nur
genau all die Argumente gegen die Gleichstellung von
Deutsch und Nazistisch angeführt, die Sie in Ihrem Brief
gebrauchen, sondern ich habe erklärt, Weisheit in der Behandlung des geschlagenen Gegners sei allein schon geboten
durch die schwere Mitschuld der Weltdemokratien an dem
Aufkommen der fascistischen Diktatur, an dem Heranwachsen ihrer Macht und an dem ganzen Unheil, das über Eu-

ropa und die Welt gekommen sei. Ich habe mich über diese Mitschuld der kapitalistischen Demokratien in Wendungen geäußert, von denen ich kaum erwartet hätte, daß sie geduldig hingenommen, geschweige denn, wie es der Fall war, mit großem Applaus aufgenommen werden würden. Sogar über die blödsinnige Panik der bürgerlichen Welt vor dem Kommunismus habe ich mich lustig gemacht, nicht nur in New York, sondern zuvor schon in Washington in der offiziellen Library of Congress. Ich habe gesagt, daß es uns deutschen Emigranten nicht zustehe, den Siegern von morgen Ratschläge zu geben, wie Deutschland zu behandeln sei, aber ich habe mich auf das liberale Amerika berufen und der Hoffnung Ausdruck gegeben, daß die gemeinsame Zukunft durch die Maßnahmen der Siegermächte nicht zu schwer belastet werden möge. Nicht Deutschland oder das deutsche Volk sei zu vernichten und zu sterilisieren, sondern zu zerstören sei die schuldbeladene Machtkombination von Junkern, Militär und Großindustrie, die für zwei Weltkriege die Verantwortung trage. Alle Hoffnung beruhe auf einer echten und reinigenden deutschen Revolution, die von den Siegern nicht etwa zu verhindern, sondern zu begünstigen und zu fördern sei.

So ungefähr ging dieser Vortrag, und ich hoffe, Sie und Ihre Freunde entnehmen aus diesen Angaben, daß ich den Einfluß, den ich in Amerika besitze, keineswegs dazu benutze, um die Zweifel an der »Existenz starker demokratischer Kräfte in Deutschland« zu vermehren. Das alles hat aber gar nichts mit der Frage zu tun, die mich wochenlang so ernstlich beschäftigt hat, ob der Augenblick gekommen ist oder nicht, ein Free Germany Committee in Amerika zu konstituieren. Ich bin zu der Überzeugung gelangt, daß die Bildung einer solchen Körperschaft verfrüht wäre, nicht nur weil Angehörige des State Department sie für verfrüht halten und jetzt nicht wünschen, sondern auch auf Grund eigener Überlegungen und Erfahrungen. Es ist eine Tatsache, und wenn ich mich recht erinnere, wurde sie bei unserer letzten Zusammenkunft ausgesprochen, daß, sobald

Gerüchte von einem solchen deutschen Zusammenschluß an die Öffentlichkeit drangen, Beunruhigung und Mißtrauen bei den Exponenten der verschiedenen europäischen Nationen entstand und daß sofort die Parole ausgegeben wurde, der deutsche Ring, der sich da bilde, müsse gesprengt werden. Tatsächlich besteht nicht nur die Gefahr, sondern wir hätten zweifellos damit zu rechnen, daß unser Zusammenschluß als ein nichts als patriotischer Versuch gedeutet werden würde, Deutschland vor den Folgen seiner Untaten zu schützen. Mit der Entschuldigung und Verteidigung Deutschlands und der Forderung einer »starken deutschen Demokratie« würden wir uns in diesem Augenblick in einen gefährlichen Gegensatz bringen zu den Gefühlen der Völker, die unter dem Nazijoch schmachten und nahe dem Zugrundegehen sind. Es ist zu früh, deutsche Forderungen aufzustellen und an das Gefühl der Welt zu appellieren für eine Macht, die heute noch Europa in ihrer Gewalt hat und deren Fähigkeit zum Verbrechen keineswegs schon gebrochen ist. Schreckliches kann und wird wahrscheinlich noch geschehen, das wiederum das ganze Entsetzen der Welt vor diesem Volk hervorrufen wird, und wie stehen wir da, wenn wir vorzeitig Bürgschaft übernehmen für einen Sieg des Besseren und Höheren, das in ihm liegt. Lassen Sie die militärische Niederlage Deutschlands sich vollziehen, lassen Sie die Stunde reifen, die den Deutschen erlaubt, abzurechnen mit den Verderbern, so gründlich, so erbarmungslos, wie die Welt es von unserem unrevolutionären Volk kaum zu erhoffen wagt, dann wird auch für uns hier draußen der Augenblick gekommen sein zu bezeugen: Deutschland ist frei, Deutschland hat sich wahrhaft gereinigt, Deutschland muß leben.
Ihr sehr ergebener

Thomas Mann

ERICH WEINERT

Ich klage an!

Ich bin die Stimme der toten Millionen!
Ich schreie weit in das Land hinein!
Auch das Gedröhn der Kanonen
Kann meine Stimme nicht überschrein!

Im Namen all meiner Todesgenossen:
Für alles Blut, das Deutschland vergossen!
Für alle Tränen, die Deutschland weint!
Ich klage an unsern schlimmsten Feind:
                    HITLER!

Ich klage ihn an des Hochverrats!
Ich klage ihn an des Attentats
Auf Freiheit und Recht!
Ich klage ihn an des gebrochenen Worts!
Ich klage ihn an des Betrugs und Mords
An einem ganzen Geschlecht!

Der seine Herrschaft mit Blut begann,
Der eine entmenschte Unterwelt
Zu Henkern an unserem Volk bestellt,
              IHN KLAGE ICH AN!

Ich klage ihn an vor aller Welt,
Der uns statt Frieden, Freiheit und Brot
Nichts brachte als Krieg und Schande und Not!

              Ich klage an!
        DER SPRUCH IST GEFÄLLT!
              Er heißt:
              DEN TOD!
    IM NAMEN DEUTSCHLANDS! RICHTET IHN!
IHR SEID DIE VOLLSTRECKER! VERNICHTET IHN!

ALFRED KANTOROWICZ

Das deutsche Problem

Am Ende des Krieges werden sechzig oder fünfundsechzig Millionen Deutsche im Herzen Europas den Krieg überlebt haben. Wir sind uns einig, daß Maßnahmen getroffen werden müssen, um sie und, wenn menschenmöglich, ihre Kinder und Enkel daran zu verhindern, die Welt erneut in Kriege und Katastrophen zu stürzen. Die Frage, die wir zu besprechen haben, ist: Welche Maßnahmen werden zu diesem Ziel führen?

Die Beantwortung dieser Frage ist für einen deutschen Antifaschisten eine undankbare und schwierige Aufgabe. Man muß sich nach beiden Seiten hin abgrenzen, um nicht mißverstanden, das heißt in diesem Fall, um nicht von Parteien oder Gruppierungen in Anspruch genommen zu werden, mit denen man sich keineswegs zu identifizieren wünscht. Mein erstes Bestreben wird sein, unter allen Umständen eine Verwechslung mit den hierzulande sogenannten »Sentimentalisten« zu vermeiden, jenen, die (aus Affinität zum Faschismus) allzu schnell die unsühnbaren Verbrechen, die der Nazismus begangen hat, zu vergeben und zu vergessen wünschen. Ich war und bin tief überzeugt von der kollektiven Mitverantwortlichkeit meines Volkes an den unsäglichen Leiden, die der deutsche Amoklauf Europa und der Welt zugefügt hat. – Andererseits aber kann ich nicht mit einer Position übereinstimmen, die in jedem Deutschen einen Nazi und in jedem Nazi einen Deutschen erblickt und selbstgefällig zu vergessen wünscht, daß es Nazis nicht nur unter den Deutschen gibt und unter den Deutschen nicht nur Nazis. Der Mangel an Unterscheidung, oder in gewissen Fällen sogar die bewußte Verwischung der Unterscheidung zwischen Nazis und Antinazis in Deutschland, scheint mir von gefährlicher Vorbedeutung zu sein.

Ich wünsche nicht, die Hauptverantwortlichen unter den Deutschen, die führenden Schichten, Junker, Generale, Industrielle, Bankiers, Naziminister, Gestapohäuptlinge, Vergaser und Totschläger vor den Konsequenzen ihrer unsäglichen Untaten zu bewahren.

Auf der anderen Seite gehöre ich nicht zu jenen, die glauben, daß die vollkommene Zerstückelung Deutschlands und das Hinabdrücken des ganzen deutschen Volkes auf einen Zustand der Halbsklaverei eine gerechte Sühne und zugleich ein Mittel sei, die Welt ein für allemal vor anderen nazistischen Amokläufern zu bewahren. Denn, wie gesagt, Nazis und Amokläufer gibt es nicht nur in Deutschland.

Wir hören sehr oft von einem »harten Frieden« oder »milden Frieden« sprechen. Ich kann diese Begriffe nur mit Anführungsstrichen aussprechen. »Harter Friede« und »milder Friede«, das sind Generalisierungen, eher geeignet zu verwirren als zu klären. Höre oder lese ich die Polemiken zwischen der »mildherzigen« Miß Dorothy Thompson, die am liebsten noch vor dem Sieg über die Nazis zu einer Verständigung mit den deutschen Konservativen und Generalen kommen möchte, und dem »unerbittlichen« Herrn Emil Ludwig, der das gesamte deutsche Volk in ewige Sklavenketten zu fesseln wünscht, so kann ich mich oft des Eindrucks nicht erwehren, daß es Scheingefechte sind, die Vertreter der Schule des »harten Friedens« mit den allzu mitleidsvollen Sentimentalisten führen.

Es widerstrebt mir, durch die Erzählung einer geistreichen Anekdote von dem furchtbaren Ernst des Problems, mit dem wir beschäftigt sind, abzulenken. Wenn ich mit einer Parabel beginne, so ist es just, um in die Tiefen des Problems vorzustoßen. Dies ist die gleichnishafte Anekdote, die ich im Sinne habe:

In einer Streitsache vor Gericht argumentieren zwei feurige Anwälte mit größter Schärfe und Leidenschaft gegeneinander. Nachdem jedoch der Urteilsspruch gefällt ist, verwandeln sich diese Anwälte, die sich vor Gericht im Dienste der Sache ihrer Klienten wie unversöhnliche Todfeinde gebärdet hatten, in Privatleute zurück; man sieht sie sich freundlich begrüßen, Hände schütteln und lachend gemeinsam von dannen gehen. Ein interessierter Zuhörer, der dem Prozeß gefolgt ist, verwundert sich. »Was wollen Sie«, sagt ihm ein erfahrener Freund, »Anwälte sind wie die Klingen einer Schere; sie fahren wütend aufeinander los, aber nur, was dazwischen ist, wird geschnitten.«

»Harter Frieden« gegen »milder Frieden«: Wenn ich die scharfen Federn Dorothy Thompsons und Emil Ludwigs wütend gegeneinanderfahren sehe, fürchte ich, daß nur, was dazwischen ist, geschnitten wird – und dazwischen sind in diesem Fall immer aufrichtige deutsche Antifaschisten.

Ein »harter Friede« – gegen wen? Gegen die Totalität des deutschen Volkes? Das wäre ein vergleichsweise »milder Friede« für die Verantwortlichen, ein Friede, der sie von ihrer speziellen Schuld entlastet, dadurch, daß er ihre besonderen Verbrechen auf sechzig Millionen verteilt.

Erlauben Sie mir, dem Deutschen, mich auf eine vortreffliche Sentenz eines bedeutenden Franzosen zu berufen, eines Mannes, der – ebenso wie viele deutsche Antifaschisten – durch die Aggression des Nazismus aus seinem Lande vertrieben wurde und heute als Flüchtling der amerikanischen Gastfreundschaft teilhaftig ist, eines Mannes also, der als französischer Patriot gute Gründe hätte, unerbittlich gegen das Volk zu sein, das in den vergangenen fünfundsiebzig Jahren seine Nation dreimal mit Krieg und Okkupation überzogen hat. Ich spreche von dem früheren französischen Luftfahrtminister Pierre Cot, der bewiesen hat, daß er zu keinem Kompromiß mit denen bereit ist, die heute noch sein Vaterland besetzt halten. Er aber sieht nicht in jedem Deutschen einen Boche, er hat verstanden zwischen Nazis und Deutschen zu unterscheiden, und er ist es, der uns auf einer im Herbst 1942 von antifaschistischen Deutschamerikanern einberufenen Konferenz gesagt hat:

»Ich möchte, daß der Friede *gegen* den Faschismus geschlossen wird; das scheint mir der beste Weg zu sein, einen Frieden *gegen* das deutsche Volk zu vermeiden. Wenn ein Friede *gegen* das deutsche Volk geschlossen würde, so würde es kein Friede sein, sondern ein Waffenstillstand. Die Gefahr einer nationalistischen Regierung in Frankreich würde ein nationalistisches Deutschland provozieren ... Das Problem steht gleich für alle europäischen Völker, die dem Faschismus ausgesetzt gewesen sind ... Ich befürworte die Bestrafung aller Schuldigen, aller Faschisten aller Länder, wir müssen die europäischen Völker umerziehen und sie in einem einigen Europa zusammenführen, das frei vom Faschismus und von allen reaktionären Kräften ist.«

Diese Meinung des französischen Widerstandskämpfers und Ministers teile ich, der deutsche Antifaschist.

GEORGE W. WRONKOW

Volkssturm voran

> CBS (Columbia Broadcasting System) sandte in einer seiner Kurzwellensendungen folgendes Gedicht (Sprecher George W. Wronkow) mit diesem Vorwort:

»Das Kulturamt der Nationalsozialistischen Partei hat zur Einsendung von Märschen und Gedichten aufgerufen, die dem Volkssturm gewidmet sein sollen. Der Propaganda-Direktor des Kulturamtes der Nationalsozialistischen Partei fordert auf, ihm solche Werke zuzuleiten. – Wir wollen dieser Aufforderung Folge leisten und dem Nazikulturamt das folgende Gedicht zur Verfügung stellen, das wir dem Volkssturm widmen«:

Volkssturm voran
Wer krauchen kann!
Wir sind der Bonzen letzte Wehr,
Die in die Schlacht uns hetzen.
Die Augen hohl, der Magen leer,
Statt Uniformen – Fetzen,

Marschieren wir mit müdem Schritt.
– Die Nazis brauchen jeden –
Und geben in den Kampf uns mit
Statt Waffen – schöne Reden.

Volkssturm voran
Wer krauchen kann!
Du Greis, Du Krüppel und Du Kind,
Du sollst Dein Leben geben –
Du sollst gehorchen, stur und blind
Damit die Nazis leben;
Denn Himmler scheut den Heldentod,
Du sollst für ihn krepieren
Und als sein letztes Aufgebot
Den Nazikrieg verlieren.

Volkssturm voran
Wer krauchen kann!
Du Volkssturm-Mann im deutschen Raum,
Beginnst Du nur zu denken,
Verfliegt der Nazis Wahnsinnstraum,
Dann hilft kein Mord, kein Henken,
Verteidige Dein eignes Haus,
Pack fest den Flintenknüppel
Und schmeiß die Nazibrut heraus!
Du Kind, Du Greis, Du Krüppel.
Volkssturm voran
Wer krauchen kann!

THOMAS MANN

Letzte Radiosendung nach Deutschland, 10. Mai 1945

Deutsche Hörer!
Wie bitter ist es, wenn der Jubel der Welt der Niederlage,
der tiefsten Demütigung des eigenen Landes gilt! Wie zeigt

sich darin noch einmal schrecklich der Abgrund, der sich zwischen Deutschland, dem Land unserer Väter und Meister, und der gesitteten Welt aufgetan hatte!

Die Sieges-, die Friedensglocken dröhnen, die Gläser klingen, Umarmungen und Glückwünsche ringsum. Der Deutsche aber, dem von den Allerunberufensten einst sein Deutschtum abgesprochen wurde, der sein grauenvoll gewordenes Land meiden und sich unter freundlicheren Zonen ein neues Leben bauen mußte – er senkt das Haupt in der weltweiten Freude; das Herz krampft sich ihm zusammen bei dem Gedanken, was sie für Deutschland bedeutet, durch welche dunklen Tage, welche Jahre der Unmacht zur Selbstbesinnung und abbüßender Erniedrigung es nach allem, was es schon gelitten hat, wird gehen müssen.

Und dennoch, die Stunde ist groß – nicht nur für die Siegerwelt, auch für Deutschland – die Stunde, wo der Drache zur Strecke gebracht ist, das wüste und krankhafte Ungeheuer, Nationalsozialismus genannt, verröchelt und Deutschland von dem Fluch wenigstens befreit ist, das Land Hitlers zu heißen. Wenn es sich selbst hätte befreien können, früher, als noch Zeit dazu war, oder selbst spät, noch im letzten Augenblick; wenn es selbst mit Glockenklang und Beethovenscher Musik seine Befreiung, seine Rückkehr zur Menschheit hätte feiern können, anstatt daß nun das Ende des Hitlertums zugleich der völlige Zusammenbruch Deutschlands ist – freilich, das wäre besser, wäre das Allerwünschenswerteste gewesen. Es konnte wohl nicht sein. Die Befreiung mußte von außen kommen; und vor allem, meine ich, solltet ihr Deutsche sie nun als Leistung anerkennen, sie nicht nur als das Ergebnis mechanischer Übermacht an Menschen und Material erklären und nicht sagen: »Zehn gegen einen, das gilt nicht«. Deutschland zu besiegen, das allein mit aller Gründlichkeit den Krieg vorbereitet hatte, war auch im Zweifrontenkrieg eine Riesenaufgabe. Die Wehrmacht stand vor Moskau und an der Grenze Ägyptens. Der europäische Kontinent war in deutscher Gewalt. Es gab scheinbar gar keine Möglichkeit, kein

Terrain, keinen Ansatzpunkt zur Bezwingung dieser unangreifbar verschanzten Macht. Der russische Marsch von Stalingrad nach Berlin, die kriegsgeschichtlich völlig neue und nicht für möglich gehaltene Landung der Angelsachsen in Frankreich am 6. Juni 1944 und ihr Zug zur Elbe waren militärisch-technische Bravourleistungen, denen deutsche Kriegskunst kaum etwas Ebenbürtiges an die Seite zu stellen hat. Deutschland ist wahrlich, wenn auch unter ungeheuren Opfern, nach allen Regeln der Kunst geschlagen worden und die militärische Unübertrefflichkeit Deutschlands als Legende erwiesen. Für das deutsche Denken, das deutsche Verhältnis zur Welt ist das wichtig. Es wird unserer Bescheidenheit zustatten kommen, den Wahn deutschen Übermenschentums zerstören helfen. Wir werden nicht mehr von den »militärischen Idioten« dort drüben sprechen.

Möge die Niederholung der Parteifahne, die aller Welt ein Ekel und Schrecken war, auch die innere Absage bedeuten an den Größenwahn, die Überheblichkeit über andere Völker, den provinziellen und weltfremden Dünkel, dessen krassester, unleidlichster Ausdruck der Nationalsozialismus war. Möge das Streichen der Hakenkreuzflagge die wirkliche, radikale und unverbrüchliche Trennung alles deutschen Denkens und Fühlens von der nazistischen Hintertreppen-Philosophie bedeuten, ihre Abschwörung auf immer. Man muß hoffen, daß das Mitglied des deutschen Kapitulations-Komitees, Graf Schwerin-Krosigk, nicht nur dem Sieger zum Munde reden wollte, als er erklärte, Recht und Gerechtigkeit müßten fortan das oberste Gesetz deutschen nationalen Lebens sein und Achtung vor Verträgen die Grundlage internationaler Beziehungen. Das war eine indirekte und allzu schonende Verleugnung der moralischen Barbarei, in der Deutschland länger als zwölf Jahre gelebt hat. Man hätte sich eine direktere, ausdrucksvollere gewünscht; aber der Fluch, den das deutsche Volk heute, wie ich glaube, gegen seine Verderber im Herzen trägt, klingt doch wenigstens darin an.

Ich sage: es ist trotz allem eine große Stunde, die Rückkehr

Deutschlands zur Menschlichkeit. Sie ist hart und traurig, weil Deutschland sie nicht aus eigener Kraft herbeiführen konnte. Furchtbarer, schwer zu tilgender Schaden ist dem deutschen Namen zugefügt worden, und die Macht ist verspielt. Aber Macht ist nicht alles, sie ist nicht einmal die Hauptsache, und nie war deutsche Würde eine bloße Sache der Macht. Deutsch war es einmal und mag es wieder werden, der Macht Achtung, Bewunderung abzugewinnen durch den menschlichen Beitrag, den freien Geist.

Schreiben im Exil

OSKAR MARIA GRAF

An den P. E. N.-Club Deutsche Gruppe
Berlin-Lichterfelde, Devrientweg 10

Sie, Herr Sekretär Hanns Martin Elster, schicken mir am
1. September 1933 ein Schreiben mit der Überschrift: »Sehr
geehrtes P. E. N.-Club-Mitglied!« Ich muß Sie darauf aufmerksam machen, daß schon diese Anrede eine Lüge ist.
Erstens bin ich von Ihnen und Ihresgleichen nicht »sehr
geehrt« und möchte mich auch gefälligst dagegen verwah-
ren, und zweitens *wollte* ich nie Mitglied dieses seltsamen
Abendessen-Clubs sein. Vielleicht sehen Sie nach, was ich
seinerzeit nach Berlin schrieb, als mich – wie ich später erfuhr – Herr Mahrholz selig, Herr Walter von Molo und
Herr Joseph Ponten ohne mein Zutun und Wissen da hin-
einwählten. Ich schrieb, daß ich nicht wüßte, was ich in
diesem Verein eigentlich sollte, schrieb, daß ich kein Geld
zur Beitragsleistung hätte, und schrieb ferner, daß – bei jeder Clubzusammenkunft war dunkler Anzug vorgeschrieben – ich wohl für allfällige familiäre Trauerfälle einen
schwarzen Anzug hätte, nicht aber die rechte Manierlichkeit
für so eine noble Gesellschaft. Später bat ich Herrn Mahrholz des öfteren ausdrücklich, er sollte mich aus der Mit-
gliederliste doch endlich streichen. Er tat's nicht. Ich bekam
einmal, als ich in Berlin war, Einblick, was »P. E. N.-Club«
eigentlich ist, nämlich, ich machte ein Abendessen mit. Im
Laufe von sechs oder sieben Jahren habe ich vom P. E. N.-
Club immer nur monatlich eine sehr schön gedruckte Einladung zu einem solchen Abendessen in irgendeinem vornehmen Berliner Restaurant zugeschickt bekommen. Die

Tätigkeit und die Verpflichtungen schienen also sehr anstrengend und ungemein wichtig zu sein.

Jetzt, höre ich, sollen diese Zusammenkünfte noch viel prunkvoller sein und ins bunte Bild der Teilnehmer sollen sich SS.- und SA.-Uniformen mischen, vor denen die deutschen Schriftsteller strammstehen. Jetzt soll überhaupt dieser ganze schöne Unterhaltungsverein etwas belustigend Uniformiertes angenommen haben – ich kann's verstehen, so was kostet auch allerhand. Darum senden Sie mir also Ihren Brief und verlangen von mir einen Beitrag von Mk. 20.– für das Jahr 1933. Früher war das, soviel ich weiß, billiger. Man hätte nur 12 Mark zu zahlen gehabt. Sie sind auch absolut menschlich, Herr Sekretär! Sie erinnern mich daran, daß Sie bei Beginn des Jahres, dann im April von mir das Geld haben wollten, die Nachnahme sei aber uneingelöst zurückgegangen. Daraufhin hätten Sie im Mai abermals eine »Erinnerung« an mich geschickt und eine Nachnahme für den 15. Juli angekündigt. Diese aber hätten Sie – so heißt es in Ihrem Brief – »nicht abgesandt, um meine Sommerruhe nicht zu stören«. Und nun bitten Sie mich »zum dritten Male herzlich« doch zu zahlen.

Herr Sekretär? Wo leben Sie eigentlich, wenn ich fragen darf? Wissen Sie nicht, daß Sie einem Verein Dienste tun, der die Verfemung und Vertreibung aller deutschen Schriftsteller von Rang und Weltgeltung ruhig mit angesehen hat! Und wer eigentlich bestimmt Sie dazu, den Geldeintreiber zu machen für einen Club, der heute den Herren Goebbels, Rust und Goering zu Gnaden sein muß, die alles, was »deutscher und freier Geist« heißt, nur noch vom Unteroffiziers-Standpunkt aus kommandieren wollen!

Herr Sekretär? Sie waren auch als Beauftragter – nicht etwa des P. E. N.-Clubs, sondern der deutschen Machthaber – in Ragusa beim Kongreß aller P. E. N.-Clubs der Welt und haben gehört, was die Geistigen der anderen Nationen zu dieser deutschen Schande gesagt haben. Und Sie sind heimgefahren und haben mitgeholfen, den deutschen P. E. N.-Club gleichzuschalten. Und nun wenden Sie sich an mich, an ein unfreiwilliges, längst ausgetretenes Mitglied, an einen emigrierten und verfemten deutschen Schriftsteller, an einen seit Jahren bekannten Kämpfer gegen die stockreaktionäre, kulturfeindliche Hitlerei! Sie wenden sich an mich, dessen Bücher von der Polizei aus den Buchläden heraus beschlagnahmt werden, weil ich es gewagt habe, das Empfohlenwerden von den heutigen deutschen Machthabern zurückzuweisen – *Sie*, Herr Sekretär, müssen so tun, als sei Ihnen das alles unbekannt und müssen um Geld betteln für den Komikerverein, der sich heute noch »P. E. N.-Club, deutsche Gruppe« nennt, um Geld betteln bei feindlich gesinnten Emigranten, bei Verjagten und Verfolgten!

Wahrhaftig, ein bitteres Geschäft, armer Herr Sekretär! Wahrhaftig, etwas, das sich dem »Deutschtum« Ihrer Herren gut anpaßt, bei denen es auch heißt: »Geld stinkt nicht!«

In diesem Sinne grüße ich alle Mitglieder der »deutschen Gruppe«.

Oskar Maria Graf

NEUE DEUTSCHE BLÄTTER

Rückblick und Ausblick

Wer schreibt, handelt. Die *Neuen Deutschen Blätter* wollen ihre Mitarbeiter zu gemeinsamen Handlungen zusammenfassen und die Leser im gleichen Sinn aktivieren. Sie wollen mit den Mitteln des dichterischen und kritischen Wortes den Faschismus bekämpfen.

In Deutschland wüten die Nationalsozialisten. Wir befinden uns im Kriegszustand. Es gibt keine Neutralität. Für niemand. Am wenigsten für den Schriftsteller.

Auch wer schweigt, nimmt teil am Kampf. Wer, erschreckt und betäubt von den Ereignissen, in ein nur-privates Dasein flieht, wer die Waffe des Wortes als Spielzeug oder Schmuck verwendet, wer abgeklärt resigniert – der verdammt sich selbst zu sozialer und künstlerischer Unfruchtbarkeit und räumt dem Gegner das Feld.

Wer wirklich sieht, was ist, wird überall, in allen Erscheinungen unseres Lebens, die Züge des Gesamtgeschehens aufspüren. Deshalb wird man in den *Neuen Deutschen Blättern* nicht etwa nur Pamphlet, Anklage, Aufschrei finden, sondern Literatur jeglicher Art. Gerade dadurch wollen wir vor der Weltöffentlichkeit beweisen, daß nicht zufällig fast alle Vertreter des literarischen Deutschland entschiedene Gegner des »Dritten Reiches« sind und daß die Hakenkreuz-Literatur (auch »reine« Lyrik, auch die unpolemischste Prosa) nicht zufällig ein ebenso erbärmliches Surrogat ist wie der Wortschwall der »Führer«. Schrifttum von Rang kann heute nur antifaschistisch sein.

Gewiß, die Zusammengehörigkeit der antifaschistischen Schriftsteller ist noch problematisch. Viele sehen im Faschismus einen Anachronismus, ein Intermezzo, eine Rückkehr zu mittelalterlicher Barbarei; andere sprechen von einer Geisteskrankheit der Deutschen oder von einer Anomalie, die dem »richtigen« Ablauf des historischen Geschehens widerspreche; sie verwünschen die Nationalsozialisten als eine Horde verkrachter »Existenzen«, die urplötzlich das Land überlistet haben. Wir dagegen sehen im Faschismus keine zufällige Form, sondern das organische Produkt des todkranken Kapitalismus. Ist da nicht jeder Versuch, liberalistisch-demokratische Verhältnisse wiederherzustellen, ein Verzicht darauf, das Übel mit der Wurzel auszurotten? Ist nicht jeder Kampf, der nur der Form gilt, im Grunde ein Scheinkampf? Gibt es eine andere reale Kraft, die den endgültigen Sieg über Not und Tyrannei zu erringen vermag, als das Proletariat?

Wir sind überzeugt, daß die richtige Beantwortung dieser Fragen gerade auch für den Schriftsteller bedeutungsvoll ist, denn die Wahrhaftigkeit der Darstellung und sogar die formale Qualität der Literatur hängen ab von der Tiefe des Wissens um das gesamte Geschehen und seine Ursachen.

Das ist unsere Meinung. Aber nichts liegt uns ferner, als unsere Mitarbeiter »gleichschalten« zu wollen. Wir wollen den Prozeß der Klärung, der Loslösung von alten Vorstellungen, des Suchens nach dem Ausweg durch gemeinsame Arbeit und kameradschaftliche Auseinandersetzungen fördern und vertiefen. Wir werden alle – auch wenn ihre sonstigen Überzeugungen nicht die unseren sind – zu Wort kommen lassen, wenn sie nur gewillt sind, mit uns zu kämpfen.

Diese Zeitschrift enthält einen »Die Stimme aus Deutschland« genannten Teil. Er ist zwischen die übrigen Beiträge geschaltet wie Deutschland zwischen die deutschsprachigen Gebiete seiner Nachbarländer. Eine illegale Redaktion vermittelt die Beiträge. Nennt allen, die nach Deutschland fahren, unsere Adresse, damit die dort entstehende antifaschistische Literatur an die *Neuen Deutschen Blätter* gelangt.

Die Redaktion

KLAUS MANN

Die Sammlung

Diese Zeitschrift wird der Literatur dienen; das heißt: jener hohen Angelegenheit, die nicht nur ein Volk betrifft, sondern alle Völker der Erde. Einige Völker aber sind so weit in der Verirrung gekommen, daß sie ihr Bestes schmähen, sich seiner schämen und es im eignen Lande nicht mehr dulden wollen. In solchen Ländern wird die Literatur vergewaltigt; um sich der Vergewaltigung zu entziehen, flieht sie ein solches Land. In dieser Lage ist nun die wahre, die gültige deutsche Literatur: jene nämlich, die nicht schweigen kann zur Entwürdigung ihres Volkes und zu der Schmach, die ihr selber geschieht. Der Widergeist selber zwingt sie zum Kampf. Schon ihr Auftreten, ja, schon die Namen derer, die sie repräsentieren, werden zur Kriegserklärung an den Feind. – Eine literarische Zeitschrift ist keine politische; die Chronik der Tagesereignisse, ihre Analyse oder die Voraussage der kommenden macht ihren Inhalt nicht aus. Trotzdem wird sie heute eine politische Sendung haben. Ihre Stellung muß eine eindeutige sein. Wer sich die Mühe machen wird, die Hefte unserer Zeitschrift zu verfolgen, soll nicht zweifeln dürfen, wo wir, die Herausgeber, und wo unsere Mitarbeiter stehen. Von Anfang an wird es klar sein, wo wir hassen und wo wir hoffen, lieben zu dürfen.

Der Geist, der, über Deutschland hinaus, Europa wollte – und zwar ein von der Vernunft regiertes, nicht imperialistisches Europa – und der, eben deshalb, im neuen Deutschland verfemt, verachtet, jeder Verfolgung ausgesetzt war, bis er dort buchstäblich nicht mehr atmen konnte – dieser Geist darf sich in den Ländern, die ihm Gastfreundschaft gewähren, nicht nur dadurch manifestieren, daß er das Hassenswürdige immer wieder, immer noch einmal analysiert und anklagt, daß er sich beschwert, streitet und fordert; er muß sich auch – jenseits dieser permanenten Bitterkeit, zu der man ihm Anlaß gegeben hat – wieder als das bewähren, was zu sein er behauptet: als jenes kostbarste Element, das fortfährt produktiv zu sein, während es kämpft; das blüht, während eine Übermacht es ersticken möchte, und, kämpfend-spielend, ein Licht hat, das die Finsternis überdauert.

Die wir sammeln wollen, sind unter unseren Kameraden jene, deren Herzen noch nicht vergiftet sind von den Zwangsvorstellungen einer Ideologie, die sich selber »die neue« nennt, während sie in Wahrheit alle bedenklichen Zeichen der »Überständigen« trägt, und die wir verabscheuenswert finden; jene, die nicht glauben, daß Phantasie, Tiefe und die Vernunft einander ausschließen; die, in einem allgemeinen Chaos, dem Geiste treu geblieben sind und weiter seine strengen und schönen Pflichten lieben. Diese Jungen wünschen wir heranzuziehen, wo immer wir sie finden. Gleichzeitig aber werden wir den Älteren, Reifen, schon durch ihr Werk Bestätigten dankbar sein, wenn sie uns ihre Hilfe, ihre Sympathie, ihre Mitarbeit zur Verfügung stellen. Die trennenden Linien – die nun schon klaffende Abgründe sind – laufen heute nicht zwischen den Generationen, sondern quer durch die Generationen hindurch. – Sammeln wollen wir, was den Willen zur menschenwürdigen Zukunft hat, statt den Willen zur Katastrophe; den Willen zum Geist, statt den Willen zur Barbarei und zu einem unwahren, verkrampften und heimtückischen »Mittelalter«; den Willen zum hohen, leichten und verpflichtenden Spiel des Gedankens, zu seiner Arbeit, seinem Dienst, statt zum Schritt des Parademarsches, der zum Tode durch Giftgas führt im Interesse der gemeinsten Abenteurer; den Willen zur Vernunft, statt zur hysterischen Brutalität und zu einem schamlos programmatischen »Anti-Humanismus«, der seine abgründige Dummheit und Roheit hinter den schauerlichsten Phrasen kaum noch verbirgt.

Wer diese Dummheit und Roheit verabscheut, bleibt deutsch – oder er wird es erst recht –; auch wenn ihm von dem mißleiteten Teil der eignen Nation dieser Titel vorübergehend aberkannt wird. Eben für dieses verstoßne, für dieses zum Schweigen gebrachte, für dieses wirkliche Deutschland wollen wir eine Stätte der Sammlung sein – nach unsren Kräften.

Wir wissen aber – und es ist unser Trost –, daß nicht nur in unseren Reihen so gefühlt und gedacht wird. Wir müssen uns, Angehörige aller Nationen, die wir, noch verstreut, in den verschiedenen Ländern und Erdteilen arbeiten, als einen Trupp empfinden, als ein »Fähnlein von Aufrechten«, das, in einer Lage von akuter Bedrohtheit, etwas von dem, was uns lebensnotwendig und heilig ist, hinüberretten will in eine andere Zukunft, an die wir, trotz allem, glauben.

ROBERT MUSIL

An Klaus Pinkus

[Wien] 21. X. 33

Lieber Herr Pinkus!

Ich hätte Ihnen schon längst wieder geschrieben, wenn mich Ihre Frage nach der geistigen Atmosphäre Wiens nicht in eifrige Bemühung versetzt hätte, diese kennen zu lernen, denn ich hatte mir das seit meiner Rückkehr [von Berlin] aus Gründen inneren Wohlgeschmacks zuvor nicht allzu angelegen sein lassen. (Sofern man schon bestehende Verbitterung Wohlgeschmack nennen kann.) Das Erträgnis ist arm und unsicher. Als gewiß glaube ich, daß der N[ational]-s.[ozialismus] noch immer mächtig gärt, vornehmlich in der Provinz, aber auch in Wien. Ebenso, daß auch hier auf seiner Seite die Aktionslust ist, die Fahne des Propheten, während im Lager der Braven der Glaube hohl ist, eine Erscheinung, die, unter anderen, ja auch bei dem Sturz der Demokratie in Deutschland sehr zu bemerken gewesen. Ohne den Einfluß des Kardinals [von Wien: Innitzer] und die Rücksichten der äußeren Politik wäre Österreich meiner Ansicht nach heute nationalsoz.[ialistisch], trotz Dollfuß' großer Verdienste; und sonach ist es das heute noch halb und halb unterirdisch, wie ja auch er anscheinend nach einer bodenständigen Fassung dafür sucht, und wohl einen Austrofaschismus finden wird. In diesen Gärungen ist wenig zu bemerken, was auf Zukunft weist. Man sagt mir, daß die ständisch-wirtschaftlichen Konzeptionen völlig dilettantisch seien, und geistig haben die Anrufungen des neuen Patriotismus kaum eine größere Höhe als die Gespräche bei einer Hasenjagd. Über alles schal, leere Wiederholung aus Gelegenheit, sind aber auch die Proteste der öffentlichen Meinung von links, und daß von der Sozialdemokratie als politischer Organisation irgendeine entscheidende Äußerung noch zu erwarten wäre, wird meines Wissens nirgends mehr angenommen. Dabei ist aber die Arbeiterschaft zwar im Augenblick keine Macht mehr, doch aber noch eine harte Masse, und da ihr der Austrofaschismus nicht einmal ein soziales Schlagwort anbietet, sondern bloß gegen ihre bisherige politische Vertretung drückt, dürfte er nicht viel Glück bei ihr haben. Das zusammenfassend, wird wohl als das Konzept der Regierung nicht viel mehr als ein gewisser Ordnungs- und Unabhängigkeitssinn anzunehmen sein, gestützt auf den Besitz der Brachialgewalten und auf die diplomatische Lage, und dazu eine Art provinzlerisch-konservativer, im Kleinen energischer Geist. Hoffentlich irre ich mich. Taktisch ist D.[ollfuß], nach verschiedenen Einzelerfolgen zu urteilen, ungewöhnlich geschickt.

Inzwischen bin ich aber selbst auch mit der Politik, nur der neudeutschen, in Berührung gekommen, und daß sich dieser Brief gegen meinen Wunsch verzögerte, hat seinen Hauptgrund wohl darin, daß ich mit mir selbst uneinig war. Ich glaube mich zu erinnern, daß ich Ihnen schon das letzte Mal davon erzählte, daß man mir Schwierigkeiten wegen der Mitarbeit an der *Sammlung* [: Amsterdam] mache und daß ich mich da für eine Sache schlagen soll, die mir wohl grundsätzlich etwas bedeutet, nicht aber in ihrer konkreten und individuellen Form als eine von Kl.[aus] M.[ann] geleitete Zeitschrift, die ein Verlag herausgibt, der die Verhandlungen mit mir unhöflich hat liegen lassen, ganz abzusehen davon, wie ich zu Heinr.[ich] M.[ann] stehe. Aber um die Sache ganz darzustellen, genügen nicht meine inneren Vorbehalte zu dieser Zeitschrift, sondern ich muß sagen, daß ich doch auch den Wunsch hatte, meine Bedenken zu überwinden, um endlich einmal wenigstens durch etwas ein Lebenszeichen der Nichtgleichgeschaltetheit zu geben. Nun, dieser Versuch ist vorderhand gründlich mißlungen, ja in einen schmählichen Rückzug der Beteiligten ausgegangen. Sie werden die Affaire ja wohl kennen, aber vielleicht nicht ganz richtig. Man muß es den Deutschen lassen, daß sie sich aufs Kriegführen verstehn: sie haben sich nicht begnügt, der Zeitschrift Schwierigkeiten zu bereiten, was man erwarten konnte, sondern sind sofort in einer wirksamen Weise gegen

alle vorgegangen, die als Mitarbeiter genannt waren, indem
der Buchhändler-Börsenverein eine Boykottandrohung gegen sie veröffentlichte und dadurch die eben erst gemurrt
hatten, schon vor ein lautes Alles oder nichts stellte, was
den allgemeinen Umfall alsbald nach sich zog. Die Boykottandrohung richtete sich gegen jeden, der an Emigrationszeitschriften mitarbeite, führte mit Namen aber nur
Autoren der *Sammlung* und eines gewissen Verlagskreises
an. Deren Rückzug benutzte dann (war es den ersten Flüchtenden souffliert? ich weiß es nicht) merkwürdig gleichlau-
tend den Umstand, daß die Einladung zur Mitarbeiterschaft
etwas lediglich Kunstpfleglicles habe erwarten lassen, und
nicht den politischen Einschlag, durch den die im ersten
Heft folgende Programmerklärung dann von ihr abwich.
Das ist sogar wahr, und Kl.[aus] Mann hatte gleich mit
einem Taktfehler debütiert; aber andrerseits wird doch auch
wohl niemand erwartet haben, daß eine Emigrationszeit-
schrift nur Liebesgedichte enthalte. Auch waren einige Er-
klärungen recht würdelos; andere weniger, darunter die
meine, die eine der letzten war und sich auf die knappeste
Formel beschränken konnte.
Um das richtig zu beurteilen, muß man natürlich noch be-
rücksichtigen, daß in der Zeit die einzelnen Schriftsteller
von ihren Verlegern bearbeitet wurden, die ihnen dringend
nahelegten, eine Verzichterklärung auf die Mitarbeit an der
Sammlung auszustellen. (Von Emigrationszeitschriften i.[m]
a.[llgemeinen] war weiter nicht mehr die Rede.) Ich ver-
mute überhaupt, daß die Verleger, die keine Schwierigkeiten wollen, namentlich aber S. Fischer, der außerdem Kon-
kurrenzzeitschriften der *N.[euen] Rundschau* immer verabscheut hat, der Nationalzelle im Buchhändler-Börsenverein sehr freiwillig entgegengekommen sind. Man muß ihnen
dabei zubilligen, daß Fischer, Rowohlt, Insel in der Emigration und deren drohender Ergänzung eingefrorene Kapi-
talien und Chancen besitzen, so daß sie, wenn der Autor
mit ihnen weiterarbeiten will, nicht ohne Grund von ihm
verlangen, daß er ihnen das Leben erleichtere und es nicht

dazu kommen lasse, daß seine gegenwärtigen Bücher aus allen Handlungen ausgestoßen und seine zukünftigen verboten werden. Ich stelle mir überhaupt vor, daß zähe Kleinarbeit geschieht, um von dem, was seinerzeit beim ersten Anprall weggeschwemmt worden, nach und nach das Wichtigste wieder ans Ufer zu ziehn. Man nimmt das neue Deutschland als gegeben an und sucht darin die alten Geschäfte zu machen, ja sogar den alten »Idealismus«, aromatisch mit dem neuen versetzt, sich zu bewahren.

Wenn ich aber nicht auf das Allgemeine eingehe, denn darüber könnte man eine Woche ohne Unterbrechung schreiben, sondern mich auf das Persönlichste beschränke, so war schließlich entscheidend, daß ich nicht den Mut hatte, unabsehbare Ungewißheiten auf mich zu nehmen, für eine Sache, die schon keinen repräsentativen Wert mehr in dem Augenblick hatte, wo sie von wichtigen Leuten verlassen war. In der Tat hätte sich ja das komische Zusammentreffen ergeben, daß ich freiwillig in die Wüste gegangen wäre, während einige ihrer Hauptbewohner schon zurückkehrten. Die literarische Opposition ist (vielleicht behält Ihre optimistischere Auffassung auf die Dauer recht, aber im Augenblick gilt die meine) schlecht organisiert und dadurch im vorhinein entmutigt und demoralisiert worden, sie bietet keine Möglichkeit zu wirken, sie bietet keine zu leben (außer den Herausgebern, oder wenn man, journalistisch flink, viel und billig schreiben kann), sie wird von zweifelhaften Leuten geführt, und die Stimme der Vernunft drängt dahin, daß man sich für ein solches Gefecht nicht totschlagen läßt. Allerdings die Stimme der Tapferkeit spricht anders; sie kennt keine solchen Erwägungen, und der Tapfere schlägt sich, wo er angegriffen wird. Ihm hilft dann wirklich sehr oft das Glück. Ich habe mich in diesem Zwiestreit tagelang elend befunden.

Und noch habe ich bei alledem nicht von der Hauptsache gesprochen, daß ich das von Ihnen mir angewiesene Geld erst in B.[erlin] wußte, und es, da Prof. [Kurt] G.[laser] anscheinend am liebsten nichts mehr damit zu tun haben möchte, nicht herausbekommen kann, ohne mir nahestehende Personen einzubeziehn, was im Fall einer gegen mich losgebrochenen Hetze natürlich kaum zu tun wäre. Ich hoffe dieser Tage den größten Teil des Betrages zu erhalten und bin erst dadurch der unmittelbaren Nötigung, mich zu ducken, entrückt. Und nun muß ich Ihnen auch sagen, lieber Freund, daß sich um mein Leben seit dem Umsturz niemand mehr bekümmert hat als Sie, der Sie selbst wahrscheinlich am wenigsten dazu in der Lage sind, und daß ich Ihren Edelmut und Ihre Unerschütterlichkeit bewundere! Das hindert nicht, daß ich alles tun muß und schon manches versucht habe, um dieses Opfer nicht zu mißbrauchen. Gleich nach meinem Eintreffen in Wien ließ ich durch einen mir ergebenen Ministerialrat und später noch einmal durch einen sehr beziehungsreichen Mann vorfühlen, ob sich nicht die Regierung in Würdigung der Umstände an der Mus.[il-]Spende beteiligen möchte, aber das Ergebnis war ganz negativ. Sodann erinnerte ich S. Fischer daran, daß wir im Herbst über eine Übernahme meiner Bücher sprechen wollten, aber obwohl diese im Mai noch sehr wahrscheinlich war, hat der Verlag jetzt anscheinend andere Sorgen und Appetite, und der Vorschlag darf für abgetan gelten. Als mir Rowohlt ausführlich schrieb, um mich wegen der *Samm.[lung]* zu bearbeiten, benutzte ich darum die Gelegenheit, ihm einiges nahezulegen, was er aber durchaus nicht bemerken wollte; so daß ich jetzt noch einmal deutlich fragen werde, wie er sich das Verhältnis zu mir vorstelle: ich bin leider einigermaßen sicher, daß es noch mehr als früher auf das »interesselose Wohlgefallen« hinauskommen werde, denn die heutigen Literaturzustände sind ihm dabei günstig. Nun hat sich allerdings neuestens eine englische Agentur mit der Frage an mich gewandt, ob ich imstande wäre etwas Historisches zu schreiben, über ein österreichisches Thema. Weil dies nicht ganz nutzlos für den Schlußteil des *M.[ann] o.[hne] E.[igenschaften]* zu sein brauchte, wäre ich nicht abgeneigt, und falls ein solcher Abschluß zustande käme, hielte er mich ein Jahr lang oder noch etwas länger über Wasser, ohne daß ich Ihnen in der gegenwärtigen Lage zur Last fallen muß, wobei mich eine hauptsächlich mit dem Verstand zu leistende Arbeit nicht gerade schreckt, auch wenn sie mich nicht entzückt. (Habe ich im Ausland Boden gefaßt, kann ich auch das, was ich in diesen Tagen schlecht gemacht habe, wieder gut machen. Ich bitte Sie aber über das Ganze vorderhand um Diskretion, da ich die Sache noch keineswegs sicher habe.)

Sollte es dahin kommen, so dachte ich mir die Einteilung aber so, daß ich, solange das jetzt eintreffende Geld reicht, ausschließlich am Roman weiterarbeite, womit ich den Schluß des Hauptteils vielleicht nicht ausführend erreichen, wohl aber im Wesentlichen sichern werde; so daß ich dann neben der Brotarbeit den gleichfalls nicht mehr alles Herz erfordernden Schlußteil hoffentlich entwerfen und ausführen kann.

Soviel für heute! Angesichts dieser Fülle will ich nur noch kurz sagen, daß ich die Geschichte der Siserah überaus gern kennen lernen möchte, wenn das möglich wäre, vielleicht einmal durch mündliches Übersetzen und Befragen, denn das wäre ein Stoff auch für mich. Ich selbst bin kein besonders guter Hasser, aber ich liebe es an anderen!

Und damit aufs nächstemal!

Mit freundschaftlichem Gruß
Ihr
M.

RENÉ SCHICKELE

Tagebücher

[8. Mai 1934]

Th. M. schreibt mir über den *Jungen Joseph*: »Man hat gesagt, die Konzeption sei zwar großartig, aber allzu geistig; es fehle das sinnliche Gegengewicht. Aber ist es nicht irgendwie doch vorhanden, im Ausdruck, in der Art, die Dinge anzusprechen, im Atmosphärischen, auch in den Menschen, die, glaube ich, dreidimensional sind trotz ihrer typischen Gebundenheit. Ich muß es hoffen, vor allem aber hoffen, daß mir der dritte Band gelingt, denn ich bin ehrgeizig für uns draußen. Sie und ich und mein Bruder, von dessen *Henri IV* ich viel erwarte, müssen unsre Sache sehr gut machen, damit man einmal sagt, wir seien in dieser Zeit das eigentliche Deutschland gewesen.«

Er fährt »auf einen Sprung« nach Amerika, der Verleger Knopf wünscht, daß er das Erscheinen der englischen Jaakobsgeschichten an Ort und Stelle begehn helfe. Mitte Juni will er zurücksein.

Es ist gut, daß er fährt, nicht nur für die englischen Jaakobsgeschichten. Die Emigration braucht einen Furtwängler, einen liebenswürdigen Zauberer und Freudebringer, und daß er kein »hundertprozentiger« Emigrant ist, dürfte zur Korrektur dieses Begriffes beitragen. Er schreibt, die Freude und Dankbarkeit der Juden für seinen Roman sei ergreifend – da werden sie wohl auch in Amerika einsehen, daß man nicht in das Kleid der Rache gekleidet zu sein braucht, um gegen das heutige Deutschland zu stehn. Man mag ihn als Botschafter des heimlichen Deutschlands ansehn, das schweigt, aber – nicht nur bleibt, was es war, sondern notgedrungen in unverletzliche Bezirke seines Daseins zurückfindet. Die Blechmusik der journalistischen Emigration soll das nicht zudecken.

[…]

Ob man je von uns sagen wird, wir seien in dieser Zeit das »eigentliche Deutschland« gewesen? Es gibt ein sehr unerfreuliches »eigentliches« oder »ewiges« Deutschland, das sich von der Völkerwanderung an verfolgen läßt. Freilich, es gibt auch das andre, nur kam es niemals aus den Katakomben heraus, geschweige denn zur Herrschaft. Der Versuch des deutschen Idealismus, mit dem König auf der Menschheit Höhen zu gehn, scheiterte, und zwar nicht erst im Waffenlärm der Befreiungskriege. Den überlebenden

Rest drückte Bismarck an die Wand, bis er platt war wie ein preußisches Amtssiegel. Trotzdem lebt er noch immer, wie es mir erst gestern der Besuch der Badenweilener Schulmeistertochter vor Augen führte – gerade bei den sogenannten kleinen Leuten, was merkwürdig genug ist, wenn man bedenkt, daß dieselben kleinen Leute in ihrer Mehrheit als das erste und größte Aufgebot von Hitlers Truppen zu gelten haben.

Angenommen, das eigentliche Deutschland überlebt die Sintflut, woran ich nicht zweifle, so will ich zufrieden sein, wenn man von mir sagt, ich hätte in Wind und Wetter nicht an ihm verzweifelt.

SATURDAY REVIEW OF LITERATURE

25. 8. 1934

Besprechung der amerikanischen Buchausgabe
von Ferdinand Bruckners Schauspiel »Die Rassen«

Dieses durch die NS-Judenverfolgung hochaktuelle Stück wurde [...] während der letzten Saison von der Theater Guild in Philadelphia gespielt. New York hat es, glauben wir, nie erreicht. Es enthält die Liebesgeschichte eines jungen Deutschen und einer schönen und beispielhaften Jüdin, eine hysterische Szene Judenhetze und mehrere Szenen Massengewalt und -begeisterung. Der junge Deutsche wird gezwungen, die Jüdin sitzenzulassen, scheint sich aber nicht recht für seine Nazikameraden erwärmen zu können und wird hingerichtet. Der Autor sucht für sich eine besonnene und vernünftige Haltung, und viel wird übers Menschliche geredet. Er zeigt uns einen reichen Juden, der seine Rasse verrät, doch gleichwohl auch glänzende Juden als Märtyrer. Er kann aus seinem Stück jedoch nur einen teilnahmsvollen Aufruf für Sonderinteressen machen und nicht die

Tatsache verhüllen, daß sein Thema und seine Anteilnahme daran (und die großartigen »Gedanken«, die er zu diesem Zweck herbeilockt) von den schnell abgestandenen Schlagzeilen der Tagespresse abhängen. Man wird dem Autor für seine inneren Kämpfe und Verwirrungen die Sympathie wohl nicht versagen; sein Stück braucht einem deswegen noch nicht zu gefallen. Für die Guild freilich läßt sich nur schwer Sympathie aufbringen, wenn sie weiterhin jahraus, jahrein mit einer höchst intelligenten und geistigen Attitude diese »bedeutsamen« und »gedanklich herausfordernden« Dramen auswalzt.

8. 9. 1934

Notiz im Anschluß an eine vom Propagandaministerium für den Monat August empfohlene Bücherliste

Die für die deutsche Öffentlichkeit in Deutschland ausgewählten Bücher werden nicht notwendigerweise auch vom deutschen Lesepublikum in New York bevorzugt. Die Firma B. Westermann, 13 West 46th Street, Deutsche Buchhandlung, teilt ihre Bestsellerliste mit: *Horst Wessel* von Hanns Heinz Ewers, *Der Arzt Gion* von Hans Carossa und *Volk ohne Raum* von Hans Grimm. Hitler, Alfred Rosenberg und Oswald Spengler sind die populären Autoren für das Sachbuch.

SALOMO FRIEDLAENDER

An Fritz Wolff

> Paris XXe;
> 10, Avenue de la Porte de Ménilmontant;
> 13. August 1935

Herrn Dr. Krafft,
z. H. des Herrn Fritz Wolff,
Comité allemand,
Paris VIIIe, 8, rue Chambiges

Sehr geehrter Herr!

Sie hatten die Güte, mir durch Herrn Dr. Anselm Ruest von der hiesigen Notgemeinschaft deutscher Wissenschaft zu gestatten, mich Ihnen vorzustellen. Verzeihen Sie, daß ich es nur schriftlich tue. Ich bin im 65sten Lebensjahr und bedaure, meine physischen Kräfte zur geistigen Arbeit schonen zu müssen.

Über die Art dieser Arbeit erfahren Sie durch mein Ihnen von Herrn Dr. Ruest überreichtes Curriculum Vitae näheres. Ich lege Ihnen hier Rezensionen bei (die ich zurückerbitte), aus denen Sie ebenfalls Rückschlüsse ziehen können. Übrigens darf ich mich ›prominent‹ nennen. Ich habe im früheren Deutschland rund dreißig Bücher publiziert, war Mitarbeiter an den vornehmsten Blättern; mein Name steht im Brockhaus, Herder, in der Jüdischen Enzyklopädie. Die Berliner Jüdische Gemeinde (Rabb. Dr. Baeck) gewährte mir jahrelang aus der Salinger Stiftung ein Ehren-Stipendium; etc. etc.

Seit zwei Jahren mit Frau und meinem einzigen Kinde, einem Berliner Abiturienten, in Paris, quäle ich mich mit unterknappem, problematischem Existenzminimum und überzeuge mich davon täglich, daß ich nicht nur von Hitler, sondern obendrein auch von der literarischen Moderne auf den Aussterbe-Etat gesetzt bin, weil ich mich nicht nur gegen alle weiße, sondern auch gegen alle rote, russische Diktatur grundsätzlich sträube. Ich bin Kantianer, aber *Alt-* und nicht Neukantianer und auch daher isoliert. Natürlich wirkt sich diese Isolation materiell aus, indem Verlage und Redaktionen alles ersticken, was nicht in zeitgemäßer Art orientiert ist. Meiner Orientierung aber ist diese Zeitgemäßheit keinesweg gemäß, und ich mache sie nicht nur nicht mit, sondern bekämpfe sie. Ich bekämpfe das, was mir weit barbarischer erscheint als die im Vergleich damit zwar brutale, aber als nur bestialisch und ungeistig doch schließlich harmlose Hitlerei ... Unendlich weniger harmlos ist der geistige Barbarei, welche, kultiviert scheinend, in Wahrheit aus den kategorischen Imperativen der Sittlichkeit nur immer wieder zeitgemäß sozialistische zu entstellen bestrebt ist und die Stimme der Wahrheit des alten Kant ›trocken‹ pogromisiert, erstickt.

Ob ich unterstützt zu werden erbitte? Im Gegenteil, ich erkläre, daß es von der barbarischsten Verständnislosigkeit und dem bösesten Willen zeugen würde, mich hier sanft umkommen zu lassen. Ich spreche Ihnen demnach meine Bitte, verzeihen Sie, mit einem gewissen gellenden Stimmklange aus, der höchst wahrscheinlich ihre Erfüllung unbequem machen wird. Sei's drum! Es steht den werten Zeitgenossen frei, sich nicht um mich zu kümmern; wie es mir freisteht, diese sog. ›geistige‹ Moderne mit der von ihr so sehr mißachteten Barbarei in den selben Kasten meiner Verachtung zu tun. Sie hat Kants Revolution so sehr verschlafen, daß sie nunmehr gegen die Hitler-Bestien nur noch russische aufmarschieren lassen kann. Ich danke für Gift und Gegengift, wie ich das in meinen Büchern immer wieder bezeugt habe. Es wird also kinderleicht sein, mich nicht zu unterstützen. Oder wollen Sie mich angenehm enttäuschen und dankbar machen?

In vorzüglicher Hochachtung,
Mynona

LION FEUCHTWANGER

An Bertolt Brecht

Sanary, 16. Febr. [1936]

Lieber Brecht,

ich habe meinen Rußlandplan nicht aufgegeben. Aber vorläufig hält mich der zweite Josephus noch bis mindestens Mitte Juli hier fest. Mich für den Herbst festzulegen, zögere ich. Ich habe mit Schrecken aus meinen Notizen ersehen, daß ich noch 1233 Romane, 413 Dramen und 12 748 Essays zu schreiben habe, und wenn ich das in den 24 Jahren erledigen will, die mir noch bleiben, heißt es organisieren.

Es ist warm hier und angenehm, und wenn ich auch nicht wie Marta täglich im Meer bade, so kann man doch ohne jeglichen Heroismus die Mahlzeiten im Freien einnehmen. Das ist der Gesundheit förderlich und verhilft einem zu Einsichten, die im Norden viel langsamer wachsen. Ich habe erlebt, daß Leuten, die mit orthodoxer Querköpfigkeit darauf beharrten, eine nationalökonomische Doktrin sei der einzige des Dichters würdige Gegenstand, hier trotz allem langsam die Kruste wegschmolz.

Hermann den Cherusker zu machen, ist auch ein alter Plan von mir. Wollen wir es zusammen machen? Sie steuern das Marxistische und das Rassische bei, ich das Menschliche, Piscator macht einen Film daraus, Weill schreibt die Musik, und wir teilen die Tantiemen. Den Text für das jüdischamerikanische Oberammergau sollte übrigens ursprünglich ich schreiben. Ich habe aber abgelehnt. Werfel und Reinhardt haben dafür sicherlich mehr die innere Sendung.

Lassen Sie bald von sich hören oder tauchen Sie, das wäre uns wirklich eine große Freude, selber bald hier auf.

Herzlichst
Ihr alter idealistischer
Feuchtwanger

ELSE LASKER-SCHÜLER

An die Redaktion der »Neuen Zürcher Zeitung«

Zürich, Donnerstag 28. Januar 1937

Hochzuverehrende Feuilletonredaktion,

Ich wäre Ihnen so sehr verbunden, und Sie würden mir große Gerechtigkeit widerfahren lassen, wenn Sie die ernsten inliegenden Zeilen, eine Erwiderung auf die irrtümlichen Angriffe in der Presse gegen mein Schauspiel *Arthur Aronymus und seine Väter* bringen wollten?

Täglich soll ich mehrmals die gleiche Frage beantworten, wann mein Schauspiel *Arthur Aronymus und seine Väter* wieder aufgeführt wird. Ob mein Schauspiel vom Spielplan des Zürcher Schauspielhauses abgesetzt? Der Publikumserfolg sei doch ein mächtiger gewesen. Ich bin dann immer in großer Verlegenheit und – räuspere mich. Das ist ja auch eine Antwort.

Die lobende, zugleich dichterische Kritik eines bekannten Schweizerdichters vermochte dennoch nicht, die mir bitter kredenzten Besprechungen der Zürcherpresse zu versüßen. Es erboten sich ritterliche Künstler, die der Weihe meiner Dichtung beiwohnten, für mein frommes Schauspiel zu streiten. Doch es genügt mir die kurze Erklärung meiner eigenen Hand. Und ich bitte die Feuilletonredaktion, meine Zeilen zu veröffentlichen.

In der Kriegszeit erlebte ich schon einmal eine Aufführung eines meiner Theaterstücke, meines ersten Dramas: *Die Wupper*. Im Deutschen Theater in Berlin inszeniert vom liebverehrten Prof. Max Reinhardt. Etliche Jahre später im Staatstheater dasselbe Schauspiel, in Szene gesetzt von Jürgen Fehling. Vor etwa vier Jahren übernahm der begabte Direktor auch die Regie meiner eben vollendeten Dichtung – um Arthur Aronymus und seine Väter – in die Emigration zu schicken auf höhere Weisung. Die *Wupper*-Première brachte mir Besprechungen ein, die sich wohl hören ließen, aber auch die mäßigen Kritiken enthielten sich des *persönlichen* Angriffs.

Borniert dünkt es mich, vom Kritiker zu erwarten, daß gerade meine Dichtungen in ihm Interesse erwecken oder in ihm zu erwecken vermögen. Und wie mich, die ich keineswegs abgeklärt, ein Lob noch erfreut, so weiß ich auch taktvoll einen mir würdigen Tadel hinzunehmen, ohne zu murren. Begreife aber nicht, wie ein Kritiker meinem Schauspiel, weiß gedeckt, ein aufrührerisches Tafeltuch zu unterlegen vermag.

Fern liegt es mir, mich etwa zu rühmen, mich nie politisch betätigt zu haben, weiß ich auch gewiß, hätte ich statt eine Dichterin, eine Politikerin das Licht der Welt erblickt, nie wäre es mir eingefallen, mich im Gastlande politisch zu betätigen; weder in der Tat noch in Worten noch durch die Blume der Dichtung. Die Kritik hat mich überschätzt. Ich bin nur eine Dichterin, vielmehr – es wird in mir gedichtet, es dichtet in mir. Der Dichter beabsichtigt beim Dichten seiner Dichtungen überhaupt *nie* etwas. Er muß eben dichten ... Je andächtiger lauschend er seinem Engel und hingebender angehört, desto wertvoller und tiefer seine Dichtung. Die Menschen nennen diesen Zustand: Inspiration.

Der Dichter ist eben etwas Pflanzliches. Er gleicht dem Baum, der Früchte trägt, an dem es blüht im Lenz. Der denkt auch nicht darüber nach, wer sich im Sommer kühlt unter seiner schattigen grünen Laub-Symphonie, wer seine Herzkirsche pflückt, ... gar – sich erhängt an seinem Stamm.

Ich habe auch nie etwas bezwecken wollen, Freude oder Leid, politisches noch unpolitisches, weder im Niederschreiben meines Schauspiels noch beim Dichten meiner neunzehn anderen Bücher, und bin überrascht, daß man mir plötzlich ein weltliches Motiv unterlegt.

Im Dichter wird gedichtet! er kann sich selbst nichts vornehmen zu dichten, sich nicht einmal den Stoff seiner Dichtung aussuchen, wie man sich die Seide zu seinem Kleide wählt. Im Dichter wächst der Stoff; der fertige Vers, ob rauh wie eine Nuß oder süß wie ein Paradiesapfel, fällt ihm in den Schoß, genau wie die Birne reif vom Zweige seines Baums in den Rasen fällt. Ja plötzlich streift ein wetternder Vers, ein feuriger oder ein sanftschmeichelnder, des Dichters Leben. Genau wie es dem Baum oder dem Strauch ergeht, erlebt der Dichter Blütezeit und Herbst, geplündert von den launigen Stürmen der Welt. Die Verantwortung dem Dichter gegenüber sollte sich erstrecken bis in die Himmel, da er das Gefäß ihres Duftes ist. Warum griff man mein weißes Schauspiel an und mich in meinem Schauspiel? Die Folgen bekam ich allüberall zu spüren. Das Theater selbst blieb mein Freund.

Ich liebe Zürich, ich bin verliebt in seine Klettergassen, in die Möven, in die wilde Lotusschar, die mein kleines Fensterchen im Seehof am Limmatquai bestürmt. Daß ich gerade in dieser mir lieben gastlichen Stadt den ungeheuren seelischen – Unfall erlitt, ja ein Unfall, von dem ich mich heute noch nicht erholen kann.

Ich habe mein Schauspiel *Arthur Aronymus und seine Väter* im Jahre 32 mit einem üblichen Bleistift geschrieben auf meinem mir sympathischen noch unpolierten Tisch, der eines Tages vom Walde zu mir in die Stube spaziert kam. Ich habe mein Schauspiel mit einem einfachen Faberstift geschrieben und nicht mit einem »Holzschlegel«. Im Jahre 32 lebte noch friedliche Welt, auch die, in der ich mich befand. Auf ihrem Programm stand weder Krieg noch Revolution vermerkt, auch nicht Rassenhaß und sein übliches Progrom verzeichnet. Ich schrieb mein Schauspiel mit einem Bleistift, nicht mit einem Menschenfresserknochen, doch – nimmermehr, wie gestanden, mit einem »Holzschlegel«. Ich schrieb mein Schauspiel auch nicht mit einer lichten Schulterfeder – oder etwa doch? Ganz sicher nicht mit der Anmaßung, einen Friedensengel zu spielen. Immer ergab ich mich blind der starken Führung der Eingebung – wie der Biedermeier meines Schauspiels sich ausdrücken würde: an der Seite der Muse. Sie weiß genau, in welchem Herzen sie großen Platz hat. Es gestaltete sich stets ohne mein Zutun in mir meine Dichtung, wie auch mein letztes Schauspiel, hier in Zürich am

19. Dezember im Schauspielhause aufgeführt. Ich lebte in meinem Schauspiel wie in einer kleinen Welt, die dann golden aufstieg, um schuldlos an der abnormen Lage der Welt zu zerbersten.

Es dichtet immer weiter im Dichter, und die Zeit, in der es nicht in ihm dichtet, erstarrt ihn. Einem Feld abgemäht und ohne Mohn gleicht mein Herz oder einem geplünderten Busch – leblos von Reif bedeckt verschallt die ewige Melodie der Dichtung in mir jäh. Der Dichter lebt nur, wenn es dichtet in ihm.

Ich beichte, mir liegen die achtziger Jahre der Biedermeierzeiten mit den weiten Reifenröcken und poetischen Gepflogenheiten ganz und gar nicht. Aber wie ich schon bemerkte, sucht sich der Dichter selbst nicht den Stoff des Inhalts aus zu seiner Dichtung. Ich schrieb das mir ans Herz gewachsene Schauspiel, von Herz zu Herz gewachsene Dichtung, von meines Vatersherzen in mein Herz geratene, beiseele nicht mit einem spitzfindigen Vorsatz, mit einer politischen Tendenz, mahnenden oder lehrreichen, gar drohendem Zweck. Da irrte sich die Kritik gewaltig! Im Dichter wird gedichtet und gelichtet; seine unumschränkte Hingebung und sein tiefes Vertrauen erhöhen den Wert seiner dichterischen Gabe.

Ich habe eigentlich nie etwas mit meinen Dichtungen gewollt. Auch nicht mit meinem Schauspiel *Arthur Aronymus und seine Väter*. Und doch ruhte es nicht in mir, bis ich den kleinsten Vers, der sich formte, in mir verewigte. Er bietet ebenso wie der längste Roman oder das dauerndste Theaterstück dem Dichter eine kleine Weile Heimat. Die Dichtung ist ja die betreuende Liebe selbst, man kann nicht genug von ihr pflücken. Und doch hätte ich am liebsten nur für einen einzigen Menschen meine Bücher geschrieben, wie ich auch am liebsten ein alleiniger Zuschauer am Abend der Erstaufführung meines Schauspiels alleine im Zuschauerraum des schönen Zürcher Schauspielhauses gesessen hätte und zugeschaut.

Darüber bin ich nun anderer Meinung geworden. Zwischen

den vielen andächtig lauschenden Zuschauern applaudierte ich selbst den großartigsten Schauspielern und Schauspielerinnen, die ich spielen sah in meinem Schauspiel, dankend und fragte mich selbst nach jedem Bilde der vielen, was wohl noch kommen mag und wie der Schluß sein würde – ob sie sich kriegen oder nicht –, denn bei der Else Lasker-Schüler weiß man das nie.

Mit Liebe spielten die Schauspieler und Schauspielerinnen meine Dichtung und erweckten sie zu neuem Leben. Zauberhaft malte der große Theatermaler, mein Heimatfreund Teo Otto, auf die Schauspielbühne das Dorf, umheckt von frischgeschnittenen Tierhecken, meines kleinen, elfjährigen Papas Arthur Aronymus Heimat. Ebenso wie Leopold Lindtberg rembrandtliche Scenenbilder erschuf, ein Album mit vierzehn Bildern, die sprechen können . . .

Wochen sind nun ohne Arthur Aronymus und seine Väter verstrichen – noch blickt der Himmel ergraut über die schöne Stadt Zürich und durch die Scheiben meines Fensters. Die mir längst vertraute Stadt aus Wasser und Kristall vervielfältigt mir heute mein trübes Bildnis wie jüngst nach dem Tage der reichen Bescherung am Abend des 19. Dezember. Alle die Schokoladen und Marzipane lagen dann mit schwärzester Druckertinte bespritzt. Einsam wandelte ich durch das nachtverdunkelte Zürich und sagte zu Gott: »Nimm die Bürde der Dichtung von mir.«

ALFRED DÖBLIN

Der historische Roman und wir

I

Jeder Roman hat einen Fonds Realität nötig

Wodurch unterscheidet sich der historische Roman von einem anderen Roman?

Ich habe hier den Beginn eines einfachen Romans: »Die Nacht war über den Garten gekommen. Aus der mächtigen Wand von Baumkronen hinter dem Haus, in deren dichtverschränktem Gezweig er seit Stunden langsam emporgeklettert war, löste sich jetzt in rötlichem Glühen der Mond. Klaus öffnete die Fenster und beugte sich hinaus zu dem nächtlichen Garten. Wie immer nahm der stille schweigsame Zauber seine Sinne gefangen. Ruth, die auf seine Bitten hin hatte spielen müssen, schloß mit einer heftigen Bewegung den Flügel, unwillig, daß er sie plötzlich vernachlässigte. Klaus wandte sich um« usw.

Jeder von uns, der dies liest, weiß: dies ist nicht vorgekommen, und auch der Autor, als er dies schrieb, hat nicht einen Augenblick den Willen gehabt, uns vorzumachen, dieser Klaus und diese Ruth haben gelebt, und es habe sich in jener Mondnacht, einer Nacht mit einem bestimmten Datum, das abgespielt, was er jetzt zu erzählen beginnt. Wir sind eben im Roman, im Bereich der Erfindung, wenngleich – das ist eine eigentümliche Sache – diese Vorgänge hier so vorgetragen werden, als ob sie sich real ereignet hätten und historische wären. Ja, es steht so, und ist außerordentlich kurios, aber wichtig, und muß nachdenklich machen: wenn im simplen Roman die Dinge nicht so erzählt werden, als ob sie sich richtig ereignet hätten, nicht so erzählt werden, daß sie sich haben ereignen können, wenn die Handlungen unglaubhaft, (verglichen mit der Realität) unwahrscheinlich sind, so lehnen wir diesen Roman ab. Es ist ein schlechter Roman.

In unserm Fall, wo der Klaus und die Ruth auftreten, sind wir bereit mitzumachen, und zwar warum? Solche Nächte, wo der Mond langsam im Gezweig von Baumkronen emporklettert – ein deutliches plastisches Bild – gibt es. Und einen Klaus, wohlgemerkt irgendeinen Klaus, der sich hinauslehnt, er kann auch Max oder Erich heißen, kann es auch geben. Und wir sind gar nicht erstaunt, daß sich unter diesen Umständen auch eine Ruth findet, die Klavier spielt und sich ärgert, daß er zum Fenster hinausblickt. Wir machen mit, weil dies alles möglich ist, und es braucht gar nicht vorgekommen zu sein. Wir akzeptieren die Spielregel: es braucht nicht vorgekommen zu sein, aber wir lassen das Spiel nur zu unter der Bedingung: es muß wenigstens möglich sein.

Der einfache erfundene Roman also, schon er hat, damit wir ihn überhaupt annehmen, einen Fonds Realität nötig. Und wenn wir fragen, woher das kommt und warum wir nicht einfach ein völlig und ganz unwahrscheinliches Spiel, eine 100prozentige Spielerei hinsetzen dürfen, so ist die Antwort: dieser unser heutiger Roman zeigt so seine Herkunft. Er ist ein Überbleibsel, besser gesagt: eine Entwicklungsstufe einer Erzählungsart, die wirklich von erfolgten Vorgängen berichtet. Ehemals war Epik überhaupt *die* Mitteilungsform, *die* Verbreitungsform *und* die Aufbewahrungsform für wirklich abgelaufene Vorgänge. Es war die Zeit, wo man noch nicht Schrift und Zeitung hatte. Da man nur mündlich überlieferte, konnte sich Fabelhaftes einmischen. Um besser aufzubewahren, fixierte man damals auch die Mitteilung in Versen; die Versform erleichterte die Wiederholung und sicherte nach Möglichkeit den Inhalt, und dies beides, und keine »ästhetische Absicht« ist der eigentliche Grund, warum die frühen Epen und Erzählungen in Versform auftreten. Die saubere Trennung von Wahrheit und Dichtung erfolgte erst später, als sie durch neue Überlieferungs- und Aufbewahrungsformen, also Schrift und Buch vor allem, möglich wurde, wonach sich dann auch unsere erzählende und berichtende Prosa entwickeln konnte. Trotz dieser Entwicklung, lange nach Verbreitung von Schrift und Druck, finden sich noch alte, gewissermaßen prähistorische Zeichen in unserm heutigen Roman, und wir haben eines eben genannt: wir wollen in dem zugestandenermaßen erfundenen Roman die Dinge glauben können, und Dinge, wenn sie nicht historisch sind, müssen wenigstens möglich sein. Damit ist dem heutigen Autor eine doppelte Aufgabe zugefallen: einmal erkenntlich und überzeugend Realität zu geben, wenn auch nicht zeitlich, räumlich bestimmte, und das andere Mal aus diesen Realitätsbestandteilen etwas zu machen, wodurch das Ganze Roman wird. Sie müssen zugeben, daß hier eine kuriose Sache erfolgt. Im geheimen Einverständnis setzen Autor und Hörer sich hin, und der Autor fängt an, einen Wunsch des Hörers zu befriedigen, und er setzt ihm dazu Tatsachen der Welt vor, interessante und wichtige, aber reichlich allgemeine und keineswegs so, wie sie irgendwo wirklich verlaufen wären, aber so, wie es dem Hörer gefällt. Autor und Hörer tun da mit verteilten Rollen das, was nächtlich überall der Traum, aber knapper und robuster leistet in der einen Person, die zugleich Autor und Hörer ist, nämlich im Träumer.

Es gibt keine Art der Erzählung, der epischen Dichtung, wo solch Anschein der Realität, wie wir ihn noch im heutigen Roman aufdeckten, nicht gefordert wird. Wenn im Märchen Hänsel und Gretel in den Wald gehen und die Knusperhexe treffen, so sind Vorgänge und Personen, die ganze Situation vollkommen unmöglich. Keine Spur von Historie. Die Situation strotzt von Fehlern. Es ereignen sich Dinge, die gegen bekannte Naturgesetze verstoßen. Aber sogar noch hier, in der reinsten Dichtungsform, wird, wenn das Märchen nicht blöde und albern sein soll, ein gewisser klar durchscheinender Restbestand von Realität, eine echte Wirklichkeit und ihre Überlieferung gefordert. Das Motiv der Kinder, ihr kindliches Verhalten, ihre einfachen Bewegungen, ihre Wünsche: das ist real. Die Begegnung mit bösen Menschen, die die Kinder verlocken und ihre Harmlosigkeit mißbrauchen, das ist real. Und als stummer, aber großer Hintergrund stehen unser eigener Wille und unser Gefühl da, womit wir uns in die Handlung einschalten und das Ganze mittragen helfen: wir sehen, wie die Kinder sich verhalten, wir bemerken, so verläuft es, und wir wollen den Kindern helfen, so soll die Handlung verlaufen. Und damit schöpft die Handlung, die Erzählung, diese Form der Dichtung Realität aus uns selber. Am Märchen sehen wir noch besser als am Roman, der mit Wirklichkeitsresten vollgestopft ist, warum wir das ganze Genre schlucken und wollen. Der Ablauf, der uns in dieser Weise vorgesetzt wird, befriedigt uns. Wir brauchen diese Wirklichkeitsreste, um die Welt vor uns zu haben, als Repräsentanten, als Vertreter der Welt, aber nur, um nunmehr, nach den Unterdrückungen der echten Wirklichkeit, nach allem Mißglücken und Versagen des Alltags, frei und selbständig, selbstmächtig mit ihnen zu schalten. Wir wollen endlich einmal die Gesetze unserer Notwendigkeit, nicht die der physikalischen Welt, an ihnen exekutieren.

Der Roman ist die heutige Form des Märchens. (Das heißt natürlich nicht, daß der Roman eine Art »Märchen« sei, und daß wir uns an den vorliegenden Märchen orientieren müßten, wie wir es heute zu machen haben. Dummköpfe und Verspielte, die das tun, soll man bei ihren Kunststükken nicht stören, sie sind doch unsere »Dichter«.) Unser gesamtes Weltbild, das kausale, ist anders als das der Kinder und der Primitiven. Wir können Zaubereien, Verstöße gegen die Naturwissenschaft nicht vertragen. Wir verlangen eine uns entsprechende Wahrscheinlichkeit und Glaubwürdigkeit auch im Roman. Unser Realitätsanspruch schließt enorm viel ein, nicht nur eine physikalische und kausale Richtigkeit oder Möglichkeit, sondern auch eine politische, gesellschaftliche und psychologische Richtigkeit oder Möglichkeit. Und sind diese Dinge erfüllt, so kann der Erzähler anfangen, und jetzt beginnt sein Reich, also mit Einverständnis von Autor und Leser, gewissermaßen nach ihrer Verabredung, das Reich eines Als ob einer Scheinrealität, die uns erfreut, entspannt, kräftigt und steigert.

II

Die Allgemeinheit der Realität im Roman

Also eine Realität dieser Art, eine Scheinrealität bauen wir im Roman auf, und dies allgemein und im ganzen. Im einzelnen aber hat die Realität im Roman noch ein Merkmal, das ich hier anzeigen will. Und bevor wir zum historischen Roman kommen, ist es gut, dies noch festzulegen.

Wir wollen uns an das Beispiel jenes Klaus und jener Ruth halten aus dem Roman, der im Anfang zitiert wurde. Es ist, sagten wir schon, irgendein Klaus und irgendeine Ruth, von denen da gesprochen wird. Wir sehen da also vor uns, und zwar im Vordergrund des Romanes, Personen, und Vorgänge, die mit ihnen zusammenhängen, die allgemeiner Art sind. Diese Allgemeinheit der Personen und Vorgänge, welche wir im Vordergrund finden, das ist das Merkmal, das wir hier zeigen und näher betrachten wollen.

Wir müssen nach dem Sinn dieser Allgemeinheit fragen. Warum setzt man und will man setzen *irgendeinen* Klaus und *irgendeine* Ruth und ihre Handlungen in den Vordergrund? Hier die Antwort: Schon früher, in der Zeit der mündlichen Überlieferung, war die Realität, die man berichten wollte, nur allgemein überlieferbar. Begreiflicherweise: mündliche Überlieferung vereinfacht und verarmt immer den Inhalt, es erfolgen Abstriche, so werden die Hauptsachen leichter einprägsam. Und man ist da, ohne es zu planen, aus Zwang, auf den Weg geführt, den alles Denken, auch die Philosophie geht, auf den Weg der Abstraktion. Man läßt Bestimmtes fallen und treibt Bestimmtes hervor. Wenn wir später Allgemeinheiten finden, wie irgendein Klaus, irgendeine Ruth, so haben wir zwar keine Begriffe vor uns, wie die Philosophie sie erzeugt, aber Zwischenprodukte und Annäherungen. Wir können formulieren: Figuren und Vorgänge der Epik stehen auf dem Weg zwischen der konkreten und individuellen Wirklichkeit und dem Begriff. Es war also ehemals vorhanden die Notwendigkeit, gegeben durch die Art unseres Gedächtnisses und die mündliche Mitteilung, die die Verarmung und Vereinfachung, in Gestalt der Allgemeinheit hervorbrachte. Hinzukam, daß zugleich und daneben eine andere Kraft arbeitet, gleichsinnig, aber positiv. Man muß nämlich nicht nur, sondern will auch einzelnes fallen lassen und anderes hervortreiben. Man hat nicht akademische Dinge vor. Die

Überlieferung betreibt eine Praxis: man will sich orientieren und auf eine Haltung einstellen, sich für Handlungen vorbereiten. Das wird geleistet durch die Erzeugung von Idealfiguren und repräsentativen Handlungen.

Diese beiden alten Kräfte nun, der Zwang wegzulassen und der Wille hervorzuheben, Allgemeines zu schaffen, sind auch das Erbe des heutigen Romans geworden. Der Zwang wegzulassen wirkt heute nicht mehr aus dem Grund, der für die Zeit der mündlichen Überlieferung galt – wir können ja Daten schriftlich und durch Druck fixieren –, aber es sind neue Umstände aufgetreten, die genau die gleiche Wirkung üben. Man ist gezwungen, von der konkreten, individuellen, ganzen und vollen Richtigkeit abzusehen, schon weil diese nicht Sache des Romans sein kann. Der Roman vermag sie erstens nicht zu geben. Er vermag nicht mit der Photographie und den Zeitungen zu konkurrieren. Seine technischen Mittel reichen nicht aus. Er beteiligt sich zweitens heute auch offen und planmäßig an jener Idealbildung und Verallgemeinerung. Und zwar arbeitet da eine sehr lebendige Kraft des Schriftstellers: die individuelle Phantasie, die Neigung zu erfinden und zu kombinieren, die Lust am freien Spiel der Einfälle. (Man soll übrigens die »Freiheit« dieser Einfälle nicht überschätzen.)

Die Allgemeinheit, von der wir sprachen, kommt hauptsächlich gewissen Figuren und gewissen Vorgängen zu, und zwar solchen, die im Vordergrund stehen und mit denen der Autor fabulieren und phantasieren will. Eingebettet ist das Ganze in eine absolut echte Realität, und zwar allemal, und da verstehen wir keinen Spaß. Wenn im einfachen Roman also im allgemeinen eine Scheinrealität aufgebaut wird, so muß doch als Basis eine solide, kontrollierbare Realität der gesellschaftlichen Umstände gegeben werden. Die Vordergrundshandlung, die Leithandlung kann allgemein sein und in der Hand des Fabulierers liegen, aber auch sie unterliegt den Gesetzen der Realität schon dadurch, daß sie vor dem ganz realen Hintergrund ablaufen und bestehen muß.

III

Der historische Roman ist erstens Roman
und zweitens keine Historie

Wie steht es nun mit dem historischen Roman? Ich gebe
zwei Proben. »Nein, ich will diesen Kelch nicht trinken!
Jost Fritz rief laut in die Landschaft, und wenn ein Kum-
pan neben ihm gegangen wäre – Jost lief aber allein und
mit Zornesfalten auf der Stirn –, so wäre der Begleiter
wohl schwer an diesem hellen Tag auf den Gedanken gekommen, daß der in Rittertracht daherstampfende Jost sich
mit einem imaginären himmlischen Partner, etwa mit einem
Engel zanke, der ihm mit einem unangenehmen Trunk zu-
setze. Jost starrte im Laufen auf die Steine.« usw. Dies ist
aus dem schönen Roman *Die Saat* von Regler. Oder der Beginn des originellen und kraftvollen Buches von Hermann
Kesten: *Ferdinand und Isabella*: »Der König Johann war
mißmutig. Er hatte über sein Leben nachgedacht. Seit fünf-
zig Jahren war er da, auf dieser guten angenehmen Erde.
Seit 36 Jahren regierte er, Johann der Zweite. Oder hatte
jener regiert. Alvaro, heute in Valladolid enthauptet, Alvaro der Erste im Herzen des Königs? Als das schreckliche
Licht der Morgendämmerung durch das Fenster wehte,
verließ der König heimlich sein Schlafgemach.« usw.
Wir lesen dies und wissen sofort (wir von heute, vielleicht
nicht ein Wilder oder ein Mensch aus einer andern Epoche): Dies ist ein Roman und die Dinge haben sich nicht
so abgespielt. Es gilt für den Ablauf und die Person das,
was wir vorhin bei der Prüfung des Romans selber festgestellt haben, eine Scheinrealität mit allgemeiner Glaub-
haftigkeit, Wahrscheinlichkeit wird gegeben – hinzu kommt
nur hier noch etwas Besonders: Der Verfasser benutzt historische Personen und Vorfälle. Daß man überhaupt auf historische Daten zurückgreift, scheint uns nach dem früher
Bemerkten nicht auffällig. Es ist einfach die alte Bewegung
des alten Epikers nach den Vorgängen der Realität, und
besonders nach den großen in die Augen fallenden. Und

man erkennt hier die alte ureigene und nicht auszurottende Funktion des Romans, festzuhalten, aufzubewahren und die großen Geschehnisse in das Bewußtsein der Massen, des Kollektivum zu überführen. Jedoch, was soll man zu dieser wirklich atavistischen Bewegung sagen, wenn sie heute, nach Jahrtausenden der Schrift auftritt? Ein Individuum arbeitet jetzt, es greift zu den Büchern, wo diese Dinge schon längst fixiert sind. Die Aufbewahrung ist nicht nötig. Es gibt nun Menschen, die aus diesem letzten Grunde, Benutzung historischer Vorfälle und Personen für die Darstellung einer Scheinrealität, den historischen Roman ablehnen und die ganze Gattung für verfehlt halten. Sie tun unrecht. Nur eine Mischgattung ist schlecht, weil unsauber und irreführend, jene heute recht verbreitete und beliebte der Biographien, Arbeiten, die nicht Fisch noch Fleisch sind und bei denen die Autoren sich nicht entscheiden und den Charakter ihres Gebietes bestimmen. Man sieht da eigentlich genauer, was der Autor nicht leistet als was er leistet: nicht leistet er ein sauber dokumentiertes Geschichtsbild und nicht leistet er einen historischen Roman. Gegen diese Vermanschung und gleichzeitige Verramschung von Geschichtsstoffen wendet sich natürlich der Geschmack. Aber die Sachlage bei dem historischen Roman ist anders. Es besteht nämlich kein prinzipieller Unterschied zwischen einem gewöhnlichen und einem historischen Roman. Der historische Roman ist erstens ein Roman und zweitens keine Historie.

Er ist ein Roman. Warum? Er erzählt von Anfang bis zu Ende Dinge, die bestimmt in dieser Weise historisch nicht nachgewiesen werden können, für die der Autor keine dokumentarische Unterlage besitzt. Er verleiht ihnen den Anschein einer Realität. Und schließlich arbeitet er mit Spannung, sucht unser Interesse zu erregen, uns zu erfreuen, zu erschüttern, uns anzugreifen und herauszufordern. Also er spielt auf uns wie eben ein Romanautor, überhaupt wie ein Künstler, und er entfaltet dazu die Reize seines Materials, der Sprache. Das ist also ein Roman.

Und die Historie, die der Roman nicht ist? Der Roman enthält doch genug Historie, die Autoren haben doch gewiß Bände gewälzt, der Roman verhunzt doch die Historie, er fälscht doch, unterschlägt, noch mehr als jener Biograph. Verglichen mit dem Romanautor ist ja der Biograph geradezu ein Gentleman an Ehrlichkeit. Warum soll denn der historische Roman eine bessere Zensur bekommen als die Biographie? – Man muß zugeben: dem enormen Reinlichkeitsanspruch Vieler von heute, ihrem entschiedenen Willen zur Wahrheit und Wahrhaftigkeit entspricht wirklich nur die echte Historie, die reine unveränderte, die nackte Darstellung der Dinge, wie sie dokumentiert sind. Wir verlangen, daß sie so dargestellt werden, ohne Zusatz und Auslassung, wie sie sich ereignet haben. Schon die Einmischung eines Arrangeurs empfinden wir als lächerlich, ja unverschämt. Wir wollen die Vorgänge und nicht den Autor. Wir gestatten höchstens eine deutlich getrennte Diskussion dieser Vorgänge. Aber da »Kunst«? Auf solche »Kunst« verzichten wir. Wir sind keine Kinder. Die Wahrheit der historischen Dinge, danach dürsten wir, danach verdürsten wir bei all dem unsäglichen Schwindel, mit dem wir umgeben werden. Ich möchte glauben, daß ein solcher Standpunkt vollständig berechtigt ist. Er würde, wenn er überhaupt Kunst bestehen läßt, den historischen Roman bestimmt verdammen als alberne Fälschung.

Derjenige, der so urteilt, braucht sein Urteil nicht aufzugeben, aber kann es mildern, wenn er mit uns jetzt genau zwei Dinge betrachtet, eines anlangend die Historie selber, und eines betreffend die Rolle der Historie im Roman.

IV

Was ist Historie? Mit Historie will man was

Wir sprechen von der Historie selber.

Die Historie an sich, die Geschichtsschreibung, ist gar nicht solche eindeutige nackte Überlieferung dessen, was sich ereignet hat. Sie ist selber gar nicht die bloße reine Darstellung wirklicher Vorgänge. Wir greifen zu den Geschichtsbüchern, vom Plinius, Tacitus, Cäsar bis zu Burckhardt, Taine, Ranke, Treitschke und den großen Geschichtswälzern. Unzweifelhaft: man zeigt hier nicht den mindesten Willen, Gebiete zu vermanschen. Die Daten stimmen, jedenfalls meistens. Die Vorgänge stimmen – halt, was sage ich, die Vorgänge stimmen? Darüber sind sich die Gelehrten nicht einig. Siehe da. Die Vorgänge werden von dem einen ganz anders berichtet als von dem andern. Schiller sagt im Prolog vom Wallenstein über die historische Figur seines Helden: »Von der Parteien Haß und Gunst verwirrt, schwankt sein Charakterbild in der Geschichte.« Er sagt »schwankt«, Schiller, der Geschichtsprofessor, der die Geschichtsbücher seiner Zeit gelesen hat. Die Historiker verfügen in der Regel über die gleichen Quellen, aber sie schöpfen sie verschieden aus. Das Überlieferte hat Lücken, sie füllen sie aus, verschieden. Eine Darstellung ohne Urteil ist nicht möglich, schon bei der Anordnung des Stoffs spielt das Urteil mit. Aber das Urteil hat seinen Grund im Historiker, in seiner Person, seiner Klasse, seiner Zeit. Und so schwankt nicht nur das Charakterbild des Wallenstein, sondern vieler, eigentlich aller. In letzter Zeit erschien eine Studie über den römischen Nero, der uns immer als der Gipfel cäsarischer Verrücktheit vorgestellt wurde. Aber plötzlich hören wir, die alten Quellen taugen nichts, die Tacitus und Konsorten haben aus reaktionärer Gesinnung gelogen, entstellt und so weiter, der Nero war ein fortschrittlicher Mann und nicht schlimmer als andere seiner Zeit. Ja, wo kommen wir da hin. Man kann nicht verbürgen, daß morgen nicht die steinernste Figur schwankt. Ein allgemeines Wackeln ergreift schon immer die Geschichtsschreibung, wenn eine neue Klasse auftaucht. Und derjenige, der auf der Flucht vor den Lügnereien und Fälschungen der Biographen und Romanautoren in die solide und wahrhafte Historie sich begibt, ist aus dem Regen in die Traufe gekommen. Die Verzweiflung wird ihn übermannen, sofern er sich nicht entschließt, bei einem einzigen Buch zu bleiben! Dies ist in der Tat der beste Rat: man halte sich an ein einziges Buch und lege fest, daß dieses Buch die Wahrheit vermittelt! Denn zwei sind schon ärgerlich und drei vernichten jegliche Perspektive. Daß zwei oder drei Bücher möglich sind, ist der eigentliche böse Kulturbolschewismus. Das haben die Kirchen immer gewußt und nur das eine »Buch« zugelassen. Blicken wir also auf die Geschichtsschreibung, so stellen wir fest: *Ehrlich ist nur Chronologie.* Bei der Aufreihung der Daten fängt schon das Manöver an. Und klar herausgesagt: *Mit Geschichte will man etwas.* Und da nähern wir uns in aller Bescheidenheit dem historischen Roman.

Der Historiker kennt, meistens, seinen Willen nicht oder gesteht ihn nicht ein, der Romanautor kennt seinen Willen. Der Historiker, falls er nicht simpel Chronologe ist, will das Bild einer abgelaufenen Realität heraufbeschwören, der Romanautor – auch, jedoch ein kleineres, aber volleres und konkreteres. Wo ist also der Unterschied zwischen dem Historiker und dem Verfasser eines historischen Romans? Robust formuliert: der Künstler arbeitet entschlossen und bewußt, springt mit seinem kleinen Material wie ein Herr und Meister um, der Historiker wühlt im Material, durchsucht es, er ist gehandikapt und hat ein schlechtes Gewissen. Denn er folgt einem wahnhaften Wahrheitsideal, einem wahnhaften Objektivitätsideal, dem jedes seiner Einteilungen und Grundkonzeptionen widerspricht. Der Autor macht sich und uns nichts vor, der Historiker hängt sich einen weißen Bart um und mimt: Weltgeschichte ist Weltgericht.

So haben wir die furchtbare Drohung, man versündige sich an der Geschichte, einigermaßen abgeschwächt. Mehr als eine Abschwächung ist es nicht. Man kann noch immer sagen: wenn auch die Historie des Historikers ein historischer Roman ist, so ist er doch, und er allein, der uns entsprechende.

Aber hat denn überhaupt der Romanautor die Absicht, mit dem Geschichtsschreiber zu konkurrieren, leiten ihn dieselben Absichten oder welche andere? Ich habe schon klar gesagt: der geschichtliche Roman ist erstens Roman und zweitens keine Geschichte. Ich muß noch schärfer sagen: der geschichtliche Roman ist erstens Roman und zweitens und so oft man will Roman.

Aber, sagt man, das ist ja schrecklich, was soll dann überhaupt Geschichte im Roman, welche Rolle spielt sie denn dort, will man denn keine »Echtheit«? Manche Autoren erstreben doch sichtbar »Echtheit« mit einem ungeheuren Aufwand an Belesenheit. Man denke an Flauberts Salambo. Wird denn hier zu dem bloßen Schein und Reiz einer historischen fernen Landschaft nur als »Exotismus« gewünscht? Wir müssen die Frage »Echtheit im historischen Roman« klären. Sie ist die zentrale Frage. Mit ihr steht und fällt die Gattung.

V

Die neue Funktion des Romans: Bericht von der Gesellschaft und von der Person. Jeder gute Roman ist ein historischer Roman

Ich wiederhole: der Autor bedient sich gewisser Stoffe aus der Geschichte, die ihm liegen, für die Zwecke eines Romans genau so, wie er sich gewisser Zeitungsnotizen oder gewisser Vorgänge aus seiner eigenen Erfahrung bedient. Er hat mit sich und seinem Hörer, Leser, jenes merkwürdige Spiel vor, das wir vorhin beschrieben haben.

Aber man bemerkt rasch, daß der einfache Roman von heute sich vom Märchen doch unter anderem durch eine ganz kolossale Betonung und Hypertrophie der aufgenommenen und mitgeschleppten Stoffmasse auszeichnet. Ja, wir sehen: Stoffgebiete, Räume der Realität, die man sonst in der geschriebenen Literatur nicht findet, finden im Roman ihren Platz, und nur hier. Das sind Dinge des intimen und ganz intimen persönlichen, dialogischen und gesellschaftlichen Lebens, Dinge des Individuums, der Geschlechter zueinander, der Liebe, der Ehe, der Freundschaft. Über alle diese und andere höchst wichtigen und mächtigen Dinge kann man sich genau und mit Eindringlichkeit in keiner Zeitung und in keinem Geschichtsbuch orientieren. Und ein nicht nebensächlicher, sondern ernsthafter Ruhm eines guten heutigen Autors stellt die lebenswahre Darstellung dieser persönlichen und gesellschaftlichen Phänomene dar. Und dies ist keine Forderung von uns, sondern die Feststellung eines Tatbestandes, den jeder Leser bekräftigt und der dem Autor bekannt ist, obwohl der Autor sich je nachdem einen gewissen Spielraum reserviert und bald mehr, bald weniger nach der Märchenseite ausweicht.

Wir stellen also fest, daß nach Wegfall der Berichtfunktion dem einfachen Roman eine *neue eigene Funktion berichtender Art* zugefallen ist: Spezialberichterstattung aus der persönlichen und gesellschaftlichen Realität. *Von hier wächst allgemein dem Roman ein ganz charakteristischer Echtheitscharakter zu.* Ich weise da hin auf die Echtheit, welche unmittelbar empfunden und festgestellt wurde, die etwa der Madame Bovary von Flaubert zukommt, oder dem Raskolnikow von Dostojewski, oder Tolstois Auferstehung, nicht zu reden von vielen Büchern Zolas, von Novellen Maupassants. Allen wurde sofort grade diese Echtheit attestiert. Und über diesen Punkt wachen Leser wie Kritik gleichermaßen unerbittlich, und man erkennt daran, daß wir hier ein wichtiges Merkmal des Romans vor uns haben.

Es steht jetzt so, daß nicht nur wichtig sind und eine Niederschrift verdienen die groben, in die Augen fallenden eigentlich historischen Tatsachen, die Spitzengeschichte, wenn ich so sagen kann, sondern auch die Tiefengeschichte, die der Einzelpersonen und gesellschaftlichen Zustände, die sie umgeben. *Im Sinne einer solchen Tiefengeschichte ist jeder einfache gute Roman ein historischer Roman, und er ist unzweifelhaft, wir können es kontrollieren, echt.*

Wir müssen diesen Gedanken weiter verfolgen. Wir haben einen entscheidenden, neuen charakteristischen Tatbestand aufgedeckt. Obwohl der Roman bestimmt nur Roman ist, wird diese Form doch belastet und, wenn man will, zerstört und gesprengt durch eine andere Tendenz, durch den Zwang zur Berichterstattung aus jenen genannten Realitäten. Es ist eine Wendung eingetreten. Der Roman ist auch nach der Erfindung der Schrift und des Drucks nicht eingeengt, verarmt, verkrüppelt zum Märchen.

Wenn wir uns die alte Epik als breiten Grundstamm eines mächtigen Baumes vorstellen, so hat sich im Laufe der Epochen der Baum aufgespalten in eine Anzahl von Ästen. Nachdem die Zeitung sowohl wie die Geschichtswissenschaft ihren Ast getrieben hatten, entwickelte sich selbständig das Märchen. Aber neben Zeitungswesen, Geschichtswissenschaft und Märchen fand der Roman seinen besonderen Platz an dem Baum selbst, er zweigt sich nicht vom Märchen ab. Wir haben ein neues, eigenes und eigentümliches Gebilde vor uns, das auch Erkenntnis der Wirklichkeit betreibt.

Damit stellen wir fest, daß sich im heutigen Roman Richtungen durchkreuzen. Der Roman steht im Kampf der beiden Tendenzen: Märchengebilde mit einem Maximum an Verarbeitung und einem Minimum an Material – und Romangebilde mit einem Maximum an Material und einem Minimum an Bearbeitung.

Weil die Erkenntnis der Wirklichkeit, und speziell der persönlichen und gesellschaftlichen Wirklichkeit, eine Sonderaufgabe des Romans ist, konnte sich vom Roman noch ein ganz neuer Zweig abgliedern, eine Form, welche *das alte Verarbeitungsmoment* fast ganz fallen läßt: die Reportage.

In einer widerspruchsvollen Situation steht der heutige Roman. Und wer sich ein Bild davon machen will, wie der Roman von den beiden genannten Tendenzen zerrissen ist, so beachte man ein einzelnes Merkmal des Romans, das ich hier nenne. Eine große Zahl der Leser sagt und verlangt: das Buch darf mich nicht übertrieben viel angehen. Das Interesse an ihm muß fakultiv sein. Verlauf und Personen müssen uns angehen, wir müssen merken, daß wir und unsere Situation sich mehr oder weniger mit dem, was wir da lesen, identifizieren läßt. Aber wir müssen auch merken: ganz wie bei uns ist es doch nicht. Eine Distanz muß gewahrt bleiben. Wir, das heißt eine große Zahl Leser, lassen uns nur unter Kautelen auf eine Sache ein, die einen etwas brenzlichen Charakter hat. Man läßt sich gewissermaßen in eine Situation locken, die unter Umständen aufregend und ängstlich ist, aber man weiß im Hintergrund dabei: es kann uns nichts passieren, es wird ja nur gespielt, und wir sind es nicht. Wir haben nach mancher Ästhetik ein Gefühl von Lösung, Erleichterung und Befreiung am Schluß vieler literarischer Werke, zu denen auch Romane gehören. Ich glaube, ehrlich gesagt, steckt eine gewisse Schadenfreude und Genugtuung dahinter, daß nämlich wir es nicht sind, denen so mitgespielt wurde und denen es so und so ging. Man kann auch sagen, wir fühlen uns hie und da weitgehend beteiligt und mitgerissen, aber wir lassen den Autor einige imaginäre Personen für uns opfern.

VI

Der Autor ist eine besondere Art Wissenschaftler.
Dichtung ist niemals eine Form der Idiotie

Man erkennt nach dieser Klarstellung, wie es an vielen Stellen zu Diskussionen darüber kommen konnte: gehört der Roman der Kunst, der Dichtung an, ist der Romanautor ein Dichter oder ist er »bloß« ein Schriftsteller? Im Augenblick, wo der Roman die genannte neue Funktion einer speziellen Wirklichkeitsentdeckung und Darstellung erlangt hat, ist der Autor schwer Dichter oder Schriftsteller zu nennen, sondern *er ist eine besondere Art Wissenschaftler.* Er ist in spezieller Legierung Psychologe, Philosoph, Gesellschaftsbeobachter. Ich möchte hinzufügen, daß leider in Deutschland relativ wenig Autoren den Namen solcher Wissenschaftler verdienen. Sie schlachten meist lieber bequem alte Beobachtungen aus, und ein Buch lebt vom andern Buch, was man so leben heißt, und dies schreibt sich hin in einer ebenso überkommenen Sprache, die, wenn es hoch geht, gekünstelt ist. Ich bin gar nicht bereit, darum, weil einer kein Verhältnis zur Realität hat, ihm den Namen eines Dichters zuzuerkennen. Abgesehen von der selbstbeobachteten und selbsterlebten Realität ist es die Verarbeitung, die Phantasie und die echte Sprachkunst, die den Dichter macht. Man kann übrigens heute schon feststellen, daß eine gewisse Anzahl anderer Autoren sich von der alten Romanform vergewaltigen läßt.

Sie können, bei der Selbständigkeit ihrer Erlebnisse, Beobachtungen und Erfahrungen für sich in der Verschachtelung des alten Romans keine geeignete Form finden. Der neue Wissenschaftler streitet gegen den Romanautor. Grobe äußere Dinge, die bessere Gängigkeit des Romans im Marktsinne, geben den Ausschlag. Und da ist es kein Zufall, wenn immer wieder Romane von Experimentalcharakter auftauchen und die Unbefriedigung ihrer Autoren mit der alten Form bekunden.

Wir können die Wahrheit dessen, was wir gesagt haben, überprüfen und kontrollieren, wenn wir einen Blick auf Autoren werfen. Sicher ist: sie scheiden sich in Aufgeweckte und Eingeschlafene. Die Aufgeweckten, von denen ich allein reden will, haben ein enges und natürliches Verhältnis zur Realität. Sie schweben absolut nicht in den Wolken, wie es sich die Plüschmöbelzeit gewünscht hat. Manche Dichter haben sich diesem Wunsch gefügt, der Schlaf hat sich über ihre Augen gesenkt, und natürlich lag der ganzen kapitalistischen Zeit nichts so sehr am Herzen, als die Basis ihrer Existenz und ihre fatalen Hintergründe zu verschleiern. Dazu brauchte man Blinde, Schaumschläger, Schönredner, am besten Verseschmiede, Dichter in den Wolken, Entrückte, zum mindesten Idioten. Daß Dichtung eine Form der Idiotie ist, war jedem besseren Bourgeois eine Selbstverständlichkeit. Wenn der Dichter kein Idiot ist, so erzieht man ihn dazu, indem man ihn nicht bezahlt. Es ist aber gelinde gesagt Romantik, wenn Schiller, ausgerechnet der höchst betriebsame Hofrat Schiller, behauptet, bei der Verteilung der Erde sei für den Dichter nur das Himmelreich übriggeblieben. Das ist nichts als Katzbuckelei vor dem Großherzog von Weimar. Gewiß hat die Bourgeoisie ihre Lakaien immer schlecht bezahlt, aber sie hat sie doch auf Erden intensiv gebraucht, nämlich gemißbraucht, wie sie die Religionen gemißbraucht und um jeden Kredit gebracht hat. Die Schriftsteller und Dichter, nochmals gesagt, sind aber eine besondere Art Wissenschaftler und stehen daher fest auf der Erde. Sie haben aus Gründen ihrer Wissenschaft mehr Zugang zur Realität und zu mehr Realität Zugang als sehr viele andere, denen ihr bißchen Politisieren, Geschäftemachen und Handeln als die einzige Realität vorkommt.

Wenn ich überhaupt etwas für einen heutigen Künstlermenschen beanspruche, so dies, daß er sich ausgezeichnet auf der Erde auskennt. Eine mystische Gabe? Keineswegs. Auch keine mystische oder neurotische Schwäche. Ein komplexeres Sehen und Denken, ein tieferes Einfühlen, ein rascheres Kombinieren. Ich bin übrigens der Meinung, daß der Künstler im allgemeinen keine Entartung, sondern die Normalität darstellt gegenüber einer sonstigen, reichlich verkümmerten Menschheit.

Stellen Sie den richtigen, nicht verblödeten Künstler nun vor eine Realität oder stellt er sich selbst vor oder in einen historischen Stoff, so denken Sie, fürchten Sie, er wird dichten, was man so dichten heißt, nämlich ins Blaue phantasieren? Keine Spur, der Kerl ist kalt, unbestechlich und hat einen durchdringenden Blick. Und er beharrt dabei. Mit dem Begriff Resonanz kann man da einiges verstehen. Er hat in sich einen besonders feinen und entwickelten Resonator. Und wenn bestimmte, ihm gut liegende historische Dinge (sie müssen ihm gut liegen) dicht genug an ihn herankommen, so schwingt in ihm der Resonator, und er, der Wissenschaftler, ist ein Schriftsteller oder Dichter, wenn er nun die Resonanz in Sprache und Bilder umsetzen kann. Nicht die Beherrschung einer neuen oder alten Form, sondern die Intimität mit der Realität macht den guten und bessern Autor, also sein Resonator. Mit jedem gelungenen Werk ist wieder einmal die Erde größer geworden, unser Reichtum ist vermehrt, eine neue Kolumbusfahrt ist geglückt, ein neues Indien entdeckt.

Nicht genug kann ich auch hier meinem alten Widerwillen gegen die Unechten, die Mißbraucher, die Spieler in der Kunst, die Spieler mit der Kunst, die Kunstkünstler Ausdruck geben, die einen Stil hinschnörkeln und kräftige Dinge der Natur und der Kunst für den bürgerlichen Salon zurechtmachen. Durch nichts ist das beklagenswerte Abgleiten der Kunst in Gelegenheitspolitik so begünstigt worden als durch die vorangegangene Entartung in die Artistik.

VII

Der sonderbare Entstehungsprozeß
eines historischen Romans

Wir werden nun, glaube ich, mehreres, was von Wichtigkeit ist – für die Frage nach der Realität im Roman und besonders nach der Echtheit –, noch klarer sehen, wenn wir einmal den Entstehungsprozeß eines historischen Romanes verfolgen.

Durch ein Etwas, das in seiner persönlichen Situation und seiner gesellschaftlichen Lage begründet ist, wird der Autor vor eine Stoffmasse geschoben. Er bleibt daran hängen, etwa an dem alten Karthago und Salambo, an Spanien und der Judenvertreibung, an dem Bauernkrieg, Wallenstein. Jene Resonanz, von der ich sprach, hat geklungen, eine Affinität zwischen dem Autor und jener versunkenen Zeit ist bloßgestellt, oder hergestellt, und befestigt sich, je mehr ihm die Tatsachen zuströmen. Dem Autor kommt vor, er »verstehe« seine Epoche ausgezeichnet, er könne sie heraufbeschwören. Er hat nicht vor, in diesen Gräbern wie ein Archäologe zu wühlen, um ein Museum zu bereichern, sondern er will das Versunkene lebendig in die Welt setzen, den Toten die Münder öffnen, ihre vertrockneten Gebeine bewegen. Er fühlt sich dazu fähig, je mehr er ins Detail geht. Er ist im Stadium der Begeisterung, eines Zustands, der etwas vom Zustand des Siegfried aus dem Nibelungenlied hat, als er das Drachenblut schmeckte: er versteht die Sprache der Vögel. So kommt ihm vor, er »versteht« diese Zeit, und er wird sie in die Welt setzen – beinah meint er, er wird sie wieder zur Welt bringen. In diesem Stadium ist er trotz alledem kein Narr, sondern enorm klar und hellhörig. Es setzt nun die sehr charakteristische Auswahl aus dem Stoff ein, wobei schon im großen und ganzen die Linie des Buches festgelegt wird. So sieht es im Beginn aus. Der Autor fühlt, er kann sich ins Boot setzen und abfahren. Und er fährt ab.

Es geschieht nun etwas, was sich nicht sehr unterscheidet von der Entdeckungsfahrt des Kolumbus, obwohl im Roman leider keine Goldfelder am Horizont erscheinen. Der Autor rudert lustig los, und siehe da: alles wird anders. Es wird so, wie er es nie vorausgesehen hat. Alles verändert sich, man hat bestimmte Richtlinien mitgenommen, die Historie schreibt dies und jenes vor, aber viele Punkte passen nicht und andere braucht man nicht. Gewaltig viel wird über Bord geworfen. Und was bringt man nun zur Welt? Bringt man wirklich jene versunkene Zeit, die vorher solche Begeisterung auslöste, wieder zur Welt? Man glaubte, den Wallenstein, den König Philipp, den Bauernführer gut zu haben und zu kennen. Und jetzt, wo alles anscheinend »nur« verkörperlicht zu werden braucht, »nur« verleiblicht wird, verändern sich der Wallenstein und die andern. Sie sind durchaus nicht mehr die, an denen man sich festlas und die man beim Projektemachen im Auge hatte. Was ist das? Der Übergang einer Realität in eine andere. Der Übergang einer übernommenen Realität, einer bloßen schattenhaften Überlieferung in eine echte, nämlich ziel- und affektgela-

dene Realität. Der Eingang eines bloßen Stoffes in eine
feste Form und zugleich seine spezifische Umwandlung.
Das ist der eigentliche Augenblick des Romans.

Und fragen wir, was hier geschieht, so sehen wir: hier erfolgt etwas, was dem Historiker nicht passieren kann. Gebot
für den Historiker war: alle Fakten stehen lassen. Der Autor erhält andere Befehle: er durchlenkt und durchtastet
Zug um Zug seinen Stoff, und wenn er zugreifen will und
zugreift, so wird er nicht getrieben von einem wahnhaften
Objektivitätsdrang, sondern von der alleinigen Echtheit, die
es für Individuen auf dieser Erde gibt: *von der Parteilichkeit des Tätigen.*

Die leidenschafterfüllte Nähe des Autors zu seinem Stoff
ist da und läßt nicht mit sich spaßen. In dem Gegenüber mit
dem Stoff wird dem Autor, wenn auch nicht hell, bewußt,
was ihm eigentlich dieser Stoff bedeutet und was hier erfolgt: nämlich eine *Auseinandersetzung* auf besondere Art
und Weise, nämlich so, daß sie *nicht getrennt vom Stoff*
ist, sondern *in den Figuren* und *mit dem Handlungsablauf*
erscheint. Wir wissen, daß im Traum die Auseinandersetzung im Traummaterial und an ihm genau so erfolgt. Dem
Autor wird nicht ganz bewußt, was ihm eigentlich dieser
Stoff bedeutet, warum er hier seine Zähne hineinbohrt,
warum er dieser und jener Figur seine Stimme leiht, warum
er so merkwürdig diese und jene eigentümliche Situation
lebt. Je mehr der Stoff wirklich in guter Wahl gefunden
wurde, um so mehr und voller kann er sich selber, seine
ganze tätige Menschlichkeit in ihn hineinentfalten. Die
Stücke der Geschichte, die Teile, die er übernommen hat,
werden Stücke von ihm selbst, die herausgestellt werden,
und zwar hintereinander, und so ist dies eine wirklich sich
hinlebende und auslebende Welt.

Und mit dieser Belebung nach erfolgter Identifizierung zwischen Autor und Stoff ist noch etwas zweites erfolgt. Denn
wenn der Autor ein geöffneter und ganzer Mensch ist, so
hat er keine private Auseinandersetzung mit dem gewähl-
ten Stoff vorgenommen, sondern er hat das Feuer einer

heutigen Situation in die verschollene Zeit hineingetragen. Hier haben wir das, wonach wir immer suchten, die Realität und Echtheit des historischen Romans. Je mehr diese verschollene Zeit wirklich in ihm ihren Mann und Schlüsselträger gefunden hat, um so williger gibt sie sich ihm hin. Ungezwungen reihen sich die Ereignisse, und es ist so, als ob die blind hingestürzten Steine nur auf diesen Stab, den Stab des Lebenden, Leidenden, des Tätigen gewartet haben, um sich wieder zu einer Säule zu erheben.

So weit Menschliches reicht, menschliches Denken, Fühlen, gesellschaftliches Leben, so weit ist Echtheit in der Dichtung, also wahrer Zugang möglich. Denn wir sind aus keinem andern Holz als jene drüben in den Gräbern, und die Zustände und Einrichtungen, unter denen wir leben, machen es möglich, daß uns, zeitweise, auch die scheinbar ganz abweichenden drüben beherbergen.

VIII

Die beiden widersprüchlichen Triebkräfte
des heutigen Romans und ihre Träger

Ich greife zurück auf die im Beginn gemachte Feststellung: Der heutige Roman, nicht nur der historische, unterliegt zwei Strömungen, einer von der Märchenseite her, der anderen von der Berichtseite her. Das sind Strömungen, die nicht aus der Luft einer Ästhetik fließen, sondern aus der Realität unseres Lebens stammen. Wir tragen mehr oder weniger die Neigung zu beiden Strömungen in uns. Aber wir täuschen uns nicht, wenn wir sagen: die aktiven, fortschreitenden Schichten drängen heute nach der Berichtseite, die nicht aktiven, beruhigten und gesättigten nach der Märchenseite. Das ist gewiß eine sehr allgemeine, sehr vereinfachende Trennung, aber im großen und ganzen deckt sie sich mit dem, was wir beobachten. Wer wird wohl die angenehmen Mixturen von Romanen lieben und für dunstige blaue Dichtung schwärmen, sich an überlieferten Stilen und Sprachformen freuen und durchaus kein Interesse an Realitäten haben – wer anders als der, dem es gut geht und der es sich bequem machen will? Wohl auch die Unverbesserlichen, denen es schlecht geht und die es sich auch bequem machen wollen. Sie wollen Traum, Besänftigung und Trost. Und dagegen ließe sich nichts sagen. Aber sie wollen weiter nichts als das. Und dagegen läßt sich viel sagen. So fällt einer mehr bürgerlichen Masse der Spielroman zu, und die Aktiven der proletarischen Schichten wie die Kämpfer der bürgerlichen Schichten wollen die Berichte und Auseinandersetzungen aus dem Gebiet unseres persönlichen und gesellschaftlichen Lebens.

IX

Der historische Roman in der Literatur unserer Emigration. Welches ist heute die Parteilichkeit des Tätigen?

Es ist schließlich Zeit zu fragen, wie das Gespräch heute überhaupt auf den historischen Roman kommt.
Viele von uns leben in der Emigration. Eine Gesellschaft, mit deren Schicksal wir verwachsen sind und deren Sprache die unsrige ist, umgibt uns nicht. Wir sind aus dem Kraftfeld der Gesellschaft, in der wir lebten, wenigstens physisch, physikalisch, entlassen und in kein neues eingespannt. Da finden sich wenige Dinge, die der Tätige braucht und die ihm als Lebensreiz dienen. Ein großer Teil des Alltags, der ihn umgibt, bleibt ihm, wenigstens lange Zeit, stumm. Das ist so in allen Emigrationen. Hier entsteht ein gewisser Zwang zum historischen Roman, für den Erzähler. Es ist eine Notlage. An sich ist der historische Roman selbstverständlich keine Noterscheinung. Aber wo bei Schriftstellern die Emigration ist, ist auch gern der historische Roman. Begreiflicherweise, denn abgesehen vom Mangel an Gegenwart, ist da der Wunsch, seine historischen Parallelen zu finden, sich historisch zu lokalisieren, zu rechtfertigen, die

Notwendigkeit, sich zu besinnen, die Neigung, sich zu trösten und wenigstens imaginär zu rächen.

Wir hatten auch schon vor der Zeit unserer Auswanderung Emigration zu Hause. Man kann Emigrant im eigenen Lande sein. Und solche Emigranten waren nicht nur viele Schriftsteller in Deutschland, sondern ganze Volksteile, nämlich die, die in gewollter oder gemußter politischer Abstinenz lebten. Wir hatten in Deutschland sehr viel mystische, religiöse und märchenhafte Literatur, die Literatur der Verklärer, der Skeptiker, der Untätigen, viele scheinobjektive Darstellungen. Wir hatten wenig aktive Literatur, die der Parteilichkeit des Tätigen entstammte, welche neu aufgedeckte Gegenwart persönlicher oder gesellschaftlicher Art oder Auseinandersetzung mit ihr gab. Historische Romane gab es in Deutschland viel, von Leuten, die keine Emigranten waren, aber was waren das für welche? Da waren die Erfolgsromane des Ägyptologen Ebers, dann die Romane aus der Römer- und Gotenzeit von Felix Dahn, dann die historischen Bücher von Gustav Freytag: *Die Ahnen.* Warum sind diese Bücher so verstaubt? Nicht wegen der literarischen Unfähigkeit ihrer Verfasser, denn es waren ausgezeichnete Könner dabei. Sondern weil die Autoren durch die politische Kastration, der der Deutsche unterlag, unfähig wurden, historische Stoffmassen zu mobilisieren. Sie drangen daher nicht zu jener einzigen Echtheit vor, die dazu befähigt, nämlich zu der kraftvollen Parteilichkeit des Tätigen, zum Willen des Leidenden und Aggressiven, sie wollten ja nur billigen und verherrlichen. Sie waren einverstanden.

Wir sind nicht einverstanden. Und ich habe vom historischen Roman gesprochen. Mein Thema lautet: *Der historische Roman und wir.* Ich hebe jetzt noch das *Wir* hervor.

Der Leser und Hörer setzt sich zum Roman hin, und es ist *seine* Sache, die er da erfahren will. Es geht um ihn, mehr oder weniger deutlich. Der Autor ist ihm genehm, wenn er ihm *seine* Sache vorträgt. Welches ist heute unsere Sache, die des Autors und des Lesers, welches sind die Prinzipien, mit denen man historische Stoffe wählt, durchdringt und tätig gestaltet? Wenn wir nur einen Augenblick um uns blicken, sind wir darüber im klaren.

Schon drüben im Lande, das wir verlassen haben, wie haben wir nicht nur die Wirtschaftsanarchie, den blödsinnigen Kampf aller gegen alle gesehen, sondern dabei die Ratlosigkeit und Haltlosigkeit der Menschen, ihre innere Leere, den schauerlichen Nihilismus, der alle Gebiete durchdrang und dahin führte zu leben, wie man es konnte, gleichgültig gegen den Nächsten, faul, bequem bei sich selbst. Dabei dieses immense Hinkümmern großer und kräftiger Volksmassen, die voll des Besten steckten, aber abgeschnitten waren nicht nur von einem wirklich politischen Leben, sondern auch von der Teilnahme an der Kultur und vergiftet durch das quälende Gefühl, enterbt zu sein und ohne Hoffnung enterbt zu bleiben. Da konnte nur Haß und Rachsucht wachsen. Und diesem schrecklichen, aber natürlichen Haß gegenüber lebte der Herrenstandpunkt. Die absterbende Herrenklasse warf ihre frechen und hochmütigen Urteile über die Masse des Mittelstandes, des Bürgertums, das sich diese Urteile selig zu eigen machte. Die Masse erfuhr niemals, was wirklich eine Gesellschaft ist, weder in der Schule noch draußen. Statt dessen fing man sie ein und berauschte sie mit Vorstellungen aus der Sphäre des Herren und des Knechtes, mit den Vorstellungen der Gewalt, des Kriegs, der Technik, des Erfolges, des Rekords. Die natürliche Liebe jedes Menschen zu dem Boden, auf dem er lebt, zu den Menschen, mit denen er aufwächst, fälschte man um in einen Haß auf Nachbarn, in die Besitzwut um Grenzen.

Die Entlarvung und Anprangerung dieser ungeheuerlichen Entartung, das ist das Eine, was dem, der heute schreiben will, mit auf den Weg zu geben ist – als Aufgabe und Kraft, die den Zauberstab bewegt. Es ist das Negative.

Positiv: die Autoren haben sich weit aus der Sphäre der Gewalt, der Menschenverachtung und der Grausamkeit zu entfernen. Sie haben die Feigheit und die bequeme Unklarheit zu vermeiden. Das Schreckliche ist nicht um seiner selbst willen aufzusuchen, sondern als abscheulich und entartet zu zeichnen. Der unermüdliche Kampf aller Menschen, besonders der Armen und der Unterdrückten, um Freiheit, Frieden, echte Gesellschaft und um Einklang mit der Natur, gibt genug Beispiele für Tapferkeit, Kraft und Heroismus. Und wer sie aufsucht, wird in jeder Epoche mehr davon finden, als die toten Menschen drüben, die armseligen Gehäuse der Gewalt, ahnen.

HEINRICH MANN

An Johannes R. Becher

2. April 1937
18, rue Rossini
Nice (France)

Lieber, sehr verehrter Herr Joh. R. Becher,
anbei die beiden Briefe.
Inzwischen gingen 5000 Francs ein, was aber nach der wiederholten Abwertung des Franc dem fälligen Betrag von 2.190 Rbl. wohl kaum entspricht.
Seien Sie herzlich bedankt für Ihre Hilfe.
In einigen Tagen fahre ich nach Paris. Dort werde ich wohl das Nähere über den Schriftsteller-Kongreß erfahren und natürlich dringe ich auf Ihre Einladung, die aber ohnedies nicht ausbleiben wird. Das ist für uns alle wichtig.
Die Züricher Zeitschrift geht bemerkenswerter Weise von französischer Seite aus. Meinem Bruder wurde die literarische Leitung angetragen. Die Zeitschrift wird, soviel ich weiß, rein literarisch sein und sich der Produktion der emigrierten Schriftsteller widmen. Mir scheint, daß davon Ihre *I. L.* wenig berührt wird. Keine andere Zeitschrift kann ein Gesicht haben wie Ihr Januarheft. Bleiben Sie bei der

internationalen Haltung und verstärken Sie noch, dann halte ich es für das Sicherste. Ich hoffe mich nicht zu irren.

Was soll ich zu Ihrem kühnen Gedanken hinsichtlich des Nobelpreises sagen. Ich freue mich Ihrer Freundschaft und Anerkennung, auch wenn das Preis-Comité von diesen Gefühlen einigermaßen entfernt sein sollte. Eine, vor allem eine Chance sehe ich in dem Hitlerschen Verbot an die Deutschen, den Preis anzunehmen. Das könnte das Comité dazu verführen, ihn einem Antifascisten zu geben.

Hinzu kommt, daß eine meiner kennzeichnendsten Arbeiten, der *Henri IV.*, gerade jetzt überall im Erscheinen begriffen ist: bei Ihnen, wie auch in London (Secker) und New York (Knopf). In diesem Augenblick ist für die französische Ausgabe abgeschlossen. Die italienische liegt vor. Viel Geld hat das alles noch nicht gebracht, aber ungewöhnlicher Weise sind einige der Verleger »begeistert«. Wenn der internationale Erfolg wirklich einträte, wäre gerade hiermit auf das Stockholmer Comité vielleicht Eindruck zu machen. Allerdings wird es seine Entscheidung getroffen haben, bevor das Buch überall erschienen ist.

Sie setzen sich gewiß in Verbindung mit Willi Münzenberg. Er selbst hält den Plan für nicht ganz aussichtslos und hat mehrere Franzosen, auch Malraux, veranlaßt, mich vorzuschlagen.

Ich kann Ihnen nur den Ausdruck meiner Dankbarkeit wiederholen. Lassen Sie mich über meine – und Ihre – Angelegenheiten bald Neues hören.

Meinen besten Gruß an Herrn Dinamov. Ich weiß nicht, ob mein Brief an Herrn Nakariakoff den Vorabdruck betreffen sollte. Daher behalte ich ihn zurück. Wollen Sie ihn fragen, wie und wie oft die beiden Vorabdrucke honoriert werden?

> Ich begrüße Sie freundschaftlich.
> Ihr
> H. Mann

Wir werden eine historische Gestalt immer auch auf unser Zeitalter beziehen. Sonst wäre sie allenfalls ein schönes Bildnis, das uns fesseln kann, aber fremd bleibt. Nein, die historische Gestalt wird, unter unseren Händen, ob wir es wollen oder nicht, zum angewendeten Beispiel unserer Erlebnisse werden, sie wird nicht nur bedeuten, sondern sein, was die weilende Epoche hervorbringt oder leider versäumt. Wir werden sie den Mitlebenden schmerzlich vorhalten: seht dieses Beispiel. Da aber das Beispiel einst gegeben worden ist, die historische Gestalt leben und handeln konnte, sind wir berechtigt, Mut zu fassen und ihn anderen mitzuteilen.

Der historische Roman gehört in gewissen Fällen zum letzten, das einer machen lernt. Er hat ein Zeitalter, oder schon mehrere, miterlebt, die Wandelbarkeit der Menschen und Völker ist ihm nachgerade vertraut; er täuscht sich kaum noch über ihre Beauftragten, die für eine Gesamtheit dastehen und vielleicht groß heißen. Ihre Größe ist vor allem angewiesen auf die Nation, von der sie ausgehen und die ihr Mittel ist, wie sie selbst das Werkzeug der Nation sind.

Das ist der Fall Bismarck, wenn man ihn angesichts des heutigen Deutschland nochmals untersuchen wollte. Was ist seither aus Bismarck geworden? Einst hat er einen Staat begründet, der ganz im Gegensatz zu der deutschen Vergangenheit dauerhaft begrenzt sein sollte. »Saturiert« nannte er sein Reich und erzog seine Deutschen, soviel er nur konnte, für ein »Kleindeutschland«, hielt sie an, eine endgültige Volksfamilie zu bilden. Ihre tausendjährige Art war gewesen, in unbestimmte Weiten auszuschweifen, die ganze Welt für deutsch anzusehen, während man bei sich zu Hause gar nichts bedeutet. Das dachte Bismarck den Deutschen abzugewöhnen. Sich beschränken und als eine vollendete Nation die älteren einholen: das war seine Lehre, wenn die Deutschen sie von Grund auf begriffen hätten.

Das haben die Deutschen nicht vermocht, wie jetzt zutage liegt. Er hat das deutsche Laster, ein »Volk ohne Raum« sein zu wollen, keineswegs ausgetrieben. Sein Kleindeutschland, eine wohlbedachte Schöpfung, sie halten es längst wieder für unzulänglich. Ihr Ziel ist nicht die gefestigte Volksfamilie, sondern, wie je, die internationale Ausschweifung, die fortwährende Störung Europas und ein Reich, das, unförmlich erweitert, mit der Auflösung enden muß. So sieht der historische Mißerfolg aus. Von dem Nachfolger, der heut an seiner Stelle steht, wird Bismarck begönnert als ein Anfänger ohne den ganz großen Erfolg. Er hatte aber alles getan, um »Erfolge« wie die seines mißbräuchlichen Nachfolgers für immer unmöglich zu machen. Das ist mißlungen, und der Name Bismarck trägt davon den Schaden. Er sieht nachgerade wie eine mittlere Figur aus – an ihm liegt es nicht. Die Nation, von der er ausgehen mußte, hat es dahin gebracht.

Der echte große Erfolg scheint untrennbar von tragischen Zwischenfällen. Sind der geistige Erneuerer und der Mann der Tat in derselben Person vereint, dann bleibt ein gewaltsamer Tod für sie immer zu befürchten. Lenin ist so gestorben, und auch Henri von Frankreich, der einzige König, der in den tiefen Schichten seines Volkes fortlebt, seit dreihundert Jahren. Anders als Bismarck hatte er ein Volk, das ihm unmittelbar verwandt und begabt war, ihn richtig zu verstehen – nicht sogleich und auch im Verlauf der Handlung nicht ausdrücklich, eher mit den stummen Herzen. Gleichwohl traf dieser König es glücklich, er konnte den Grund legen für die gefestigte Volksfamilie und den demokratischen Volksstaat, zwei unverlierbare Angelegenheiten. Das Volk hat sie, was dann auch dazwischenkam, doch immer im Sinn behalten.

Alles, was das Volk bedrückte, hat auch er ausgestanden: die Armut, die Verfolgung und leibliche Gefahr, das ungeschützte Land, den Zwang des Gewissens. Um so besser war er berufen, die Armen satt, das Land und die Gewissen frei zu machen. Er wurde von den Mächtigen, die er enteignete, furchtbar gehaßt, während die Liebe des Volkes seine Dienste viel langsamer belohnte. So gehört es sich. Was lange nachhalten soll, dringt spät durch.

Er hat die Gemeinen erhöht, womit er die herrschende Klasse um ebensoviel erniedrigte. Er begab sich, wie er sagte, unter die Vormundschaft seiner Stände, wenn auch mit dem Schwert zur Seite. Er erkannte sein Recht darin, daß er sowohl Prinz als Volk war. Die Rechte des Volkes sind den Weg über die Majestät gegangen – die von ihrem ersten Vertreter als die Verherrlichung des Menschen selbst gemeint war.

Sein berühmtes Edikt von Nantes sollte nicht allein die Geister und Gewissen befreien: seine Folgen waren sozial. Er hat soziale Ideen betätigt, ihr Gelingen lag fern, erst heute erfaßt man sie wieder. Seine europäische Politik war auf die Einheit gleichberechtigter Nationen gerichtet, alle späteren Versuche gehen auf den seinen zurück. Die moderne Welt beginnt mit ihm, ein lebensgefährlicher Beginn, aber er unternahm ihn fröhlich trotz der Wahrscheinlichkeit, daß er fallen müsse.

Er behielt, bei all seiner begründeten Furcht vor dem Messer, die tief innere Freudigkeit, wie nur das Volk und die schöpferischen Naturen sie kennen: beide in dem Gefühl, daß schließlich nichts und niemand sie umbringt. Seine unermüdliche Liebe zu den Frauen, wovon gemeinhin mehr die Rede ist als von seiner Liebe zum Volk, hat dieselbe Wurzel. Die ungewöhnliche Stärke seiner väterlichen Triebe zeigt an, wie sehr sein Herz für die Menschen schlug. Er besaß mit ihnen die triebhafte Verbindung, die allein den großen Plänen der Vernunft die Aussichten eröffnet und einer Persönlichkeit erst Dauer verspricht.

Durch ihn handelte ein Volk, hätte damals anders nicht zu handeln vermocht. Wer den Roman dieses Königs schreibt, wird aus vielen und eigentlich aus allen Seiten das Gesicht des Volkes hervorblicken lassen: das wechselvolle Gesicht eines hin und her geworfenen Volks. Das eine Mal erkennt das Volk in dem König seinen Mann und trägt ihn. Das andere Mal bleibt es hinter ihm zurück, oder er hinter sich selbst. Das moralische Gesetz des Romans wird sein, einen Menschen, der für außerordentlich viele einsteht, sogar in seinem Versagen, seinen Abschwörungen als den Vollstrecker des Zeitalters zu begleiten. Die Höhe seines Lebens ist weithin sichtbar herzustellen vermittels eines Aufstieges, der nicht nur von außen gesehen fragwürdig ist. Der Berufene wird selbst seiner Fragwürdigkeit bewußt. Er empfindet sie um so mehr bei seinem folgenden Abstieg von der Höhe; was nicht hindert, daß er erst dort die kühnste Fruchtbarkeit erweist. Der Verfall und das nahe Ende begünstigen merkwürdig einen neuen Anfang; die Vollendung des Unternommenen läge jenseits des Grabes.

Das Verhältnis des Königs Henri zu seinem Volke lehrt, wie ungewiß unser Sinnen und Trachten ist; einige Gewähr bekommt es nur durch unsere Redlichkeit und Festigkeit. Die unbeirrte Zuversicht, für sehr viele einzustehen, wäre das beste; aber gerade in diesem Betracht bleiben Zweifel nicht aus. Der Zweifel ist eigentlich der ständige Begleiter der Festigkeit: das macht ein großes Leben schwer erklärbar. Halten wir uns, zum Verständnis der Vorgänge, an die einfachsten Sätze. Ich habe sie für einen französischen Sender aufgeschrieben. Er gab sie weiter, hier sind die wichtigsten nochmals:

»Henri IV. ist der größte König, den Frankreich und Europa gehabt haben, denn von allen Königen ist er der vollständigste Mensch. Henri ist für die Majestät, was Lionardo und Michelangelo für die Kunst sind, Montaigne für das Wissen vom inneren Menschen. Sie sind als erste gekommen, haben die modernen Zeiten sogleich zusammengefaßt, sind niemandes Erben, und man übertrifft sie nicht.

Der Humanismus des Königs bedeutet, daß, nach dem lateinischen Wort, nichts Menschliches ihm zu gering war. Humanismus heißt, den Menschen kennen und von einer umfassenden Sympathie für das Leben erfüllt sein. Daher sein Bemühen, seine Franzosen völlig zu gestalten, zuerst aber, sie besser zu nähren.

Für leichtherzig habe ich ihn nicht gehalten. Die großen Freunde der Menschheit tragen auf dem Grunde der Seele viel Traurigkeit. König Henri konnte fröhlich sein, weil er schaffensfroh war und weil die schöpferischen Naturen äußerst am Leben hängen.

Auch die Frauen liebte er im Bewußtsein der immer gegenwärtigen Drohungen: seine Erinnerungen gingen zurück auf die Bartholomäusnacht. Hat er nicht frühzeitig vorausgefühlt, daß seine größte Liebe, für Gabrielle, mit einer Katastrophe enden würde, ebenso wie sein tatbereiter Humanismus ihn einem tragischen Tode weihte? Da ist einer, der den Verrat erfahren soll, und behält zum Schluß als seinen wirklichen Freund den Minister Sully, der an ihm über das eigene Maß herangewachsen war, verstand nur das Eigentliche nicht. Auf allen Bildern des fertigen Mannes hat Henri dieselben großen, schmerzlichen Augen.«

Soviel über die Gestalt und die Lehren, die ihr vielleicht zu entnehmen sind. Kann nun ein Volk aus der Geschichte des anderen lernen, dann müssen wir gleichfalls nach den einfachsten Sätzen suchen. Die Deutschen haben in ihrem »Dritten Reich« die Erlaubnis nicht, die beiden Romane von der *Jugend* und der *Vollendung* des französischen Königs zu lesen, sonst sollten die Romane ihnen sagen: Gebt euch nicht voreilig hin! Hier hat einer lange dienen und sich vor seinem Volk bewähren müssen, bis es ihn anerkannte als seinesgleichen – gewiß hinausgeschoben über andere, aber bescheiden und stolz genug, um für sie arbeiten zu wollen, nur insofern auch für sich, was ein Merkmal der wahren Größe ist. Falsche Größen arbeiten für sich allein, sie opfern die Völker ihrem unanständigen Gelüst und leeren Wahn.

Das Volk von Frankreich hat während der Herrschaft seines Königs Henri einige Duldsamkeit der Meinungen in sich ausgebildet mitsamt dem Sinn für Gerechtigkeit und Freiheitsliebe. Die Anlagen brachte es wohl mit, seine spätere Geschichte ist von ihren Wirkungen voll. Die letzte Wirkung der Anlagen, die im Grunde jedes Volk hat, wäre, daß es wirklich die gesamte Macht selbst ausübt, nach der Beseitigung der vorigen Mächte. Andernfalls bleibt es auf Zufälle angewiesen und auf einen Herrscher, der fühlt wie das Volk und des Glaubens ist, die Welt könne allein durch die Liebe gerettet werden.

Die ganze europäische Welt, nicht sein Frankreich allein, hat gegen das Ende des Königs Henri von ihm das Höchste erhofft. In Deutschland wurde für ihn gebetet, was aber nicht verhindert hat, daß ihn das Messer traf und daß der Dreißigjährige Krieg, den er aufgehalten hätte, ausbrach.

Das Auftreten eines guten Herrschers und sein Erfolg bleiben unverbürgt. Heute erscheint es als ein Wunder, daß einer vor dreihundert Jahren »die Gemeinen« erhöht haben soll, und sogar schon mit der Verstaatlichung des Außenhandels ging er um. Für alles zusammen traf ihn zuletzt das Messer. Demokratie und Sozialismus, das Sicherste wäre, die Völker verwirklichten sie selbst.

GEORG LUKÁCS

Die Jugend des Königs Henri Quatre

Ohne Zweifel ist dies der weitaus bedeutendste historische Roman, den die antifaschistische Literatur der deutschen Emigration bisher produziert hat. Und da bekanntlich der historische Roman immer stärker in den Mittelpunkt der Produktion der antifaschistischen Emigration aus Deutschland gerückt ist, bedeutet dies so viel, daß wir das bedeutendste literarische Produkt dieser Literatur vor uns haben.

Heinrich Manns neuer Roman unterscheidet sich gleich thematisch außerordentlich stark von den Werken anderer hervorragender antifaschistischer Schriftsteller. Die Schwäche des historischen Romans unserer Tage ist im allgemeinen die Zufälligkeit ihrer Thematik. Dies hat sehr verschiedenartige Gründe. Der hervorragendste ist die Armut der deutschen

Geschichte selbst an großen revolutionären Ereignissen, an bedeutenden historischen Figuren, die den menschlichen Fortschritt in einer so prägnanten Weise vertreten hätten, daß ihre Gestalt auch heute noch volkstümlich geblieben wäre. Dieser objektiv ungünstige Umstand wird noch dadurch in seiner Wirkung gesteigert, daß im Laufe der letzten Phasen der deutschen Entwicklung die revolutionär-demokratischen Traditionen immer stärker verblaßt und dadurch bedeutende progressive Gestalten der deutschen Geschichte so gut wie vollständig in Vergessenheit geraten sind. Die antifaschistische Emigration hat diese Schwäche der deutschen demokratischen Entwicklung bis jetzt nicht vollständig überwunden. Der mitunter stark abstrakte Humanismus vieler ihrer bedeutenden Vertreter führt sie von einer konkreten Neubearbeitung der deutschen Geschichte aus dem Geiste der Demokratie weg. Sie schreiben in ihren historischen Romanen zumeist weniger eine *konkrete Vorgeschichte der Gegenwart* selbst, wie es der klassische historische Roman getan hat, sondern eher eine *Vorgeschichte jener Ideen*, die sie als die die Gegenwart beherrschenden Ideen ansehen.

Diese ideologische Einstellung paart sich bei den bedeutendsten heutigen deutschen Schriftstellern mit einem leidenschaftlichen Interesse an den Problemen der Gegenwart, mit dem leidenschaftlichen Bestreben, durch ihre Werke unmittelbar in die großen Kämpfe unserer Tage einzugreifen. Dies bringt aber bei der Zufälligkeit der historischen Thematik die Gefahr mit sich, daß die Ideen der Gegenwart allzu direkt in die vergangenen Ereignisse und Gestalten hineingetragen werden. Dadurch wird die Zufälligkeit der historischen Thematik noch gesteigert. Die Geschichte wird mitunter zu einem bloßen Kostüm, zu einem bloßen Anlaß, aktuelle Probleme des heutigen Tages kämpferisch zu propagieren.

Auch Heinrich Mann wählt sein Thema nicht aus der deutschen Geschichte. Wenn er aber die Entstehung des einheitlichen Staates in Frankreich aus den großen Bürgerkriegen zwischen Katholiken und Protestanten schildert, so folgt er einer alten *deutschen* demokratischen Tradition. Schon die bedeutenden Vorkämpfer der demokratischen Entwicklung Deutschlands, vor allem Börne und Heine, haben dem in der bürgerlichen Entwicklung zurückgebliebenen deutschen Volk stets das französische Vorbild entgegengehalten. Ihre Propaganda der französischen Ideen, der französischen Geschichte, der französischen Demokratie usw. war ein wichtiges und richtiges Kampfmittel in dem bürgerlich-demokratischen Versuch, die Vereinigung Deutschlands »von unten«, durch das Volk selbst, durch eine bürgerliche Revolution ideologisch vorzubereiten. *Die deutsch-französischen Jahrbücher* des jungen Marx waren kein isoliertes Experiment, sondern die Krönung einer jahrzehntelangen demokratischen Entwicklung. Sie haben die Ideen der revolutionären Demokratie in Deutschland auf den höchsten Punkt der theoretischen Klärung erhoben; sie haben die Rolle des Proletariats in der sich vorbereitenden bürgerlich-demokratischen Revolution in Deutschland theoretisch klar fixiert.

Von diesem Standpunkt muß man die französische Thematik in der deutschen Literaturgeschichte betrachten. Schon Schiller war gezwungen, jenes seiner Dramen, in welchem die Sehnsucht nach der staatlichen Vereinigung Deutschlands am stärksten zum Ausdruck kam, die *Jungfrau von Orleans*, historisch in die französische Geschichte zu verlegen. Und später haben bedeutende Dramatiker wie Georg Büchner in *Dantons Tod* oder Grabbe in *Napoleon* der miserablen deutschen Gegenwart die großen Vorbilder der französischen Geschichte entgegengehalten.

Engels hat in seiner brieflichen Kritik von Mehrings *Lessing-Legende* diesen Standpunkt mit außerordentlicher theoretischer Klarheit formuliert. Er sagt:

»Beim Studium der deutschen Geschichte, die ja eine einzige fortlaufende Misere darstellt, habe ich immer gefunden, daß der Vergleich der entsprechenden französischen Epochen erst den richtigen Maßstab gibt, weil dort das gerade Gegenteil von dem geschieht als bei uns. Dort die Herstellung

des Nationalstaats aus den zerstreuten Gliedern des Feudalstaats, gerade als bei uns der Hauptverfall eintrat. Dort
eine seltene objektive Logik in dem ganzen Verlauf des
Prozesses, bei uns öde und stets ödere Zerfahrenheit.«

Es ist gleichgültig, wie weit Heinrich Mann alle diese Traditionen bekannt gewesen sind. Er hat jedenfalls mit sicherem, dichterischem und demokratischem Instinkt ein Thema
gewählt, das im höchsten Sinne des Worts aktuell und zugleich national, zugleich volkstümlich ist. Gerade in der
Periode, wo die nationale Demagogie des Faschismus sich
besonders wütend austobt, ist es wirklich aktuell und national, auf die Entstehungsgeschichte der modernen bürgerlichen Staaten zurückzugehen, die Ursachen ihrer heutigen
Beschaffenheit durch die schriftstellerische Gestaltung ihrer
Entstehungsgeschichte aufzudecken und zu entlarven. Heinrich Mann wählt eine entscheidende Epoche der französischen Geschichte, um die noch heute ideologisch wie politisch nachwirkenden Schwächen der deutschen Entwicklung
durch ein positives Gegenbeispiel zu bekämpfen.

Diese Positivität ist ein durchgehendes Kennzeichen dieses
letzten Werkes von Heinrich Mann. Es stellt nicht nur der
barbarischen Reaktion in Deutschland eine positive, progressive, sich aufwärts bewegende Periode der französischen
Geschichte gegenüber, sondern kontrastiert zugleich mit der
barbarischen Mißachtung, mit dem barbarischen Zertrampeln aller Menschlichkeit in Deutschland die *positive* Figur
eines Helden, der zugleich Humanist und bedeutender Politiker, politischer Vertreter der progressivsten Ideen seiner
Zeit ist.

Diese positive Figur des jungen Henri IV. ist das dichterisch
Bedeutendste an diesem Werk. Es ist – trotz seiner breiten
Schilderungen der ganzen Epoche – mehr das Portrait eines
einzigen Helden, als die entfaltete Darstellung seiner Zeit.
Und diese Figur zeigt tatsächlich einen außerordentlich hohen Grad der dichterischen Gestaltungskraft. Heinrich
Mann verfolgt in diesem Roman die Entwicklung seines
Helden von seiner Kindheit an bis zu dem Moment, in

welchem er bereits die besten Kräfte Frankreichs um seine
Fahne vereinigt und im Begriffe steht, den Bürgerkrieg
siegreich zu vollenden, die Vereinigung Frankreichs zu einem einheitlichen Staat seiner Vollendung wesentlich näher-
zubringen. Den endgültigen Sieg Henri IV. behandelt der
zweite, noch nicht vollständig veröffentlichte Teil dieses
Romans.

Die Figur Henri IV. wird mit großer dichterischer Liebe
geschildert. Heinrich Mann entfaltet seinen ganzen schriftstellerischen Reichtum in der Schilderung dieser Gestalt,
und seine heute erreichte große Reife verhilft ihm auch
dazu, eine wirklich positive Heldenfigur zu schaffen, die
bei aller Positivität niemals schematisch wirkt, niemals zu
einem bloßen Verkünder der Ideen seines Dichters erstarrt.
Die große Kunst Heinrich Manns besteht vor allem darin,
daß es ihm gelingt, seinen Helden *von seinen positiven Eigenschaften aus* zu einem lebendigen Menschen zu gestalten.
Die positiven Figuren der modernen Dichter leiden nämlich
zumeist daran, daß ihre positiven Eigenschaften allgemein
und abstrakt bleiben; werden sie trotzdem lebendig, so geschieht es durch eine schriftstellerische Verlebendigung ihrer
Fehler und Schwächen. Heinrich Mann ist es dagegen geglückt, gerade das Positive an seinem Helden menschlich
lebendig zu machen. Selbstverständlich zeigt Heinrich
Mann – und sogar sehr breit – viele menschliche Schwächen seines Helden. Aber diese Schwächen verblassen vor
den großartigen moralischen und intellektuellen Fähigkei-
ten. Und die große Kunst Heinrich Manns äußert sich vor
allem darin, daß er diesen Tugenden, zum Beispiel der
Klugheit, der Tapferkeit Henris IV., einen ganz persönlichen individuell prägnanten Charakter zu geben vermag.

So entsteht zum erstenmal in der modernen deutschen Literatur die Figur einer positiven Führergestalt, eines volks-
tümlichen Helden, der durch eigene menschliche Qualitäten
eine große Volksbewegung zum Siege zu führen imstande
ist. Es bedarf keiner ausführlichen Kommentare, um klar-
zumachen, eine wie große *politische* Bedeutung eine solche

Gestaltung unter den Bedingungen des antifaschistischen Kampfes besitzt. Die antifaschistischen Schriftsteller haben den lügenhaften und demagogischen Führerkult, der von der nationalsozialistischen Publizistik mit Hitler getrieben wird, oft treffend entlarvt, mitunter mit ausgezeichneten satirischen Mitteln verhöhnt. Aber Heinrich Mann ist der erste unter den antifaschistischen Schriftstellern, dem es gelungen ist, eine wirkliche positive volkstümliche Führergestalt zu schaffen. Das dichterische Gelingen dieser Figur hat also heute eine außerordentliche politische Bedeutung. Es entlarvt nicht nur noch wirksamer die Lügenhaftigkeit der faschistischen Propaganda, als es die direkte Polemik oder Satire zu tun imstande ist, sondern es gibt auch der Sehnsucht breitester deutscher Volksmassen einen dichterisch wirksamen Ausdruck.

Der Roman Heinrich Manns ist im wesentlichen als eine *Biographie* seines Helden entworfen. Diese Form enthält sowohl die großen Vorzüge wie die zeitbedingten Schwächen dieses bedeutenden Werkes. Es gelingt Heinrich Mann mit sehr großer Kunst, die Entwicklung seines Helden uns menschlich nahezubringen. Mit besonderer psychologischer Feinheit gestaltet er die schweren Jahre, die sein Held am Hofe von Catharina de Medici als Gefangener verbringt, in welcher Zeit er zum Manne heranreift. Wir erleben mit seinem Helden die Greuel der Bartholomäusnacht, die fast zufällige Rettung des Lebens des jungen Henri von Navarra, die Reihe der Demütigungen, die er am Hofe durchmachen muß, die wachsende Schlauheit, mit der er sich an den Hof äußerlich anpaßt, die vielen vergeblichen Fluchtversuche, bis er endlich so weit ist, sich zu seinen protestantischen Genossen zu retten. Darauf wird sehr ausführlich und interessant der Aufstieg des jungen Königs von Navarra im Laufe des französischen Bürgerkriegs geschildert.

All dies steht dichterisch auf einer sehr großen Höhe. Und doch liegt darin, daß Heinrich Mann die heute moderne biographische Form der Darstellungsart gewählt hat, die

333

Schwäche seines Werkes ... Diese Schwäche zeigt sich vor allem darin, daß die Gestaltung des Volkes selbst zu kurz kommt. Weil der Autor alle Ereignisse auf die Erzählung der Biographie seines Helden konzentriert, kommen die Gestalten aus dem Volk im Roman nur insofern vor, als sie mit dem Helden *unmittelbar* in Beziehung stehen. Das hat den schriftstellerischen Nachteil, daß diese Figuren nur flüchtig gezeichnete Episodengestalten sein können; ihre Berührung mit dem Helden hat in den meisten Fällen einen anekdotischen Charakter. Die großen Volksströmungen der Zeit können auf diese Weise nicht in ihrer selbständigen Bewegung gestaltet werden. Es wird über sie stets nur verhältnismäßig kurz und darum notwendigerweise etwas abstrakt referiert. Während wir also die Entwicklung des Helden in ihrer lebendigen Bewegtheit miterleben, lernen wir das Volksleben zumeist nur in lebendigen nackten Tatsachen kennen.

Mit dieser Schwäche, die der biographischen Formgebung entspringt, hängt eng zusammen, daß auch die großen historischen Gegenspieler des Helden gestalterisch zu kurz kommen. Das bezieht sich in erster Reihe auf die bedeutende und interessante Figur der Catharina de Medici. Bei Heinrich Mann erscheint sie zuweilen als das verkörperte böse Prinzip. Ihre Eigenschaften als Politikerin – die zum Beispiel Balzac so hoch einschätzte, daß er eine eigene große Studie über sie schrieb – kommen überhaupt nicht zur Geltung. Insbesondere wird nicht gestaltet, daß auch sie ein Kämpfer für die nationale Vereinigung Frankreichs, gegen die feudale Zersplitterung war, daß also Henri IV. – selbstverständlich mit ganz anderen Mitteln – im gewissen Sinne ihr Lebenswerk fortsetzte.

Heinrich Mann macht aus ihr eine Verkörperung des »Macchiavellismus«. Er übersieht, daß die Figur und die eigentliche Lehre von Macchiavelli selbst in der Kampflinie der Verwirklichung der nationalen Einheit stand. Die abstrakte Verallgemeinerung seiner Theorien, der sogenannte »Macchiavellismus«, entstand zwar sehr bald, hat sich rasch all-

gemein verbreitet, ist aber nichtsdestoweniger eine Verfäl-
schung. »Es ist höchst unvernünftig« – sagte der junge Hegel, als er um Klarheit über die Ursachen der Zerrissenheit
Deutschlands und über den Weg zur nationalen Einheit mit
sich rang, in bezug auf Macchiavelli – »die Ausführung
einer Idee, die unmittelbar aus der Anschauung des Zustands Italiens geschöpft ist, als ein gleichgültiges, für alle
Zustände, d. h. also für keinen Zustand, passendes Kom-
pendium von moralisch-politischen Grundsätzen zu behandeln«. Dies hat in Deutschland (sehr heuchlerisch, sehr im
Widerspruch zu seiner eigenen späteren Praxis) vor allem
der junge Friedrich II. von Preußen getan.
Heinrich Mann unterliegt nun bei der Gestaltung der Catharina de Medici der Verführung solcher Traditionen. Welt-
anschaulich infolge seines humanistischen Kampfes gegen
jede unmoralisch-barbarische Art der Politik. Künstlerisch
infolge der einseitigen Konzentrationen der positiven Zeit-
tendenzen auf die Figur seines mit Recht geliebten Helden.
So entsteht freilich eine geradlinige und durchschlagskräf-
tige Polemik. Uns scheint aber, daß auch diese packender
und tiefer geworden wäre, wenn wir *alle* Zeitströmungen in
ihrer ganzen Kompliziertheit und Verschlungenheit vor uns
sähen.
Nur ein Beispiel. Heinrich Mann zeigt etwa, wie unzufrie-
den Cathérina darüber wird, daß sie nach und infolge der
Bartholomäusnacht politisch zur Gefangenen der katholischen Partei, der Guisen geworden ist. Dies erscheint im
Roman aber als das bloß persönliche Mißgeschick einer
Intrigantin, während es in der Wirklichkeit, wie dies Balzac
richtig erkannt hat, eine große politische Tragödie, der
Zusammenbruch ihres politischen Lebens, ihrer eigentlichen
Bestrebungen gewesen ist.
Selbstverständlich handelt es sich nicht um eine Idealisie-
rung ihrer Figur; das hat auch Balzac nicht getan. Heinrich
Mann hat durchaus recht, wenn er sie als dunkle, böse und
intrigenhafte Kontrastgestalt zu seinem Henri auffaßt.
Aber dieser Kontrast ist in der wirklichen Geschichte kom-

plizierter, interessanter, widerspruchsvoller, tragischer und menschlicher gewesen als im Roman.

In der Darstellung der katholischen Reaktionäre, der Guisen, wird Heinrich Mann von seinem politischen Temperament zu weit mitgerissen. Er macht mitunter aus dem Herzog von Guise eine bloße Hitlerkarikatur und fällt damit aus dem geschichtlichen Rahmen vollständig heraus. Wobei wiederum jene Tatsache zu kurz kommt, daß sowohl Protestanten wie Katholiken die feudalen »alten Rechte« gegen die aufsteigende – damals progressive – absolute Monarchie vertraten. Das ungenügende Herausarbeiten dieses Moments schwächt den für Heinrich Mann mit Recht so wichtigen Kontrast zwischen seinem Helden und dem Admiral Coligny ebenfalls ab, indem sein gesellschaftsgeschichtlicher Hintergrund abstrakter bleibt, als er in der Wirklichkeit gewesen ist.

In Widerspruch zu den geschichtlichen Tatsachen gerät Heinrich Mann dadurch, daß er die Bestrebungen seines Helden als seine rein persönliche Tat, als Resultat seiner individuellen Entwicklung gestaltet. Dabei übergeht er vollständig die Rolle des großen bürgerlichen Kanzlers von Cathérina de Medici, L'Hôpitals, der an der Spitze der Friedens- und Versöhnungspartei der »Politiker« sich ähnliche Ziele gestellt hat wie später Heinrich IV.; er ist freilich an ihnen gescheitert und zwar in einer Periode, die vor der eigentlichen Handlung des Romans liegt.

Das soll nicht heißen, daß Heinrich Mann auch die Figur von L'Hôpital hätte gestalten sollen. Es handelt sich im Gegenteil *nur* darum, daß die Identität jener Volkskräfte, die seinerzeit hinter dem Kanzler, später hinter dem König von Navarra standen, ungenügend zum Ausdruck kommt. Die Einzigartigkeit der Henri-Gestalt in unsrer Literatur beruht darauf, daß er als Repräsentant von Volkskräften, als Erfüller einer tiefen Volkssehnsucht zur großen und positiven historischen Individualität emporwächst. Aber dieses Piedestal seiner Größe hätte bei einer vielseitigeren Darstellung der Widersprüchlichkeit der historischen Kräfte noch höher sein können, ohne daß dadurch die Lebenswahrheit des Helden gefährdet worden wäre; ja diese Lebenswahrheit wäre dadurch gerade vertieft und verstärkt worden.

Diese Mängel stehen, wie schon gesagt, im engsten Zusammenhang mit der biographischen Form, mit der Konzentration aller Ereignisse und Begebenheiten auf die Person, auf die persönliche Entwicklung des Helden. Durch diese nicht wirklich historische Erhöhung seiner Hauptgestalt kommt Heinrich Mann in die paradoxe Lage, daß gerade das Entscheidende der historischen Größe Henri IV. bei ihm nicht mit hinreichender Stärke zum Ausdruck kommt. Heinrich Mann schildert in seinem Roman sehr fein die psychologischen Unterschiede zwischen den älteren und jüngeren Führern der protestantischen Partei, zwischen dem Admiral Coligny und Henris Mutter einerseits, und zwischen Henri selbst anderseits. Aber sie bleiben bei ihm psychologische Unterschiede zweier Generationen. Der politische Gedanke, daß der Admiral Coligny nur ein einseitiger religiöser Parteimann ist, dem die Sache des Protestantismus viel mehr am Herzen liegt als die Sache Frankreichs, daß dagegen Henri IV. sich über die religiösen Gegensätze zu erheben imstande ist, um mit der Hilfe der religiösen Toleranz die Fundamente für den einheitlichen Nationalstaat Frankreich zu legen, kann nur in Dialogfragmenten, in einsamen Reflexionen des Helden gestaltet werden. Daß hier wirklich eine große Wendung in der Geschichte Frankreichs sich vollzieht, empfindet der Leser nicht mit hinreichender Stärke.

Die unmittelbare, die künstlerische Ursache dieser Schwäche liegt in der Abkehr Heinrich Manns von der klassischen Form des historischen Romans. Der historische Roman Walter Scotts zum Beispiel hat stets die großen Strömungen im Volksleben selbst in den Mittelpunkt der Gestaltung gerückt. Die historischen Protagonisten erscheinen bei ihm stets als Werkzeuge, als Vollführer dessen, was die politischen Ziele dieser Strömungen im Volksleben sind. Das politische Hauptthema dieses Romans, das Erlebnis, daß

»die Zeiten des Admirals vorbei sind«, wäre in einem historischen Roman vom klassischen Typus der Hauptpunkt der Darstellung gewesen. Wir hätten selbst erlebt, wie das Leben des französischen Volkes selbst diese Wendung vorbereitet, und Henri IV. würde darum als große historische Gestalt vor unseren Augen stehen, weil er diese Volksströmung verstanden und sie tapfer und klug zum Siege geführt hat. Dadurch, daß Heinrich Mann hier die Proportionen verschiebt – was die unvermeidliche Folge der biographischen Form ist –, erscheint diese Wendung als eine Wendung im Bewußtsein von Henri IV., als seine besondere individuelle Genialität. Und es erscheint zuweilen als ein besonders glücklicher historischer Zufall, daß diesmal die gute Sache des Fortschritts historisch zum Siege geführt wird. Bei einem so bedeutenden Künstler, bei einem so tiefen Denker wie Heinrich Mann sind schriftstellerische Formprobleme niemals zufällig. Wir haben in den einleitenden Bemerkungen dieses Aufsatzes auf jene Schwäche des heutigen antifaschistischen Romans hingewiesen, daß er weniger eine konkrete Vorgeschichte der Gegenwart gibt als eine Vorgeschichte der humanistischen Ideen. Heinrich Mann ist von allen antifaschistischen Schriftstellern am freiesten von dieser Schwäche; der konkrete historische Geist ist bei ihm am meisten lebendig. Aber diese abstrakt-humanistische Weltanschauung spielt auch bei ihm eine nicht immer unbeträchtliche Rolle. Darum erscheint sein Henri IV. manchmal nicht so sehr als konkreter Vollstrecker konkreter Volksströmungen wie vielmehr als Verkünder zeitlos-humanistischer Ideen in der Geschichte. Dadurch verblassen aber die konkreten geschichtlichen Kämpfe. Heinrich Mann sagt über seinen Helden:

»Aber er weiß: eine Gattung Mensch will dies nicht, und gerade ihr soll er begegnen überall, bis ans Ende. Es sind keine Protestanten, Katholiken, Spanier oder Franzosen. Es ist eine Gattung Mensch: die will die düstere Gewalt, die Erdenschwere, und Ausschweifungen liebt sie im Grauen und in der unreinen Verzückung. Das werden seine ewigen

Gegenspieler sein, er aber ist ein für allemale der Abgesandte der Vernunft und des Menschenglückes.«

So werden die konkreten historischen Kämpfe zu einem abstrakten, aufklärerisch-humanistischen Gegensatz von Vernunft und Unvernunft, von Menschlichkeit und Barbarei, von Licht und Finsternis verflüchtigt. Dadurch, daß Heinrich Mann Henri IV. tatsächlich zu einer solchen zeitlosen Lichtgestalt der Vernunft in einem – von diesem Standpunkt aus – zufälligen historischen Zeitalter macht, wird es verständlich, warum er die natürlichen Proportionen des historischen Stoffes verschiebt und die persönliche Biographie seines Helden so einseitig in den Mittelpunkt rückt.

Diese künstlerischen wie weltanschaulichen Mängel sind also keineswegs zufälliger oder nebensächlicher Natur. Sie sind aber auch nicht individuelle Fehler Heinrich Manns. Auf dem Wege der Entwicklung der antifaschistischen Intelligenz Deutschlands zur revolutionären Demokratie spielt dieser abstrakt aufklärerische Humanismus eine bedeutende Rolle. Diese Rolle war als Ausgangspunkt einer Opposition zur imperialistischen und faschistischen Barbarei sehr positiv. Je stärker jedoch die Ideen der revolutionären Demokratie die hervorragenden antifaschistischen Schriftsteller erfassen, je konkreter sie dementsprechend ihre historischen und politischen Probleme schriftstellerisch fassen, desto mehr erweist sich diese abstrakte Einstellung als ein weltanschauliches und darstellerisches Hindernis für historische Konkretheit, für wirklich entfaltete Volkstümlichkeit der Gestaltung. Der Henri IV.-Roman Heinrich Manns ist also ein *Übergangsprodukt* in der schriftstellerischen Laufbahn seines Verfassers. Es ist aber als solches von einem höchsten aktuellen und künstlerischen Interesse. Es bezeichnet schriftstellerisch den bisher erreichten Höhepunkt im historischen Roman des antifaschistischen Humanismus des deutschen Schrifttums.

Besprechung durch B. H. von »Young Henry of Navarre«. By Heinrich Mann, translated from the German by Eric Sutton. New York: Alfred A. Knopf, 1937. 585 pages. $ 3.00

Mit seinem außerordentlichen Umfang und seiner ungewöhnlichen Methodik ist dieses Buch wohl auf Jahre hin der beste historische Roman, den wir zu lesen bekommen werden. Er handelt von der Kindheit Heinrichs von Navarre bis zu seiner Krönung zum französischen König im Jahre 1589. Dieses Buch ist alles andere als so eine hübsch bunte Quatschköpfigkeit mit wehenden Bannern und glitzernden Rüstungen; es ist vielmehr das Ergebnis tiefer Gelehrsamkeit und Kenntnis einer Epoche und ihrer Menschen. Wie sich Heinrichs Charakter langsam ausbildet und seine erregende Laufbahn sich entwickelt, wird einsichtsvoll und mit sympathisierender Vorstellungskraft geschildert. Er und die übrigen Gestalten des Buches bewegen sich in einer Welt der Leidenschaft, Intrige und Händel, die nicht nur die Geschicklichkeit des Romanschreibers, sondern auch eine weitzügige Bekanntschaft mit den Chronisten jenes Zeitalters verraten.

Die Lektüre fällt nicht immer leicht. Manchmal führen Manns peinlich auf Genauigkeit bedachte Reserviertheit und seine Interpretationen zu Schwerfälligkeiten, so als ob er mit sprichwörtlich deutscher Ausführlichkeit seine Arbeit etwas zu gut getan hätte. Die Personen gefallen sich zu sehr in labyrinthischen Abschweifungen, und ihr langwieriges Moralisieren verdunkelt oft die Wirklichkeitsnähe und Spannung des Werkes. Doch trotz all seiner kleinen Fehler ist dieses Buch beeindruckend und wirkungsvoll und, bei einiger Geduld und Anstrengung, unendlich lohnend. Man kann auch ruhig die Annahme vertreten, daß sich Herr Mann bei der Niederschrift der großen Ähnlichkeiten schmerzlich bewußt war, die zwischen den bitteren und unversöhnlichen Glaubenskriegen des 16. Jahrhunderts und den Konflikten bestehen, die Europa heute zerrütten und unser prahlerisches Getue über Fortschritt und Aufklärung dem Spott preisgeben.

JOSEPH ROTH

An Stefan Zweig

8. August 1937

Lieber Freund, es wird Ihnen wahrscheinlich schwer, vielleicht Gott behüte unmöglich sein, mich noch einmal aus der bis jetzt schrecklichsten und am wenigsten selbst verschuldeten Situation zu reißen. Es ist mir schwer, es zu sagen, das wissen Sie ja. Ersehen Sie aus dem beiliegenden Brief, was mir zustößt, nur mir zustoßen kann. Ich bekomme 125 Gulden im Monat. Darauf ist Alles eingerichtet, das Hotel gemietet und alle Bedürfnisse geregelt. Der Verleger, der neue, der meine Rettung war, nach dem Querido und de Lange, schickt mir die Rate nicht, weil er in Ferien geht. Nichts habe ich jetzt, außer ein paar Briefmarken auf Vorrat gekauft und wie in einer bösen Vorahnung. Das Hotel, auf 8 Wochen gemietet, jede zweite zu bezahlen, wird mir zudringlich. Am 15. muß ich das belgische *Visum* in Brüssel erneuern. In der Tasche habe ich noch 40 Francs. Ich weiß nicht, was tun. Soll ich mich nicht an Sie wenden? Es hätte sich vielleicht gehört. Es klebt so viel Unappetitliches an diesem Weg zu Ihnen, an meiner Armut, meinen ständig sich erneuernden kleinen Katastrophen, die für mich Erdbeben sind, an diesem Strick, der so lange zögert, mich endgültig zu ersticken und sich nur ruckweise enger zusammenzieht, er ist schon ganz fett von meinem Angstschweiß, nichts, als der Urlaub eines einzigen Mannes, der all Dies nicht begreifen kann – denn ich bin sein einziger deutscher Autor – ein Windhauch, eine fremde Frau,

341

die erkrankt und die dem Prokuristen die Sinne betäubt –
bringt mich an den Rand der Heilsarmee und des Krimi-
nals, leider nur in Etappen an den des Grabes. Ich habe den
großen Roman *1002. Nacht* fertig, den zweiten zu drei
Vierteln, ich muß Anfang September den zweiten abliefern.
In Polen habe ich den ganzen Winter, *mit* den Vorträgen,
geschrieben, ich bin froh und munter gewesen, 125 Gulden
bis Ende 37, zu bekommen. Und ich war hier, seit 4 Wochen ganz ruhig und arbeitsfroh. Gestern kam der Brief,
der hier beiliegt. Wem soll ich ihn schicken? Nicht Ihnen,
ich weiß es. Ein Jahr kaum hatte ich Sie mit meinen
Drecksachen nicht beschmutzt. Verzeihen Sie mir! Wenn
Sie mir verzeihen können. Ich hoffe, Das wenigstens antworten Sie mir sofort. Wenn Sie irgendwo machen können,
daß ich von Belgien oder Paris das Geld bekomme, kann
ich an diese eventuelle Adresse am 1. September 125 Gulden
schicken lassen. Was soll ich tun? Ich bitte Sie, antworten
Sie mir. Eben schleppen zwei Polizisten einen Mann über
die Straße. Ich bin dermaßen exzitiert, daß ich mich zwischen den beiden sehe, ohne Visum, an die deutsche Grenze
befördert, – der kürzeste Weg nach Österreich. Almondo
hat mich eingeladen, aber es grenzte ja an Hochstapelei,
wollte ich mich durch *eine* Mahlzeit auch nur kräftigen. –
Ich habe eine so gewaltige Angst, in die Tiefe zu fallen,
in diese Latrinen. Sehen Sie, wie mich Es hinstößt. Bitte, sehen
Sie, es ist nicht meine Schuld. Bitte, sehen Sie meine Arbeit.
Ich habe mir den Namen ruiniert, durch Fleiß, es sind zu
viele Bücher hintereinander. Ich habe bei diesem Verleger
erreicht, daß mein nächstes Buch *nicht* Weihnachten, sondern erst 38 erscheint. Aber bis Ende 37 zu leben, habe ich
mich verpflichtet, bis Anfang September noch einen Roman
abzuliefern. – Ach, wie ist das schmählich, degradierend,
erbärmlich. Ich hatte das Ende schon so oft vorausgesehen,
ich bitte Sie, mir zu glauben, daß es sich ohne meine Schuld
verzögert. Ich darf mich nicht erschießen, ich hätte es allein
schon getan, um Ihnen den würdelosen Anblick eines Freundes zu ersparen, der jammert. Ach, bitte, glauben Sie mir,

ich habe keinen Leichtsinn gemacht, ich bin genau mit 1800 belgischen Francs für 3 Monate hiehergegangen, ich muß im billigsten Land sein *und* in der Nähe dieses seltsamen Verlags, der nicht einmal das Simpelste von Versand, Vertrieb, Druck versteht, dessen Setzer kein Deutsch können. Ich habe vollkommen phantastische Druckfehler selber zu korrigieren. Und Herr Lion kommt her und sagt, er hätte nie daran gedacht, daß ein Mensch, der so viele Bücher erscheinen läßt, noch gut sein könne. Viele denken so, wie er. Vielleicht haben sie recht. Sie glauben noch an meine litterarische Kraft. Aber sehen Sie, daß ich in der Latrine nicht arbeiten kann.

Ich weiß, daß Ihr an eine Art Stabilität gewohnter, *dauernde* Besserungen bedenkender Sinn, diese meine akute Katastrophe wieder – und mit Recht – als eine Folge des Gesamten sehen wird und, daß Sie zuerst denken werden, wie das Gesamte zu ändern wäre. Bitte, bedenken Sie, daß dieses Akute sogar ein eventuelles Gesamtes unmöglich machen kann. Selbst eine Art Aussöhnung mit Huebsch, der er sich ja entzieht, würde nichts mehr helfen. Er ist bestimmt nicht das Objekt meiner Bitterkeit, Sie brauchen ihn nicht in Schutz zu nehmen. Er ist nur den Gesetzen *meines* Schicksals gehorcht, ein Werkzeug in der Hand einer Macht, die mir all dies vorbestimmt hat. – Dies aber ist nicht aktuell. Im Augenblick sehe ich, wie die Polizisten den Mann wieder zum Bahnhof zurückführen. Ich habe einen Augenblick die Lust, ihn auszulösen und zu sagen, es sei ein Irrtum, eine Verwechslung – und so die entscheidende Katastrophe herbeizuführen. Ich kann wirklich nicht. Ich sehe sofort wieder, daß es eine litterarische Ehre ist. Realität ist, daß ich morgen noch einen Brief vom Hotel bekomme, daß die Wäsche dem Dienstmädchen nicht bezahlt ist und daß ich nicht mehr schreiben kann, nicht einmal einen Brief. Heute ist Sonntag, Dienstag bekommen Sie diesen ekelhaften Brief, ob Das eine lange Zeit ist! Es sind drei Jahre! Können, wollen Sie mir telegraphieren? – Ich habe auch noch die Postfurcht. Vielleicht erreicht Sie Das nicht? Ich schicke

343

Ihnen dieses Expreß und noch eine Postkarte. Billiger, als ein Rekommandiertes. Aber glauben Sie, daß in dieser ganzen Katastrophe Ihre Bestätigung, daß Sie mir vergeben, das Wichtigere ist. Bitte, telegraphieren Sie mir. (Ich bin nicht verantwortlich für Unsinn, der hier stehen sollte.) Ich weiß nur, daß es der 8. 9. 10. 11. ist und 24 Tage, bis ich von Holland etwas habe.

Es ist mir so ekel vor mir, so schrecklich, bald wird es mir gleichgültig sein – und ich habe Angst davor.

Ich umarme Sie, drahten Sie mir, am Dienstag, ich werde spät nach Haus gehn.

Ihr J. R.

GOTTFRIED BERMANN FISCHER

Bedroht – Bewahrt

Für das Jahr 1939 waren siebzehn Bücher in Vorbereitung; eine große Produktion für den kleinen Verlag, der unter besonders schwierigen Verhältnissen zu arbeiten hatte.

Die Zusammenarbeit mit den beiden holländischen Exilverlagen hatte sich sehr harmonisch gestaltet. Ein Teil meiner Stockholmer Bücher wurde unter der Aufsicht von Dr. Landshoff in holländischen Druckereien hergestellt und von Holland aus in die für uns noch offenen Länder verschickt.

Das schönste Produkt unserer Gemeinschaftsarbeit war die Buchserie FORUM, ein Vorläufer der späteren Taschenbuchserien.

Das Programm umfaßte aus dem Bermann-Fischer Verlag folgende Titel

    Franz Werfel *Die vierzig Tage des Musa Dagh* (in zwei Bänden)

    Stefan Zweig *Maria Stuart*

    Annette Kolb *Das Exemplar*

Arthur Schnitzler *Erzählungen*
Thomas Mann *Die schönsten Erzählungen*
Von den beiden anderen Verlagen kamen hinzu:
Erich Maria Remarque *Im Westen nichts Neues*
Alfred Neumann *Der Patriot*
Heinrich Mann *Die kleine Stadt*
Joseph Roth *Radetzkimarsch*
Lion Feuchtwanger *Jud Süß*
Vicki Baum *Stud. chem. Helene Wilfuer*
Und schließlich wurden für die Serie drei Anthologien zusammengestellt:
Die schönsten Erzählungen der Romantiker
Heinrich Heine Auswahl
Musikerbriefe in einer Auswahl von Alfred Einstein
Die Serie wurde, als sie 1939 erschien, ein großer Verkaufserfolg.

Das Korrekturlesen war eine Tortur. In den schwedischen Druckereien gab es keine Setzer, die die deutsche Sprache beherrschten, und so wimmelte es von Satzfehlern. Da nur Linotype-Setzmaschinen zur Verfügung standen, mußte bei jedem Druckfehler immer eine ganze Zeile aus dem Satz genommen werden, um *einen* falschen Buchstaben zu korrigieren, was immer neue Fehler zur Folge hatte. Es hat viele Jahre – bis lange nach dem Ende des Krieges – gedauert, bis diese teuflischen Fehler aus den schwedischen Ausgaben vollständig eliminiert werden konnten.
In den holländischen Druckereien lagen die Verhältnisse günstiger. Die deutsche Sprache war den erfahrenen Setzern geläufig. Dafür gab es durch den langen Postweg unangenehme Verzögerungen und Mißverständnisse. Zunehmende Schwierigkeiten in der Papierbeschaffung und die Unmöglichkeit, die gewünschten Papierqualitäten und -stärken zu bekommen, zeitigten besonders in den späteren Jahren Buchausgaben, die unseren Ausstattungsvorstellungen nicht entsprachen. Die erste Auflage des ersten Bandes der Hofmannsthalschen Gesamtausgabe mußte auf einem viel

zu dicken Papier gedruckt werden und war ein Monstrum an Umfang. Aber das alles mußte hingenommen werden.

Hier nur einige der wichtigsten Buchtitel aus der Verlagsproduktion des Jahres 1939:

Thomas Mann *Lotte in Weimar*

und als erste Bände einer neu zu schaffenden Gesamtausgabe, die ich *Die Stockholmer* nannte, einen zweibändigen *Zauberberg*.

Franz Werfel *Der veruntreute Himmel*, Roman
    und eine Auswahl seiner Gedichte

Alfred Döblin *Bürger und Soldaten*, Roman

Jean Giono *Bergschlacht*, Roman

Martin Gumpert *Hölle im Paradies. Selbstdarstellung eines Arztes*

Ernst Cassirer *Descartes – Lehre, Persönlichkeit, Wirkung*

Die Schriftenreihe ›Ausblicke‹ wurde mit politischen Essays von Aldous Huxley *Unser Glaube*, Thomas Mann *Das Problem der Freiheit*, Harold Nicolson *Ist der Krieg unvermeidlich?*, R. M. Lonsbach *Nietzsche und die Juden* und Erich Voegelin *Die politischen Religionen* fortgesetzt.

Es war ein Programm, das wohl dem alten guten Namen des Verlages keine Unehre machte.

ERNST BLOCH

Zerstörte Sprache – zerstörte Kultur

Wir sprechen nun einmal deutsch. Diese Sprache haben wir mitgenommen, mit ihr arbeiten wir.

Sogleich aber erhebt sich die Frage: wie können wir als deutsche Schriftsteller in einem anderssprachigen Land das Unsere tun, uns lebendig erhalten? Wie können wir wirtschaftlich unseren Ort finden, wie können wir politischkulturell unsere Aufgabe erfüllen? Man kann Sprache nicht zerstören, ohne in sich selber Kultur zu zerstören. Und umgekehrt, man kann eine Kultur nicht erhalten und fortentwickeln, ohne in der Sprache zu sprechen, worin diese Kultur gebildet worden ist und lebt.

Gewiß, wir sind hier in einem offenen, gastfreien Land. Amerika ist kein Nationalstaat oder wenn einer, so in keinem europäischen Sinn. Amerika ist seit seiner Gründung ein Einwanderungsland oder wie man auch zu sagen pflegt: ein Schmelztiegel. Die verschiedensten Erze sind in diesem noch erkennbar, zum Teil sind sie noch gar nicht verschmolzen. Es gibt große Gruppen von Italienern, Ostjuden, Deutschen, die noch eine Art Eigenleben führen. Ja deutsche Liedertafeln und Kegelklubs führen sogar ein besonders gemütliches Eigenleben, oft sind sie landsmannschaftlich gegliedert. Es gibt hier Bayern und Württemberger, Sachsen, Rheinländer, Märker und andere Dialektgruppen in familiärer Eigenart. Diese Eigenart hat sich noch vielfach die Sitten und den Geschmack des vorigen Jahrhunderts bewahrt, aber auch, was erfreulicher sein mag, manche Ideale aus der Zeit von 1848. Amerika läßt jeden gewähren, der die gesellschaftliche Grundlage des Staates nicht tätlich bezweifelt.

Aber es ist doch nicht so, daß dieses Land national ganz unbestimmt und offen wäre. Ein französischer Deputierter hatte 1789 den Antrag gestellt, man solle das Wort »Français« abtun und statt dessen »Universels« sagen. Dieser Député übersah oder übersprang das Faktum, daß gerade die Französische Revolution die National-Ideologie geboren hat, auf eine damals und lange noch fällige Weise geboren hat. Immerhin, er antizipierte eine Universale, er erträumte für die eben entstandenen enfants de la patrie noch ein weiteres, ein internationales Vaterland. Es bedarf keiner Versicherungen, daß die Vereinigten Staaten noch keine solche Vereinigung darstellen. Alles hat hier einen sehr spezifischen Zuschnitt, überall ist das große amerikanische Gesicht. Und nicht nur die Quantität, auch die Qualität ist eine eigene, eine sozusagen national geprägte. Wonach auch sehr Vertrautes, ja uns ohne weiteres Zugehöriges in ungewohnter Form entgegenkommt. Vielleicht können Engländer hier leichter ihr Europa begrüßen als andere Nationen, nicht nur wegen der Sprache, auch wegen mancher häuslichen Sitten und Einrichtungen, vom Kaminfeuer innen und dem angelsächsischen Cottagestil außen bis zur Merry Christmas. Es ist das bei der englischen Grundlage der hiesigen Zivilisation nirgends verwunderlich; der deutsche, der französische, der italienische und andere Anteil am amerikanischen Schmelztiegel kam kaum dagegen auf. Also ist hier zwar große Breite, doch keine so große, daß sie – wenn auch nur versuchsweise – ein Stück Vereinigte Staaten von Europa in sich aufnehmen könnte. Es gibt in USA wohlbekannte Schäden und wohlerhaltene Einrichtungen aus dem vorfaschistischen Europa, die man beide, trotz ihres amerikanischen Charakters sofort erkennt. Aber es gibt hier keine kapitalistisch-demokratische Zivilisation, die uns im Sinn jenes alten Député als universell entgegenträte, das heißt ohne nationalen Beinamen. Noch gilt der alte Grundsatz des Einwanderungsstaats: Wer hier ist, ist hier und hat gleiche Rechte. Aber Amerika im Resultat hat selbstverständlich nicht das übereinander photographierte Gesicht seiner verschiedenen Einwanderungsgruppen. Die amerikanische Union ist vielleicht nicht auf dem Wege zu einem Nationalstaat im europäischen Sinn, doch ist sie sehr spezifisch, lebt durchaus auf eigene Faust, ein stattliches Charakteristikum. Sie pflegt den Patriotismus eines ganzen Kontinents, eines kapitalistischen Pionierlands, das bis vor kurzem nicht den mindesten Zweifel an seiner besonderen, seiner auserwählten prosperity hatte. Der Schmelztiegel ist amerikanisch, nicht universal, nicht Zivilisation ohne Beinamen.

Also scheint es normal, daß wir hier englisch sprechen und schreiben. Um mittels dieser Sprache ins amerikanische Sein und Bewußtsein einzutreten und das Unsere darin zu wirken. Oder auch nur, um mit englischem Ausdruck sein europäisch-deutsches Wesen weiter zu betreiben, als wäre die Sprache eine gleichgültige Hülle.

Doch demgegenüber steht das noch mehr Normale, daß nur wenige Menschen und unter ihnen äußerst wenige Schriftsteller je imstande waren, sich in einer fremden Sprache so sicher, gar so produzierend zu bewegen wie in der eigenen. Keine Nuancen sind ausdrückbar, keine Schärfe noch Tiefe. Der Sprachfluß läuft reguliert, was hier dasselbe bedeutet wie: konventionell; weder im anmutigen noch im kühnen Sinn ist irgendwelche Freiheit möglich. Im allgemeinen besteht die Regel, daß einer aus der eigenen Sprache desto schwerer in die andere fallen kann, je vertrauter er in der eigenen sich auskennt, je mehr er in ihr und durch sie erfahren hat. Freilich glänzen schauspielerisch begabte Naturen im Sprachwechsel vor, auch Menschen, deren Lebens- oder Produktionsstil eine Reihe verschiedener »Perioden« aufweist. Sicher ist jedoch, daß der Zufall, der uns in die oder jene Sprache hineingeboren werden ließ, später durch keinen anderen »Zufall« korrigiert werden kann, auch nicht durch Emigration. Die Sprache wird dem Menschen sehr bald ein Stück seiner selbst, und eines, das – in der Mehrzahl der Fälle – am wenigsten abgetan werden kann.

Der Naturforscher Buffon sagte darum: Le style c'est l'homme. Man versteht diesen Satz zwar meist nur physiognomisch, dergestalt, daß sich die Eigenart eines Menschen in seiner Schreibart ausdrücke. Aber der Stil bildet ebenso diese Eigenart erst aus; hier besteht eine Wechselwirkung. Und der Einfluß der Sprache auf den Habitus eines Menschen ist meist entscheidender als der Einfluß des angeborenen Habitus auf die Art der Sprache. Vor allem wird durch die Art der Sprache, durch die Anzahl und den Rang der beherrschten Worte und Wortverbindungen nicht nur der Habitus, sondern auch die Merkwelt eines Menschen mitbestimmt. Die Merkwelt ist jene Welt, die ein Mensch nicht nur sieht, sondern auch bemerkt. Der Förster bemerkt am selben Wald einen anderen als der Generalstabsoffizier, als der Dichter; alle haben für das gleiche, oberflächlich oder allgemein »Wald« genannte Objekt eine eigene »Terminologie«, die ihnen ganz verschiedene Merkbarkeiten an dem Objekt bezeichnet.

Zweifellos ist es nicht die Sprache allein, die hier Habitus und Merkwelt bestimmt. Denn das ergäbe eine ganz sonderbare, eine sozusagen linguistische Geschichtsauffassung; auf solchen Unsinn sind nicht einmal die stärksten Idealisten verfallen. Das Beispiel des Försters, des Offiziers, des Dichters zeigt ja bereits zur Genüge, daß Interesse und Beruf eines Menschen den Radius, die Inhalte und auch die Wertungen seiner Merkwelt primär bestimmen, und die Sprache dem nachfolgt. Grundlegende Instanz ist hier wie überall die ökonomische, ist das Geschäft und die Klasse, ist die von der jeweils herrschenden Klasse nach ihren Interessen formulierte Zeitideologie. Aber die Sprache wiederum vermittelt erst die ökonomisch-ideologischen Beziehungen zwischen Mensch und Mensch und sogar zwischen Mensch und Natur. Berufssprache, Klassensprache, Zeitsprache geben erst das Mittel in die Hand, das interessiert Gesehene als ausdrücklich Gemerktes und Merkbares herauszuheben, zu fixieren. Kommt der Maler oder Musiker ohne das Pointierungsmittel des Worts aus, hat er eine eigene »Sprache«, so wäre doch auch diese in einer taubstummen Menschheit, in einer unbenannten Welt niemals möglich. Ja der Mensch selber, in seiner heute vorhandenen anatomischen Beschaffenheit, wäre ohne den Anteil der Sprache nicht entstanden; er wäre so wenig vorhanden wie der Reichtum seiner Merkwelt. Daher sagt Engels: »Arbeit zuerst, nach und dann mit ihr die Sprache – das sind die beiden wesentlichsten Antriebe, unter deren Einfluß das Gehirn eines Affen in das bei aller Ähnlichkeit weit größere und vollkommenere eines Menschen allmählich übergegangen ist«. Das Materielle setzt sich im Menschenkopf ins Ideelle um; zum Menschenkopf gehört aber in sehr entscheidender Weise die Zunge.

Das Wort ist zunächst das Mittel, um sich Anschauung zu kaufen. Leser wie Dichter sehen durch die Sprache auf eine vollere und präzisere Welt. Lassen Sie mich einige poetische

Beispiele beibringen, die ohne weiteres die optische Kraft des treffenden Worts kenntlich machen:

»Wie traurig steigt die unvollkommne Scheibe
Des roten Monds mit später Glut heran.«

Dieser Vers aus der Walpurgisnacht im *Faust* malt einen unmittelbaren Anblick und so scharf, daß er nun erst dasteht; ein Flüchtiges und Vages bekommt Farbe.

»Der Abend wiegte schon die Erde,
Und an den Bergen hing die Nacht:
Schon stand im Nebelkleid die Eiche,
Ein aufgetürmter Riese, da,
Wo Finsternis aus dem Gesträuche
Mit hundert schwarzen Augen sah.«

Diese Verse aus Goethes Gedicht *Willkommen und Abschied* malen fremdartig, sie sind nicht im schlichten Sinn realistisch. Sind sie derart weniger unmittelbar treffend als der vorhin erwähnte Mondvers, so wirken sie dafür, kraft ihrer gleichnishaften, kühn-verbindenden Sprache, erschöpfender. Kein Wort stimmt hier unmittelbar; niemals wiegt der Abend die Erde, niemals sieht die Finsternis aus dem Gesträuche, und dennoch ist in der Anschauung höherer Ordnung, im Weltsegment, das von solch exakter Phantasiesprache bezeichnet wird, alles durchaus richtig. Erst eine Sprache sui generis ließ die unmittelbare wie die gleichnishaft-mittelbare Anschaulichkeit an ihr merkbares Licht treten. So und nicht anders in bedeutender Prosa, bei Kleist, bei Stifter, bei Gottfried Keller, es wird einem unter hundert, wo nicht tausend möglichen Exempeln die Wahl schwer, die Wahl unter so viel strenger und hinreißender Anschaulichkeit.

»Der Burgvogt, indem er sich noch eine Weste über den weitläufigen Leib zuknöpfte, kam und fragte, schief gegen die Witterung gestellt, nach dem Paßschein.«

Oder, im gleichen *Michael Kohlhaas*, die Unbilden der Witterung weiter mit der Handlung verschlingend:

»Kohlhaas ... sagte dem Junker, der sich die Wamsschöße frierend vor den Leib hielt, daß er die Rappen ja verkaufen wollte; doch dieser, da in demselben Augenblick ein Windstoß eine ganze Last von Regen und Hagel durchs Tor jagte, rief, um der Sache ein Ende zu machen: ›Wenn er die Pferde nicht loslassen will, so schmeißt ihn wieder über den Schlagbaum zurück!‹ und ging ab.«

Wie stereoskopisch sieht man den dicken Burgvogt, »schief gegen die Witterung gestellt«, wie eigentümlich ist sogar Gewichthaftes in Kleists Sprache optisch geworden, wenn der Windstoß nicht etwa eine Menge, sondern »eine ganze Last« von Regen und Hagel durchs Tor jagt. Auch Stifter spricht einmal, eine Aussicht beschreibend, von »Häuserlasten in der Tiefe«; ebenso geht rein Optisches bei diesem Malerdichter ganz unersättlich auf:

»Über die grauen Schindeldächer, die im Glase meiner Fenster stehen, steigt ein Stückchen grauer Wald, dann fängt der graue Himmel an, und längs der Dächer wallt zeitweise im kalten Winde dünn, ein grauer Rauchstoß, eine Trauerweide regt ihre Zweige zum öfteren, als klaubte sie dieselben im Traume durcheinander.«

Eine Welt voll stockendem Grau, ein Hades steht hier im Glas der Fenster, im Glas der Sprache. Es ist das eine ganz frühe Briefstelle Stifters, aus einer Zeit, als er noch gar nicht wußte, daß er ein Dichter war. Aber in der Sprache, nicht etwa im bloßen Reichtum der Gefühle wurde er damals als Dichter geboren. So mag wohl die Genesis jedes Dichters beschaffen gewesen sein, sicher ist die Genesis der dichterischen Merkwelt so beschaffen.

»Noch lagen Himmel, Erde und Meer in geisterhaft glasiger Dämmerblässe; noch schwamm ein vergehender Stern im Wesenlosen. Aber ein Wehen kam, eine beschwingte Kunde von unnahbaren Wohnplätzen, daß Eos sich von der Seite des Gatten erhebe, und jenes erste, süße Erröten der fernsten Himmels- und Meeresstriche geschah, durch welches das Sinnlichwerden der Schöpfung sich anzeigt.«

Es ist dieser Passus aus Thomas Manns *Tod in Venedig*, und wenn der Dichter fortfährt:

»Ein Rosenstreuen begann da am Rande der Welt, ein un-

säglich holdes Scheinen und Blühen, kindliche Wolken, verklärt, durchleuchtet, schwebten gleich dienenden Amoretten im rosigen, bläulichen Duft«,
so macht dies Rokokogemälde aus Worten zweifellos eines der scheuesten und zugleich gewaltigsten Phänomene des Naturlebens gegenwärtig. Jede Anschauung, die makabre wie die lebendige, jeder Stoff, an dem die Anschauung haftet, wird in der Dichtung erst durch beherrschte Sprache herausgearbeitet. »Ce qui n'est pas formé«, sagte Flaubert, »n'existe pas«; und er meinte mit diesem ästhetisch-realistischen Grundsatz sowohl Sprache wie Komposition. Auch die eigentliche Komposition beginnt in der Sprachgestaltung; daher ist, in einem tüchtigen Dichtwerk, die Technik des Aufbaus bis in den einzelnen Satz hinein erkennbar.
Nicht so eng ist der Bezug der Sprache zum Gedankengefüge und der begrifflich bezeichneten Welt. Der Gedanke ist ein unanschauliches Wissen um etwas. Auch der psychische Vollzugsakt des Denkens ist, wie die Untersuchungen der Würzburger Psychologenschule ergeben haben, von Anschauungen nur lückenhaft begleitet. Denken ist etwas ganz anderes als die Verbindung jener abgeblaßten Anschauungen, die man Vorstellungen nennt. Also verliert das Wort, sofern es ein Mittel ist, um volle Anschauung zu kaufen, hier seine entscheidende Funktion. Doch es verliert nicht jede Funktion, weder rein psychologisch-genetisch noch gegenständlich. Die Würzburger Untersuchungen ergaben auch, daß der Denkvorgang nur sehr selten sprachlos verläuft; ein inneres, ein lautloses Sprechen geht mit. Oft wird der Gedanke sogar gleichzeitig mit seiner bereits ausgeformten Sprachgestalt geboren; der »glückliche Ausdruck« entsteht zusammen mit der glücklichen Lösung eines Problems oder auch mit der glücklichen Bezeichnung eines Problems. Ja, je bedeutender ein Gedanke und Gedankengefüge ist, desto weniger ist sein Ausdruck ein Kleid, das erst nachträglich hinzukam oder gar ausgeschmückt wurde (wie die Dummköpfe meinen). In Hegels Phänomenologie merkt man recht häufig, wie ein Spracheinfall unlösbar mit der eigentlich

philosophischen Invention verschlungen ist. So etwa, wenn Hegel das Wort Er-Innerung getrennt schreibt und dadurch die Erinnerung, als Zustand der Geschichte, in den inwendigsten, den subjekthaftesten Gegensatz zur »Entäußerung« bringt, als dem Zustand der Natur. Selbstverständlich wäre dieser inwendige, zurückkehrende, subjekthafte Sinn im Wort Erinnerung nicht benutzbar gewesen, wenn der Begriff der Sache nicht führend gewesen wäre; aber eine Wechselwirkung der Inventionen besteht doch.

Das Buch der Natur selbst freilich ist in Zahlen geschrieben und braucht keine besonderen Worte, um entziffert zu werden. Physiker sind Zahlenmeister, keine Sprachmeister sui generis. Auch in anderen Gebieten, wo immer zahlenmäßige Behandlung oder tabellarische Anordnung und Auswertung des Beobachteten möglich ist, fällt das Sprachmedium so gut wie aus. Daher können Naturforscher, zum Teil auch bürgerliche Nationalökonomen ihre Arbeit und die Darstellung dieser Arbeit im Sprachgewand jedes zivilisierten Landes vollbringen. Einer dieser Wissenschaftler, der beim Betreten Ceylons geschrieben hat, hier gäbe es erst »ein Zipfelchen Indien«, und der infolge dieser kleinbürgerlichen, dieser sächsischen Ausdruckskraft nicht grade der Rechte wäre, um indische Kulturgeschichte zu schreiben, ist doch in seinem Fach ein ausreichender, nämlich ein kaum merkbarer Stilist.

Dafür aber beginnt das Sprachmedium sogleich bei Darstellungen historischer und kulturhistorischer Art. Und zwar auf eine Weise, die ebenso bedenklich wie heilsam sein kann. Bedenklich ist hier das Sprachmedium, wenn es überhaupt keines mehr ist, sondern pures Schönschreibenwollen oder auch, wie Burckhardt das einmal ausdrückte: »hohes Gefühl und tiefes Geschwulst.« Zum Schönschreibenwollen gehört das essayistische Gewäsche à la Rudolf Kassner sowie, in anderer Reihe, die sogenannte glänzende Darstellung von der Art Spenglers, gar Keyserlings. In die Gegend der Burckhardtschen Diagnose gehört das meiste, wo nicht alles aus dem Prosa-Schrifttum des George-Kreises, der gesamte

Kitschbrokat aus »Menschenkündern«, »Völkerführern«, »Zeitendeutern«. Es ist kein Zufall, daß diese Stilart neufeudale Interessen zu bronzieren hatte; sie hat keinen ehrlichen Gegenstand, also quillt sie über von dicken Worten oder feierlicher Schlaraffia. Doch wird dadurch selbstverständlich nicht die *große Sprachtradition* diskreditiert, welche – nicht zuletzt in Deutschland – dem historischen und kulturwissenschaftlichen Schrifttum von Rang eigen war. Hier eben war das heilsame Sprachmedium, das heißt: tüchtiger Stil wirkte als Ingredienz des historischen Gemäldes. Fast alle großen Geschichtsschreiber waren derart bedeutende Schriftsteller; das gehörte genau so zum Handwerk wie die Quellenforschung. Wie wenig guter Stil, in dieser Gegend, mit Schönschreibenwollen und anderer Eitelkeit zusammenhängt, zeigt die militärwissenschaftliche Literatur: von Cäsar bis Clausewitz gibt sie ein Muster ab, nicht ein Muster des Schmucks, sondern der exakten Wortwahl, des pünktlichen, zählenden, präzisen Blicks. Und dieselbe Solidität herrschte dort, wo der reichere, der lebenshafte Stoff eine reichere Sprache verlangte; so bei Ranke, so bei Burckhardt, so im ästhetischen Schrifttum männlicher Art. Hier hatte kein Papierdeutsch Platz, ebensowenig Schwulst, dieser andere Pol der Hohlheit. Hier blühte, unter der langen Nachwirkung der Goethezeit, eine urbane Behandlung urbaner Gegenstände; wodurch diese Gegenstände erst angemessen in den Begriff traten. Sie wurden, anders als das bei kraftlosem, gesichtslosem, gegenstandslosem Papierdeutsch der Fall ist, zu unverwechselbaren; historische Plastik ging auf. Es ist wahr, diese Plastik war eine des bloßen Überbaus, und die realen Bewegungskräfte der Geschichte wurden nicht erfaßt. Aber auch der ökonomische Materialist wird in den Weltpanoramen Rankes, Burckhardts und anderer manches erfahren können, was mindestens korrigierbar ist und was ihm ohne den objektiven Idealismus dieser Sprach- und Darstellungsart nicht erschienen wäre. Auch in Sprachangelegenheiten gibt es am Idealismus ein Erbe, und nicht das geringste. Und den objektiven Idealismus in seiner wichtigsten Gestalt genommen, in seiner philosophischen, so lebte kaum ein großer Philosoph, dem die Art des Vortrags beliebig gewesen wäre. Wäre das der Fall, dann gäbe es schwerlich die Klage über Kants oder Hegels angeblich schlechten Stil; denn weshalb sollten solch hochkultivierte Männer einen wesentlich schlechteren Stil schreiben als tausende ihrer federführenden Zeitgenossen? Nein, weder ist Kants oder Hegels Deutsch schlecht, noch ist es an ihrer Philosophie ein Kleid, das ausgezogen werden könnte. Diese Sprache ist vielmehr genau notwendig gewesen, um die durch sie bezeichneten Gegenstände ins Visier zu bekommen; hier ist keine Privatsprache, sondern eine sachlich unumgängliche. Bei Hegel gibt es sogar eine eigene deutsche Grammatik; in sehr vielen Fällen wird man finden: sie ist eine der Hegelschen Logik, ja der Hegelschen Konkretion. Gewiß, diese Sprache ist keine der erzählenden oder auch der historisch darstellenden Literatur; denn eben: sie ist eine auf ihren spezifischen Gegenstand umgebrochene. Daher können große Philosophen ohne ihre Sprache zwar weitergetrieben werden (das konkreteste Exempel ist das Fortleben Hegels im Marxismus), aber verstanden werden können sie nur im »Original«, das heißt an ihrer sprachlichen Ursprungsstelle.

Keine der Kultursprachen hat hier einen besonderen Vorzug. Jede ist dazu fähig, daß jeder Dichter und Denker, wenn er in ihr geboren wäre, auch das Seine in ihr hätte ausdrücken können. (Freilich hätte sich »das Seine« selbst geändert, im Fall, daß Hegel etwa als Engländer geboren worden wäre.) Aber hat man einmal eine Kultursprache durch Geburt und Erziehung erlangt und mitbekommen, so gab es nie einen anderen Rat, als sich ganz in sie hineinzubegeben, sie nie zu verlassen und durchaus ihre Straße zu ziehen. Das Verhältnis der Kultursprachen zur Wahrheit ist den Verhältnissen des hunderttorigen Theben vergleichbar. Dort gab es hundert Tore, und sie alle führten, aus verschiedenen Richtungen, auf den Marktplatz. Jedoch man muß in sein Tor eingetreten sein, um an den Marktplatz zu gelangen. Wer sich nur undeutlich dort umhertreibt, wer die Optik und Perspektive der Sprache, in die er geboren ist, des Tors, an das er gestellt ist, nicht beherrscht, wer keinen entschiedenen Standort an dieser Peripherie hat, der gelangt auch nicht ins Zentrum.

Ich will nicht verhehlen, es gibt Sprachkritiker, die dem Wort nicht das mindeste glauben. Diese Kritiker haben ihren Nutzen im Kampf gegen eine gewisse mythologische Sprachanbetung, gegen das sinnlose Geschwätz von der sogenannten »unergründlichen Weisheit der Sprache«. Mauthner und Gustav Landauer setzten statt dieser Weisheit ihre eigene, freilich mehr ergründbare; die Logistiker kündigten der Sprache von ganz anderer Seite her das Vertrauen.

Ein Mauthner behauptete schlankweg, es gäbe nur deshalb Tätigkeiten, weil es Verben gibt, und nur deshalb Träger dieser Tätigkeiten, weil wir Hauptworte besitzen und anwenden. In der Welt selbst existiert keineswegs ein laufendes Pferd oder ein Niedergang des Kapitalismus; all dies zeitwort- und hauptworthafte Wesen lebt einzig in der Grammatik.

Die Logistiker anderseits beschränken sich leider nicht auf den neuen (nicht allzu grünenden) Zweig der Mathematik, den ihre Verwandlung der Urteile in Gleichungen darstellen mag. Sie arbeiten vielmehr mit neuer Sachlichkeit, sie vermehren den logischen Kalkül mit dem alten Ernst Mach, als wäre dieser eine Art philosophisches Bauhaus. Sie machen den eintönigsten Formalismus zum Maß der Wahrheit und lassen sich den Inhalt der Wahrheit von den völlig unkritisch hingenommenen bürgerlichen Einzelwissenschaften liefern. Gegen die ökonomisch-soziale Bedingtheit dieser Einzelwissenschaften gehen die Logistiker schon deshalb nicht an, weil sie, vor lauter »methodischer Reinheit«, solche Bedingtheiten nicht bemerkten. Desto kräftiger aber richten sie den Staubsauger auf die Grammatik, und er ist hier kein Staubsauger mehr, sondern eher eine Fliegerbombe. Die Sprache ist nach dieser Lehre das Nest allen Unsinns und Nichtsinns; sie schmuggelt lauter vorwissenschaftliche

Denkweisen ein; sie liefert alles: Musikalisches, Poetisches, Mythisches, nur keine Instrumente der Erkenntnis.

Zweifellos hat die Sprache eine Fülle untergegangener Denkweisen in sich erhalten. Auch sind sehr viele Lehrbücher der formalen Logik mit Fragen, Unterscheidungen, Strukturverhältnissen angefüllt, die einzig der Grammatik zugehören, nicht der Logik. Aber deshalb braucht das Logische vom Grammatikalischen nicht mit solch abstraktem Freund-Feind-Verhältnis getrennt zu werden; sorgfältige Untersuchungen der Grenzvermischungen (zum Beispiel beim impersonalen Urteil) tun hier bessere Dienste. Und was die mythischen Überreste im Sprachgebrauch angeht, so ist es nützlich, vor diesen Resten auf der Hut zu sein, doch auch dazu bedarf es keiner Flucht aus der Sprache insgesamt (gar einer Flucht in die tautologischen Formeln der Logistik). Das grammatikalische Gefüge ließe sich jederzeit umfunktionieren; kommt marxistische Kritik hinzu, so übt die alte Welt, die in der Sprache sitzen mag, überhaupt keinen Bann aus. Auch ist nicht alles an den alten, sprachlich erhaltenen Begriffsweisen lediglich »vorwissenschaftlicher Nichtsinn«, und der Logistiker der wahre Jakob. Der Logistiker ist vielmehr der ärgste aller Idealisten; scheinbar kämpft er gegen Verdinglichung, gegen den Fetisch der Worte und Wortverbindungen, in Wahrheit verdinglicht er seinen eigenen Formelkram und macht ihn absolut. Als einzig Gutes bleibt nur: die Sprachkritiker haben das Problem des Verhältnisses zwischen Poesie und Philosophie, vor allem zwischen Sprachschönheit und Wahrheit neu gestellt. Jedoch auf dem Boden der Logistik kann dieses Problem nicht gelöst werden. Denn auf diesem Boden wächst wenig mehr als die interessante Feststellung: a = a; diese allerdings ist so gut wie sprachfrei.

Und nun möchte ich zugleich, damit wir im Extremen uns auskennen, auf das Gegenteil von Sprachkritik hinweisen: auf die dicke Sprachmythologie früherer Zeiten. Da galten Grammatik und Syntax schlecht und recht als *Abbildung des Weltinhalts selbst*. Wie man die Hieroglyphen als realistische Gebilde ansah, die irgendwelche Urbilder spiegelten; wie man die Grundrisse von Tempeln und Domen (oft bis aufs einzelne Ornament herab) als irdische Entsprechungen einer metaphysischen Ordnung verehrte: so wurde auch die Sprache zur leibhaftigen Erscheinung der von ihr bezeichneten Sache übersteigert.

Jedem fiel schon auf, daß Worte oft die Geräusche nachahmen, die sie bezeichnen. Ja, die onomatopöetische Ähnlichkeit geht sogar über das Akustische hinaus. So in dem Wort Blitz, vielleicht auch in dem Wort Grauen; das eine gibt optische Geschwindigkeit wieder, das andere gar die »Farbe« eines Affekts. Allerdings malen das lateinische fulgur, das französische foudre, das englische lightning keineswegs die Geschwindigkeit eines Blitzes; dafür haben diese Sprachen andere Wortschildereien. Beispielsweise gibt das Horazische »Dulce ridentem, dulce loquentem Lalagen amabo« fast ein Porträt der »Lalage«, der plappernden Geliebten. Eine neuere englische Sprachtheorie geht sogar so weit, daß sie den Ursprung der Sprache in die orale Nachahmung – äußerer Gestaltbilder verlegt. Danach bildete der Mund, so gut es ging, die kleine oder große, runde oder eckige Form der Gegenstände nach; erst dann lief der Luftstrom durch die orale Mimesis hindurch und erzeugte das Wort. Nicht überraschend für den Urheber dieser Theorie, daß das breite Vokalwort »round« runde Gegenstände, das unfreundlich und konsonantisch gesprochene »angular« eckige bedeutet. (Ausnahmen wie das Wort corner, das erst recht Ecke bedeutet, fallen, wie in solchen Fällen billig, unter den onomatopöetischen Tisch.)

Die Lehre vom abbildlichen Wort kulminierte im primitiven, auch altorientalischen Mythos der »Zauberworte« der »Beschwörungsformeln«. Über Jahrtausende und untergegangene Kulturen hinweg hat sich dieser Mythos in den Wust der Kabbala gerettet. Hier ist Hebräisch die konstitutive Ursprache, nicht nur derart, daß das hebräische Schriftwort (und der ihm entsprechende Zahlenwert) die Figuren (Ideen) der Gegenstände abbildet und ebenso Macht über sie verleiht. Sondern das gesprochene Wort ist erst recht die Sache selbst und beherrscht sie; der Kabbalist ist zugleich »Meister des Namens«. Dieses sprachlich-magische Ineinander ist noch in dem Doppelsinn des Worts »Zitieren« enthalten: Faust spricht das Zeichen des Erdgeistes geheimnisvoll aus, und der Genannte, der Zitierte erscheint. Der Glaube an die Deckung von Wort und Sache hat sich – jenseits des eigentlich magischen Glaubens – sehr lange und in immer neuen Formen erhalten. Das ganze siebzehnte Jahrhundert war von dem halb rationalistischen, halb mythologischen Bestreben erfüllt, die »lingua Adamica« wiederherzustellen. Lingua Adamica – das ist nicht nur die menschliche Ur- oder Natursprache, zu der man im rationellen Interesse einer allgemeinen Verständigung zurückkehren wollte. Vielmehr schien die Sprache, worin, nach dem Bibeltext, Adam alle Tiere getauft hat, auch die abbildliche par excellence zu sein; sie war die wahre Sprache und folglich die Sprache der Wahrheit. Bei Jakob Böhme ist diese Sprache nicht die hebräische, sondern die unbekannte des »paradiesischen Menschen«; aber die verlorene Ursprache leuchtet durch »die Sprachen der gefallenen Menschheit« noch hindurch und gibt »die Signatur der Dinge«. Höchst rationalistisch erschien dieser Sprachtraum sogar bei Leibniz wieder, im Programm einer »universalen Charakteristik«. Allerdings handelt es sich hierbei nicht mehr um Worte oder auch aussprechbare Zeichen, sondern um mathematische Charaktere. Eben diese sind es, welche bei Leibniz einerseits den logischen Kalkül eingeleitet haben (mit dem die Logistiker jetzt nominalistischen Unfug treiben), andererseits aber eine »Signatur der Tendenzen« wiedergeben sollten. Selbst Leibniz suchte derart Begriffshieroglyphen, die dem Wesen des Bezeichneten so analog zu sein hätten, wie dies die Mystiker von ihrer lingua Adamica oder signatura rerum geträumt haben.

Zuletzt noch haben sich die Romantiker in die Metaphysizierung der Sprache hineinbegeben. Theologische Hintergründe fehlten auch hier nicht. Logos, das Wort, ist im

Griechischen dasselbe wie die Vernunft (»Im Anfang war das Wort«, Ev. Joh.); und im Deutschen hängt die Vernunft mit dem Vernehmen zusammen. Die Welt, wie Novalis und andere Naturphilosophen aus Schellings Schule sie sahen, ist danach voll »erstarrter Schöpfungsworte«; die menschliche Sprache stammelt sie nach. Alle menschliche Wissenschaft ist Grammatik der Welt; das Buch der Natur ist den Romantikern nicht so sehr in Zahlen als in Buchstaben geschrieben, in Sprachemblemen. In deren Entstehung und Charakter schien das damals entdeckte Phänomen der Chladnischen Klangfiguren einen Einblick zu gewähren. Wie sich der Staub einer schwingenden Glasplatte zu variablen Figuren ordnet, je nach der Schwingungszahl des angestrichenen Tons: so schien das gesamte Dasein aus klanghaften, schließlich sprachgemäßen Figuren zusammengesetzt; nicht nur die menschliche, auch die Weltarchitektur galt als geronnene Musik. So nicht zuletzt in Schellings Philosophie der Kunst: Sprache ist hier die Vernunft des Weltalls; auf ihrer noch flüssigen Stufe tönt sie musikhaft, als Klang an; auf der mittleren Stufe erscheint sie als gestorbenes Wort oder bildende Kunst; auf der höchsten Stufe geschieht redende Auferstehung, »die Poesie nimmt der versteinerten Niobe den Laut von den Lippen«. Soviel hier über eine extreme Sprachmythologie, über eine Art Pythagoräismus der Worte. Die Sprache ist innerhalb solcher Mythologien tatsächlich ein Bann und kurioserweise einer der vermeintlichen »Wahrheit«. Die Grammatik wird vor lauter Abbildungsekstase kosmisch. Wahrheit in diesem antilogistischen Extrem ist die Deckung des menschlichen Sprachduktus mit dem großen Sprechen, das durch die Welt geht.

Es ist an der Zeit, von den beiden Ausflügen zurückzukehren, vom logistischen wie sprachmythologischen. Aber sie waren wohl dazu nützlich, daß die Ausdehnung der sprachphilosophischen Probleme ermessen werden konnte. Jener Probleme, die ein wichtiger Teil unserer nächsten Arbeitssorgen geworden sind. Und sollte man zwischen Extremen die bange Wahl haben, so liegt das Rechte immer noch eher in der Nähe der Sprachverehrung als der logistischen Sprachverachtung. Gewiß, jene ist heillose Mythologie, aber sie hat immerhin aus dem objektiven Idealismus der vorkapitalistischen Zeit das Moment der Abbildung in sich, wenn auch ein noch so schief plaziertes; die Logistik dagegen ist nackter, hohler subjektiver Idealismus. Es ist hier nicht der Ort, die Bezüge zu formulieren, welche zwischen Sprache und Realität dialektisch-materialistisch bestehen. Es genüge für unseren Fall zu sagen: Sprache ist poetisch ein Mittel, um Anschauung zu kaufen, und wissenschaftlich ist sie das stellvertretende Zeichen logisch abgespiegelter Tendenz- und Gestaltbeziehungen. Mehr als jedes andere Ausdrucksmittel ist Sprache Vermittlungsinstrument zwischen Subjekt und Objekt; sie begründet nicht, aber sie bildet und erhält die Kulturwelt dieser Vermittlung.

Daraus nun folgt: *Wo Sprache verludert oder verlorengeht, wo sie zum Klischee wird oder zum Dietrich des Betrugs, aber auch: wo sie aus dem alten Leben herausgerissen wird, aus dem großen Strom ihrer bisherigen Welt und ein eingekapseltes oder verfremdetes Dasein führen muß: überall dort besteht die Möglichkeit, im Fall der Verluderung die Gewißheit, daß ein Mensch, ein Volk sich verfälschen und ihre Welt verlieren.*

Mit uns ist die deutsche Sprache auf verschiedene Weise in dieser Gefahr. Intra muros et extra ist sie bedroht. In Deutschland droht sie zu ersticken, im Ausland zu erfrieren.

Der außerordentliche Niedergang intra muros steht vor aller Augen. Die deutsche Sprache ist des Teufels geworden, der Teufel ist der Vater der Lüge, ihr allein soll sie dienen. Schleim und Schwulst, Nebel und Gebrüll, Schwachsinn und Elefantiasis der Superlative dienen der Demagogie. Die Nazisprache gibt jedem Humbug, jedem Unsinn, jeder Niedertracht, jeder Psychose Platz, ihre Phrasenhaftigkeit soll auch noch jenen Rest des Denkens betäuben, der durch Terror nicht auszurotten ist. Die Chloroformmasken, die dem Konzentrationslager leider fehlen, verwendet Goebbels für

die sogenannte Massenbasis außerhalb: die Sprache wird
Narkose. Worte verlieren ihren Sinn, Krieg heißt Frieden,
Pogrom Notwehr, der Lustmörder Führer. Betrugs-Ideolo-
gie hat die deutsche Sprache auch in dem sogenannten Kul-
turgebrauch vernichtet, der ihr dort noch übrigbleibt. Die
Literatur des Nazismus ist gesprochenes Niederwalddenk-
mal; errichtet über dem hilfeschreienden Schweigen abge-
dichteter Verliese.

Extra muros aber befindet sich schlecht und recht das gesamte am Leben gebliebene Schrifttum. Der Strom, aus dem,
wie Rollands Jean Christophe einmal sagt, ganz Europa
trank, fließt nicht mehr in Deutschland. Was würdig ist,
deutsche Literatur genannt zu werden, ist zur Zeit ohne
Volk. Sie lebt nicht einmal mehr unangefochten rings um
Deutschland oder gar in deutschem Sprachgebiet. Sondern
ihre Emigration wird gründlich, und das neue Zentrum der
begrenzten Möglichkeiten ist Nordamerika.

Damit aber sind wir wieder am *Problem des Anfangs* angelangt. Es war dieses: Wie könnten wir als deutsche Schriftsteller in einem anderssprachigen Land das Unsere tun, uns
lebendig erhalten? Oder was dasselbe ist (dasselbe sein
sollte): Wie können wir hier unseren Mann stellen, unseren
Ort finden, unsere Aufgabe erfüllen?

Wir haben nichts als die Kraft unserer Überzeugung gerettet, aber auch die Fähigkeit, sie auszusprechen, sie in deutscher Sprache zu gestalten. Wir sind voll Europa, dort kennen wir uns aus, wir sind Athen. Es ist an uns, keine grae-
culi zu werden. Es ist erst recht an uns, keine Fliegenden
Holländer zu werden, die Briefe an längst Verstorbene abgeben oder sonst Chimärisches tun.

Sind wir Europa, so ist uns gegenüber nicht irgendein Staat
oder gar Dominion, sondern vor uns erhebt sich ein besonders modelliertes Gebilde, eine andere Hemisphäre des Kapitalismus. Wir sagten bereits: alles in diesem Land hat seinen eigenwilligen Zuschnitt, überall ist das große amerikanische Gesicht. Altmodisches und höchst Vorgeschrittenes
liegen dicht nebeneinander, jungenhaft-herzliches Halloh,

das überall das Verbindende, nicht das Trennende sucht, verträgt sich mit einer vorzüglichen Schlachttechnik des Rekords. Man sieht ein Land ohne feudale Vergangenheit, doch auch ohne organisiertes Proletariat. Man sieht Pionierland mit einem bis vor kurzem fast ungebrochenen Glauben an prosperity innerhalb des Kapitalismus. Hier ist das Land der schärfsten und ungezügeltsten Kapitalsinteressen, der illegalen und legalen Gangster, der Erfolgsanbetung, der atemlosen Jagd nach Beziehungen, der schrankenlosen Verwandlung alles Daseins zur Ware. Hier ist aber auch das Land einer sehr demokratischen, sehr humanistischen Ideologie. Der Begriff education wird im amerikanischen Bürgertum so wichtig genommen wie kaum irgendwo; und das Ziel des allzu polyhistorisch angelegten Bildungsgangs ist Menschwerdung. In praxi kommen zwar meist nur gute Verkäufer zum Vorschein, die sich in allen Branchen herumzuwerfen wissen und den Kunden nehmen, wie er ist. Doch die Absicht im ideologischen Bewußtsein ist zweifellos eine andere, eine anders liebenswürdige, anders kenntnisreiche, anders humanistische, eine, die an die besten Intentionen des klassizistischen Europa erinnert und die Intentionen besser als Europa behalten hat. Eine Art Kolonialstil lebt noch in dieser Erziehungslist. So wollte man im achtzehnten Jahrhundert harmonische Menschen bilden, vor allem in England, so schwebte noch Wilhelm von Humboldt, bei seinem Universitäts-Entwurf, ein attischer Gentleman vor. Daß im Effekt ein zweckhafterer Praktikus hervorkommt, ändert nichts an der humanistischen Absicht. Diese hängt noch eng mit der antikischen Gründungs-Ideologie zusammen, mit dem Freiheitszauber der antiken Republiken, wie er sich in der Aufklärung über den älteren, den grundlegenden »Individualismus« des Puritanertums gelegt hatte.
Beide Leitbilder, das puritanische wie das klassizistische, machten die private Wirtschaftsinitiative frei und schmückten sie zugleich. Die Ideologie des frühen Kapitalismus ist selber noch erhalten, hat einen fast religiösen, mindestens einen zeremoniellen Glanz. Daneben wieder gibt es – in

diesem Land ohne Mittelalter – religiöse und politische Me-
dizinmänner der phantastischsten Art. Es gibt Mormonen
und Christian Science; es gibt Sekten, die ihre Betten in
den Meridian stellen, um von den »Erdströmen« zu profi-
tieren; es gibt Religionen, die Gott als Ur-Dynamomaschine
auffassen und das Gebet als Transmissionsriemen. Und es
gibt, jenseits dieser Wunderlichkeiten, den großen amerikanischen Gesundheitswillen, den Willen zu leben und an den
Fortgang des besseren Lebens zu glauben; kleinbürgerliche
Müdigkeit, deutsche Todessehnsucht sind dem Land fremd.
»Morgen geht es todeswärts«, so beginnt ein SA-Lied; diese
Finsternis ist in Amerika unvorstellbar, eher schminkt man
noch die Leichen zu Sportsmännern um, mit Sonnenbräune.
Kurz, im Fragwürdigen wie im sehr Guten ist Amerika
noch ein recht unübersichtliches, auch sich selber, nicht nur
den Greenhorns unübersichtliches Gebilde. Nicht zuletzt
wirkt die riesige, die wahrhaft ungeheuerliche Natur dieses
Landes mit; sie ist zwar uneingemeindet wie nirgends, doch
gerade deshalb ist ihre Stimme merkbar, ein unverkaufter
Urlaut.
Mit diesem Land also trifft die Literatur einer alten Sprache
jetzt zusammen. Unsere Sprachwelt trifft zusammen mit
dem ausgesprochenen, mit dem vielfach noch sehr unausge-
sprochenen Anderssein eines jungen Kontinents. »Wie duftet
hold der Flieder«, singt Hans Sachs in den Meistersingern,
»will, daß ich ihm was sagen soll.« Nicht alles ist hier Flieder, jedoch alles will ausgesagt werden, gerade auch von
Europa ausgesagt. Will und braucht außer dem Spieglein an
der Wand einen genügend entfremdeten Blick, das ist: eine
ausländisch geschriebene und gedachte Amerika-Literatur,
in Vollendung der glänzenden Reihe von Kürnberger bis
Johannes V. Jensen und mehr.
Es gibt jedoch, was das Sprach- und Geistverhältnis zur
Neuen Welt angeht, zwei schwierige Grundtypen unter uns
Immigranten. Diese Typen gehen durch die gesamte neue
Einwanderung hindurch, finden sich also nicht nur bei
Schriftstellern. Doch sind sie bei Schriftstellern besonders

ausgeprägt; wie man gleich sehen wird, ist besonders der zweite Typus unter ihnen häufig, die Gewalt des Handwerks bringt ihn mit sich.

Der erste Typ will sich von drüben völlig abwenden. Er verschmäht sogar, deutsch zu sprechen; bis zum Selbsthaß ist sein Deutschlandhaß gediehen. Die Abkehr ist psychologisch verständlich, besonders bei jüdischen Immigranten; welch ein Schock, welch ein Grauen liegt hinter ihnen! Man will sich an Deutschland nicht mehr erinnern, so, wie die Vernunft des Leibes ein großes Unglück vergessen will. Aber die Tür fällt etwas zu laut ins Schloß, der Eintritt nach Amerika wird etwas zu reißerisch markiert. Gewiß, kaum die Hälfte des amerikanischen Volks ist ganz in der Wolle gefärbt, aber länger als ein halbes Jahr hat die Amerikanisierung allemal gedauert. Infolgedessen wirken die eiligeren Gestalten leicht degoutant, auch nähren sie, mit ihrem jüdischen Anteil, die antisemitische Stimmung. Zu alledem reagieren diese Typen, als trauten sie Hitler tausend Jahre ohne weiteres zu. Sie haben, als bankrott gemachte Bürger, unter Deutschland einen Strich gesetzt, sie haben es abgeschrieben.

Der zweite Typ ist genauso abstrakt wie der erste, doch ihm völlig entgegengesetzt. Er will sein altes Sein und Bewußtsein behalten, als wäre mit der Einreise in USA nichts geschehen. Sind die Schnellamerikaner beim leeren Desinteressement an den europäischen und deutschen Angelegenheiten angelangt, so starren die Figuren der zweiten Art auf Deutschland, als säßen sie noch in Paris oder Prag. Manche ihrer kamen hierher, die nichts mehr als eine Wüste suchten, worin sie Prediger sein könnten. Statt dessen fanden sie ein ebenso problemreiches wie gastfreies Land. Auch wird die – wenn noch so ungefähre – Beherrschung der Landessprache von ihnen erwartet. Aber gerade diese Gastfreundschaft und gerade diese Erwartung macht viele schwierig. Besonders Schriftsteller sind so fixiert an die alte Welt und so eingekapselt in das Sprach- und Denkmilieu, das sie mitgebracht haben, daß sie sich hier, wo man ihnen diese Isolation nicht läßt, fast stärker in der Emigration fühlen als vorher. Oder das Paradox mit etwas zu großer Schärfe ausgedrückt: Hier, wo die Emigration objektiv endet, beginnt sie für manchen subjektiv im größeren Umfang. Es ist das ein anstößiger Zustand, und auf Amerikaner wirkt er vielleicht noch befremdender als die treulose Anbiederung des ersten Typs. Selbst das wichtige Bestreben, hier eine deutsche Kulturinsel zu schaffen, schafft unter Amerikanern, soweit sie davon Notiz nehmen, patriotisches Unbehagen; sie sind erstaunt über diesen fremdartigen Transfer, über eine Devise, die nicht umgewechselt werden kann und soll. Sie wollen nicht, daß ihr Land nur als Überwinterungsstation betrachtet wird. Das erste Gespräch, das auf dem Schiff bereits von Amerikanern mit einreisenden Emigranten geführt wird, ist so beschaffen, als sprächen sie mit einem neuen Landsmann. Gewiß, auch Widerstände sind vorhanden, sie mehren sich mit der wachsenden Immigration. Doch wenn diese Widerstände durch etwas befördert werden, dann nicht zuletzt durch die naive, auch grundsätzliche Introvertiertheit mancher Immigranten und gerade der besten, der am meisten von Kultur gesättigten. Desto schlimmer, wenn diese Kulturträger, aus wahren Hinterwäldlerbegriffen, die sie über Amerika mitgebracht haben, auf das eigentümlich komplizierte Dasein hierzulande hochmütig herabsehen. Wenn sie mit einer Anmaßung, die weniger der heimischen Kultur als dem heimischen Imperialismus entnommen sein dürfte, der Meinung sind, sie müßten Amerika jene Gesittung beibringen, die Hitler zu Hause doch so leicht eliminieren konnte. Auch diese Typen berühren sich, so widerwillig als unbewußt, mit einem Stück Nazismus, ja mit einer ganz bestimmten Nazipolitik in Amerika. Die Defaitisten biedern sich an Amerika an, weil sie mit Hitler an die Dauer des »Dritten Reichs«, mindestens an die braune Herrschaft während ihrer Lebenszeit glauben. Die in Deutschland Fixierten kapseln sich umgekehrt von Amerika ab, formal in fast der gleichen Weise, wie das der Nazismus von seinen hiesigen »Sudetendeutschen« wünscht. Einleuchtenderweise geschieht diese Abkapselung aus entgegengesetzten Motiven und hat völlig andere Inhalte; doch erfreulich ist sie dem antifaschistischen Interesse trotzdem nicht. Niemand mutet Autoren zu, daß sie ein Handwerk, worin sie zulänglich oder mit Gewinn für alle gearbeitet haben, aufgeben, um gefälschte Amerikaware hervorzubringen. Aber eine Enklave mit extrem deutscher, gar gewollt abgekehrter Problemstellung ist erst recht nicht haltbar. Diese Art Produktion würde sich, von der Absatzlosigkeit abgesehen, sehr rasch monotonisieren und an Inzest zugrunde gehen.

Wie nun kann man sich vom falschen Radikalismus dieser beiden Haltungen befreien? Erwarten Sie nicht, daß auf diese Frage eine schiere Antwort erfolgt. Es kommt in unserem Fall mehr darauf an, diese Frage selbst durchzudenken und ihren Schwierigkeiten ins Gesicht zu sehen. Es wäre nicht in Ordnung, sich als Apothekerladen aufzutun, und es wäre pure Abstraktion, eine Universaldroge in Vorschlag zu bringen. Zu verschiedene Individuen sind hier versammelt, in verschiedenem Alter, mit verschiedenen Talenten, verschiedenem Sprach- und Bildungsgut, verschiedenem Schreibmetier, nicht zuletzt verschiedenen politischen Überzeugungen. Der Romanschriftsteller hat rein sprachlich andere Vermittlungsprobleme mit diesem Land als der Wissenschaftler. Auch gibt es zweifellos eine wichtige Gruppe esoterischer Probleme, die vom Standort ihrer Behandlung weitgehend unabhängig sind. Und ein grundlegender Unterschied zwischen den einzelnen Aspekten auf unsere Angelegenheit sei gewiß nicht vergessen: der privat-ökonomische. Der Immigrant, der sich und das Seine noch in keinerlei Job untergebracht hat, wird eher introvertiert bleiben als der Mann in Geschäft und Amt. Doch wird auch letzterer, ist er ein Schriftsteller und mit dem deutschen Problem – politisch oder kulturell – weiter verbunden, immer wieder vom Problem der Sprache (nicht des bloßen Verständigungsmittels) und der Sprachwelt bewegt bleiben. Hierfür ist gerade ein Deutschamerikaner der glücklichst akklimatisierten Art ein Beispiel: Carl Schurz. Dieser kam nach einer niedergeworfenen Revolution ins Land (nicht, wie wir, am Vortag einer kommenden): und er kam, als achtundvierziger Demokrat, in ein Land, das noch keine Rockefellers und Fords freigesetzt hatte, mit dem er sich also politisch völlig homogen fühlte. Trotzdem schrieb der amerikanische General und Staatsmann Carl Schurz seine Lebenserinnerungen deutsch; er war, wenn er mit dem Seinen zu Hause sein wollte, nur in deutscher Sprache zu Hause. Also schaffen auch Amt und Würden keinen Dispens von dem Sprachproblem und dem mit ihm gesetzten, ja in ihm beschlossenen Problem des Ausgleichs einer anderen Herkunft und Kultur in Amerika.

Eines steht jedenfalls für jeden fest: Amerika hat sich seit alters als Schmelztiegel installiert. Mögen die Wände und die überwiegende Masse in diesem Schmelztiegel noch so angelsächsisch sein: der gesamte Inhalt bleibt gärend und bereit, sich zu legieren. Amerika will kein bloßes Gemenge aus verschiedenen europäischen Nationen sein; diese Eigenschaft muß akzeptiert werden. Sie setzt aber voraus, daß jeder Einwanderer etwas mitbringt, das sich zu schmelzen lohnt, und das schmelzbar ist.

Wer nun seine Herkunft aufgibt, der bringt in den Tiegel überhaupt nichts mit. Er liefert ein hektisches Möchtegern-Amerikanertum, an dem fast alles bloße Flucht und Mimikry ist. Wer aber umgekehrt in seiner Herkunft sich abriegelt, macht sich ebenfalls untauglich, denn er macht sich zu unschmelzbarem Glimmer oder meinetwegen auch zu Granit. Er verschmäht die Citizenship im substantielleren Sinn (obwohl er die formelle gern annimmt). Er beleidigt den berechtigten Willen Amerikas, daß seine Immigranten sich auch als solche fühlen und nicht nur als Visitors und Überwinterer. Er verschmäht vor allem den noch mehr berechtigten Willen Amerikas, von der europäischen Kultur zu lernen und sie authentisch zu erfahren. Von einer Kultur, aber auch von einer Politik zu erfahren, die zu einem wichtigen Teil das Schicksal Amerikas impliziert. In Europa ist das Feld, worauf über viele amerikanische Probleme mitentschieden wird; in Europa war der Ausgangsort der vergangenen, ist der Experiment-Ort der künftigen amerikanischen Ideologie. Wird das europäische Wesen aber unvermittelt beibehalten, dann wird es hier verhungern, im buchstäblichen wie metaphorischen Sinn. Der deutsche Intellektuelle blüht dann nicht, wie es sich gehört, als lernender Lehrer in Amerika, er figuriert nicht einmal als Museum, sondern als Gespenst.

Wir aber sind ins Land gekommen, um hier weiter zu leben und zu wirken. Wir werden in unserer deutschen Sprache denken und schreiben, das ist unser Handwerk und Erbe; keine echte Dichtung, echte Philosophie können in fremder Sprache entstehen. Wir werden zunächst zu Deutschamerikanern zu sprechen versuchen, zu den sieben Millionen in USA, zu den zehn Millionen im ganzen Kontinent. Einige von uns werden übersetzt werden, aber das Original bleibt deutsch und ist durch die Übersetzung hindurch als solches erkennbar, nicht nur durch die mittelmäßige, auch durch die vortreffliche, ja durch diese erst recht. In Deutsch werden wir amerikanische Stoffe und Probleme zu behandeln haben; hic Rhodus, hic salta. Hegel forderte, daß man sich zum Jetzt konkret zu verhalten habe; man hat sich ebenso konkret zum Hier zu verhalten.

Unser Verhältnis möchte also weder weichlich-gerissene Anbiederung sein (am wenigsten an die herrschende Klasse) noch introvertierte Fremdheit. Wir suchen vielmehr im Rahmen Amerikas eine äußerst menschliche und menschlich verständliche, eine Art *originale Distanz*. Das Originale dieser Distanz kommt von der Origo: das heißt, wir bringen unseren Ursprung mit, eine ausgebildete Sprache, eine alte Kultur, der wir treu bleiben, indem wir sie an neuem Stoff so erproben als erfrischen. Und wir haben Distanz: nicht weil wir sie wollen, sondern weil wir keine Komödianten sind. Mit dieser ehrlichen Distanz wollen wir unserer Sprache, unserer anschaulichen, abbildenden, auf Realität bezogenen Sprache und Denkart das Leben, das wir um uns sehen, die Probleme, die um uns arbeiten, zum Objekt geben.

Das ist möglich, weil das Deutsche außerordentlich weit und elastisch ist. Die deutsche Kultur war einmal der ganzen Welt offen und zugewandt, ihre Sprache ist seit je gesättigt mit fremder Anschauung. Der Ausgleich ist aber auch sachlich möglich, weil die amerikanischen analoge sind. Die Sonne Homers leuchtet auch hier, nebst ihren dialektischen Schattenseiten. Als wir drüben Upton Sinclairs Bücher gelesen haben, war es uns keineswegs zumute, als spielten sie in einem anderen Fixsternsystem. Wir kannten uns bereits vortrefflich aus in der Fäulnis der Plutokratie, in der Entwürdigung, auch in der falschen Hoffnung des armen Teufels; wir verstehen hier wie überall das Verhältnis von Kapital und Arbeit. Aber wir verstehen auch, daß Amerika, zum Unterschied von Deutschland, eine bürgerliche Revolution im Leib hat; seine Nationalhelden sind Washington und Lincoln, nicht der Große Kurfürst und Bismarck. Man spricht hier, wie formalistisch immer, eine Art Nationalsprache, wenn man Freiheit, Gleichheit, Brüderlichkeit sagt. Und die Politik Roosevelts kann man ohne Schamröte anständig und zur Zeit betreibenswert finden. Auch gibt es in Amerika mehr Träume vom besseren Leben als in irgendeinem anderen bürgerlichen Staat; dem Optimismus fehlt nur der Inhalt, als ein kapitalistisch nicht mehr erreichbarer. Dreams of better life: das überhaupt ist das amerikanische Grundthema; und es ist uns Europäern verwandt geworden wie kaum ein anderes. Mehr Genies als es Musen gibt hätten derart am amerikanischen Stoff zu tun, am manifesten von heute, am latenten von morgen.

Und noch eine Hauptsache, zum Schluß: Man verliert mit der originalen, mit der sachlich eng verbundenen Distanz weder das neue noch das alte Land. Man verliert seine europäischen Angelegenheiten nicht einen Augenblick. Man hält sich vielmehr scharf zum Zweck. Und es wird keinen Amerikaner erstaunen, wenn wir zur gegebenen Zeit nach Europa gehen sollten, um – durch hiesige Erfahrungen und Überlegungen vermehrt – diejenige Sache zu stabilisieren, derentwegen wir unser Geburtsland verlassen mußten. Für die wir hier in deutscher Sprache, in der Sprache von Heine und Marx, von Goethe und Hegel, einzutreten, zu bilden und zu denken haben. Unsere Sache sind die Menschenrechte. Sie waren bei der Bildung der amerikanischen, der französischen Republik gemeint, und sie ruhen nicht, bis sie zu Ende gebracht sind.

So wollen wir uns an Amerika beteiligen, als wäre es – auch ein Stück Deutschland. Um unser Teil daran zu tun, die Deutschamerikaner nicht auf den faschistischen Weg geraten zu lassen. Um unser Teil wachzuhalten für die Arbeit, die wir als Heimkehrer oder wenn dieses Wort besser klingt: als abreisende Deutschamerikaner in der alten Heimat, in Deutschland mit den anderen zu vollbringen haben.

Nichts gibt uns davon Dispens. Kein ehrlicher Mann ist in den letzten fünf Jahren an der Freiheitsstatue des New Yorker Hafens vorübergefahren, ohne an Deutschland zu denken. Wir sprechen, denken und handeln für eine Sache, die Amerika mit der ganzen Welt gemeinsam ist. Mit keiner Zeit würden wir tauschen, in keiner anderen wünschen wir gelebt zu haben. Wir schaffen auf der Grenze zweier Zeitalter, und wir schaffen als rechtmäßige Grenzexistenzen, als Deutsche in Amerika, an dem einen, was not tut: an den rights of men.

RAOUL-OTHMAR AUERNHEIMER

Das Wirtshaus zur verlorenen Zeit

»Their losses are our winnings«, sagte mir die liebenswürdige Frau meines Affidavitgebers, mit dem Kinn nach Europa hinüberdeutend, als sie und ihr Mann mich am Pier in New York in Empfang nahmen.

Das ist ein schönes, ermutigendes, menschenfreundliches Wort, obwohl es naturgemäß für den Schriftsteller nicht ganz so uneingeschränkt gilt wie für die anderen liberalen Berufe. Der Professor hat es vergleichsweise leichter und auch der Musiker beispielsweise. Beide sprechen eine Art Volapük, das auch in Übersee verständlich bleibt, der eine das Volapük der Wissenschaft, der andere dasjenige der Musik, dieser Allerweltsprache der Seele. Sogar der Schauspieler kann, noch bevor er sich das Englische völlig angeeignet hat, eine sogenannte »Akzentrolle« spielen. Anders der Schriftsteller, der Dichter, dessen Wirkungsmöglichkeit, weit mehr, als er ahnt, an einen bestimmten Länge- und Breitegrad gebunden bleibt. Die beste Übersetzung ist doch nur eine Hand im Handschuh, und sich selbst zu übersetzen gelang nicht einmal einem Heine oder Turgenjew, die jahrzehntelang in Paris lebten, ohne sich als Schaffende völlig akklimatisieren zu können. Um eine Sprache wirklich zu meistern, reicht ein Menschenleben allenfalls hin, für eine zweite reicht es nicht, was natürlich nicht ausschließt, daß man lernen kann, auch eine zweite Sprache gewandt zu sprechen und sogar zu schreiben. Doch kommt es beim kreativen Schreiben nicht nur aufs Schreiben an, sondern auf jenen Urquell von Vorstellungen und Erfahrungen, der dem Schreibenden die noch ungeformten Worte zuträgt und ihn mit seinen Lesern verbindet. Heine schrieb in Paris deutsche Gedichte und Turgenjew russische Romane. Natürlich gilt dies nicht ohne Einschränkung. Shakespeare ist überall Shakespeare, obwohl nicht so ganz vielleicht in Frankreich, und Tolstoi bleibt Tolstoi, obwohl es immerhin eines zweiten Weltkrieges bedurfte, um »Krieg und Frieden« sechzig Jahre nach seinem Entstehen in Amerika populär zu machen. Aber abgesehen davon, daß Genies keine Beispiele sind, wie Schnitzler zu sagen pflegte, waren die Genannten und andere international Unsterbliche keine Emigranten, die im Ausland als heimatlose Flüchtlinge ihre Laufbahn noch einmal von vorne hätten anfangen müssen, was ohne Substanzverlust kaum möglich ist. Ich zweifle, ob sogar Thornton Wilder oder Hemingway oder Willa Cather oder John P. Marquand ganz dieselben bleiben und ihren

Rang vollgültig behaupten könnten, wenn sie sich von heute auf morgen entschließen müßten, ihre Werke in deutscher Sprache oder auch nur für ein deutschsprechendes Publikum zu schreiben. Wobei ich Thornton Wilder an die Spitze stelle, nicht nur, weil er einer der liebenswertesten Dichter des gegenwärtigen Amerika ist, sondern auch, weil er die deutsche Sprache, ja sogar den Wiener Dialekt so weit beherrscht, daß er sich ihrer bedienen könnte.

Diese vorschauende Betrachtung in den Rechenschaftsbericht über mein erstes amerikanisches Schuljahr einzuflechten wäre unbescheiden, wäre sie nur an die Person gebunden. Sie ist aber aufschlußreich für eine Illusion und einen Fehler, die in Amerika keinem hier zugewanderten europäischen Schriftsteller erspart bleiben. Die Illusion besteht darin, daß er glaubt, die notwendige Anpassung an den amerikanischen Kulturboden in ein paar Wochen oder Monaten bewerkstelligen zu können, wo es sich doch um Wachstum handelt und jede Art von Wachstum, allen technischen Fortschritten zum Trotz, nach wie vor Zeit, ja, wenn sie überdauern soll, den Wechsel der Jahre, nicht nur der Jahreszeiten, voraussetzt. Mein Fehler – den wir fast alle machten – war, daß ich anknüpfen zu können glaubte an das, was ich drüben gemacht hatte und gewesen war, daß ich fortsetzen wollte, anstatt neu anzufangen. Das ist nach wie vor auf wissenschaftlichem Gebiete möglich, aber kaum mehr statthaft im Felde der Literatur und am wenigsten einer Literatur, die eine zur Zeit verhaßte Sprache spricht. Thomas Mann und Franz Werfel sind kein Gegenbeweis. Beide behandeln europäische Stoffe, aber in einem weltweiten Sinne, der der Höhe ihres Talents entspricht. Und beide hatten das amerikanische Leserpublikum schon in der Vor-Hitler-Zeit erobert, so daß sie als amerikanische Autoren, nicht mehr als europäische, an sich selbst und ihre Vergangenheit anknüpfen konnten.

In meinem Falle – und damit kehre ich nun allerdings endgültig in mein erstes amerikanisches Schuljahr zurück – kam noch etwas anderes dazu. Ich war als ein Opfer der europäischen Politik herübergekommen und hielt mich nicht nur für berechtigt, sondern im weltbürgerlichen Sinne für verpflichtet, über meine Erfahrungen mit Hitler-Deutschland, das ich ja bis zur Neige ausgekostet hatte, öffentlich Auskunft zu geben. Es bedurfte nicht erst des Zuredens und der Zustimmung meines Freundes Stefan Zweig, der behauptete, daß meine Dachauer Erinnerungen zu den, wie er sagte, ganz wenigen Schriften dieser Art gehörten, die bleiben würden, um mich zu veranlassen, einen Weg zu gehen, der mir, wie mir schien, durch mein Schicksal innerlich vorgeschrieben war. Als ich aber dann soweit war und meinen Rechenschaftsbericht den maßgebenden New-Yorker Verlegern vorlegen konnte, stellte sich heraus, daß sie daran wenig Freude hatten. Sie hatten im Laufe der letzten fünf Jahre seit Hitlers Machtantritt zahllose Manuskripte dieser Art vor Augen gehabt, denn jeder, der einem deutschen Konzentrationslager entronnen war und eine Feder halbwegs handhaben konnte, fühlte sich verpflichtet, seine schauerlichen Erfahrungen zu verbüchern. Für das amerikanische Auge lasen sie sich wie Mystery-Stories, wie Schauermärchen, die sich als »true stories« ausgeben, das heißt die Wahrheit anschminken, um den Leser vorübergehend einzufangen. Noch Ende 1943 schrieb Arthur Koestler, der es wissen muß, in einem aufsehenerregenden Artikel der *New York Times*, daß neun unter zehn Durchschnittsamerikanern Berichte über die Unmenschlichkeiten der deutschen Konzentrationslager als »Propaganda« ablehnen. Diesen Vorwurf freilich konnte mir niemand machen; ich hielt mich sichtlich an die Wahrheit. Aber diese Wahrheit war verhältnismäßig farblos, weil nicht so blutgetränkt, wie man es bei einer richtigen Mystery-Story, den Gesetzen dieser Gattung entsprechend, voraussetzen durfte, und hatte außerdem den Nachteil, Amerika möglicherweise einem Kriege näher zu bringen, den man, verständlicherweise, um jeden Preis zu vermeiden wünschte. Infolgedessen machte man meinem Wechselbalg gegenüber einen anderen Einwand, dem schwerer zu begegnen war als dem Vorwurf der »Propaganda«, den meine wahrheitsgetreuen Schilderungen offenkundig widerlegten. Man fand, daß sie, ungeschminkt wie sie waren, zu blaß anmuteten, oder, wie ein Verleger in einem fein stilisierten – nicely worded, heißt das auf Englisch – Handschreiben sich ausdrückte, daß aus meiner Schilderung hervorginge, die Zustände in Dachau wären nicht »too intolerable« gewesen. Der Nachdruck liegt auf dem »too«. Mit anderen Worten, der gute Mann warf mir vor, daß ich nicht auf der »Flucht erschossen« worden war, in welchem Falle ich allerdings, wie man zugeben muß, meinen Bericht kaum mehr hätte zu Papier bringen können. Ein anderer Verleger, der, angeekelt von der ganzen Gattung, wie er nach zahllosen Erfahrungen war, mein Manuskript selber nicht gelesen haben mochte, schickte mir loyalerweise den Bericht des von ihm mit dieser peinlichen Aufgabe betrauten Lektors ein. Diese Lektoren oder »Reader«, wie sie auf Englisch heißen, waren meist ältere deutsche, das heißt reichsdeutsche »Kollegen«, Kollegen auch aus dem deutschen Konzentrationslager, und infolge dieser doppelten Kollegialität nicht eben gut zu sprechen auf die österreichischen Flüchtlinge, die sich neuestens wichtig machten mit dem, was sie, die dem Rang nach älteren Opfer der deutschen Menschheitsschande, schon vor Jahren mitgemacht und hinter sich gebracht hatten. Sein Gutachten, das mich in gewissem Sinne noch einmal zum Opfer der für Österreich immer verhängnisvollen »deutschen Orientierung« machte, brachte auf eine klassische Art zum Ausdruck, was den Mann beim Durchblättern meines verdrießlichen Elaborats bewegt hatte. »A few suicides, deaths and atrocities are not sufficient«, schrieb er kurz und bündig: ein paar Todesfälle und Selbstmorde genügten nicht, um das Interesse des Lesers zu fesseln – eine vom Menschheitsstandpunkt allerdings etwas merkwürdig bagatellmäßige Auffassung. Emile Zola hat sie nicht geteilt, als er das erlittene Unrecht eines einzigen Offiziers mittleren Ranges in der französischen Armee zum Ausgangspunkt einer weltbewegenden »Affaire« machte. Auch Voltaire nicht, als er den Fall Calas aufgriff. Ein anderer dieser meiner Reader, die mir anonym entgegentraten, fand wieder, daß die »Climax« meines Buches, nämlich meine Befreiung, den Leser nicht befriedige, offenbar weil sie nicht nach dem Modell einer richtigen Mystery-Story gebaut war. Der sonstige Inhalt meines Dachauer Aufenthaltes, den ich ja an dieser Stelle meines Buches als bereits bekannt voraussetzen darf, schien ihm wenig Eindruck gemacht zu haben. Er wußte darüber in der Hauptsache nur zu berichten, daß der Autor ein Mann in mittleren Jahren wäre, der an Wassersuchtssymptomen litt. Daß diese Wassersucht die Folge der mir und uns allen zugemuteten Behandlung war, schien diesem Freiheitsfreund im klassischen Lande der Demokratie keineswegs erwähnenswert.

Ähnliche Erfahrungen wie mit meinen in Amerika zu Papier gebrachten Dachauer Erinnerungen machte ich auch mit meinen Novellen und Artikeln, die alle »too continental« oder »too much of an essay« waren. Doch erwähne ich dies nicht, um mich meiner Mißerfolge öffentlich zu berühmen, sondern weil ich diese meine Erfahrungen und Enttäuschungen mit der überwiegenden Mehrheit der in diesen schlimmen Jahren aus dem Osten eingewanderten Literatur teile. Beim besten Willen Amerikas, an dem nicht einen Augenblick zu zweifeln ist, konnte das europäische Schrifttum nicht im Handumdrehen assimiliert werden. Es ging den italienischen und spanischen und belgischen, den schwedischen und den Schweizer Autoren nicht besser als den österreichischen und den deutschen. Die ungarischen kamen, zumal in Hollywood, etwas rascher vorwärts, vielleicht weil sie nebst viel Talent auch ein besonders anpassungsfähiges Talent haben, sicher weil Budapest, woher sie meistens stammen, als ein kleines Miniatur-New York eine gewisse, auch ideologische Ähnlichkeit mit New York aufweist. Auch die Franzosen bildeten vor und zum Teil sogar nach dem Zusammenbruch Frankreichs, als sie zahlreich wurden, eine halbe Ausnahme, auch dies aus guten Gründen und nicht nur, weil der Glanz und der Charme der französischen Sprache jeden französischen Schriftsteller mit einer Gloriole umgibt. Seine Gestalt hebt sich vom Hintergrund der Geschichte vorteilhafter als die jedes anderen Refugié ab. Man darf nicht vergessen, daß Amerika halb französisch war, bevor es ganz amerikanisch wurde, und daß die Freiheitsstatue, an der jeder europäische Besucher New Yorks zuerst vorbeikommt, das Werk eines französischen Künstlers ist.

Meine erste Erfahrung in New York, wie die eines jeden, der die »Wunderstadt« nicht nur betritt, um sich von Europa zu entfernen, sondern um sich Amerika zu nähern, war also, daß New York zwar eine weltberühmte Sky-Line hat, daß aber diese Himmelslinie nicht an jeder Straßenbiegung auf uns wartet. Aber von dieser unvermeidlichen Erfahrung abgesehen – wie reizend war es, in diesen ersten Monaten New York zu erfahren. Jeder Schritt war eine Belehrung, die Luft, die ich neugierig einsog, war mit Lehrstoff förmlich geladen. Für den Schriftsteller war es Ozon, denn ein Schriftsteller ist ein von Natur neugieriges Lebewesen, das ohne diesen Sauerstoff, den ihm einatmende Beobachtung zuführt, verkümmert.

BERTOLT BRECHT

Arbeitsjournal

29. 6. 40

ein weltreich ist zusammengestürzt, und ein zweites wankt in seinen grundfesten, seit ich die letzte fassung des *Guten Menschen von Sezuan* begonnen habe, die finnische. ich begann das stück in berlin, arbeitete daran in dänemark und in schweden. es machte mir mehr mühe als je ein anderes stück vorher. ich trenne mich ganz besonders schwer von der arbeit. es ist ein stück, das ganz fertig sein müßte, und das ist es nicht.

es wird heiß, und vom amerikanischen konsulat ist keine
antwort da wegen der visen. noch weiß ich, welche route in
frage kommt und was sie kosten würde.
über europa fallen die schatten einer riesig heraufziehenden
hungersnot. hier geht der kaffee nun aus, der zucker wird
knapp, zigarren (für mich produktionsmittel) werden unerschwinglich.
alles und jedes zeigt die wachsende macht des dritten reiches.

16. 9. 40

es wäre unglaublich schwierig, den gemütszustand auszu-
drücken, in dem ich am radio und in den schlechten fin-
nisch-schwedischen zeitungen der schlacht um england folge
und dann den *Puntila* schreibe. dieses geistige phänomen erklärt gleichermaßen, daß solche kriege sein können und daß
immer noch literarische arbeiten angefertigt werden können.
der puntila geht mich fast nichts an, der krieg alles; über
den puntila kann ich fast alles schreiben, über den krieg
nichts. ich meine nicht nur ›darf‹, ich meine auch wirklich
›kann‹.
es ist interessant, wie weit die literatur, als praxis, wegver-
legt ist von den zentren der alles entscheidenden geschehnisse.

ALFRED DÖBLIN

An Elvira und Arthur Rosin

> 4. XII. 1940;
> 1842, Cherokee Avenue, Hollywood (California)

Liebe Rosins, zunächst eine Erklärung für dieses gelbe Papier. Es ist königliches »M. G. M.«papier und liegt in einem

ungeheuren Pack in der Schublade meines Schreibtisches hier. »Hier« heißt in einem »Office«gebäude von M. G. M. in Culvercity, wo ich jetzt meine Tage verbringe – ehrlich gesagt: mit Nichtstun. Wie die andern. Ich hoffte, es würde weiter so gehen zuhause, denn da hatte ich es doch bequemer; aber plötzlich setzten die Herren den Polgar und mich zu einer schon bestehenden Mannschaft, die seit 6 Wochen das Buch *Mrs. Miniver* von Struther für den Film (bezw. genau: für die box-office) bearbeitet, und ich bekam eine »office«. Jetzt stellen wir eine Mannschaft also von 6 Personen dar, mit dem Producer. Das Buch habe ich gelesen, es ist jetzt ein best-seller, und tatsächlich ein interessantes, ja teilweise schönes opus, kein Roman, sondern eine Serie von Feuilletons, die in den *Times* erschienen sind, Londoner Zustände, Londoner Familienidyll vor dem Krieg und die Wandlung durch den Krieg. Die Mrs. Miniver ist eine feine, erfundene Figur; ich dachte, man wolle damit was machen, eine Art weiblicher Chaplin, aber nein –. Von den 6 Mann sind übrigens 2 wirkliche englische Schriftsteller. Die Verbindung zwischen deutsch- und englischsprechender Mannschaft stellt Herr Georg Fröschel dar (ehemals Redakteur bei Ullstein, Wiener). Ich muß gegen 10 Uhr antreten und möglichst bis 5 (oder gar 6) in meinem office herumsitzen (acte de présence machen). Also – schreibe ich für mich, lerne Englisch. Wenn einem was zur Sache einfällt, telefoniert man begeistert, diskutiert erregt, bis an der Sache nichts mehr übrig ist, und nennt das »gearbeitet« haben. (Rätselhaft, von wo da die Millionenverdienste einkommen; das muß ich noch ermitteln.)

Lieber Herr Rosin, ich habe sofort an den Agenten, den Sie mir nannten, geschrieben; eine Antwort steht noch aus. Von Klaus haben wir zuletzt einen mehr zufriedenen Brief, er bewohnt in Marseille ein möbliertes Zimmer, hat sich einen elektrischen Kocher besorgt – er sucht Stellung; bisher ohne Erfolg. Etienne, Fähnchen, jetzt Master Stefan (»Stiewen« gesprochen), hat sich ganz beruhigt, wächst unheimlich. Meine Frau hat oft schwere Stunden wegen der Jungs, besonders wegen Wolfgangs, ihres Lieblings; ist aber auch viel ruhiger. – Liebe Rosins, nur diesen kleinen Stimmungsbericht!

Ihr alter DDöblin

ALFRED NEUMANN

An Hermann Kesten

Hollywood, California
13. Aug. 1941

Lieber Hermann Kesten,

meinen schönsten Dank für Ihren Brief. Die Bestätigung dessen, was Eva L[andshoff] schon düster raunte, hat mich recht aufgebracht. Man kommt da weder mit dem Undank als Weltlohn noch mit der olympischen Dummheit weiter. Es ist schon so, als vomierte das Exil allen Seelendreck. Da ich weiß, daß Thomas Mann zu denen gehört, die einen vollen Einblick in die Leistungen Ihrer raren Uneigennützigkeit und Hilfsbereitschaft haben, darf ich mit ihm bei unserm nächsten Zusammensein über die Affidavit-Frage sprechen.

Ich bin nun schon lange genug hier, um aus dem Freiheits-Frühlingsrausch heraus und in eine kühlere Betrachtung der Dinge hineingeraten zu sein. Das Resultat ist ziemlich sonderbar, zumal es ja eine Scheinwelt ist, auf die man den kühlen Blick richtet. Und die Sache wird ziemlich kompliziert, wenn man bemerkt, daß man selber – ganz wie von ungefähr – zu so etwas wie einer Potenz der Scheinwelt geworden ist, nämlich zu einer Scheinfigur der Scheinwelt. Die charity, die einen hergebracht hat, und die $ 100.– Wochenlohn, die sie vergibt, haben sich zu einem vitiosen Kreis verschweißt, dergestalt, daß die unsichtbaren Götter der charity in der Office nur den 100-$-Mann sehen, der

381

eben deshalb zu nichts nütze sein kann, weil er nur $ 100.–
in der Woche kriegt. Und da hierzulande – hierzufilmlande
– eine geradezu organische Leseangst grassiert – so als ob die
Lese-Organe oder, wenn man boshafter noch sein will, die
Lese-Kenntnis fehlten – tut man sich bei 100-$-Charity nun
schon gar keinen Zwang an. Also: man ist zwar – aus ursprünglich mildtätigem Herzen – als *writer* angestellt und
wird dafür gezahlt: aber das, was man beruflich und ver-
traglich schreibt, wird nicht *gelesen*. Man hört und sieht
nichts mehr von dem, was man abgeliefert hat – man hört
und sieht überhaupt niemanden. Man sitzt seine Zeit ab,
Tag für Tag, und arbeitet natürlich für sich; aber da ich
wohl gerne hinter dem Schreibtisch sitze, hinter dem eigenen, und durch die Bürozeit und ihre stille Sinnlosigkeit
irritiert bleibe, ist noch nicht allzuviel für die eigene Arbeit
herausgekommen. Bei alledem bleibt natürlich der Blick
kühl genug, um festzustellen, daß eine leerlaufende charity
immer noch besser ist als gar keine.
Nun noch etwas wegen *Theodor Wolff*. Ich bemühe mich
hier seit langem, um das Fahrgeld für ihn und seine Frau
aufzutreiben. Bisher ist es noch nicht geglückt, obgleich mir
Lubitsch und Herald dabei helfen: die Kosten der Überfahrt sind sehr groß und die Gebefreudigkeit sehr klein geworden. Dazu kommen noch aufzuklärende Verhältnisse
mit Dr. R., von dem Th. W. sagt, daß er für ihn einen Fond
verwalte, der aber selber davon nichts weiß oder nichts
wissen will. Wir haben hier ausgerechnet, daß heutzutage –
zumal bei den exorbitant hohen Passagekosten spanischer
oder portugiesischer Schiffe, die wohl nur noch in Frage
kommen, rund 2000 $ für zwei Personen für die Gesamt-
kosten Nice–NY aufzubringen wären. Davon können hier
im allerbesten Fall 5–600 $ beschafft werden. Zuvor aber
müßten die Eintreiber Herald und Lubitsch wissen, ob Th.
W's. Visum auch erneuert wird. Wenn ja, müßte überlegt
werden, an welche Geldgeber herangegangen werden kann,
um den übrigen Betrag zusammenzubekommen. Herald
denkt da 1.) an New Yorker Pressekreise, z. B. an einen

Mann wie Shirer vom Berlin Diary, der weiß, wer Th. W. war, und 2.) an Committees. Könnten Sie mir da Antwort und Ratschlag geben.
Seien Sie und Ihre Frau herzlich gegrüßt von der meinen und Ihrem alten

Alfred Neumann

RUDOLF LEONHARD

An Lola Humm-Sernau

Camp du Vernet – d'Ariège, Quartier B,
Baraque 20, am 11. Dezember 1941

Liebes Lololein,

wie immer muß ich mit einem Dank anfangen; nicht nur für Deinen Brief – der mir, wie jeder, viel Freude gemacht hat. Ich habe inzwischen die Handschuhe bekommen; nicht die »ursprünglich schönen pelzgefütterten«, wie Du schreibst, aber doch sehr gute, die mir große Dienste leisten; wollne sind den Lagerhantierungen nämlich nicht gewachsen. Langhoff hat mir geschickt die Bibel, Hegels Geschichtsphilosophie, Fichtes Reden – die Wissenschaftslehre ist sicherlich nicht zu haben – und, zu meiner großen freudigen Überraschung, eben die Bergmannsche Inselausgabe von Büchner, auf die ich nie zu rechnen gewagt hätte, und die mich nun auch nicht für eine Stunde verläßt. Der Füllfederhalter aber ist noch nicht angekommen. Bitte danke doch in meinem Namen Irma – ich muß mit Briefen sparsam sein – und auch Langhoff, dem ich später einmal, wenn ich nichts andres zu schreiben habe, selbst schreiben werde. Es sind nicht nur die Sachen; es ist auch Eure Sorge um uns, die mich tief berührt. Und im voraus danke ich Dir für die Dinge, die Du noch ankündigst. Ja, nun ist schon wieder Weihnachten – das dritte Kriegsweihnachten, das dritte Weihnachten im Lager. Habe ich Dir seinerzeit, vom ersten Weihnachten, damals konnten wir eine Weihnachtsfeier machen, mein Weihnachtslied geschickt?

Im Lager verändert sich viel; außerordentlich viele Abgänge, hauptsächlich, aber nicht ausschließlich, gen Süden. Es macht den Eindruck, als solle das Lager geleert werden. Was dabei aus mir wird, weiß ich nicht, die nächste Zukunft ist unsicherer denn je. Bisher bin ich vom Süden nicht berührt worden, es wäre auch sehr schlimm für mich, und doch noch nicht das Schlimmste. Yvette, die hier war, hat nach ihren Besprechungen in Vichy den Antrag auf Freilassung mit Anweisung des Zwangswohnsitzes bei ihr gestellt, weil ich eine Französin zur Frau habe, und mit Rücksicht auf meinen Gesundheitszustand, der in der Tat, und sehr merklich, immer schlechter wird. Sie hat u. a. den obersten Leiter der Lager gesprochen, und auch den mexikanischen Gesandten (inzwischen ist mir bestätigt worden, daß ich von der mexikanischen Regierung ausdrücklich eingeladen bin, und vorzugsweise naturalisiert werden würde). Man muß abwarten, ob das was ergeben wird – optimistisch bin ich nicht –, oder was sonst wird.

Glaubst Du, daß die *Weltwoche* für die Art Wissenschaft, die in meinen Untersuchungen steckt, Interesse haben kann? Gibt es nicht spezielle literarische Zeitschriften dafür? Ich habe weiter sehr interessante Sachen gefunden und dargestellt – könnte ich Dir doch von allem Abschriften geben!; aber das Arbeiten wird immer schwerer, bei immer größerer Nervosität und Müdigkeit, und bei der Kälte – die besonders durch die unvorstellbare Feuchtigkeit des Klimas (und unsere Baracke ist erst im Winter fertig und nie getrocknet worden, und ungeheizt) schlimm wird. Dennoch, so lange es geht, mache ich weiter.

Judith war in der Ausgabe des *Grünen Heinrich*, die ich hier zur Hand hatte, auffallenderweise immer nur mit T geschrieben, deshalb hab ich das H gestrichen. Sollte man es mit dieser Keller-Analyse nicht noch einmal bei der *NZZ* versuchen, trotz Korrodi?

Im Aufsatz »Zäsur über Alliteration« (Gott, ist das ein Titel!) hab ich noch etwas verändert; ich schreib es Dir für alle Fälle auf – verzeih diese Umstände, das liegt an den hier gegebnen Nachschlage-, Ordnungs- und Manuskriptschwierigkeiten. Hinter »... zu einander völlig verändert« (etwa in der Mitte) ist einzufügen: »Die gleichbleibende Identitätsbeziehung von ce und ça wird von der im Komma sichtbar werdenden Zäsur in den Schatten des nun verschobnen Tones gestellt und ›bien‹, das Adverbium, wird nicht ein Hauptwort, aber das hauptsächliche Wort, das Hauptgewichtswort des Satzes, der nicht mehr einfach affirmative Kadenz hat, sondern bestimmt konfirmative Kadenz annimmt.« Danach geht es wie bisher weiter: »Der Satz ist nicht gradlinig hingelegt mehr ...«

Yvette, die unbeschreiblich viel zu tun hat, wird Dir nun das Stück schicken. Sieh es Dir auf deutsche und französische Möglichkeiten hin an. Vielleicht kann man es auch publizieren? Kennst Du den »Neuen Bühnenverlag« in Zürich, aus dem ich das anscheinend sehr erfolgreiche »Leuchtfeuer« geschickt bekam?

Bitte schicke J. P. Hebel und E. T. A. Hoffmann nicht, ich bekomme sie von Professor Rajaz. Wie wird es nun mit Deinen Züricher Aussichten? Wann entscheidest Du Dich? Ich küsse Dich sehr, Lolalein.

Dein Rudolf

PETER WEISS

Fluchtpunkt

Um zu den Worten zu gelangen, die ich in der Kindheit gelernt hatte, und die mir zum Schreiben noch anwendbar schienen, mußte ich mich erst mit einer Anspannung des Willens von der Sprache entfernen, die mich umgab, und die ich täglich benutzte. Von dieser Sprache waren meine Gedanken durchsetzt, überall hatte ich ihre Texte vor Augen, und ich schrieb auch Notizen in ihr nieder. Ich suchte mich zu der alten Sprache zurück, weil ich sie in allen Einzelheiten beherrschte und weil sie mit meinen ursprünglichsten Impulsen zusammenhing. Und doch machte sich bald etwas Fremdes und Abweisendes darin geltend, die niedergeschriebenen Worte standen klanglos da, ohne Beziehung zu den Gedanken, die ich ausdrücken wollte. Ich mußte entdecken, daß sich die Dinge, die ich sagen wollte, nicht sagen ließen, wenn die Sprache die natürliche Funktion eines Austauschs verlor, und erst jetzt stand ich bewußt dem Bruch gegenüber, der sich mit meiner Auswanderung vollzogen hatte. Ich lebte im Sprachkreis eines anderen Landes, in dem man mich notgedrungen aufgenommen hatte, in dem ich mich verständlich machen konnte, die Feinheiten der Sprache aber noch lange nicht beherrschte, und in dem ich als Eingewanderter aus einem fremden Lebensgebiet gewertet wurde. Das Land jedoch, aus dem ich ausgestoßen worden war, war zu dieser Zeit feindlicher als jedes zufällige Exil, und beim Schreiben entstand nicht die notwendige Annahme, daß jemand mir zuhören könne, die Vorstellung, daß ich mich an jemanden wende, eher war es, als müsse ich mich verbergen, als dürfe niemand meine Worte vernehmen. Ich sah, daß es unmöglich war, sich auf einer isolierten, ausgestorbenen Insel zu äußern. Nur unartikulierte Schreie konnten in dieser Lage gebraucht werden. Zunächst nahm ich mir noch den Bereich der Bücher zur Hilfe. Hier gab es die Sprache, die ich sprechen wollte, und ringsum in der Emigration gab es andere, die an dieser Sprache festhielten und die versuchten, die Sprache aus den Geschehnissen ihres Ursprungslandes herauszulösen und als selbständiges Mittel weiterzubehandeln. Doch das Zwiegespräch mit den Büchern nahm etwas Papierenes an, und oft richtete es sich an Verfasser, die längst tot waren, und wenn sie noch lebten, in ihren verschiedenen Verstecken, so war auch ihren Worten die Notlage anzumerken. Ein paar olympische Geister waren nicht mehr anzusprechen, sie waren so tief verankert in der Tradition der Sprache und hatten diese Sprache mit solcher Selbstsicherheit übernommen, daß meine Zweifel bei ihnen kein Gehör finden konnten. Andere traten, wie Hoderer, für ihre Ideologie ein, an ihrer scharfen, sachlichen Sprache konnte ich mich schulen, doch was ich ihnen aus meiner Sphäre mitzuteilen hatte, interessierte sie nicht. Hinzu kam, daß ich überhaupt noch nichts Fertiges, Ausgearbeitetes aufzuweisen hatte, meine Schreiberei befand sich in ihren Anfängen, ich hatte bisher nur kleine, zusammenhanglose Stücke zustande gebracht, und von Eigenart war wenig in ihnen zu sehen, zumeist lehnten sie sich an Bücher an, die ich auf meinen Reisen mit mir getragen hatte. Ich wollte mit dem Schreiben beginnen, an einem Punkt, da mir klar wurde, daß ich keine einheitliche Sprache mehr besaß, und da es nahelag, daß ich mich auch eines Südseeidioms bedienen könnte, wenn ich zufällig in den Archipelen Tahitis gelandet wäre. An eine Rückkehr in das Land meiner Herkunft glaubte ich nicht, und ich konnte mir nicht vorstellen, daß ich dort je wieder Einzelne oder Gruppen finden würde, mit denen eine Verständigung möglich wäre, was ich dort fand, waren meine Verfolger, und die hatten mir ihre Antwort längst gegeben. Wenn ich mich mit ihnen auseinandersetzen wollte, so mußte es in einem Selbstgespräch geschehen, und eine Weile setzte ich diesen Monolog im Vakuum fort. Ich beschrieb die Szene eines sonntäglichen Frühstücks. Mein Vater aß sein Spiegelei und wir Kinder sahen ihm zu. Zum Ei verzehrte er ein knuspriges Brötchen, das er stückweise mit der Gabel in die gebräunte Buttersauce und das ausgelaufene Eigelb tunkte. Wenn eins der Kinder an diesem Morgen seiner besonderen Aufmerksamkeit gewürdigt und für gutes Benehmen während der Woche belohnt werden sollte, so streckte er ihm einen solchen Gabelbissen hin. Wenn mir diese Beschreibung, nach einigen Variationen, nicht geglückt war, unternahm ich den Versuch, sie in die Sprache der Gegenwart zu übertragen. Gleich entstanden Schwierigkeiten bei der Wortwahl, auch war ich nicht sicher beim Buchstabieren und im grammatikalischen Aufbau des Satzes. Ausdrücke fehlten mir und ich mußte im Lexikon nachschlagen. Doch es schien mir, daß dieses Stottern und Radebrechen meiner Situation besser entspräche als das gewohnheitsmäßige Hinschreiben einer allzu bekannten Sprache. Die Regionen, in denen die Dinge, die ich schildern wollte, sich abspielten, waren mir entfremdet und lagen weitab. So konnte auch eine fremde Sprache zu ihnen passen. Jedes Wort mußte erst auf einer abenteuerlichen Suche entdeckt werden, und die entstehenden Szenerien nahmen oft überraschende und neuartige Farben an. Nach einer Zeit des Hin- und Herschwankens glaubte ich, daß diese Expedition, auf der ich langsam, Schritt für Schritt, vorwärts kam, sinnvoller war als das Festhalten an einer alten Ausdrucksform, die mir bisher natürlich erschienen war, und dies hatte zur Folge, daß ich auch die alten Bücher verstieß, daß ich mich fernhielt von den Erinnerungen an ihren Klang, und nur noch die Werke der neuen Sprache las. Ich war seit drei Jahren in diesem Land ansässig, ich konnte hier leben, und im Vergleich mit den Erfahrungen der Vergangenheit war dieses Land nicht schlechter als andere Länder. Wie wenig innere Beziehungen es jedoch gab, zeigte sich in meinen Träumen. Hier war von der Empfindung einer Bleibe und eines geordneten Sprachgebrauchs nicht die Rede. Die Dialoge, die dort geführt wurden, enthielten ein Gemisch aller Sprachen, die mir bekannt waren. Englisch und Tschechisch, und ein paar Brocken Französisch, waren mir dort natürlich, und wenn ich aufwachte, setzte sich das Gebrodel fort. Es gab Perioden, in denen ich den Streitigkeiten auszuweichen versuchte, indem ich alle Nationen in mir zur Sprache kommen ließ, und automatisch kritzelte ich die Worte hin, wie sie kamen, ohne Rücksicht auf Satzordnung und Rechtschreibung, eine Ablagerung aus allen Kanten Europas, und während des Schreibens schien mir dies eine Lösung, dies war mein Ausdruck, eine einzige ungestaltete Gärung, eine Kakophonie, ein Wirbel von auftauchenden und wieder verschwindenden Anklängen. Doch ich vermochte nie diese unbändigen Phantasieworte, diese lawinenartig dahinstürzenden Sätze zu lesen. Wenn sie sinnvoll waren, so zeigten sie mir nichts anderes als meinen Zerfall, und der war mir bekannt, eine Lösung führten sie nicht herbei und deuten konnten sie nichts. Manchmal hatten diese freiströmenden Monologe eine magische, beschwörerische Wirkung, sie schienen eine dunkle Poesie zu enthalten, doch dann wurde ich mißtrauisch gegen diese unterirdischen, verführerischen Worte, gegen diesen Klangzauber, dessen Ergebnisse allzuleicht gewonnen waren und allzuleicht verpufften, so wie die Ausdruckskraft der Träume nach dem Erwachen oft die Substanz verlor. Die Entstellungen und Verkleidungen konnten schillern und locken mit ihren exotischen Farben, sie konnten mich anspornen, konnten ein Material in Bewegung setzen, doch sie genügten nicht, die Schatzkisten, die im Traum auftauchten, genügten nie, sie verschwanden und ließen Leere zurück. Die Rebuszeichen mußten verstanden werden, und dies war das Schwere, die inneren Erfahrungen beim Namen zu nennen, und alles auf den Platz zu stellen, an den es gehörte. Es war leicht, an Symbolen zu spinnen, doch oft unmöglich, die Tatsachen, die darunter lagen, ans Licht zu fördern. Immer wenn die Betäubung und Versumpfung aus den Entwicklungsjahren über mich kam, geriet ich in die undurchsichtige Kunst, und redete mir ein, daß in ihren Halluzinationen eine Kraft läge. Doch diese Kunst war nie gefährlich. Sie kitzelte nur und schmeichelte. Sie konnte gewagt erscheinen in ihren Verstiegenheiten, doch sie ließ alles beim alten. Zu einer Waffe konnte sie erst werden, wenn ich alles, was ich ausdrücken wollte, greifbar zurückversetzte in die Wirklichkeit, aus der es einmal in mich eingedrungen war.

Die gemalten Bilder, so wie ich mich früher mit ihnen beschäftigt hatte, waren mir jetzt zu stillstehend, zu begrenzt, zu abgeschlossen, zu sehr an eine einzige, unveränderliche Situation gebunden. Sie waren Ausschnitte, Fenster, Blicke in mein Guckkastentheater, in ihren besten Stunden konn-

ten sie heroisch die Einmaligkeit eines Augenblicks hervorheben. Ich hatte sie übernommen aus einer Welt, in der der
Sinn von Wegzeichen noch glaubhaft war, jetzt konnten
allein ihr Gewicht, ihre Rahmen, die Kisten, in denen sie
verpackt werden mußten, lächerlich wirken. Höchstens
auf langen Papierstreifen, die zusammengerollt auf dem
Rucksack mitgenommen werden konnten, waren sie noch
denkbar. Diese Papiere spannte ich rings um die Wände
meines Zimmers auf, und von meinen Schreibversuchen, die
ich zumeist halbliegend auf dem Bett ausführte, von Büchern, Nachschlagewerken und Notizen umgeben, ging ich
zuweilen zu Bildnereien über, mit Tusche, Wasserfarben
und bereitliegenden Pinseln. Die Vorbereitungen zum Malen und Zeichnen durften keine Zeit in Anspruch nehmen,
das sorgfältige Anrichten der Malgründe, das Reiben der
Farben, das Mischen mit Ölen, das früher einen Teil der
Arbeit ausgemacht hatte, und das mit seinen handwerk-
lichen Gesten meine Absichten dauerhaft erscheinen ließ,
war jetzt unmöglich.

ALFRED DÖBLIN

An Arthur Rosin

Hollywood (Cal) 22. VII. 42

Lieber Herr Rosin, ich lese grade nochmal Ihren letzten
Brief und in meiner Antwort bin ich auf Einiges, das Sie
schrieben, nicht eingegangen.
Sie rieten mir, um zu etwas Publizität in diesem »Land des
Schweigens« (für mich, sonst ist es ganz im Gegenteil) zu
kommen, doch Skizzen und Feuilletons etc. à la *Frankfurter Zeitung* zu schreiben und es damit zu versuchen. Sie
schreiben auch, ich solle mich aber mit Klatzkin in Verbindung setzen.

Was zunächst Klatzkin anlangt, so stehe ich doch in persönlicher Korrespondenz (nicht zu häufig) mit Bermann und Landshoff selber, und sie waren ja auch beide bei mir, als sie in Californien waren; es sind einige Monate her. Was der Verlag der beiden will, kann und nicht will, weiß ich ja ungefähr. Bestimmt will er erstens keine deutschsprachigen Bücher drucken, zweitens hat er nicht die mindeste Initiative und mit Geld steht es auch recht mäßig. Was soll man denn dazu sagen, daß dieser Verlag jetzt, mit dem Vorwort von Kesten, eine Heine-Anthologie herausbringt? Dann vorher die, im Übrigen sehr schöne Rede von Wallace, die aber jeder andere amerikanische Verlag auch hätte bringen können. Den Leuten fehlt jeder Wille und jede Orientierung – was, wenn man Bermanns bisheriges Steuern in der Emigration, in Deutschl[an]d und Schweden, kennt, keinem wunderbar erscheint. Ich schicke Ihnen die kleine, leider von marxistisch versumpften Leuten wie Kisch, Renn etc geführte mexikanische Z[ei]tschrift *Freies Deutschl[an]d*; diese armen Schlucker bringen nicht nur eine deutschsprachige Zeitschrift heraus (eine Schmach für uns andere, daß wir uns von den Marxisten beschämen lassen in Initiative); sie machten auch einen *deutsch*sprachigen Verlag, jawohl, und Sie finden in der Nummer die Titel der ersten vier erschienenen Bücher, auf Subskription gedruckt, von Kisch, Anna Seghers, Feuchtwanger, Heinr[ich] Mann. Nun, das ist klein und wenig, aber es ist etwas.

Lieber H[err] Rosin, diese deutsche »Emigration« hat noch ihre besondere Bitternis in sich, daß sie so furchtbar verlumpt ist. Herausgeworfene, aber sehr wenig Exilierte; schwach, mutlos und ohne Gesinnung und Überzeugung wie schon in Deutschland. Demokratie? Demokratie für das? Oder durch die? Man lese die amerikanische Geschichte, wie die Leute aussahen, die hier – von Hamilton über Jefferson, Lincoln zu Wilson u[nd] Roosevelt – die Demokratie machten, was sie darunter verstanden, wie tief Demokratie in ihrem Willen und Glauben verwurzelt war (der alte Puritanismus) – wie noch die Mormonen nach dem Salt-Lake und Utah zogen, um sich ihre Demokratie zu schaffen, das heißt, das Recht, seiner Überzeugung getreu zu leben. Welche Überzeugung vertreten unsere Herrschaften? Die Geistigen eingeschlossen? Es ist charakteristisch, daß überall, auch in Frankreich und England in der Emigration, die Marxisten und Stalinisten die Führung ergriffen, und wie bitter ist das für uns, au fond, wie beschämend! Nun, l[ieber] H[err] Rosin, das sage ich nur zu dem Kapitel Bermann-Fischer. Was unseren guten Klatzkin anlangt, den Hebraisten (er ist erster Fachmann in der hebräischen Archäologie) und Kantianer und dann drittens zionistischen Nationalisten, so hat er mir immer (seit Zürich und Paris) sehr gut gefallen; man kann nett mit ihm plaudern, und es hat mir in Paris sehr wohl getan von ihm zu hören, nachdem er erst sehr hoch auf dem zionistischen Rosse gesessen hatte, daß er recht dégoutiert von einer Jerusalemreise zurückgekehrt sei. Ja, er sei unverändert hoch angesehen, und jeder Artikel von ihm werde gedruckt – aber wirklich auch jeder; er könne schreiben, was er wolle, es werde gedruckt und ginge sonst keinen was an. Ja. [...] Und nun ist Klatzkin also bei Bermann-Fischer-Landshoff. Eigentlich sehe ich auch daraus, daß der Verlag kaum etwas mit deutscher Literatur zu tun hat. Denn von Literatur, europäischer Literatur, im Allgemeinen und von deutscher im Besonderen versteht, wie Sie wohl selbst schon festgestellt haben, Klatzkin verdammt wenig. Er murmelte mir in Paris was von Th. Manns *Joseph*buch, eitle Begeisterung und Bewunderung, über den Stil und so; da kann ich natürlich nur nicken und höflich bescheiden meine Auffassung in der geräumigen Tiefe meines Busens verbergen. Oder will Bermann vielleicht jetzt neuhebräische oder jiddische Literatur bringen? Mit dem Ruf »Deutsche, zurück zum Jiddischen!« Nicht schlecht; warum nicht; es ist zum mindesten originell. Mir (wenn ich von mir dabei sprechen soll) wird man dabei nicht helfen und nützen; denn ich bin nun einmal ein Europäer, der sogar, trotz allem, ein Herz für

Amerika und die wirklich gewachsene Demokratie hier hat, (soweit die nationale Frage, und da lasse ich mir nichts abhandeln; ich denke, liebe Rosins beide, wir sind d'accord?), im Übrigen schwärme ich sonst noch ein bißchen für Paris und Frankreich und, Gott strafe mich, Berlin war auch nicht ohne, und ich bin kein treuloser Liebhaber und verbrenne nicht, was ich gestern angebetet habe; Sie, liebe Frau Elvira, werden sich auch durch keinen Mussolini Ihre Liebe zu Italien aus dem Herzen reißen lassen. Da lasse ich mich nun nicht mehr, wie eine Weile in Paris, auf den Holzweg eines jüdischen Nationalismus locken; die nationalen Juden sollen lieber auf die breite andere Straße kommen, denke ich, und wenn sie nicht wollen, kann ich mir auch nicht helfen.

Gern würde ich kleine Feuilletons und so schreiben. Aber da schreibt man nun deutsch, und das muß erst übersetzt werden, was teuer ist – und dann kommt die leidige hoffnungslose Agentenfrage –.

Liebe Rosins, verzeihen Sie mein langes Geschreibsel, tausendmal lieber würde ich mit Ihnen sitzen und plaudern, wie einst im Mai!

Ganz herzlich
Ihr DDöblin

FRIEDRICH WOLF

An seinen Sohn Markus

M[oskau] 25. 11. 1942

[...] Ich habe eben mein neues Stück *Die Patrioten* (oder: *Geneviève und François*) beim Komitet п[о] д[елам] искусства abgegeben. Es behandelt den heutigen Kampf des französischen Volkes gegen die deutschen Okkupanten; das als geschichtlichen Hintergrund. Ein früherer franz.

Sapeuroffizier, der fliehen mußte und jetzt illegal mit den französ. Eisenbahnern arbeitet, hilft, die Lokomotiven sprengen, die Kriegsmaterial und Truppen aus Frankreich nach Rußland fahren sollen. Der Hauptkonflikt aber ist ein innerer Konflikt zwischen ihm und seinem Vater (dem Chef des Depots, der sich zuerst als Beamter streng an die staatl. Befehle Pétains hält und den eignen Sohn als Saboteur ausliefern müßte) und zwischen ihm und seiner jungen Frau Geneviève, die Frieden und Glück und Ruhe wünscht, nicht aber »ewigen Krieg«. Wie dieser Konflikt sich entwickelt, verschärft und endlich gelöst wird – im Kampf gegen einen deutschen Hauptmann und seine Okkupationstruppe, und auch im Kampf der Familie untereinander, das ist der Inhalt dieses Stückes, das – mit seinen bloß 10 Personen in 2 Zimmern – eigentlich ein Kammerspiel ist. Es wird Dich interessieren, daß morgen Gen. A[lexander] Gladkow zu mir kommt, der mit Arbusow das junge Studio-Theater leitet, in dem Ljowa arbeitete. Gladkow hatte zufällig bei der Evakuation in der russ. *I[nnostrananja] L[iteratura]* meine Novelle *Jules* gelesen; sie hat ihm ganz besonders gefallen und jetzt soll er als Konsultant des »Theaters im Hause der Roten Armee«, das sich z. Z. in Swerdlowsk befindet, morgen *Die Patrioten* für dies Theater abschreiben lassen und sofort nach Swerdlowsk senden.

Sonst arbeite ich wie bisher für 2–3 Radiostationen und mit vielen regelmäßigen Beiträgen über die hiesige Zentr. Stelle für die anglo-amerik. Presse.

Jetzt hoffe ich von Dir, Misch, auch mal einen zünftigen Brief zu erhalten.

Bleib gesund, sei fleißig, schreib uns! Kuß!

Dein Pap

CARL ZUCKMAYER

Als wär's ein Stück von mir

Im Dezember des Jahres 1941, nicht lange nach dem Eintritt der Vereinigten Staaten in den Krieg, war in den amerikanischen Zeitungen eine kurze Notiz erschienen: Ernst Udet, Generalluftzeugmeister der deutschen Armee, sei beim Ausprobieren einer neuen Waffe tödlich verunglückt und mit Staatsbegräbnis beerdigt worden. Sonst nichts. Es gab keine Kommentare, keine Mutmaßungen über seinen Tod. Verunglückt, Staatsbegräbnis.

Immer wieder mußte ich daran denken. Immer wieder sah ich ihn, wie ich ihn bei meinem letzten, leichtsinnigen Besuch in Berlin gesehen hatte: 1936. Wir trafen uns zum Essen in einem kleinen, wenig besuchten Lokal. »Nicht bei Horcher«, hatte er gesagt – das war früher unser Treffpunkt gewesen –, »da hocken jetzt die Bonzen.«

Er trug Zivil, aber er war schon hoher Offizier der Luftwaffe. »Schüttle den Staub dieses Landes von deinen Schuhen«, sagte er zu mir, »geh in die Welt und komm nie wieder. Hier gibt es keine Menschenwürde mehr.«

»Und du?« fragte ich.

»Ich«, sagte er leichthin, fast beiläufig, »bin der Luftfahrt verfallen. Ich kann da nicht mehr raus. Aber eines Tags wird uns alle der Teufel holen.«

Wir sprachen nicht mehr davon. Wir tranken uns an, umarmten uns zum Abschied.

Jetzt, an einem Spätherbstabend im Jahre 1942, ein Jahr nach Udets Tod, stieg ich mit meinem Tragkorb den Weg zur Farm hinauf. Die beiden Wolfshunde begleiteten mich und sprangen manchmal an dem Korb in die Höhe, weil ein paar Kilo Fleisch darin waren. Auf einmal blieb ich stehen. »Staatsbegräbnis«, sagte ich laut.

Das letzte Wort der Tragödie.

Was in Wirklichkeit vorgegangen war, wußte ich nicht, und es kümmerte mich nicht.

Die Tragödie stand mir vor Augen – lückenlos.

Wenn nicht meine Tochter Winnetou zu den Weihnachtsferien 1942 gekommen wäre und einen Schulfreund mitgebracht hätte, wenn nicht diese beiden jungen Menschen drei Wochen lang, bis Mitte Januar 1943, für mich die Abendarbeit im Stall, das Holztragen und Ofenheizen übernommen hätten, wäre das Drama *Des Teufels General* nie begonnen worden.

So schrieb ich in den Abendstunden, zwischen sechs und neun, wie in einer Trance den ersten Akt, an dem ich nie mehr ein Wort geändert habe, und den Entwurf des letzten.

Meine Frau wußte nicht, was ich da droben in meinem kleinen Schlafzimmer wie ein Besessener heruntertippte. Ich wußte selbst nicht, wenn ich morgens die Ziegen melkte, was ich abends schreiben werde. Ich mußte schreiben. Das war eine wiedergeschenkte Gnade. In einer eiskalten Nacht, Ende Januar 1943, las ich meiner Frau den ersten Akt und den Entwurf des gesamten Stückes vor. Sie war bis an die Nase in Wolldecken eingehüllt, denn der Nordwestwind blies. Wir tranken dabei alles Bier und den Rest von Whisky, der noch im Hause war. »Das ist mein erstes Stück«, sagte ich, »das ich für die Schublade schreibe. Es wird nie gespielt werden, aber ich muß es tun.«

Die Katastrophe von Stalingrad war damals im Gang, aber noch nicht bekannt, sie entschied sich erst Anfang Februar. Daß ein solches Stück jemals in Deutschland zu Gehör kommen konnte, schien unwahrscheinlich. Und für die anderen Länder gab es darin zu viele ›sympathische Deutsche‹, besonders Offiziere. Es war eine aussichtslose Arbeit, aber sie begeisterte uns beide bis zu einer Art von Ekstase.

»Ja«, sagte meine Frau, »so ist es. So muß es sein.« In dieser Nacht fiel ich halbtot, berauscht, beglückt, verzweifelt ins Bett und vergaß – es war das einzige Mal in all diesen Wintern – die Öfen nachzuheizen.

Am nächsten Tag war das Wasser eingefroren, ich arbeitete sechsunddreißig Stunden, neben der Farmtätigkeit, um es wieder in Gang zu bringen. Wir mußten Schnee kochen. Meine Frau, der die Kälte im Haus einen schweren Ischias-anfall eingetragen hatte, wurde mit dem Rücken zum Ka-minfeuer, mit Decken umwickelt, auf einen Stuhl gesetzt wie auf einen Thronsessel, das zwei Tage lang ungespülte Geschirr und ein großer Kessel mit geheiztem Schneewas-ser zum Abwaschen vor ihr aufgebaut.

Für den ersten Akt und den Entwurf des letzten hatte ich knappe drei Wochen gebraucht. Für den Mittelakt und zur Vollendung des Ganzen brauchte ich mehr als zwei Jahre. Wochenlang kam ich durch die tägliche Arbeit nicht zum Schreiben. Aber ich lebte mit dem Stück, ich lebte mit Deutschland. Und als der Krieg zu Ende ging, war auch das Stück vollendet. Einer der ersten Briefe, die ich später, ein Jahr nach dem Kriegsende, darüber erhielt, als das Ma-nuskript des Stückes schon drüben in Umlauf war, kam von Lernet-Holenia. Er schrieb: »Du bist nie fort gewesen.«

ALFRED NEUMANN

Eine Feststellung

Hier ist, zur Aufklärung der öffentlichen Meinung in Deutschland, die »Quelle« zu meinem Roman: *Es waren ihrer sechs*, den ich vom 20. Juni 1943 bis zum 2. Juni 1944, also während des Krieges, in Südkalifornien schrieb.

TIME Magazine vom 14. Juni 1943, Seite 29
(Ins Deutsche übersetzt von mir)

Nicht vergeblich

Es war nicht viel, was die Studenten taten. Die meisten von ihnen waren unter Hitlers Nationalsozialismus aufgewach-sen, in seinen Ritualien gedrillt, mutmaßlich mit seinen Dok-trinen durchtränkt. Doch etwas ging schief. Da war Unruhe in den Gängen der einstmals berühmten, einstmals liberalen Münchner Universität und böses Gewisper in den nahegelegenen Bierhallen. Als ein hoher Nazibeamter eine Rede an die Studenten hielt, scharrten sie mit den Füßen im Chor der Mißbilligung. Schließlich schrien sie: »Genug!« und verließen in Massen den Saal.

Münchens Gauleiter, Herr Giesler, setzte seine Spione ans Werk und verhaftete drei »Rädelsführer«, Hans und Maria Scholl und Adrian Probst. Sie wurden als »typische Einzelgänger« beschrieben, vor einen Nazi-Volksgerichtshof gestellt und schuldig befunden, defaitistische Propaganda verbreitet und »Sabotage an unsrer Kriegführung mittels Flugblätter ermutigt« zu haben ...

Alles was die Außenwelt am 22. Februar erfuhr, war die Hinrichtung von Hans und Maria Scholl und Adrian Probst durch das Beil. Seitdem hatten noch andre Münchner Bürger ihre Köpfe auf den Block vor dem weißbehandschuhten Mann mit der Axt zu legen: Kurt Huber, seit 17 Jahren ein Psychologieprofessor; ein Junge, der zu Stalingrad sein Bein für das E. K. I. eintauschte; mindestens noch neun andre Studenten. In letzter Woche wurde es offenbar, daß die Nazis besorgt wurden. Da waren mehr Verhaftungen in München und eine genaue Überwachung von Studenten und Gymnasiasten der Oberklassen. Niemand außerhalb Deutschlands kann beurteilen, wie weit die Opposition gediehen ist. Aber Hans und Maria Scholl und Adrian Probst sind nicht vergeblich gestorben. London gelangte in den Besitz des Flugblattes, das ihnen das Leben kostete, und verbreitete es über B. B. C.:

»Selbst dem dümmsten aller Deutschen müssen die Augen aufgegangen sein durch dieses entsetzliche Blutbad, in das Hitler und seine Komplizen ganz Europa im Namen der Freiheit der deutschen Nation gerissen haben. Deutschlands Name wird für immer entehrt sein, wenn nicht Deutschlands Jugend sich endlich erhebt, um seine Zerstörer zu vernichten und am Wiederaufbau eines neuen Europa mitzuhelfen. Studentinnen und Studenten, das deutsche Volk blickt auf uns! Es erwartet von uns, daß wir 1943 den Nationalsozialismus brechen ... so wie 1814 Napoleons Terror gebrochen worden ist. Die Toten von Stalingrad beschwören uns! Steh auf, mein Volk, die Zeit ist gekommen!«

Dieser Artikel also ist die einzige »Quelle« meines Romans, die Anregung, besser gesagt: die Auslösung eines epischen Unternehmens, das ich schon seit der Mitte der dreißiger Jahre geplant und in Schicksalen wie das des Professorenpaares oder des Vaters Möller oder der Familie Sauer bereits konzipiert hatte. Über London bekam ich noch den vollständigen Text des Flugblattes und die genauen Namen der fünf Hauptbeteiligten. Ich benutzte sie als Namenspatrone für meine Helden: ich gab ihnen ihre Vornamen.
Mehr »Material« hatte ich nicht und konnte ich nicht haben, in Kriegszeiten. Vor allem aber: mehr wollte ich nicht haben. Denn meine Aufgabe ist ja nicht Forschung, sondern Dichtung. Und ich hatte mich nun um das zeitlose Thema zu bemühen, daß eine Handvoll mutiger und nobler Menschen, hier Studenten und ihr Professor, für Freiheit und Menschenwürde und gegen Tyrannei und Barbarei kämpfen und im ungleichen Kampf zugrunde gehen. Es geht nicht um die Geschwister Scholl. Es geht nicht einmal um die von mir geschaffenen Geschwister Möller, deren Name und Sprache und Nationalität getrost ausgewechselt und durch Miller, Duval, Ferrari oder Iwanow ersetzt werden können. Es geht nur um die Gestaltung einer ewigen Idee.
Mit denen aber, die die dichterische Freiheit in der Gestaltung faktischer Schicksale in Frage stellen, brauche ich nicht zu rechten. Denn da gibt es gar große Fürsprecher in der Geschichte der Literaturen: von Dante und Shakespeare bis zu Schiller und Tolstoi und Thomas Mann.

Fiesole-Florenz, März 1949.

FRANZ WERFEL

Entwurf eines Brieftelegramms

LAWRENCE LANGNER HOTEL WARWICK
PHILADELPHIA PEN

I protest against this phony melodrama once more and I will do everything in my power to stop this deteriorations spoiling the trouthfulness freshness and sharpness of my comedy. Idealogical dialog between Lieper and Colonel is a terrible invention stop Not the cheapest filmstudio would dare such a melodrama today because the public of the little villages vomits already facing revolvershooting Nazis and underground. No underground, no opposition existet 1940 in France. I wrote the scenes of the Germans with the most scrupulous carefulness because I myself was in life danger and know the reality. Dear Mr. Langner I have the greatest sympathie and love to you and Sam, but I cant tolerate this humiliation of my best comical and serious inspirations stop. I know you and Sam are not guilty but I fear you havent understood my last draft through the unsufficient translation. You have missed very earnestly the duty against the author going in rehearsal without asking his O. K. for the script. So you promised me in Beverly Hills.

Regards
Franz Werfel

HERMANN BROCH

An Daniel Brody

Liebster,

ich schreibe Dir schon wieder, obwohl zwei meiner Briefe noch von Dir unbeantwortet sind, der erste von ihnen, der Nachtragsbericht in Angelegenheit Bermann, weil er durch Deine – von mir vorweggenommene und zustimmend begrüßte – Absage ohnehin [sich] erledigt hat, der zweite, weil er erst vor etwa drei Wochen abgegangen ist und daher noch nicht von Dir beantwortet sein kann.

In diesem zweiten Brief habe ich Dir u. a. auch, erinnere ich mich richtig, von den Aussichten der Subskription erzählt. Die Subskription ist inzwischen – am 1. Mai – aufgelegt worden, und die Ergebnisse der ersten zwei Wochen bestätigen meine Erwartungen: die englische Ausgabe wird keinerlei Schwierigkeiten machen, während die deutsche nur sehr zögernd sich entwickelt.

Du weißt, daß ich meine Erzeugnisse nicht überschätze; ich kann es nicht tun, weil ich – zum Unterschied von der Mehrzahl meiner Kollegen – mich keiner narzißtischen Überwertung der dichterischen und künstlerischen Tätigkeit hingebe und insbesondere ihre Limitationen in der heutigen Zeit ziemlich deutlich zu erkennen glaube. Andererseits verpflichtet mich diese Einsicht – wiederum zum Unterschied von den meisten anderen – die Sache so ernst als nur irgendwie möglich zu nehmen: nur wer im Dichterischen bis zum äußersten geht, darf sich heute diese Tätigkeit noch mit gutem Gewissen erlauben, denn nur unter dieser Voraussetzung kann das Kunstwerk in einer Zeit des Grauens irgendetwas wie eine ethische Mission erfüllen; daß dies mit »Erfolg« im landläufigen Sinn wenig zu tun hat, versteht sich von selbst, vielmehr liegt der Erfolg – der einzige, den ich anstrebe – da in einer langsam infiltrierenden moralischen Wirkung. Dieses Vorwärtstreiben zum Äußersten im schriftstellerischen Ausdruck ist m. E. in den letzten Dezennien bloß von Joyce versucht worden, und wenn ich auch weiß, daß ich im Artistischen nicht an ihn heranreiche (es auch gar nicht will, weil eben inzwischen der ivory tower immer mehr von der Gefahr der Amoralität bedroht wird), so weiß ich trotzdem, daß der Vergil wahrscheinlich eine tiefere Erkenntniskapazität als das Joycesche Werk besitzt, zumindest diesem nicht nachsteht.

Ich habe dies vorausgeschickt, um den Geltungsbereich abzustecken, in welchem ich den Vergil mit einer gewissen Objektivität als wichtig und vielleicht sogar als das wichtigste literarische Erzeugnis dieser Jahre betrachten darf. Und nur weil dem so ist, darf er mitsamt seiner Publikation mir selber wichtig sein. Daß meine äußere Existenz sowohl in physischer wie in psychischer Beziehung weitgehend an das Erscheinen dieses Buches gebunden ist, darf für mich nicht ausschlaggebend sein und ist mir nicht ausschlaggebend. Daß ich trotz allen Erfolgs-Unhungers dem Buch jeden Erfolg wünsche und, darüber hinaus, eines solchen Erfolges recht sicher bin, braucht nicht weiter betont werden, aber diese »äußeren« Moventien besagen an sich nichts, sondern sind ausschließlich vom innern Wert der Arbeit gestützt; äußerlich scheint mir bloß wichtig zu sein, daß das Exil etwas derartiges hervorgebracht hat und der Nazi-Öde entgegengesetzt werden kann.

Und damit komme ich zum Publikationsthema zurück. Ich halte die Publikation des deutschen Originals aus all den angeführten Gründen für wichtig und dringlich. Pantheon aber ist kapitalsschwach und kann sich keine Ris[i]ken leisten. Und ein anderer Verlag kommt für die deutsche Publikation in U. S. A. nicht in Betracht, ganz abgesehen davon, daß ich es auch mit keinem andern versuchen möchte. Ich war ausgesprochen glücklich, Kurt Wolff zu treffen: Du kannst Dir vorstellen, was es geheißen hätte, bei den New Yorkern herumhausieren zu müssen, denn das Verlagswesen ist ja hier eine Industrie, welche ausschließlich auf Massen-Verkäuflichkeit basiert ist, für die also das

Buch ausschließlich Ware ist und sich demnach ausschließlich nach der durchgängigen Geschmacks-Mediokrität richten muß; wenn nicht irgend eine Sensation mitspielt, wie z. B. der Nobel-Preis Th. Manns (– einmal wird es wohl auch das Los des Vergils sein –), so ist etwas Außergewöhnliches nicht anbringbar, und es wäre ein Martyrium gewesen, nach einem amerikanischen Verleger zu suchen, der den Vergil zur Sensation hätte auffrisieren wollen (wenn dies auch verlegerisch durchaus möglich wäre). Kurzum, ich bin froh und glücklich, bei Kurt Wolff gelandet zu sein, habe aber nun ihm und dem Buch gegenüber die Verpflichtung, dem Erscheinen behilflich zu sein.

Und da ist mir nun – angeregt vom Bermann-Zwischenfall – folgende Idee gekommen: die europäische Publikation könnte zu einer Hilfe für die amerikanische gemacht und dabei selber erleichtert werden, wenn nämlich der Rhein-Verlag eine größere Anzahl von Exemplaren (selbstverständlich mit dem Rhein-Verlag-Titelblatt) gebunden oder ungebunden übernähme. Natürlich sind die amerikanischen Produktionskosten für Europa zu hoch, aber nicht nur, daß man eine limitierte, handschriftlich gezeichnete Luxusausgabe ziemlich teuer verkaufen könnte (– ich denke dabei an die Eranos-Abnehmer –), es könnte meiner Meinung nach Pantheon bei je größerer Abnahme bis unter seine Selbstkosten herunter gehen, weil ja dann dieser Verlust durch den Inlands-Verkauf vermutlich mehr oder weniger wettzumachen wäre.

Ich überlege mir noch, ob ich mit Wolff darüber sprechen soll, ehe ich Deine Antwort habe. Lasse Dir also bitte die Sache raschestens durch den Kopf gehen und gib mir Bescheid. Ich habe Dir neulich geschrieben, wie sehr ich über Deine Hilfsbereitschaft gerührt war. Vielleicht wäre hier eine Hilfsmöglichkeit, u. z. eine – und dies ist mir gleichfalls äußerst wichtig –, die Dich kein Geld kosten soll. Gewiß, es ist auch hier ein Risiko dabei, nämlich, daß man in Europa keine Bücher mehr verkaufen könnte. Doch je ra-

scher der Krieg beendet ist (– und hiezu sind ja nun doch
Hoffnungen vorhanden –), desto kleiner wird dieses Risiko,
und außerdem habe ich die Spezialhoffnung, daß nach dem
Erscheinen der englischen Ausgabe sich auch ein Aufschwung der anderen in den verschiedensten Absatzgebieten
der Welt ergeben wird, sodaß man auch hierin noch vielleicht eine gewisse Rückendeckung sehen kann.
So weit die Vergil-Sorgen. Für mich privat sind sie noch
durch weiter andauernde Überarbeitung verschärft: nicht
nur daß das Manuskript in seiner technischen Fertigstellung
noch immer entsetzlich viel Mühe verursacht, ich habe jetzt
auch die ganze entsetzliche Absatzkorrespondenz auf mir,
da ich ja – ohne Sekretär oder Sekretärin – allen meinen
Bekannten und Freunden zu schreiben habe. Ich bin fürchterlich übermüdet, glaube aber, wie gesagt, daß es der Mühe
wert war und ist.
Und hinter allem steht noch die Massenpsychologie, die für
den war-and-peace-effort womöglich noch wichtiger als
der Vergil ist, sodaß ich von allen Seiten, nicht zuletzt von
der Universität zur Fertigstellung gedrängt werde. Und so
mache ich Schluß: Dir und Gattin alles Herzliche

Deines alten Hermann

[Handschriftl. Zusatz:]
Wo sind Deine Brüder und deren Familien? Ich hoffe, nicht
in Ungarn!

CARL ZUCKMAYER

Kleine Sprüche aus der Sprachverbannung

(Für Thomas Mann zu seinem siebzigsten Geburtstag, am 6. Juni 1945)

I

Jeder denkt, sein Englisch wäre gut,
Wenn er nur den Mund verstellen tut.

Jeder hört so gern die Komplimente,
Daß man es ja gar nicht glauben könnte:
        Die Geläufigkeit
        In so kurzer Zeit
Und fast frei vom störenden Akzente.

Aber ach, in Deiner stillen Kammer
Spürest Du der Sprachverbannung Jammer,
Krampfhaft suchend die korrekte Wendung
Für ›Beseeltheit‹ und ›Gefühlsverblendung‹.
Auch scheint's solches nicht auf deutsch zu geben
Wie: zu seinem Rufe auf zu leben.
Und Du ziehst betrübt die Konsequenz:
Dort ›Erlebnis‹ – hier ›Experience‹.

Welch ein Glück noch, daß man seinen Mann
Im Stockholmer Urtext lesen kann –!

II

Die fremde Sprache ist ein Scheidewasser.
Sie ätzt hinweg, was überschüssig rankt.
Zwar wird die Farbe blaß, und immer blasser –
Jedoch die Form purgiert sich und erschlankt.

Die Übersetzung ist ein Wurzelmesser.
Sie kappt und schneidet, wo es keimend wächst.
Das Mittelmäßige macht sie häufig besser,
Vom Bessern bleibt zur Not der nackte Text.

Ach, welche Wohltat, daß man seinen Mann
Noch im Stockholmer Urtext lesen kann –!

III

Es stirbt kein Licht – kein Funke geht verloren.
Kraft wächst aus Kraft in Sturz und Untergang.
Aus Katastrophen ward die Welt geboren
Und alles Leichte aus bezwungnem Zwang.

Und amputiert man Dich bis beinah zu den Hüften,
So hüpfst Du auf den Händen munter fort.
Es grünt aus Felsgestein – es blüht aus Grüften.
Der Leib verwest. Lebendig bleibt das Wort.

LEONHARD FRANK

Links wo das Herz ist

Im Lauf der Jahre war die Hoffnung der Emigranten, wieder in die Heimat zurückkehren zu können, verblaßt und
vergangen. Das Wort »entwurzelt« bekam seine grausamste
Bedeutung. Die Emigranten gehörten nirgends hin und bekamen Tritte wie Hunde, die sich verlaufen hatten und um-
herstreunen, und besonders wuchtige Tritte, wenn sie versuchten, im Gastland zu verdienen, was sie zum nackten
Leben brauchten. Arbeiten war verboten und wurde hart
bestraft, schließlich mit Ausweisung in ein Land, wo Arbeiten verboten war und hart bestraft wurde. Die Emigranten
hatten ihr Leben gerettet, das vielen nicht mehr wert erschien, gelebt zu werden. Viele begingen Selbstmord.
Der Kernschuß hatte den emigrierten Schriftsteller getroffen – die Arbeit am Lebenswerk war unterbrochen. Er
mußte erfahren, daß er ohne den lebensvollen, stetigen Zu-
strom aus dem Volk seiner Sprache und ohne die unwäg-
bare stetige Resonanz der Leser als wirkender Schriftsteller
nicht mehr existent war. Er spielte in der Emigration auf
einer Geige aus Stein, auf einem Klavier ohne Saiten, und
was er vor der Emigration geschrieben hatte, geriet im
Lande seiner Sprache in Vergessenheit. Das Ergebnis und die
Wirkung jahrzehntelanger Arbeit waren zerstört, nicht weniger als die deutschen Städte nach dem Krieg. Die in Nazideutschland verbliebenen deutschen Schriftsteller hatten es
besser und wurden nicht beneidet von den emigrierten, die
den vollen Preis bezahlen mußten.

In Paris waren zehntausende Emigranten. Ihr Leben in der Stadt des Lichts war düster, und die Angst vor der Präfektur, vor den Polizeibeamten, die sadistisch je nach Laune Schicksal spielten, begleitete sie, wo sie gingen und standen, und wich auch nicht im Schlaf. Für die französische Polizei waren die Emigranten ins Land geschwemmter Unrat, und so wurden sie behandelt.

Unter diesen entwürdigenden Umständen begann Michael einen Roman zu schreiben. In dieser Zeit, da der Leser in Deutschland unerreichbar war, wurde ihm klar, daß der Schriftsteller ganz zuletzt seiner selbst wegen schreibt, sich selbst zur Freude und Qual, und weil er schreiben muß. Es sollte ein umfangreicher Liebesroman werden, der Lebensweg eines Mädchens, von ihrem dreizehnten Jahre bis zu dem Alter, da ihre Tochter dreizehn ist.

[...]

Während das von acht Millionen Menschen besetzte imposante »Karussell New York« brausend um den Dollar kreiste, arbeitete Michael in seiner Wohnung von früh bis nachts an Kurzgeschichten, die das zerstörte Nachkriegsdeutschland als Schauplatz hatten.

Den Versuch, eine amerikanische Kurzgeschichte zu schreiben, hatte er aufgegeben. Michael glaubte, ohne zusätzliche Schwierigkeiten Engländer, Franzosen, Italiener – Europäer jeder Nationalität – gestalten zu können. Aber er war nicht imstande, eine ernstzunehmende Geschichte zu schreiben mit Amerikanern als handelnden Personen, da in Amerika das ganze Gefüge des Lebens anders war als in Europa und der amerikanische Mensch auf alle Dinge des Lebens anders reagierte als der Europäer. Obwohl er schon sieben Jahre im Lande war, kannte er den Amerikaner nicht annähernd so durchgehend, wie er ihn hätte kennen müssen, um ihn wesensecht gestalten zu können.

HERMANN KESTEN

An Oliver La Farge

New York, 2. Juni 1947

Mein lieber La Farge:

Ich habe noch nicht auf Ihren Brief voll Freundschaft und guter Ratschläge geantwortet, den Sie mir nach der Lektüre meines alten Romans *Glückliche Menschen* geschrieben haben. Lassen Sie mich Ihnen zuerst für all die wunderbaren Dinge danken, die Sie über mein Buch geschrieben haben.

Die Gründe, die mich so lange zögern ließen, Ihre Frage zu beantworten, warum »Ich in der Asche eines lang verschollenen Deutschlands wühlte«, waren zahlreich. Ich grüble nun eine lange Zeit darüber und kam zu vielen Antworten, und wartete für die richtige. Natürlich kann man immer anstelle einer besseren Antwort sagen: Car tel est mon plaisir. Aber ich bin kein Autokrat wie Ludwig XIV.

Erlauben Sie mir, verschiedene Antworten auszuprobieren. Vielleicht entschuldigt die eine oder die andere meinen Eigensinn. Es muß irgend einen anderen guten Grund geben, außer meiner Faulheit, warum ich fortfahre darüber zu schreiben, worüber ich schreiben möchte.

Ich las neulich Ihr autobiographisches Buch *Raw Material*. Ich halte es für ein bedeutendes Buch, insbesondere wegen seiner unerschrockenen Liebe zur Wahrheit, die solch ein Buch dauerhaft machen kann. Da habe ich gelesen, daß Sie aufhörten, Kurzgeschichten von der Art zu schreiben, wie sie Ihre Leser und Verleger am meisten schätzten und die Ihnen leicht Geld brachten. Sie hatten nicht die Absicht, mir zu raten, wie ich leicht Geld machen sollte.

Ich dachte immer, es liege wenig daran, worüber man schreibt; wichtig ist, wie und was man schreibt. Das Thema ist nur ein Vorwand, eine törichte Ausrede.

Wenn man älter wird, vergißt man leicht die Erbsünde. Warum schreibe ich? Zuweilen sieht es aus, als schreibe man

Bücher, weil ein Vertrag mit einem Verleger existiert, oder aus der Gewohnheit, dafür bezahlt zu werden, daß man Bücher schreibt, oder aus der Gewohnheit des Schreibens. Aber ich erinnere mich, daß ich selten aus andern Gründen geschrieben habe als aus dem schieren Vergnügen am Schreiben, und aus der Lust am Leben, die darnach verlangt, daß man sie niederschreibt, in seinen eigenen Worten oder aus lauter Verzweiflung, die erträglicher wird, wenn man sie aufschreibt, oder zuweilen auch, weil ich dachte, niemand hat dies oder das gesagt, ich muß es also tun, oder weil man gerne zu Menschen spricht, und man sich schmeichelt, daß man von vernünftigen und guten Menschen vernommen werde, die man zu Freunden gewinnen wird, oder weil man glaubt, jemand müsse die Tyrannen aufzeigen, und das viele Unrecht, und jemand müsse von der Freiheit reden, und von dem Guten und von der Liebe und von der Sonne und von der Erde, oder aus vielen anderen Gründen, oder immer aus demselben Grund.

Aber natürlich grübelte ich über Ihren Rat, da er von einem guten und weisen Freund kommt. Ich dachte: Warum nicht? Warum sollte ich nicht über Amerika schreiben? Bloß weil ich nicht viel von diesem Lande weiß oder nur sieben Jahre da gelebt habe, ist kein triftiger Grund dagegen, mein Buch *Inside U. S. A.* zu schreiben.

Natürlich bin ich eigensinnig und vielleicht ein Narr. Ich verließ Deutschland im Jahre 1933, und einer der Gründe, warum ich es tat, waren die besseren und reicheren Möglichkeiten, über Deutschland zu schreiben. Ich war damals 33 Jahre alt, und ich hätte 1933 nach USA gehn und die englische Sprache lernen und die Kunst des Kurzgeschichten-Schreibens an der Columbia University von New York vielleicht, und mich sehr anstrengen sollen, um ein drittklassiger englischer Schriftsteller zu werden, wie manche meiner Kollegen voller Stolz es versuchten, und ich hätte glücklich für immer leben sollen. Jetzt aber erblicken Sie mich, wie ich diese schöne englische Sprache auf barbarische Art zerstöre. Es ist schwer, über Leute zu schreiben, deren Sprache man so armselig handhabt, wie ich es nach sieben Jahren tue.

Ich wage die Behauptung, ich mache in der deutschen Sprache keinen Narren aus mir selber.

Übrigens glaubte ich immer an die Wahrheit von Gides Ausspruch: On n'écrit pas les livres qu'on veut.

Und ich glaube ganz aufrichtig und naiv, das beste Buch, das ich geschrieben habe, ist mein Roman *Die Zwillinge von Nürnberg*, ein Roman über Deutschland und Frankreich zwischen 1919 und 1945. Aber ich dachte gewöhnlich, mein neuestes Buch sei mein bestes Buch.

Ich schreibe jetzt einen Roman über Deutschland im Jahre 1947 – der Titel: *Time's Fool*. Nachdem ich Ihren Brief erhalten hatte, unterbrach ich meinen Roman. Ich geriet in Verwirrung. Ich fragte mich selber, warum schreibe ich keinen Roman über Manhattan, es ist Zeit für einen Wechsel (it's time for a change), und mein guter Freund Oliver La Farge, gibt mir auch den Rat, keine deutschen Geschichten mehr zu schreiben. Ich begann in der Tat, einige Seiten über Manhattan zu schreiben. Dann kehrte ich mit einer fast sündigen neuen Lust zu meinem kleinen Roman über das Leben in Deutschland im Jahr 1947 zurück, zu meinem *Narren der Zeit*.

Aber eines Tages, wenn ich weiter leben und schreiben werde, verspreche ich, einen Roman über New York zu schreiben. Ich fordere Sie schon jetzt heraus, dann meinen AMERIKANISCHEN Roman von der ersten bis zur letzten Seite zu lesen. Ich hoffe, Sie werden dann nicht Ihren Rat bedauern.

Ich danke Ihnen nochmals für Ihren nachdenklichen Brief und für die Freundschaft, die Sie mir gezeigt haben, seit ich Sie kennenlernte.

Ein andermal will ich mehr über Ihr Buch *Raw Material* schreiben, das ich sehr liebe wegen seiner Aufrichtigkeit und Präzision und Kenntnisse und Bildung und der großen Beschreibungen und besonders weil es das Porträt eines guten Menschen und wahrhaftigen Schriftstellers ist. Ich hoffe,

bald wieder den Vorzug zu haben, Sie wiederzusehn und
Ihnen zu sagen, wie sehr ich in Ihren Büchern liebe, was
ich die Stimme eines Autors nennen möchte.
Ihr sehr ergebener   Hermann Kesten

P. S. Darf ich erwähnen, daß ich meinen Roman *Glückliche
Menschen* in Deutschland im Jahre 1930 geschrieben und
zum ersten Mal publiziert habe?

GÜNTHER ANDERS

Die Schrift an der Wand

Das Stammeldasein

Ohne Folgen für unser *Sprechen* konnte solch ein Leben natürlich nicht bleiben. Tatsächlich kann man nur mit Vorbe-
halt behaupten, daß die Allgemeinbestimmung des Menschen (λόγον ἔχειν) auf uns Emigranten zugetroffen habe.
Denn wer in einer neuen, gar für ihn ungültigen, Welt neu
beginnen oder gar dieses Neubeginnen wiederholt durch-
führen muß, der ist ja nicht nur von Land zu Land verschlagen, sondern auch von Sprache zu Sprache. Und das
bedeutet, und zwar sowohl für den Mitschwätzer wie für
den sprachlich Selbständigen*, daß er plötzlich dazu ver-

* Auffällig war, daß sich diejenigen, die ein unverkennbares Idiom und
einen unbestreitbaren Sprachrang erarbeitet hatten, viel stärker vor den
Fremdsprachen, mindestens vor dem Fremdsprechen, gehemmt fühlten,
als diejenigen, auch als diejenigen Schriftsteller, die auch früher nie etwas
anderes gekannt hatten als das durchschnittliche Mitmachen der Sprache.
Während diese den (›Talent‹ genannten) vorteilhaften Charakterdefekt
besäßen, früher oder später in einer zweiten oder dritten Sprache mit-
zuparlieren, ließen sich Männer wie Thomas Mann oder Brecht nur
höchst ungern darauf ein, unter ihr eigenes Niveau zu steigen oder gar
zu radebrechen. – Nicht minder auffällig, daß die glücklichen Eigen-
tümer der *internationalen Sprache*, das heißt die Musiker, überall rasch
zu Hause waren, und daß nur wenige unter ihnen mit der gleichen
Hartnäckigkeit ›Berufsemigranten‹ blieben wie wir aufs obsoleteste an
unseren Provinzdialekt gebundenen Schreiber.

urteilt ist, einige Etagen unterhalb seines eigenen Niveaus mit der Umwelt zu verkehren, und daß sich diese Primitivierung als Bumerang auswirkt: daß der Stammelnde nun nämlich von der Umwelt, die ja keine Zeit dazu hat, Gründen nachzugehen oder auf diese Rücksicht zu nehmen, nach dem niederen Rang seines Sprechens eingestuft wird. Dieser Vorgang ist in der Tat nicht nur quälend, auch nicht nur demütigend, sondern wirklich verhängnisvoll. Niemand kann sich jahrelang ausschließlich in Sprachen bewegen, die er nicht beherrscht und im besten Falle nur fehlerfrei nachplappert, ohne seinem inferioren Sprechen zum Opfer zu fallen. Denn wie man sich ausdrückt, so wird man. Unterscheidungen, die wir als Sprechende nicht machen können (nicht mehr oder noch nicht), die spielen bald auch für uns als sinnliche oder moralische Wesen keine Rolle mehr. Auf uns Emigranten traf das genau so zu wie auf jeden, der in eine derartige Situation gerät. Im Augenblick, da wir gerettet im Exil ankamen, waren wir bereits in die neue Gefahr hineingeraten, in die Gefahr, auf ein niederes Niveau des Sprechens abzusinken und Stammler zu werden. Und Stammler sind viele von uns auch wirklich geworden, Stammler sogar in beiden Sprachen: Denn während wir unser Französisch, Englisch oder Spanisch noch nicht gelernt hatten, begann unser Deutsch bereits Stück für Stück abzubröckeln, und zumeist sogar so heimlich und allmählich, daß wir von dem Verlust ebensowenig bemerkten wie von dem unserer Erwachsenheit. Und diejenigen, die sogar das Unglück hatten, als Einzelne an irgendeinen Punkt in der Fremde verschlagen zu werden, die hatten noch nicht einmal die Gelegenheit, durch Sprechen festzustellen, daß ihre Sprache schon nicht mehr intakt war.

Und doch – damit komme ich nun auf diejenigen, die der bewußten Schizophrenie fähig waren – einige hat es eben doch gegeben, die diese Gefahr erkannten, die sich verzweifelt gegen sie verteidigten, die sich fanatisch in die ihnen hüben und drüben mißgönnte Muttersprache hineinwarfen und die es sich zur Angewohnheit machten, sich jeden Augenblick abzustehlen, um Deutsch zu schreiben oder gar um das zum erstenmal zu versuchen. Und die das durchführten, die taten das nicht etwa nur deshalb, weil sie für die fremde Sprache zu unelastisch waren, oder nur deshalb, weil sie durch ihr Deutschschreiben ihr Heimweh ein wenig sättigen konnten; auch nicht nur (ein freilich absolut rechtmäßiges ›Nur‹), weil sie das, *was* sie niederschrieben, ausschließlich für drüben meinten, mindestens für das Morgen von drüben – sondern auch deshalb, weil sie die Würdelosigkeit des Stammeldaseins nicht aushielten; weil die Sprache das einzige Gerät war, mit dessen Hilfe sie sich, wenn auch nicht vor dem physischen Untergang, so doch von dem letzten Herunterkommen bewahren konnten; und weil sie das einzige unraubbare Gut war, das einzige Stück Zuhause, das sie, wenn sie es verteidigten, selbst im Zustande restloser Entwürdigung noch *beherrschten*, das einzige, das (wenn auch nur ihnen selbst) bezeugte, wo sie hingehörten. Bekanntlich hat es selbst in den Lagern noch Schreibende gegeben, sogar Dichtende, die, ehe sie jenen Lands- und Folterknechten, die auch die Folterknechte der deutschen Sprache waren, zum Opfer fielen, auf Zeitungsfetzen oder auf den Rückseiten ihrer Nummernzettel noch deutsche Strophen zu schreiben versucht haben, Strophen, von denen sie niemals ahnten, daß sie den Weg hinaus doch noch einmal finden würden. Deren Brüder sind wir gewesen, freilich deren unsäglich begünstigte Brüder.

Sonderbarere Sprachliebhaber und Schriftsteller hat es wohl niemals gegeben. Und wohl niemals einen Lebensstil, der dem bei *hommes de lettres* üblichen so wenig geähnelt hätte wie der ihre. Denn auch sie waren natürlich gezwungen, ihre Tage mit der Jagd auf die Lebensminima zu verbringen, auch sie liefen natürlich (sofern sie der Gnade der dafür erforderlichen Papiere teilhaftig geworden waren) mit Seife oder Salami treppauf und treppab – wobei sie natürlich ausschließlich dann verstanden wurden, wenn der Zufall sie vor der Tür von Leidensgenossen absetzte, die aber, von Deutschunterricht gegen Bett oder von Haushaltsarbeit oder von Schwarzarbeit oder vom Verkauf selbsthergestellter Marmelade lebend, als Kunden nicht in Frage kamen. So sahen zufällige Dichtertreffen von damals aus. Zeit für unsere Beschäftigung mit dem Wort hatten wir also eigentlich niemals, oder nur dann, wenn wir diese dem Schlaf absparten, wenn wir also aus dem Wechsel von Tag und Nacht auch den Wechsel von Tag- und Nachtsprache machten. Dann sicherten wir durch die Nachtsprache das Kontinuum unseres Lebens, bis uns die hektischen Tagstunden nur als Löcher im Gewebe erschienen.

Unter solchen Umständen sind manche zu Schriftstellern geworden. Aber so schlecht sind diese Umstände vielleicht gar nicht gewesen. Haben wir auch öfter auf unseren Knien als an Schreibtischen geschrieben; immer nur für niemanden oder für Morgige statt für drängende Redakteure; immer nur für die Schublade oder für den Handkoffer, niemals für den Bücherschrank – was für eine Lehrzeit diese Jahre gewesen sind! Davon, daß man uns kaum Geplantes aus der Hand reißen dürfte, hatten wir niemals etwas gehört, und die Fragen, wer wo was dazu sagen könnte, oder ob das Geschriebene ›zur Zeit‹ fertig werden könnte (zu welcher Zeit?) und dann ›gehen‹ würde (wohin gehen?) – die sind uns unbekannt geblieben. Welch beneidenswerte Chance, sich zu fragen, ob, was man schrieb, wirklich benötigt war, und für wen man es schrieb! Welche Gelegenheit, Halbgeratenes zu stutzen, ins Stocken Geratenes fortzuwerfen und dadurch im Rucksack Platz für Stiefel oder Brot freizubekommen! Welch ein Glück, etwas schief Angelegtes in einem irgendwo liegenbleibenden oder von irgendeiner Behörde idiotisch requirierten Handkoffer so endgültig zu verlieren, daß es einem als corrigendum nicht mehr weitere Vorwürfe machen konnte! Gewiß, vieles ist in der Misere zugrundegegangen, auch viel Gelungenes, und viele von uns sind am Wege geblieben. Einige aber sind zufällig am Wegrand nicht umgesunken und schließlich zurückgekehrt. Wenn drei oder vier von diesen zufällig Aufgesparten heute, wie man so sagt, ›schreiben können‹: Wenn sie es gelernt haben, für die Ohren, die sie erreichen wollen, denjenigen Ton zu finden, der diese Ohren wirklich erreicht; für den Punkt, den sie zu treffen wünschen, dasjenige Wort, das nur diesen Punkt trifft; und für den Zusammenhang, den abzubilden sie für nötig halten, diejenige Syntax, die nur diesen Zusammenhang abbildet – dann verdanken sie diese Beherrschung ihres Handwerks der Chance, daß sie eine so lange chancenlose Lernzeit hatten genießen dürfen. Dem Andenken mancher Männer haben wir unterdessen unsere Arbeiten gewidmet. Aber es gibt wohl niemanden, der auf unsere Widmungen ein gleich großes Recht hätte wie sie, unsere Lehrmeisterin: Die gute Zeit unserer Exilmisere.

Wien, Mai

In den letzten Jahren drüben hatte ich unter der von Tag zu Tag stärker anschwellenden Angst gelitten, daß mein Deutsch, durch die anderthalb Jahrzehnte abgeschlossenen Schreibens, schon zu einer Art von Privatlatein geworden sei. Unter meinen Reisegründen stand diese Angst mit in der vordersten Reihe: Ich fand, es sei höchste Zeit, mich wieder mit der lebendig gesprochenen Sprache vollzusaugen.
Und nun bin ich also da. Und um mich herum die lebendigste Sprache: nämlich eine Mundart. – Tableau. Nun bin ich im Schreiben vollends unsicher geworden. Schon der alltäglichste Ausdruck (wie eben das Wort ›vollends‹ ... alltäglich in welcher Situation, alltäglich für welche Gruppe?) klingt mir hier geziert; und der dichte Text einer geschriebenen Seite kommt mir vor wie ein Gobelin zwischen zerrissenem Arbeitszeug.

Wien, Mai

Sitze seit zwei Tagen daran, unfertige Dichtungen von drüben in Ordnung zu bringen. Vergebens.
›Seine Muse mundtot machen‹ – seit ich über dieser Arbeit

sitze, drängt sich mir immer wieder dieser Ausdruck auf. Ich fürchte, wir Exildichter haben unsere Muse durch unsere Rückkehr mundtot gemacht.

›Abwesenheit‹ hatte sie geheißen, unsere Muse; und freundlich war sie gewiß nicht gewesen. Aber wenn wir gelernt haben, Dinge und Aufgaben aufs Genaueste heraufzubeschwören, so verdanken wir das *ihr*. Wenn wir dröhnen lernten, so weil sie, unsere Lehrmeisterin im Absurden, uns eindrillte, unsere Stimme zu erheben für Ohren, die wir niemals erreichen konnten. Von ihr haben wir das Instrument, das wir beherrschen; die Atemtechnik, die nun unsere ist; und von ihr Lautstärke und Tonfarbe. –

Und nun sind wir also hier. Und sitzen zwischen Menschen, die, mindestens räumlich, erreichbar wären ohne Dröhnen, ohne Posaune . . . wer weiß, vielleicht sogar mit den Tönen einer Piccoloflöte. Aber das Instrument, das wir gelernt haben, ist eben die Posaune. Und für sie haben wir alle jene Partien gesetzt, die wir nun in halbfertigem Zustand von drüben mit herübergebracht haben. Nicht für die Piccoloflöte.

Was soll nun aus diesen Partien werden? Sollen wir sie, obwohl das Posaunenblasen hier völlig unmotiviert ist, doch als Posaunenstücke zuendeschreiben? Können wir das denn? Um gut zu komponieren, müßten wir uns ja mit Gewalt einreden, doch noch abwesend, doch noch ›drüben‹ zu sein, uns doch noch zurückzusehnen . . . hierher, wo wir ja sind. Mein Gott, sind wir deshalb herübergekommen, um hier zu simulieren, wir seien doch noch drüben?

Oder sollen wir vielleicht versuchen, die ursprünglich für Posaune gesetzten Partien nun nachträglich für bescheidenere Instrumente umzusetzen? Unmöglich.

Aber ist es vielleicht weniger unmöglich, noch einmal sprechen zu lernen und alles, was wir da drüben in anderthalb Jahrzehnten vorbereitet hatten, über Bord zu werfen?

Permanenz des Exils?

YVAN GOLL

Lied der Unbesiegten

Schwarze Milch des Elends
Wir trinken dich
Auf dem Weg ins Schlachthaus.
Milch der Finsternis

Man gibt uns Brot.
Weh! Es ist aus Staub
Unser Schrei ist rot
Unsere Wächter taub.

Schwarzes Licht des Tages
Wir grüßen dich
Auf dem Weg ins Schlachthaus
Licht der Finsternis

Der Uhu der Nacht
Wird unsere Klage schrein,
Wenn das Elfenbein
Unserer Schädel lacht.

Schwarzes Lied der Mörder
Wir hören dich
Auf dem Weg ins Schlachthaus
Lied der Finsternis.

Aus den Augen wächst Klee,
Den Mond zu beweinen
Und der Schatten Armee
Entsteigt den Steinen.

Schwarze Milch des Elends
Wir trinken dich
Auf dem Weg ins Schlachthaus
Milch der Finsternis.

(New York, 14. 1. 1942)

STEFAN ZWEIG

Declaracão

Ehe ich aus freiem Willen und mit klaren Sinnen aus dem
Leben scheide, drängt es mich eine letzte Pflicht zu erfüllen: diesem wundervollen Lande Brasilien innig zu danken,
das mir und meiner Arbeit so gute und gastliche Rast gegeben. Mit jedem Tage habe ich dies Land mehr lieben gelernt
und nirgends hätte ich mir mein Leben lieber vom Grunde
aus neu aufgebaut, nachdem die Welt meiner eigenen Sprache für mich untergegangen ist und meine geistige Heimat
Europa sich selber vernichtet.
Aber nach dem sechzigsten Jahre bedürfte es besonderer
Kräfte, um noch einmal völlig neu zu beginnen. Und die
meinen sind durch die langen Jahre heimatlosen Wanderns
erschöpft. So halte ich es für besser, rechtzeitig und in auf-
rechter Haltung ein Leben abzuschließen, dem geistige Arbeit immer die lauterste Freude und persönliche Freiheit
das höchste Gut dieser Erde gewesen.
Ich grüße alle meine Freunde! Mögen sie die Morgenröte
noch sehen nach der langen Nacht! Ich, allzu Ungeduldiger,
gehe ihnen voraus.

Stefan Zweig

Petropolis. 22. II. 1942

CARL ZUCKMAYER

Aufruf zum Leben

Frühling 1942

Der Entschluß zu sterben ist ein unveräußerliches Recht jedes Einzelnen. Wenn ein Mensch die letzte Entscheidung fällt und sie mit seinem Tod besiegelt, so hat die Frage, ob er richtig oder falsch gehandelt hat, zu schweigen. Denn es gibt dafür keinen Maßstab und kein Gesetz als das des eigenen freien Willens. – Für uns jedoch, die wir durch das Ereignis eines Freitods in unsrer Mitte zutiefst betroffen sind, erhebt sich die Frage nach dem Sinn unsres Weiterlebens. Allzu leicht könnten wir geneigt sein, die Lage und Haltung eines Einzelnen, der von den gleichen Zeitmächten geschlagen war, die uns bedrängen, allgemein zu verstehen – und den Weg, den er für seine Person gewählt hat, als Beispiel aufzufassen, als Ausweg – oder als Urteil. – Verführerisch ist der Gedanke, in Stolz und Einsamkeit den Giftbecher zu nehmen, bevor der widerliche Massen-Galgenwald errichtet ist, der uns bestimmt sein mag. Fast scheint es Erlösung, die böse Last wegzuwerfen, eh sie uns ganz zu Boden drückt und erwürgt. Manchem mag es wie ein süßer Schwindel, wie ein Rausch zu Kopf steigen, dem sich so traurig-lustvoll hinzugeben wäre: schon die Worte klingen wie aushauchende Erfüllung einer letzten Lebensgier: vergehen, verwehen, verrinnen, verströmen, enden – vollenden. Wer kennt nicht das heiße Flüstern dieser Versuchung. Wer weiß nicht von jener bis zum Herzpochen aufregenden Träumerei, erster Liebesverwirrung gleich, in der sich Lebensangst mit der Bravour des Absprungs, der Grenzüberschreitung, der Ich-Entfesselung, beklemmend und atemlos vermischt.
Es ist aber nicht an der Zeit, mit dem Tod zu schlafen.
Die Dämmerung, die uns umgibt, deutet nicht auf Abend, auf Mond, auf Buhlschaft. Hinter diesem Zwielicht flammt ein blutiges Morgenrot, das harten Tag kündet und das uns ruft, zu leben, zu kämpfen, zu bestehen.

GEBT NICHT AUF, KAMERADEN!

Wir sind allein. Wir sind vom Alp des Zweifels und der Verzweiflung heimgesucht. Vielen von uns greift die nackte Not an die Gurgel. Wir haben kein Banner, um das wir uns scharen könnten, keine Hymne, die uns vereint und erhebt. Wir sind zu stolz und zu hart geprüft, um uns an windiger Hoffnung zu berauschen. Wir wissen, daß, was vor uns liegt, Kampf bis aufs Messer heißt – und wir sind nicht mehr jung an Taten. Wir kennen den Gegner. Wir sehen der vollen Wahrheit ins Gesicht. Wir haben nichts als unser Leben. Dieses aber, im schärfsten Scheidewasser gewaschen, ist immer noch eine Kraft, die unzerteilbar besteht, ein Element, das aller Vernichtung trotzt, eine Waffe, in die das Zeichen des Sieges eingegraben ist, sei es, daß die Schneide des Hasses sie furchtbar macht, sei es, daß sie gesegnet wird von der größeren Macht, der Liebe.

Jedes einzelne Leben, einmalig und einzig in eines Menschen Leib und Seele geprägt – jedes einzelne Leben, das trotz und gegen die Vernichtung sich erhält und seiner Losung treu bleibt, ist eine Macht, eine Festung, an der sich der feindliche Ansturm brechen muß. Solang noch einer lebt, wenn auch in äußerster Bedrängnis, der anderes denkt, fühlt, glaubt und will als der Bedränger, hat Hitler nicht gesiegt. Er wird und kann nicht siegen, er kann und wird nicht siegen, wenn er nicht Fuß faßt in uns selber und uns von innen überwältigt, auslöscht, vergiftet und zerstört. Laßt Euch nicht von der Müdigkeit übermannen, die den einsamen Posten gefährlicher macht als die Schlachtreihe. Singt sie weg, solang Ihr noch einen Hauch von Stimme habt, ruft das Signal, das Kennwort durch die Nacht, es heiße: Leben!

Gebt nicht auf, Kameraden! Selbst wenn der Posten, auf dem wir stehen, sehr kalt und sehr bitter ist, selbst wenn er verloren scheint. Hat nicht der verlorene Posten oft die Schlacht gewendet?

Macht besteht. Unmacht verkommt. Aber Macht ist nicht eine Ansammlung äußerer Kräfte allein. Die höchste Macht ist das Leben, wenn es erfüllt ist vom Bewußtsein der Produktivität. Dann ist es den ungeheuersten Gewalten der Vernichtung überlegen, so wie ein Samenhaar, eine lebendige Zelle stärker ist als eine Sturmflut, ein Erdbeben oder ein Panzerwagen.

Dies unser einziges Leben, das kleinste und schwächste Ding der Welt, ist eine Macht, solang es teilnimmt am Ganzen. Das schöpferische Leben umfließt uns unermessen, mit tausend Fasern hält es in uns ein, mit tausend Strahlen und Wellen sind wir von ihm durchwirkt. Es ist ein Geschenk, eine Gnade, ein Wunder, ein Sinnbild des Vollkommenen, Ganzen. Rosiges Frühlicht küßt den nackten Schnee auf dem Fenstersims vor Deiner verrauchten Stube, in der Du ringst und zweifelst. Durch junge Baumrinden knistert der steigende Saft. Das Gesicht eines Toten mag marmorne Schönheit werden, in der Sekunde, bevor es verfällt. Die Hand eines Mannes, am hölzernen Spatengriff, die Kraft der ausgesparten Bewegung: Arbeit! und die gebrochene Erde mischt ihren starken Geruch ins tiefe Einziehen, Ausstoßen des Atems in Deiner Brust.

Vergiß nicht, wie Brot schmeckt. Vergiß nicht, wie Wein mundet – in den Stunden, in denen Du hungrig und durstig bist. Vergiß nicht die Macht Deiner Träume. Gebt nicht auf, Kameraden!

Wir müssen dieses Leben bis zum äußersten verteidigen, denn es gehört nicht uns allein. Was auch kommen mag: kämpft weiter. Lebt: aus Trotz – wenn alle andern Kräfte Euch versagen und selbst die Freude lahm wird – lebt: aus Wut! Keiner von uns darf sterben, solange Hitler lebt! Seid ungebrochen im Willen, die Pest zu überleben. Denkt an die Männer, die kämpfen – denkt an das Ziel!

Kämpft, indem Ihr nicht aufgebt zu leben. Mitzutragen. Wir haben mitzutragen und mitzubüßen, alle Schwächen und Fehler, die um uns, vor uns, durch uns und ohne uns geschehen sind. Diese Fehler, Schwachheit im Leben und Kämpfen, werden bestraft ohne Gnade, sie sind schon bestraft worden, und wir wissen nicht, wie weit noch die

Strafe geht, wie weit sie aufgeholt, gutgemacht, abgegolten
und umgewandelt werden kann in Opfer und Kraft und
Sieg. Aber selbst wenn der Sieg ganz fern scheint und kaum
erreichbar, gebt nicht auf. Selbst wenn der Krieg verlorengnge, gebt nicht auf!
Denn wer von uns hätte das Maß und die Gewißheit der
Größe zu glauben, er sei erhoben und erhaben über Liebe
und Haß und das eine, das einzige Leben? Und wer dürfte
von sich selbst sagen, daß er am tiefsten litte?
Du weißt sie alle, die freien und unfreien Tode, zwischen
dem Schierlingstrank des Sokrates und dem Gasschlauch
des Arbeitslosen. Des Petronius weltmüde Verblutung, die
Sternenkühle des Seneca, den Sprung ins Ätnafeuer des
Empedokles, den Sturz des Feldherrn in sein unglückliches
Schwert.
Keiner davon ist uns gegeben. So zögert nicht, weiterzugehen in der Nacht, und schaut ohne Furcht in die schaurig
durchfunkelte Finsternis.

BERTOLT BRECHT

Rückkehr

Die Vaterstadt, wie find ich sie doch?
Folgend den Bomberschwärmen
Komm ich nach Haus.
Wo denn liegt sie? Wo die ungeheueren
Gebirge von Rauch stehn.
Das in den Feuern dort
Ist sie.

Die Vaterstadt, wie empfängt sie mich wohl?
Vor mir kommen die Bomber. Tödliche Schwärme
Melden euch meine Rückkehr. Feuersbrünste
Gehen dem Sohn voraus.

HEINRICH MANN

An Alfred Kantorowicz

22. Aug. 1946
301 So. Swall Drive
Los Angeles, 36, Calif.

Lieber Herr Kantorowicz,

Ihr Abschiedsbrief, so freundlich er ist, bleibt ein Abschiedsbrief. Der gleiche Erdteil scheint doch zu verbinden; man
bemerkt es, wenn ein Abgereister kein Zeichen mehr gibt.
Sie werden mir doch schreiben? Mir liegt an selbst empfan-
genen Eindrücken, so echt ausgedrückt wie Sie dürfen.
Drei- oder viermal bin ich aufgefordert hinzukommen ...
Ich sagte, vielleicht nicht deutlich genug, daß noch niemand
mir eine Aufgabe gestellt, ein Amt und eine Existenz ange-
boten habe. Mag sein, man will mich nur umherzeigen und
verkünden, daß wieder einer zurückgekehrt ist. Aber eine
Lebensweise des Auftretens, Sprechens und verwandte
Pflichten kann ich mir nicht mehr zumuten. Nicht nur das
Alter, nicht mehr überwindbare Erlebnisse haben mich scheu
gemacht angesichts der Öffentlichkeit, besonders wenn sie
mein tägliches Geschäft wäre ...
Wenn dies »Botschaften« sind, dann bitte, nehmen Sie mit,
soviel Ihnen genehm ist. Auf die Erledigung werde ich zu
warten wissen. Der kommende Winter wird mit seinen Gefahren dann wohl hinter uns liegen. Von Ihnen selbst
möchte ich vorher hören, womöglich das Gute, das ich
Ihnen wünsche.
Ich begrüße Sie herzlich

Ihr
H. Mann

KARL WOLFSKEHL

Absage an die Heimat

AN KURT. 13. 9. 1946

... Lieber Kurt, wir verstehen uns zu gut, wir sind einander
zu unverbrüchlich verbunden, als daß Du nicht merktest,
warum ich eine solche Erfahrung so sichtbar in den Vordergrund rücke. Du siehst, daß ich damit zugleich zu der
von Dir wie von jedem der Briefschreiber gestellten Frage
nach meiner Rückkehr Position nehme. Keiner von Euch
allen konnte vermuten, die nun überschrittenen acht Jahre
meiner Entrückung in die antipodische Sphäre wären in
leerem, tat- und wirkungslosem Warten vergangen, in einer
Art Siebenschläfer-Frist, nach deren Ablauf der Aufge-
wachte die Augen reibt, ins Bisherige tritt, als wäre nichts
geschehen. Nebenbei: daß dies Bisherige seinerseits nicht
gewartet hat, der Verschollene sich nicht mehr zurechtfin-
det, nicht mehr begreift noch begriffen wird, berichten Dir
alle Mären und Märchen über den in seelenvollen Zeiten
sicherlich gelegentlich vorgekommenen Fall eines solchen
Auftauchens aus der Ferne, fast aus dem Totenreich. Einer,
der solcher Art wiederkehrt, erscheint in jedem Sinne das,
was die Franzosen einen »revenant« nennen, einer der »um-
geht«. Wie nun aber in meinem Fall? Kurt, ich habe nicht
geschlafen. Ich habe viel durchgemacht. Einsamkeit, Enttäuschung, Schmerzen, Sehnsucht nach Unwiederbring-
lichem, alles das hat zumal meine Nächte bedroht. Aber es
gab und gibt auch andres. Nicht bloß, daß ich mich bemüht
habe, in einen Bildungs- und Geistesraum, der mir bis dahin
fast völlig fremd war, den der englischen Welt meine ich,
verstehend mich einzufühlen, hat diese Jahre und ihre Arbeit ausgemacht. Wie weit ich in unmittelbarem, nicht bloß
denkhaft-abstraktem Wissen um diese Welt, ihre überzeit-
lichen Werte wie ihr Alltägliches gekommen bin, darf ich
nicht selber bestimmen. Von mir aus spür ich allerdings,
mein Umfang hat sich erweitert. Mehr, und mit größerem

Recht wie früher, nenne ich, der Jude, der deutsche Dichter Karl Wolfskehl, mich einen Bürger der Welt, einen Sohn unsres Planeten.

Ich, der deutsche Dichter, den die Heimat verstieß. In einer Zuschrift, der ich auch sonst nicht viel Verständnis abgewinne, sprach M., die Tochter des nie genug zu rühmenden R. L., das Ergehen der verschiedenen Gruppen von ihr nah Gewesenen andeutend, auch von »Manchen, die abtrünnig wurden, die in der Fremde die Liebe zur Heimat vergaßen«. Auf wen sie dabei zielt, geht mich nichts an. Was mich aber angesichts einer solchen Feststellung beleidigt, ja anwidert, ich sag es offen heraus. Du merkst, Kurt, wie dies eben in mir kocht. Wo liegt der Kern der ganzen Sachlage? Diese Heimat hat, als ihr ein neues, in weitem Umfang willig aufgenommenes Gesetz erlassen war, den deutschen Dichter verbannt, zum Landfremden, ja zum Urfeind gemacht, sein Wirken schändlich zerbrochen, sein Wort verschüttet. Ich, Karl Wolfskehl, spreche hier von mir. Und zum zweiten: Wer wurde richtig und unausweichlich *abtrünnig*? Waren es nicht jene unter den Nächsten unserer Runde – ich nenne ihre Namen nicht mehr, aber Du weißt, auf wen ich deute –, die unbedenklich oder vom Taumel erfaßt zu dem übergingen, nein, überrannten, der, Widersacher des Geistes, Verleiblicher der schwärzesten aller Dämonien, mit billigster, trivialster Verführung alles sich zutrieb, was geschwächt war, haltlos, ohne Gesicht! Sind diese, die ein Leben lang dem Meister, dem sie dies Leben doch verdankten, schuldeten und dem sie verbunden schienen, nicht die wirklich Abtrünnigen, Kurt?

Von diesen sei nicht mehr die Rede, nicht mehr davon, wie sie mit mehr oder weniger reservatio mentalis dem Unding Gefolgschaft leisteten, Namen, Wert und Ehr des Meisters im selben armseligen Atem mit dem des teufelhaften Würgers zugleich ausstießen, blasphemisch Bezüge, ja Gleichart des Wollens verkündeten, den Tempel schändeten, noch eh er in Brand geriet. Denn dazu geziemt keine Haltung als die der Abkehr, kein Laut, nur Verstummen. Aber, Kurt, ich muß Dir und nicht allein Dir ins Gedächtnis rücken, was es für mich bedeutet hat, als die Heimat die Liebe zu mir vergaß, mich auswarf wie ein Fremdgebild oder, wer weiß, wie etwas noch Schlimmeres. Was damals, als dies zu geschehen anhob (es nahm ja anschwellend immer bösere Gestalt an), in dem Dichter vorging, Du weißt es, nicht Du allein. Damals entrang sich äußerster Qual eine neue Sicht, eine neue Verpflichtung. *Die Stimme Spricht* hast Du wohl niemals vors Auge genommen, wie man so ein Bändchen Gedichte gemeinhin anfaßt, überblättert und weglegt. Du kennst mich auch innerlich, Du verstehst was ich schuf, wies in mir anhob, wie es auswuchs, wie es reifte. Daß mit diesem, das »Stimme« ward, ein Grund ins Grünen kam, der bis dahin noch im Dunkel verblieben war, blieb Dir nicht verborgen. Seither kam er noch stärker ins Blühen, dieser Grund, noch mehr zu sich, und, wer weiß, noch mehr ich zu mir. Vom Tag ab, als das Schiff vom Hafen Europas abstieß, hab ichs gewußt, gelebt, ausgesprochen, ausgeschluchzt, ausgesungen, das Zeichen, unter dem mein Leben, die letzte Phase dieses Erdengangs seitdem steht. Dieses Zeichen, mehr als ein Bild, es ist der ewige Fug des Judenschicksals. Und ich, zuckend und fast widerstrebend gehorsam, fühl ich, der Mitwalter, Mithüter des deutschen Geistes, ich mich dazu bestimmt, das lebendige, ja das schaffende Symbol dieses Schicksals darzustellen. Seit jenem Augenblick steht alles was ich bin, was ich füge, unter dem ewigen Namen Hiob, seitdem bin ich, leb ich, erfahr ich Hiob. Alles was seitdem entstand, führt diesen Namen, oder, auch wo es abseits gewachsen scheint, ist es von ihm durchweht.

So, Kurt, steht es heute und bis zum gewißlich nahen Tod um mich. Also hab ich, wie der Schaffende muß, den Abfall der Heimat überwunden, zum Schicksal geformt, Notwendigkeit zutiefst erlebt. Du kennst mich, Dir brauch ich nicht nahe zu bringen, was der Begriff – kein Begriff, was die Wirklichkeit! – Heimat für mich war, nämlich alles! Du kennst, freilich in einer sehr frühen, noch ganz unreifen Fassung jenes Gedicht *An die Deutschen*. Du weißt, daß ein

Dichter keine Worte »macht«, sondern lebt, vor allem, daß Worte des Dichters nicht »schön« sind, nicht »tief empfunden«, sondern Wirklichkeit, Leben, lebendiger wie das, was der Alltag so heißt im Zwischenraum von Zeugung zu Sarg. Und dem Stofflichen dieses Gedichtes hast Du entnommen, wenn ich Dir etwa nicht schon davon gesprochen hatte, daß nach der nicht urkundlichen, mir aber gesicherten Familiensage mein Geschlecht unter Karl dem Großen von Lucca nach Mainz kam, seitdem also unausgesetzt im gleichen rheinischen Gau verblieben war. Dies nur zu meinem Anrecht auf Heimat, auf Verwurzelung. Und wie steht es, Kurt? Damals warf sie mich aus, die Heimat. Heute, ein volles Jahr nachdem das, von dem Ihr Euch als von einem Spuk oder Nachtmahr befreit fühlt, mit dem Köstlichsten der Heimat zusammengebrochen ist, hat die Heimat durchaus vergessen, daß es den deutschen Dichter Karl Wolfskehl noch gibt, wahrscheinlich vergessen, daß es ihn je gegeben hat. Einige Frauen meinen, meine Rückkehr sei wünschenswert. Die Familie hofft auf mich. Und Du, Kurt, Du der Einzige, der mich versteht, fragst wie ich entscheide? Kurt, frage Dich selbst, gib Dir selber die Antwort, sie ist furchtbar genug, siehst Du eine andere? Ich klage nicht an, aber daß nur die Nächsten noch um mich wissen, daß ich für die Stadt, deren »Liebling« ich in Wort und Schrift genannt wurde, deren Ruhm und Art ich verkündet habe und gemehrt wie nur Einer, daß ich für diese Stadt München verschollen bin, das sei Dir, Kurt, Antwort von der andern Seite. Sic transit non solum gloria sed etiam amor! ...

JOHANNES R. BECHER

Exil

Ihr, die ihr in die Heimat wiederkehrt,
Verbannte, ihr, die ihr den jahrelangen

Endlosen Weg zu Ende seid gegangen
Und habt nur eins, der Rückkehr Tag, begehrt –

Und ihr, Verbannte auch, die ihr voll Bangen
Habt ausgeharrt und habt euch still gewehrt,
Von langem Warten müd und ausgezehrt,
Inmitten eures eigenen Volks gefangen –

Seid hier gewarnt und seht das Transparent:
»Laßt, die ihr eingeht, alle Hoffnung fahren!
Wenn der Verbannung Fluch ihr nicht erkennt,

Treibt ihr wie vormals ein verlorenes Spiel.
Bevor aus Deutschland wir vertrieben waren,
Wir lebten schon seit Jahren im Exil.«

BERTOLT BRECHT

Arbeitsjournal

1. 11. 47

anna seghers, weißhaarig, aber das schöne gesicht frisch.
berlin ein hexensabbat, wo es auch noch an besenstielen
fehlt. sie besucht ihre kinder, die in paris studieren, und will
sich auch erholen. um ihren mexikanischen paß zu behalten,
wohnt sie nicht im russischen sektor, hat so auch nicht die
vergünstigungen, ohne die arbeit unmöglich ist. sie möchte
ihre bücher auch in den nichtrussischen zonen gelesen haben.
sie scheint verängstigt durch die intrigen, verdächte, be-
spitzelungen.
ich ermutige sie, die 100 novellen fertigzustellen, die sie mir
vor 12 jahren versprach.

HERMANN BROCH

An Hermann Salinger

New Haven, Conn., 29. 9. 50

Lieber Hermann Salinger,

[...] Nun zu andern Themen, also zum Einfluß Amerikas
auf mich und schließlich zum Cantos-Problem; dabei muß
man ersteres aufspalten, nämlich einerseits in die Frage des
Einflusses auf meine Schreiberei, andererseits in die meiner
außerdichterischen Einstellung zu diesem Land.

(2) *Amerikanische Einflüsse auf meine Dichterei.* So viel
ich sehe, ist Einfluß mit *Null* zu bewerten. Und das scheint
mir auch ganz richtig zu sein. Denn jene irrationale Struktur, die dem Dichtergewerbe zugrunde liegt, wird in der
ersten Jugend geformt; was nach dem achten Lebensjahr
kommt, wird kaum mehr wahrhaft dichterisch-irrational,
sondern nur noch rational, d. h. in Gestalt rational-präziser
Erinnerungsbilder, rationaler Problemstellungen, etc. verarbeitet. Die eigentlich dichterische und künstlerische Qualität ist ausschließlich an jenen irrationalen Teil gebunden,
und alles übrige ist – ohne daß ich deren Notwendigkeit
und Wert herabmindere – bloße Technik; das sind Beobachtungen, die Sie sicherlich oft auch schon bei sich selber
angestellt haben, obwohl Sie der literarhistorische Beruf
natürlich immer wieder zur technischen und rationalen Seite
hinziehen wird, ohne die es eben keine Wissenschaft gäbe.
Sozusagen als Ergänzung zur Literaturhistorie (von der ich
ja *leider* viel zu wenig weiß) bemühe ich mich daher überall, wo ich mich mit einem dichterischen Werk zu befassen
habe, jene irrationale Grundstruktur – die keineswegs nur
als psychologisch aufgefaßt werden darf, sondern im Grund
aus lediglich erkenntnistheoretisch erfaßbaren Sphären
stammt – freizulegen; im Joyce (von dem ich Ihnen anbei
ein Exemplar mit großer Freude überreiche) ist mir das
noch recht mangelhaft gelungen, doch mit dem Hofmanns-

thal hoffe ich auf besseres Gelingen. Und wenn ich an die beiden großen Namen meinen eigenen anschließen darf, so weiß ich über mich einigermaßen Bescheid: sooft mir dichterisch etwas glückt, bemerke ich, daß es aus der ersten Kinderzeit herstammt. Z. B. sind Ihnen amerikanische Anklänge in den *Schlafwandlern* aufgefallen: in der nicht sehr reichhaltigen väterlichen Bibliothek befand sich ein »Prachtwerk«, zwei Großoktav-Bände in Goldschnitt mit vielen Holzschnitten, und eben diese Holzschnitte, ihre Schwärze, ihre Strichlierung, ihre hintergründige Stimmung, fast möchte ich sagen ihr Geruch – das ist es, was geblieben ist, nichts von dem Text, den ich später gelesen habe, und mit großer Sicherheit glaube ich behaupten zu können, daß es ähnliche Illustrations-Reminiszenzen gewesen sind, die hinter Kafkas *Amerika* liegen. Oder nehmen Sie ein andres Beispiel: Dvořak, kein großer Komponist, aber sozusagen ein Naturmusiker von echtem Schrot und Korn, hat ein paar Jahre in Amerika verbracht, und immer wieder vom amerikanischen Einfluß gesprochen, weil er in seiner Fünften sowie in dem einen Quartett ein paar indianische und Spiritualmotive verwendet hat; ich weiß nicht, ob das auch von ernsthaften Musikologen vertreten wird – für mich wären sie dann kaum als ernsthaft zu bezeichnen –, aber sicher ist, daß die beiden Werke, vielleicht eben wegen der rationalistischen Übernahme jener Themen, die Dvořaksche Naturhaftigkeit, die seine eigentliche Stärke ist, vermissen lassen. Und so halte ich die Frage nach dem Einfluß Amerikas auf Emigrations-Dichter überhaupt für eine unglückliche Problemstellung. Gut, man mag von literarischen Einflüssen sprechen, etwa vom Einfluß, den die moderne Romantechnik (von Dreiser bis Hemingway und Wolfe) ausgeübt hat; doch dazu mußte man nicht nach Amerika kommen, so wenig man nach Rußland fahren mußte, um Dostojewskis Einfluß zu unterliegen. Und schließlich der Einfluß der Sprache. Indes auch hier, ja hier erst recht, geht es um die Kindheitseindrücke: Stil ist in erster Linie eine Angelegenheit des Atmens (Sievers), und die Atemführung ist nicht zuletzt von der in der Kindheit gesprochenen Sprache abhängig. Die großen Stilisten waren in ihrer Kindheit einsprachig, und fast alle, die später einen Sprachwechsel vollzogen haben, geraten leicht in einen gezwungenen Stil – es wäre der Mühe wert, das einmal systematisch zu untersuchen.

(3) *Persönliche Beeindruckung durch Amerika.* Hier handelt es sich um die rationale Beeinflussung, und die ist tatsächlich bedeutend. Vor allem habe ich hier die Wirksamkeit der Demokratie gelernt, gründlich gelernt, also nicht nur kennen gelernt, und da ich mich nun doch schon seit Jahren mit Massenpsychologie und demzufolge mit theoretischer Politik befasse – vielleicht haben Sie meinen programmatischen Aufsatz im Jännerheft der *Neuen Rundschau* gesehen –, war und ist mir dieses Miterleben der amerikanischen Demokratie, die unmittelbare Beobachtung ihrer Vorzüge und Mängel, wahrlich von äußerster Wichtigkeit. In meiner Massenpsychologie (3 Bände) sowie in meinem politischen Buch, beides in Vorbereitung, werden Sie den Niederschlag davon finden. Aber sicherlich nicht in der Dichtung, nicht einmal dort, wo sie politisch wird. [...]

NELLY SACHS

Ihr Zuschauenden

Unter deren Blicken getötet wurde.
Wie man auch einen Blick im Rücken fühlt,
So fühlt ihr an euerm Leibe
Die Blicke der Toten.

Wieviel brechende Augen werden euch ansehn
Wenn ihr aus den Verstecken ein Veilchen pflückt?
Wieviel flehend erhobene Hände

In dem märtyrerhaft geschlungenen Gezweige
Der alten Eichen?
Wieviel Erinnerung wächst im Blute
Der Abendsonne?

O die ungesungenen Wiegenlieder
In der Turteltaube Nachtruf –
Manch einer hätte Sterne herunterholen können,
Nun muß es der alte Brunnen für ihn tun!

Ihr Zuschauenden,
Die ihr keine Mörderhand erhobt,
Aber die ihr den Staub nicht von eurer Sehnsucht
Schütteltet,
Die ihr stehenbliebt, dort, wo er zu Licht
Verwandelt wird.

Zeittafel

Politik	Kulturelles Leben	Bücher
1933		Braunbuch über Reichstagsbrand und Hitler-Terror
30. 1. Hitler zum Reichskanzler ernannt	1. 1. E. Manns Kabarett »Pfeffermühle« in München gegr.;	Th. Mann: Die Geschichten Jaakobs
1. 2. Hitler löst Reichstag auf	1. 10. in Zürich wiedereröffnet	R. Musil: Der Mann ohne Eigenschaften. Bd. 2
27. 2. Reichstagsbrand	27.–30. 5. PEN-Club-Kongreß in Ragusa	R. Olden: Hitler der Eroberer
3. 3. Ernst Thälmann, Führer der KPD, verhaftet	5. 6. Kongreß des »Comité Mondiale contre la Guerre et le Fascisme« in der Salle Pleyel in Paris, als Fortsetzung der »Amsterdamer Friedenskonferenz« vom August 1932	A. Scharrer: Maulwürfe. Ein deutscher Bauernroman
5. 3. NSDAP erhält 43,9 % der Stimmen bei der Reichstagswahl		
13. 3. Joseph Goebbels Reichsminister für Volksaufklärung und Propaganda		
24. 3. Ermächtigungsgesetz	23. 8. Erste Ausbürgerungsliste	
2. 5. Gewerkschaften aufgelöst	»Jewish Club« in Los Angeles gegr.	
10. 5. Öffentliche Bücherverbrennungen	Oktober: H. Mann Ehrenpräsident des »Schutzverbandes deutscher Schriftsteller« im Exil, der 150 Veranstaltungen organisiert	
23. 5. Verbot der SPD		
19. 6. Nat.-soz. Parteiorganisation in Österreich aufgelöst		
20. 7. Reichskonkordat mit dem Hl. Stuhl	Dezember: 13. Plenum des EKKI in Moskau berät über »Der Faschismus in Deutschland«	
September: Vaterländische Front als einzige polit. Organisation n. Unterdrückung der sozialist. Stadtregierung von Wien erlaubt		

433

30. 6. »Röhmputsch« führt zur Ausschaltung der SA

15. 7. Aufruf der Sozialisten und Kommunisten zur Einheitsaktion in Frankreich

25. 7. Kanzler Engelbert Dollfuß in Wien ermordet; Nachfolger Kurt v. Schuschnigg

2. 8. Hindenburg gest.; Hitler »Führer und Reichskanzler«

9. 10. Franz. Außenminister Jean Louis Barthou und jugosl. König Alexander in Marseille ermordet

1. 12. Sergej Kirow, Parteisekretär des Leningrader Rayons, durch Studenten Nikolajew ermordet

1935
31. 1. Saarabstimmung: 90,7 % für sofortige Rückkehr ins Deutsche Reich

16. 3. Einführung der Allgem. Wehrpflicht

4. 4. Tschech. Parlamentswahlen: Henleins Sudetendeutsche Partei erhält ⅔ der dt. Mandate (23,4 % der Gesamtbevölkerung = 3 Mill. Sudetendeutsche)

8. 11. F. Wolf: Professor Mamlock (dt. Urauff. in Zürich)

18. 11. Kundgebung der Europaunion im Roten Saal der Mustermesse in Basel zum Gedenken an den Waffenstillstand 1918

10. 12. F. Wolf: Sailors of Cattaro (Auff. durch Theatre Union in New York)

März: F. Wolf: Professor Mamlock (Auff. in Moskau und mehreren Provinzstädten)

28. 3. Tschech. Ausländergesetz verbietet polit. Betätigung

Verbot der »Roten Hilfe« in Tschechoslowakei aufgehoben

30. 6. Th. Mann zu Gast bei Präsident Roosevelt im Weißen Haus

W. Pieck: Wir kämpfen für ein Rätedeutschland

G. Regler: Im Kreuzfeuer. Ein Saarroman

J. Roth: Der Antichrist

G. Seger: Oranienburg. Erster authentischer Bericht eines aus dem KZ Geflüchteten

E. Weinert: Es kommt der Tag

A. Zweig: Bilanz der deutschen Judenheit 1933

E. Bloch: Erbschaft dieser Zeit Deutsch für Deutsche (als Sonderheft der Miniaturbibl. getarnt, vom SDS und der DFB im Juni hrsg.)

A. Döblin: Pardon wird nicht gegeben

K Heiden: Adolf Hitler. Eine Biographie

23. 4. Neue poln. Verfassung beschränkt Rechte polit. Parteien ein
15. 9. Verabschiedung der »Nürnberger Gesetze«
3.–15. 10. »Brüsseler Konferenz« bei Moskau (= IV. Reichskonferenz der KPD)
November: Allgem. Wahlen in England: 387 Konservative, 154 Labour, 17 unabhängige Liberale; Kabinett Baldwin
10. 11. Geheimschreiben vom ZK der KPD (15 Mitglieder) an SPD-Vorstand in Prag; 23. 11. Unterredung zwischen Ulbricht/Dahlem mit Vogel/Stampfer führt zu keiner Einigung

1936
11. 1. Franz. Volksfrontprogramm veröffentlicht
16. 2. Zweidrittelmehrheit für republikan. Parteien bei allgem. Wahlen in Spanien
7. 3. Besetzung des entmilitarisierten Rheinlandes
April–Mai: Parlamentswahlen in Frankreich: 63 % der Abgeordneten Anhänger der Volksfront:

25. 7.–20. 8.: 7. (letzter) Weltkongreß der Komintern im Moskauer Adelspalast unter Dimitroff beschließt Aktionseinheit mit den sozialist. Parteien zur Bildung von Regierungen der Einheitsfront und Volksfront gegen Faschismus, 65 KPs vertreten, davon 50 in der Illegalität. Danach Gründung von MORT (Internat. Vereinigung Revolutionärer Theater, Leitung E. Piscator)
26. 9. Gründungsversammlung des »Komitees zur Schaffung der Deutschen Volksfront« im Pariser Hotel Lutetia; 118 Teilnehmer

17. 5. F. v. Unruh hält vor 7000 Zuhörern seine Rede »Europa erwache!« auf dem Europatag in Basel
9. 6. Ausschuß zur Vorbereitung der »Deutschen Volksfront« konstituiert sich
1.–16. 8. Olymp. Sommerspiele in Berlin
19.–23. 8.: 1. Schauprozeß gegen

A. Kantorowicz: In unserm Lager ist Deutschland
A. Kerr: Walther Rathenau
W. Langhoff: Die Moorsoldaten. 13 Monate Konzentrationslager
B. Lask: Ein Dorf steht auf
H. Mann: Die Jugend des Königs Henri Quatre
L. Marcuse: Ignatius von Loyola
H. zur Mühlen: Unsere Töchter, die Nazinen
R. Olden: Hitler
A. Seghers: Der Weg durch den Februar
B. Uhse: Söldner und Soldat
A. Zweig: Erziehung vor Verdun

B. v. Brentano: Theodor Chindler. Roman einer deutschen Familie
L. Frank: Traumgefährten
A. Gide: Retour de l'URSS
O. M. Graf: Der Abgrund. Ein Zeitroman
B. Jacob, Hrsg.: Warum schweigt die Welt?
H. Kesten: Ferdinand und Isabella

146 Sitze für Sozialisten, 72 für Kommunisten; Kabinett Léon Blum (4. 6.) ohne Kommunisten
11. 7. Deutsch-Österr. Vertrag
17. 7. Mit einem militärischen Manifest beginnt in Marokko die Franco-Rebellion
29. 7.–5. 8. Dt. Flugzeuge bringen Franco-Truppen aus Afrika nach Spanien
14. 8. Massenhinrichtungen nach dem Fall von Bajadoz in die Hände der Aufständischen
15. 8. Eine Woche nach Frankreich bekräftigt England die Politik der Nichtintervention
1. 10. Franco zum Generalissimo ernannt
14. 10. Erste Einheiten der Internat. Brigaden treffen in Albacete ein
25. 10. Gründung der Achse Rom–Berlin; Antikominternpakt mit Japan
6. 11. Legion Condor in Sevilla einsatzbereit
19. 11. J. A. Primo de Rivera, Führer der Falange, erschossen

16 Bolschewiki im Oktobersaal des Gewerkschaftshauses in Moskau
3.–6. 9. Weltkongreß der Weltfriedensbewegung in Brüssel; 4000 Delegierte
Oktober: Starke Abwerbung des franz. Franc
16.–23. 11. Ausstellung »Das freie deutsche Buch« des SDS in Paris
23. 11. C. v. Ossietzky erhält Friedens-Nobelpreis für 1935
21. 12. Aufruf »Bildet die deutsche Volksfront! Für Friede, Freiheit und Brot!« des Volksfrontausschusses
31. 12. Th. Manns Offener Brief an den Dekan der Philosoph. Fakultät der Universität Bonn

K. Mann: Mephisto. Roman einer Karriere
Th. Mann: Joseph in Ägypten
G. Regler: Die Saat. Roman aus den Bauernkriegen
J. Roth: Die hundert Tage
E. Weiss: Der arme Verschwender
St. Zweig: Castellio gegen Calvin oder Ein Gewissen gegen die Gewalt

1937 Kommunisten lösen Kabinett Largo
Caballero auf; Nachfolger: Juan
Negrin
28. 5. Neville Chamberlain brit.
Premier
Juni: Léon Blum tritt am 21. zu-
rück; schwere Finanzkrise in
Frankreich; Nachfolger wird
der Radikale Camille Chau-
temps (bis März 1938)
Juli: Chinesisch-Japanischer Krieg
18.–25. 7. Schwere Verluste der
Loyalisten nach Gegenangriff
der Nationalisten bei Brunete
In USA noch immer nahezu 2
Mill. Arbeiter durch »Works
Progress Administration« be-
schäftigt. Die Arbeitsbeschaf-
fung durch Bundesbehörden
hatte März 1936 mit über 3
Mill. Stellen ihren Höhepunkt
erreicht. Seit 1933 2009 Mill.
Dollar Unterstützungsgelder aus-
gezahlt

23.–30. 1.: 2. Schauprozeß in
Moskau
2. 4. Ö. v. Horváth: Figaro läßt
sich scheiden (Urauff. der Kleinen Bühne des Dt. Theaters in
Prag)
10. 4. Erste und einzige Konferenz
der »Deutschen Volksfront«, 300
Vertreter
13. 4. F. Wolf: Professor Mamlock
(Auff. in New York, 74 Auff.)
Otto Klepper, letzter preuß. Fi-
nanzminister, gründet »Deutsche
Freiheitspartei«, veröffentlicht
rund 75 »Freiheitsbriefe«; Sitz
in London und Paris ohne Zu-
lassung von Kommunisten
KPD ersetzt Willi Münzenberg
als ihren Vertreter im Volks-
front-Ausschuß durch Walter
Ulbricht
»Thomas-Mann-Gesellschaft« in
Prag, mit Ortsgruppen in Zürich, Paris, Amsterdam, Oslo,
Stockholm
25. 6.–20. 11. Ausstellung »Das
deutsche Buch in Paris 1837 bis
1937« während der Weltausstel-
lung

M. Brod: Franz Kafka. Eine Bio-
graphie
A. Döblin: Die Fahrt ins Land
ohne Tod
F. Erpenbeck: Emigranten
B. Frank: Der Reisepaß
Ö. v. Horváth: Don Juan kommt
aus dem Krieg
E. Kahler: Der deutsche Charak-
ter in der Geschichte Europas
I. Keun: Nach Mitternacht
A. Koestler: Menschenopfer uner-
hört. Ein Schwarzbuch über
Spanien; Spanish Testament
A. Kolb: Mozart
W. Mehring: Die Nacht des
Tyrannen
W. Schlamm: Diktatur der Lüge
P. Zech: Bäume am Rio de la
Plata
A. Zweig: Einsetzung eines Königs

Deutsche Reich. Poln. Truppen besetzen Bezirk Teschen

1. 10. Einmarsch dt. Truppen in das Sudetenland

5. 10. Eduard Benesch, seit 1935 Staatspräsident, tritt zurück

30.10. Beginn der Offensive der Nationalisten am Ebro

9. 11. Synagogenbrandstiftungen und organisierte »Reichskristall-nacht«

1939 Ende Januar: Massenflucht von ½ Mill. Spaniern nach Südfrank-reich

15. 3. Tschechoslowakei von dt. Truppen besetzt; Hitler in Prag

23. 3. Dt. Truppen im Memelge-biet

28.–30. 3. Besetzung von Madrid, Valencia durch Nationalisten

31. 3. England garantiert poln. Integrität

1. 4. Kapitulation loyalist. Trup-pen beendet

23. 8. Nichtangriffspakt zwischen Sowjetunion und Deutschem Reich

1. 9. Dt. Angriff auf Polen

dent und F. Bruckner Vizepräsi-dent)

25. 11. F. Bruckner: Elisabeth von England (u. d. T.: Gloriana) in New York aufgef., nach 5 Vor-stellungen abgesetzt

5. 12. Deutscher Tag in New York des »Deutsch-Amerikanischen Kulturbundes«

»Berner Konferenz« bei Paris der KPD-Führung mit Ziel: Schaf-fung einer Einheitsfront aller Arbeiter und Antifaschisten

25. 3. Gruppe »Unabhängiger Deut-scher Autoren in London« gegr.

»Wiener Library«, die Bücherei von A. Wiener, mit 40 000 Bdn. zum Studium der nat.-soz. Be-wegung aus Amsterdam nach London verlegt

8. 5. Weltkongreß der Schriftstel-ler in New York

12. 5. Treffen »Schaffende Emi-gration« (B. Viertel, B. Brecht, H. Eisler u. a.) in London

J. Roth: Die Kapuzinergruft

M. Sperber: Analyse der Tyrannis

E. Toller: Pastor Hall (engl. Übers. von St. Spender)

E. Weiss: Der Verführer

F. Wolf: Zwei an der Grenze

G. Zernatto: Die Wahrheit über Österreich (New York)

C. Zuckmayer: Herr über Leben und Tod; Pro Domo

J. R. Becher: Sonette. Neue Ge-dichte

B. Brecht: Svendborger Gedichte; Leben des Galilei (1. Fassg.); Mutter Courage und ihre Kin-der (entst.)

W. Bredel: Begegnung am Ebro. Aufzeichnungen eines Kriegs-kommissars

F. Th. Csokor: Gottes General

A. Döblin: Bürger und Soldaten 1918

H. Kesten: Die Kinder von Ger-nika

E. Ludwig: Napoleon

K. Mann: Der Vulkan. Roman unter Emigranten

3. 9. Kriegserklärungen Frankreichs und Großbritanniens
17. 9. Russ. Angriff auf Polen
28. 9. Deutsch-sowjetischer Grenz- und Freundschaftsvertrag
6. 10. Hitlers Friedensangebot an die Westmächte
8. 11. Attentat auf Hitler im Bürgerbräukeller schlägt fehl
30. 11. Russ. Überfall auf Finnland

1940
9. 4. Beginn des dt. Angriffs auf Dänemark und Norwegen
10. 5. Beginn des dt. Angriffs auf Holland, Belgien, Luxemburg, Frankreich; etwa 55 000 Deutsche leben in Frankreich. W. Churchill brit. Premier- und Verteidigungsminister
26. 5.–4. 6. Evakuierung der alliierten Truppen bei Dünkirchen Juni: Poln. Exilregierung in London, stellt Truppen zum Kampf gegen Deutschland
10. 6. Italien tritt auf dt. Seite in den Krieg ein

2. 6. Kongreß der »League of American Writers« in New York
6. 6. Fiorella LaGuardia, Bürgermeister von New York, veranstaltet Geburtstagsfeier für Th. Mann im Hotel Plaza
21. 6. Kabarettbühne »das terndl« (Martin Miller) in London eröffnet
»Freier Deutscher Kulturbund« in London gegr.

15. 1. Piscator eröffnet seinen »Dramatic Workshop« in New York
»New School for Social Research« in New York und ihre »University in Exile« bedeutender Sammelpunkt der dt. Wissenschaft im Exil
Etwa 90 000 dt. Flüchtlinge in England
April: »Freie Deutsche Bühne« (P. W. Jacob und L. Reger) in Buenos Aires eröffnet
12. 5. B. Brecht: Lukullus vor Gericht. Sendung von Radio Beromünster

Th. Mann: Lotte in Weimar
P. de Mendelssohn: Across the Dark River
W. Pieck: Deutschland unter dem Hitlerfaschismus. Wie lange noch?
J. Roth: Radetzkymarsch
M. Seydewitz: Hakenkreuz über Europa?
E. Weiss: Der Augenzeuge (entst.)
F. Werfel: Der veruntreute Himmel; Gedichte aus 30 Jahren

J. R. Becher: Abschied
B. Brecht: Herr Puntila und sein Knecht Matti (entst.)
F. Th. Csokor: Als Zivilist im polnischen Krieg
L. Feuchtwanger: Exil
S. Haffner: Germany, Jekyll and Hyde (London)
A. Koestler: Darkness at Noon
H. Pol: Suicide of a Democracy (New York)
H. Rauschning: Gespräche mit Hitler
A. Zweig: Das Beil von Wandsbek (dt. Erstveröff. 1947)

14. 6. Einmarsch der dt. Wehrmacht in Paris

22. 6. Waffenstillstand von Compiègne, dessen § 19 das Asylrecht aufhebt

10. 7. Marionettenregierung Pétain-Laval bis Juni 1944

13. 8. Beginn der dreimonatigen Luftschlacht »Battle of Britain«

14./15. 11. Coventry zerstört

1941
6. 4. Dt. Angriff auf Jugoslawien und Griechenland

22. 6. Dt. Angriff auf die Sowjetunion

18. 7. Exilregierung Benesch in London von Großbritannien und Sowjetunion anerkannt

16. 9. Keitel erläßt den Geiselmordbefehl

7. 12. Japan. Angriff auf den amerikan. Stützpunkt Pearl Harbor

11. 12. Dt.-ital. Kriegserklärung an die USA

19. 12. Hitler übernimmt Oberbefehl über das Heer

1942
18. 1. Militärbündnis Deutschland-Italien-Japan

Juni: »German American Congress for Democracy« (G. Seger und M. Bauer) in New York gegr.

2. 11. G. Kaiser: Soldat Tanaka (Urauff. in Zürich)

16. 3. F. Werfels Radioansprache »I'm an American« in Los Angeles, vom US-Justizministerium und der Radiogesellschaft NBC arrangiert

19. 4. B. Brecht: Mutter Courage und ihre Kinder (Urauff. in Zürich)

Mitteilungsblätter des »Freien Deutschen Kulturbundes« in England erscheinen bis 1945

November: Der »Heinrich-Heine-Club« in Mexiko (Präsidentin A. Seghers) beginnt sich im Haus des Dirigenten Ernst Römer zu treffen

H. Broch beginnt Ausarbeitung seiner massenpsychol. Theorien

J. R. Becher: Wiedergeburt. Dichtungen

B. Brecht: Mutter Courage und ihre Kinder; Der aufhaltsame Aufstieg des Arturo Ui (entst.)

L. Lania: The Darkest Hour

E. Ludwig: The Germans. Double History of a Nation (Boston)

A. Neumann: Der Pakt (1949 veröff.)

C. Riess: Total Espionage (New York)

B. Viertel: Fürchte dich nicht. Gedichte

F. Werfel: Das Lied von Bernadette

B. Brecht: Der gute Mensch von Sezuan (entst., Urauff. 4. 2. 1943)

20.1. »Wannsee-Besprechung« über Endlösung der Judenfrage

15.2. Fall von Singapur

10.6. Zerstörung des tschech. Dorfes Lidice und Ermordung seiner männl. Bevölkerung über 16 als Vergeltung für das Attentat auf Reichsprotektor R. Heydrich.

7./8.11. Alliierte Landung in Nordafrika

11.11. Ganz Frankreich von dt. Truppen besetzt

18.11.–2.2.1943 Schlacht um Stalingrad

12.12. Tschech. Exilregierung unterzeichnet Hilfspakt mit Sowjetunion

1943

30.1. Goebbels proklamiert den »totalen Krieg«

18.2. Geschwister Scholl und Prof. Huber – die »Weiße Rose« – in München verhaftet, 22.2. bzw. 13.7. hingerichtet

26.4. Sowjetunion bricht diplomat. Beziehungen zur poln. Exilregierung in London nach Entdeckung der Massengräber

10.5. Verlag El Libro libre in Mexiko wird dem »Heinrich-Heine-Club« angegliedert

4.7. E. Ludwigs Rede über die dt. Kollektivschuld in Los Angeles »Was soll mit Deutschland geschehen?« ruft scharfe Reaktion der Exulanten (Tillich, Kantorowicz) hervor

»German American Emergency Conference« in New York gegr.

16.11. Offizieller Erlaß der Schweizer Fremdenpolizei, keine Flüchtlinge mehr ins Land zu lassen

10.7. Theater des »Freien Deutschen Kulturbunds« in London

4.8. F. Léhar: Die Lustige Witwe (Auff. unter musikal. Leitung von R. Stolz in New York; 322 Auff.)

9.9. B. Brecht: Galileo Galilei (Urauff. in Zürich)

Oktober: E. Ludwig unterschreibt Vertrag mit den Verlagshäusern

L. Feuchtwanger: Unholdes Frankreich

M. Hermann-Neiße: Mir bleibt mein Lied. Auswahl aus unveröff. Gedichten

K. Mann: The Turning Point (Der Wendepunkt)

Th. Mann: Beginn der Arbeit am »Doktor Faustus« am 15.3.; Deutsche Hörer! 25 Radiosendungen nach Deutschland

H. Sahl: Die hellen Nächte. Gedichte aus Frankreich

A. Seghers: Das siebte Kreuz

Verbrannte und Verbannte (Anthologie des »Freien Deutschen Kulturbundes« in London)

St. Zweig: Schachnovelle

Th. Balk: Das verlorene Manuskript

B. Brecht: Leben des Galilei

R. Friedenthal: Brot und Salz

St. Heym: Hostages (New York)

E. Kahler: Man the Measure. A New Approach to History

E. Lasker-Schüler: Mein blaues Klavier

H. Mann: Lidice

poln. Offiziere im Walde von Katyn bei Smolensk ab

3. 6. Ch. de Gaulle gründet mit Henri Giraud in Algier das Komitee der nationalen Befreiung, im August von Alliierten anerkannt, ab Juni 1944 provisorische Regierung

10. 6. Auflösung der Komintern

25. 7. Sturz Mussolinis

13. 10. Italien erklärt Deutschland den Krieg

Random House (New York) und Hamish Hamilton (London) für die definitive Hitler-Biographie, deren Ms. ein Jahr nach Hitlers Tod abgeliefert sein muß

3. 10. Symposium »Writers in Exile« an der University of California in Los Angeles

31. 10. M. Reinhardt gest.

1. 12. M. Sarraut, Hrsg. der »Dépêche de Toulouse« durch Darnauds Miliz ermordet

Th. Mann: Joseph der Ernährer

R. Musil: Der Mann ohne Eigenschaften. Bd. 3

H. Natonek: In Search of Myself

A. Seghers: Transit

F. Torberg: Mein ist die Rache

B. Uhse: Leutnant Bertram

A. Zweig: Das Beil von Wandsbek (hebr.)

1944   6. 6. Invasion der Alliierten in Frankreich

10. 6. Oradour-sur-Glane von Waffen-SS als Racheakt für Partisanentätigkeit eingeäschert

20. 7. Attentat auf Hitler durch Stauffenberg-Gruppe schlägt fehl

1. 8. Aufstand von Warschau beginnt; am 2. 10. nach Verlust von 200 000 Menschen zusammengebrochen

25. 8. Befreiung von Paris

27. 5. Lager Le Vernet offiziell von der Wehrmacht übernommen; 403 Insassen nach Dachau überführt

23. 6. Th. Mann amerikan. Staatsbürger

J. R. Becher: Die Hohe Warte. Deutschland-Dichtung

K. Heiden: Der Führer. Hitler's Rise to Power (Boston)

Th. Mann: Das Gesetz

E. Sommer: Revolte der Heiligen

F. von Unruh: Der nie verlor (entst., von 16 Verlegern abgelehnt)

F. Wolf: Heimkehr der Söhne

St. Zweig: Die Welt von Gestern. Erinnerungen eines Europäers

1945   30. 1. Hitlers letzte Radiorede

4.–11. 2. Konferenz von Jalta:

1. 5. Gruppe Ulbricht trifft in Berlin ein

J. R. Becher: Ausgewählte Gedichte a. d. Zeit der Verbannung

Aufteilung Deutschlands in vier Besatzungszonen

15. 2. Zerstörung Dresdens durch alliierte Bomber

18. 2. Aufruf »Totaler Krieg« im Berliner Sportpalast

12. 4. F. D. Roosevelt gest.

9. 5. Dt. Gesamtkapitulation in Berlin-Karlshorst unterzeichnet

26. 6. Charta der UN in San Franzisko unterzeichnet

5. 7. Westmächte anerkennen kommunist. prov. Regierung der Nationalen Einheit in Warschau

Juli: Labour-Party (C. Attlee) gewinnt klaren Sieg über Konservative (Churchill)

17. 7.–2. 8. Potsdamer Konferenz

6. 8. Erste Atombombe auf Hiroshima

20. 11. Beginn der Kriegsverbrecherprozesse vor dem Internationalen Militärtribunal in Nürnberg

21. 5. B. Frank gest.

29. 5. Th. Manns Rede in der Library of Congress (Washington): Germany and the Germans

13. 8. W. von Molo fordert Th. Mann in einem Offenen Brief an die Münchener Zeitung zur Rückkehr nach Deutschland auf; dort am 18. 8. Aufsatz »Innere Emigration« von F. Thiess

12. 10. Th. Manns »Offener Brief für Deutschland«

November: Gründung der UNESCO

B. Brecht, Der kaukasische Kreidekreis (entst.)

H. Broch: Der Tod des Vergil; Die mythische Erbschaft der Dichtung (zum 70. Geburtstag Th. Manns in der Neuen Rundschau)

L. Frank: Deutsche Novelle

St. Hermlin: Zwölf Balladen von den großen Städten

Th. Mann: Deutsche Hörer. 55 Radiosendungen nach Deutschland

M. Picard: Hitler in uns selbst

Th. Plievier: Stalingrad

A. Thomas: Ein Fenster am East River

F. C. Weiskopf: Himmelfahrtskommando

C. Zuckmayer: Des Teufels General (entst.)

1946   5. 2. Konrad Adenauer zum Ersten Vorsitzenden der CDU in der brit. Besatzungszone gewählt

6. 3. Churchills Rede in Fulton

1. 2. »Heinrich-Heine-Club« in Mexiko löst sich nach 66 Veranstaltungen auf

C. Brinitzer: Teure Amalia, vielgeliebtes Weib! Die Briefe des Gefreiten Hirnschal an seine Frau in Zwieselsdorf

(Missouri) vom »Eisernen Vorhang«

21./22. 4. Vereinigung von KPD und SPD zur SED in der sowjet. Besatzungszone

9./11. 5. Kurt Schumacher zum Ersten Vorsitzenden der SPD gewählt

16. 9. Churchill fordert in Züricher Rede die »Vereinigten Staaten Europas«

1947

3. 2. Ahlener Programm der CDU in der brit. Zone fordert demokrat. Sozialismus

12. 3. Truman-Doktrin der USHilfe gegen Bedrohung vor Kommunismus

5. 6. Beginn des »European Recovery Program« (Marshall-Plan)

20. 11. Österreich. Währungsreform

12. 12. C. Zuckmayer: Des Teufels General (Urauff. in Zürich)

H. Hesse erhält Literatur-Nobelpreis

rororo erscheint als Zeitungsdruck

September: Erstes Treffen der »Gruppe 47« am Bannwaldsee (Allgäu)

4.–8. 10. »Schutzverband deutscher Autoren« hält seinen ersten Schriftstellerkongreß in Ost-Berlin ab

30. 10. B. Brecht vor dem »Ausschuß für unamerikanische Betätigungen« nach H. Eisler vernommen

A. Döblin: Hamlet oder Die lange Nacht nimmt ein Ende (entst., veröff. 1956)

H. Hesse: Das Glasperlenspiel. Bd. 1

Th. Mann: Lotte in Weimar (Neudr. im Suhrkamp Verlag)

R. Neumann: Children of Vienna

E. M. Remarque: Arc de Triomphe

F. Werfel: Stern der Ungeborenen

R. Drews und A. Kantorowicz: Verboten und Verbrannt. Deutsche Literatur 12 Jahre unterdrückt

L. Feuchtwanger: Waffen für Amerika

K. Jaspers: Die Schuldfrage

S. Kracauer: From Caligari to Hitler. A Psychological History of the German Film

H. Mann: Ein Zeitalter wird besichtigt

Th. Mann: Doktor Faustus

Morgenröte (Anthologie des Aurora-Verlags in New York)

Th. Plievier: »Stalingrad« als rororo

N. Sachs: In den Wohnungen des Todes

R.-O. Auernheimer: Das Wirtshaus zur verlorenen Zeit
B. Brecht: Kleines Organon für das Theater
L. Frank: Mathilde
St. Heym: The Crusaders
A. Seghers: Der Ausflug der toten Mädchen; Das siebte Kreuz als rororo
F. C. Weiskopf: Unter fremden Himmeln. Ein Abriß der deutschen Literatur im Exil 1933 bis 1947
C. Zuckmayer: Gedichte 1916–1948

H. Broch: Die Schuldlosen
St. Hermlin: Die Zeit der Gemeinsamkeit
A. Seghers: Die Toten bleiben jung; Die Rückkehr

18. 3. F. von Unruhs Rede »An die Deutschen« in der Frankfurter Paulskirche
4. 5. B. Brecht: Der kaukasische Kreidekreis (Urauff. in amerikan. Übers.)
5. 6. B. Brecht: Herr Puntila und sein Knecht Matti (Urauff. in Zürich)

25. 7. Th. Mann nimmt Frankfurter Goethe-Preis entgegen; am 30. 7. den Weimarer

1948
23. 2.–7. 6. Londoner Konferenz beschließt föderatives Regierungssystem für die Westzonen
25. 2. Regierungssturz in Prag (Tod von Außenminister Jan Masaryk am 10. 3.)
7. 5. Rücktritt Beneschs; 15. 6. Zapotocky wird Ministerpräsident
14. 5. Proklamation des Staates Israel
20. 6. Währungsreform in den Westzonen; 23. 6. in der sowjet. Besatzungszone
24. 6.–12. 5. 1949 Berliner Blokkade
7. 12. Ernst Reuter Oberbürgermeister von West-Berlin
10. 12. Erklärung der Menschenrechte durch die UN-Vollversammlung

1949
11. 1. Von Polen besetzte dt. Gebiete offiziell der Polnischen Republik eingegliedert
25. 1. COMECON in Moskau gegr.

4. 4. Abschluß des NATO-Paktes

5. 5. Europarat gegr.

8. 5. Grundgesetz der Bundesrepublik Deutschland vom Parlamentarischen Rat angenommen

12. 9. Theodor Heuss 1. Bundespräsident; 15. 9. Adenauer 1. Bundeskanzler

7. 10. Verfassung der DDR tritt in Kraft; 11. 10. W. Pieck 1. Präsident, O. Grotewohl Ministerpräsident

1950 6. 6. DDR anerkennt Oder-Neiße-Grenze

24.-7. Erster Fünfjahresplan auf SED-Parteitag beschlossen

18. 9. Außenministerkonferenz der Westmächte in New York gibt Bundesrepublik Deutschland Alleinvertretungsrechte und Möglichkeit der Aufrüstung

21. 10. Außenministerkonferenz der Ostblockstaaten in Prag fordert dt. Zentralregierung auf paritätischer Grundlage; Westmächte, Bundesregierung und Opposition fordern freie Wahlen

26.-30. 5. »Kongreß für kulturelle Freiheit tagt in Berlin

B. Brecht: Herr Puntila und sein Knecht Matti

K. Wolfskehl: Sang aus dem Exil

C. Zuckmayer: Der Gesang im Feuerofen

Verzeichnis der Autoren, Titel und Quellen

Nicht bei allen Texten war es möglich, die Entstehungzeit und den Erstdruck zu ermitteln. Eine Übereinstimmung von E (Erstdruck) und D (Druckvorlage) besteht nur nach bestem Wissen des Herausgebers.

GÜNTHER ANDERS (d. i. Günther Stern)

12. 7. 1902 Breslau

Er hatte schon nach seiner Freiburger Promotion 1924 bei Husserl als Kunstjournalist in Paris gelebt, wo er Anfang 1933 nach seiner Flucht aus Berlin wieder Unterschlupf fand. Damit waren die beabsichtigte philosophische Habilitation und sein Plan, als freier Schriftsteller zu arbeiten, zunichte gemacht worden. Es begann die miserable Existenz des Juden im Exil in geistiger Isolation, angewiesen auf Tagelöhnerei, ständig auf der Flucht mit Stationen in New York (1936), Südkalifornien und seiner deutschsprachigen Kolonie in Los Angeles (1939) und wieder New York (1943), wo ihm die New School for Social Research, die Abend- und Erwachsenen-Universität emigrierter Gelehrter, die Möglichkeit zu philosophischen Vorlesungen bot. Mit der Rückkehr nach Europa 1950 entschied er sich für Wien als neue Heimat.

Neben Gedichten, Erzählungen und den philosophischen Tagebüchern schrieb Anders im Exil weiter an seinem utopischen (unveröffentlichten) Roman *Die molussische Katakombe*, der schon 1932 konzipiert war und 1933 in einer ersten Fassung vorlag. Seine Absicht war die allegorisch getarnte Warnung vor dem Nationalsozialismus und die kontinuierliche Analyse seiner Struktur und Praxis. Vom Erlebnismittelpunkt des Exils her bemüht er sich vor allem in den Tagebüchern um die Erkenntnis der historischen Entwicklung zur deutschen Katastrophe und in seinen späteren dichterischen und philosophischen Arbeiten um eine Analyse des Phänomens des Totalitarismus im technologischen Zeitalter, die er in philosophisch-dichterischer Sprache formuliert.

D: *Die Schrift an der Wand. Tagebücher 1941 bis 1966.* München: C. H. Beck, 1967. S. 89–93 und S. 108–110.

RAOUL-OTHMAR AUERNHEIMER

15. 4. 1876 Wien – 6. 1. 1948 Oakland (bei San Franzisko, Kalifornien)

Nach der Promotion zum Juristen wandte er sich als Erzähler und Lustspielautor ganz dem Beruf eines freien Schriftstellers und Kritikers zu und leitete bis 1933 die Feuilletonredaktion der Wiener *Neuen Freien Presse* als ein später Nachfolger seines Cousins Theodor Herzl. Am 26. August 1938 wurde er durch die Vermittlung von Emil Ludwig und Prentiss Gilbert, des amerikanischen Chargé d'Affaires in Berlin, nach fünfmonatiger Haft aus dem KZ Dachau entlassen. Da ihm die Rückkehr nach Wien verboten war und die sofortige Abreise in die USA eine Bedingung für seine Freisetzung blieb, emigrierte er noch im Herbst 1938 über Venedig nach New York. Dort scheiterte sein Versuch, für den Augenzeugenbericht über das Lager einen Verleger zu finden, und die Absicht, mit dem Wiener Regisseur Ernst Lothar ein österreichisches Theater zu gründen, ließ sich nicht verwirklichen. Auch mit der Biographie *Prince Metternich. Statesman and Lover* (1940, dt. Orig. Wien 1947) gelang es ihm nicht, sich als Schriftsteller neu zu etablieren, so daß er während der gesamten Zeit seines Exils in Amerika auf die Unterstützung von Verwandten angewiesen blieb. Er starb an einem Herzleiden.

Das Wirtshaus zur verlorenen Zeit 372

> Diese Autobiographie wurde posthum veröffentlicht.
> E: *Das Wirtshaus zur verlorenen Zeit. Erlebnisse und Bekenntnisse.* Wien: Ullstein, 1948. S. 288–294. – © Clara Fellner-Auernheimer.

THEODOR BALK (d. i. Fodor Dragutin)

22. 9. 1900 Zemun (Jugoslawien)

Balk hatte kurz nach seiner Emigration im Jahre 1929 die Redaktion der *Linkskurve*, der literarischen Zeitschrift des ›Bunds proletarisch-revolutionärer Schriftsteller‹, übernommen. Im März 1933 floh er aus Berlin nach Prag, kurz darauf für drei Jahre nach Paris und gehörte von 1937 bis 1939 als promovierter Mediziner der 14. Internationalen Brigade als Bataillonsarzt an. Nach der Internierung im Lager Les Milles und später in Le Vernet gelang ihm 1941 die Ausreise nach Mexiko, wo er seine früher sehr umfangreiche Mitarbeit vor allem an kommunistischen Exilpublikationen ganz auf die Veröffentlichungen der Gruppe ›Alemania Libre‹ beschränken mußte. Schon 1945 kehrte er nach Jugoslawien zurück, 1948 siedelte er in die Tschechoslowakei über.

E: *Das verlorengegangene Manuskript*. Moskau: Verlagsgenossenschaft ausländischer Arbeiter, 1935.
D: *Das verlorene Manuskript* [erweitert]. Berlin: Dietz, 1949. S. 138–146.

JOHANNES ROBERT BECHER

22. 5. 1891 München – 11. 10. 1958 Berlin

Becher stammte aus dem höheren Mittelstand und orientierte sich nach medizinischen Studien und dichterischen Anfängen im Expressionismus seit 1924 am Marxismus-Leninismus. Dem ›Spartakusbund‹ war er schon 1918, der KPD 1919 beigetreten. Zweimal wurde er wegen Vorbereitung zum literarischen Hochverrat angeklagt: 1925 nach der Veröffentlichung des Gedichtbandes *Der Leichnam auf dem Thron* und 1927 wegen des Romans *Levisite oder Der einzig gerechte Krieg*. Seit 1928 war er Vorsitzender des ›Bundes proletarisch-revolutionärer Schriftsteller‹, betreute dessen *Proletarische Feuilleton-Korrespondenz*, arbeitete von 1929 bis 1932 als Mitherausgeber der *Linkskurve* und danach als Redakteur der *Roten Fahne*. Auf die Flucht in die Tschechoslowakei folgte ein Exiljahr in Frankreich mit umfangreicher Organisationsarbeit, dann die Emigration nach Moskau, wo er seit 1935 bis zur Rückkehr nach Berlin 1945 als Hauptschriftleiter für die *Internationale Literatur. Deutsche Blätter* fungierte. Neben seiner Propagandatätigkeit für Rundfunk und Presse wirkte er im Nationalkomitee ›Freies Deutschland‹ mit. Unmittelbar nach Kriegsende gründete er den ›Kulturbund zur demokratischen Erneuerung Deutschlands‹ und den Aufbau-Verlag, 1950 mit Paul Wiegler die Zeitschrift *Sinn und Form*. Er war 1953 bis 1956 Präsident der Deutschen Akademie der Künste zu Berlin und von 1954 bis zu seinem Tod Minister für Kultur in der DDR, die ihn 1949 und 1950 mit ihrem Nationalpreis auszeichnete und der er als erster Klassiker der neuen sozialistischen Literatur in Deutschland gilt.

Die letzten vier Strophen zuerst in *Internationale Literatur. Deutsche Blätter* 7 (1937) H. 3 mit dem Schlußwort »Weltbezwingerin«, in der Fassung von 1941 »Welterlöserin«; der Neudruck im Buch *Hoher Himmel über dem Schlachtfeld* (1944) hat »Weltbefreierin«.

E: *Internationale Literatur. Deutsche Blätter* 11 (1941) H. 10. D: *Gesammelte Werke.* Hrsg. vom Johannes-R.-Becher-Archiv der Deutschen Akademie der Künste zu Berlin. Bd. 5. Berlin/Weimar: Aufbau-Verlag, 1966. S. 277 f. und S. 790.

Exil 427

Entstanden zwischen Herbst 1946 und 1947.

E: *Volk im Dunkel wandelnd.* Berlin: Verlag Der Neue Geist, 1948. D: *Gesammelte Werke.* Hrsg. vom Johannes-R.-Becher-Archiv der Deutschen Akademie der Künste zu Berlin. Bd. 5. Berlin/Weimar: Aufbau-Verlag, 1966. S. 579.

GOTTFRIED BERMANN FISCHER

31. 7. 1897 Gleiwitz (Oberschlesien)

Er war ursprünglich Chirurg von Beruf und nach der Heirat mit der ältesten Tochter von Samuel Fischer in dessen Verlag eingetreten. Seit 1928 Geschäftsführer der Familien-AG, teilte er sich deren Leitung seit dem Herbst 1933 mit Peter Suhrkamp und seinem Schwiegervater, der am 15. Oktober 1934 starb. Nach Erlaß der Nürnberger Gesetze im September 1935 sollte auf Befehl des Propagandaministeriums die Mehrheit der Aktien verkauft werden. Da sich kein Käufer finden ließ, wurde die S. Fischer Verlag AG ab 1. Januar 1937 als KG mit persönlicher Haftung durch den seit einem Jahr als alleiniger Leiter fungierenden Peter Suhrkamp bis zum 1. Juli 1942 weitergeführt. Bermann versuchte zunächst ohne Erfolg, den exilierten Autoren in der Schweiz ein neues Verlagshaus zu gründen, konnte aber ab 1. Mai 1936 die Bermann-Fischer Verlag GmbH in Wien etablieren. Durch die Hilfe des schwedischen Verlags Albert Bonnier gelang ein Neuaufbau des Unternehmens in Stockholm nach dem Verlust der österreichischen Buchbestände. Vor allem das Werk Thomas Manns, Stefan Zweigs und Franz Werfels konnte so auch während der Kriegsjahre im gleichen Verlag erscheinen, der von New York aus auch unter dem Namen L. B. Fischer Publishing Comp. weitergeführt wurde. Der sofort nach Kriegsende unter Suhrkamp in Berlin und Frankfurt a. M. von den Militärbehörden neulizenzierte »Suhrkamp Verlag vorm. S. Fischer« und der seit dem

Frühjahr 1948 mit dem Querido Verlag in Amsterdam fusionierte Verlag Bermann Fischer wurden nach einem Vergleich vor dem Landgericht Frankfurt am Main vom 26. April 1950 neugeordnet.

   D: *Bedroht – Bewahrt. Weg eines Verlegers.* Frankfurt a. M.: S. Fischer, 1967. S. 191–193.

ERNST BLOCH

8. 7. 1885 Ludwigshafen – 4. 8. 1977 Tübingen

Am 15. September 1933 wurde Bloch aus der Schweiz ausgewiesen, nachdem er von einer Reise nach Zürich im Dezember 1932 nicht wieder nach Deutschland zurückgekehrt war. Zwei Jahre später konnte aber im Zürcher Verlag Oprecht und Helbling, der sich besonders der Exilliteratur annahm, seine Analyse der zwanziger Jahre unter dem Titel *Erbschaft dieser Zeit* erscheinen. 1936 floh Bloch in die Tschechoslowakei, 1938 in die USA, wo er in der Universitätsstadt Cambridge bei Boston und in New York lebte, ohne freilich dort seine intensive Tätigkeit als politischer Journalist, kommunistischer Gesellschaftskritiker und antifaschistischer Redner weiterführen zu können. In der Bibliothek der Universität Harvard schrieb er während der Kriegsjahre, von der philosophischen Fakultät unbeachtet, sein gesellschaftsphilosophisches Hauptwerk *Das Prinzip Hoffnung* (1954), von dem eine kurze Zusammenfassung der Hauptgedanken 1946 in dem von ihm mitbegründeten Aurora-Verlag als *Freiheit und Ordnung. Abriß der Sozial-Utopien* erschien. 1949 folgte er einem Ruf an die Universität Leipzig. Seit 1961 Professor in Tübingen.

   Als Vortrag gehalten beim ›Schutzverband deutscher Schriftsteller‹ in New York, 1939.

   D: *Vom Hasard zur Katastrophe.* Politische Aufsätze 1934 bis 1939. Frankfurt a. M.: Suhrkamp, 1972. S. 403–426.

BERTOLT BRECHT ✓

10. 2. 1898 Augsburg – 14. 8. 1956 Berlin

Brecht war am Tage nach dem Reichstagsbrand zuerst nach Prag, dann über Wien, Zürich und Paris nach Dänemark geflohen, wo ihm die Schriftstellerin Karin Michaelis in Skovbostrand bei Svendborg auf der Insel Fünen ein altes Bauernhaus zur Verfügung gestellt hatte. Dort lebte er mit seiner Familie und einer Haushälterin aus Augsburg, mit Unterbrechungen nur durch längere Reisen nach London, Paris, Sanary, Moskau und New York, vom August 1933 bis Ende April 1939. Danach fand er Zuflucht im Haus der Bildhauerin Nina Santesson auf der Insel Lindingö bei Stockholm, fast genau ein Jahr später erreichte er Finnland, wo er in Helsinki und ab Anfang Juli auf drei Monate auf dem Gutshof Marlebak in Kausala als Gast der Dichterin Hella Wuolijoki wohnte. Am 15. Mai 1941 begann seine Reise durch die Sowjetunion nach Wladiwostok, von wo er mit seiner Familie Mitte Juni die Schiffsreise zum Hafen von Los Angeles antrat. Die nächsten sechs Jahre verbrachte er in Santa Monica, abgesehen von vier längeren Aufenthalten in New York. Am 31. Oktober 1947 flog er nach Paris, fuhr gleich nach Zürich weiter und hielt sich dort fast ein ganzes Jahr auf, bevor er am 22. Oktober 1948 nach einer Fahrt durch die Tschechoslowakei in der sowjetischen Besatzungszone eintraf und bald darauf die Leitung des Berliner Ensembles übernahm.

Brecht war trotz einer fast asketischen Abstinenz von den öffentlichen Auftritten vor allem kommunistischer Exilautoren und trotz einer nicht preisgegebenen Konzentration auf sein dichterisches Werk selbst an den scheinbar nebensächlichen tagespolitischen Ereignissen auch in seinen Asylländern interessiert. In der Welt Hollywoods, aber auch in der sehr viel intensiveren politischen Atmosphäre von New York suchte er nach Aufführungsmöglichkeiten und dem bestgeeigneten Übersetzer für seine Stücke, ohne sich an den politischen Debatten der Exilkolonien oder auch am künstlerischen Leben seines Gastlandes öffentlich zu beteiligen. Seine bis zu haßerfüllter Verblendung gehende Feindseligkeit gegenüber Thomas Mann beruhte auf einer radikal verschiedenen Einschätzung des Verhältnisses der Deutschen zu Hitlers Ideologie. Sie wurde neben seiner Abneigung vor dem grandseigneuralen Anspruch seines Kontrahenten durch die Frage ausgelöst, wie die Emigration die aus ihrer Sicht ungerechte und verhängnisvolle Politik der Westmächte hinsichtlich der Behandlung Deutschlands nach der Kapitulation beeinflussen könnte. In England war durch den außenpolitischen Chefberater Robert Vansittard, in den USA durch den Unterstaatssekretär im Auswärtigen Amt Sumner Welles und hauptsächlich durch Roosevelts Finanzexperten Henry

Morgenthau eine wirtschaftliche, politische und geographische
Zerstückelung des Deutschen Reiches befürwortet worden, die
unter Annullierung der Atlantikcharta u. a. Zwangsarbeit beim
russischen Wiederaufbau und die Entschädigung polnischer Ansprüche durch die Abtrennung von Ostgebieten vorsah. Dagegen
setzten sich die politischen Exulanten vor allem aus dem Umkreis
der Bewegung ›Freies Deutschland‹ und auch der SPD für eine
Integration des besiegten Deutschland in ein demokratisches und
nichtrussisches Nachkriegseuropa ein. Thomas Mann konnte sich
zu einer eindeutigen öffentlichen Stellungnahme nicht mehr bereit finden, obwohl er schon im Sommer 1938 in Paris einen
überparteilichen Ausschuß zur Einigung der Emigrantenpolitik
ins Leben gerufen hatte und auch die Arbeit des von Paul Tillich
gegründeten ›Council for a Democratic Germany‹ unterstützte.
Die Gründe für seine Zurückhaltung waren wohl nicht so sehr
eine irrationale Verteufelung alles Deutschen als vielmehr die zu
befürchtende Verstimmung des State Department und gewiß auch
seine Enttäuschung über frühere Unternehmungen dieser Art. So
war z. B. ein von ihm für September 1938 geplanter Appell an
die Öffentlichkeit von den Sozialdemokraten nicht unterzeichnet
worden, da dem verantwortlichen ›Thomas-Mann-Ausschuß‹ auch
Mitglieder der KPD angehörten, und sein internationales Manifest
mit einer großangelegten Unterschriftensammlung mußte im Dezember 1938 nach einer polemischen Indiskretion abgesagt werden. Das »Programm« des Council wurde in stark erweiterter,
doch sehr allgemein gehaltener Form dann Mitte Mai 1944 u. a.
von Brecht, H. Mann, Zoff und Budzislawski unterschrieben.

CARL BRINITZER

30. 1. 1907 Riga – 24. 10. 1974

Er kam nach dreijährigem Aufenthalt in Italien 1936 nach London, wo er im Deutschen Dienst der BBC tätig war, deren erste
Nachrichtensendung in deutscher Sprache über den Mittelwellen-
sender am 27. September 1938 ausgestrahlt wurde. Nach Kriegsausbruch kamen verschiedene humoristisch-satirische Hörfolgen
hinzu: die von Urban Roedl (d. i. Bruno Adler, 1888–1968, aus
Karlsbad) geschriebenen Unterhaltungen zwischen dem naiv über-
schlauen Oberstudienrat Kurt Krüger und seinem Freund Willi
Schimanski vom Propagandaministerium, die sich in einem Café
am Potsdamer Platz über den Lauf der Dinge unterhalten; die
handfesten Meinungen der Berliner Waschfrau Wernicke und ihres
österreichischen Gegenstücks, der Frau Blaschke; die satirische
Folge »Alois mit 'n grünen Hut« und die von dem Wiener Cha-
rakterkomiker Fritz Schrecker gesprochenen Ansichten des Gefreiten Adolf Hirnschal, der zum letztenmal am 1. Mai 1945 zu
Wort kam.

D: *Hier spricht London. Von einem, der dabei war.* Hamburg: Hoffmann und Campe, 1969. S. 118–120.

HERMANN BROCH

1. 11. 1886 Wien – 30. 5. 1951 New Haven, Connecticut (USA)
Schon 1935 hatte Broch die Emigration nach Paris erwogen, floh jedoch erst im Juli 1938 nach London, nachdem er die zweite Märzhälfte dieses Jahres im Gefängnis des steirischen Dorfes Bad Aussee in »Schutzhaft« verbracht hatte. Nach einem kurzen Aufenthalt bei seinen Übersetzern Willa und Edwin Muir in dem schottischen Universitätsstädtchen St. Andrews verließ er England am 2. Oktober und mietete sich zuerst in New York, durch minimale Stipendien und die Gastlichkeit verschiedener Freunde und Organisationen unterstützt, ein Zimmer, bevor er im Frühjahr 1942 endgültig ins Haus von Erich Kahler nach Princeton zog. Neben der sich zu immer schwierigerer Vielschichtigkeit und sprachlicher Komplexität entwickelnden Arbeit am *Vergil*-Roman, der, als Erzählung schon in Österreich begonnen, erst im Spätsommer 1945 in einer deutschen Ausgabe bei Kurt Wolffs Pantheon Books erschien, suchte sich Broch zunächst durch Studien zur Massenpsychologie, die seit Ende April 1942 bis zum 31. Dezember 1944 mit einem Jahresgehalt von 2000 Dollar von der Rockefeller-Stiftung unterstützt wurden, eine akademische Laufbahn zu sichern. Nach Kriegsende wandte er sich, nun auch mit Professoren von Yale befreundet, doch ohne Lehrauftrag oder direkte Verbindung zur Universität, mehr und mehr neben Studien zu einem mathematisch-linguistischen Erkenntnissystem der Arbeit an der wissenschaftlichen Begründung einer Theorie der Demokratie zu. Doch außer dem »Roman in elf Erzählungen« *Die Schuldlosen* (1950) konnte er, durch seine Korrespondenz überbürdet, auch nach wiederholtem Krankenhausaufenthalt nie völlig ausgeheilt, dazu von ständiger Geldnot und Sorge um die Zukunft beunruhigt, ohne Kontakt zu und Widerhall bei akademischen Kollegen, keine seiner zahlreichen Arbeiten mehr abschließen. Er starb, in Deutschland zuletzt von freundlichen Legenden verklärt, kurz vor der Rückkehr (nach Südfrankreich) an einem erneuten Herzanfall – mit beträchtlichen Schulden, als Dichter kaum bekannt und als Denker unbeachtet.

Brody war Brochs Verleger.
D: Hermann Broch / Daniel Brody: *Briefwechsel 1930–1951.*
Hrsg. von Bertold Hack und Marietta Kleiß. Frankfurt a. M.:
Verlag der Buchhändler-Vereinigung, 1971. Sp. 793–795. –
© Suhrkamp Verlag, Frankfurt a. M.

D: *Briefe. Von 1929 bis 1951.* Hrsg. Robert Pick. Zürich:
Rhein Verlag, 1957. S. 404–406. – © Suhrkamp Verlag, Frankfurt a. M.

MAX BROD

27. 5. 1884 Prag – 20. 12. 1968 Tel Aviv
Er hatte sich als Freund Kafkas und früher Förderer Werfels nach
der juristischen Laufbahn des Staatsbeamten, in der er bis zur
Mitgliedschaft im Ministerratspräsidium aufstieg, ganz der Literatur verschrieben, zunächst in der Redaktion des *Prager Tag-
blatts* und als sehr vielseitiger Schriftsteller. Sein umfangreiches
Werk entwickelte sich nahezu bruchlos und ist von der Suche
nach einer religiösen Weltsicht, dem Bekenntnis zur kulturellen
Tradition der Donauländer und einem recht unterhaltsamen Sinn
für erotische Leidenschaften und seelische Komplikationen gekennzeichnet. Der Zyklus von Renaissanceromanen *Ein Kampf
um Wahrheit* mit den drei Bänden *Tycho Brahes Weg zu Gott*
(1916), *Rëubeni, Fürst der Juden* (1925) und *Galilei in Gefangenschaft* (1948) mag als sein Hauptwerk gelten. Seit 1913 überzeugter Zionist, floh Brod 1939 nach Palästina, wo er trotz anfänglicher Schwierigkeiten auch mit der hebräischen Sprache seine
literarische Produktion bis ins hohe Alter fortführte.

E: *Streitbares Leben. Autobiographie.* München: Kindler, 1960.
S. 458–462 und 468–471.
D: *Streitbares Leben. 1884–1968* [erweitert]. München: F. A.
Herbig Verlagsbuchhandlung, 1969. S. 293–295 und S. 299–301. –
© Ilse Ester Hoffe, Tel Aviv.

ELIAS CANETTI

25. 7. 1905 Rustschuk (Bulgarien)
Canetti schrieb mit dem Roman *Die Blendung* (1935) eines der Meisterwerke moderner Erzählkunst, das allerdings auch nach seinem Neudruck 1948 in Deutschland unbeachtet blieb. Mit der Flucht aus Wien zum letztmöglichen Zeitpunkt (Ende November 1938) wandte er sich von der rein literarischen Arbeit ab und widmete sich in England bis nach Kriegsende ausschließlich massenpsychologischen Studien. Heute lebt er abwechselnd in London und Zürich.

Es ist eine alte Sicherheit in der Sprache 51

Geschrieben 1943.
D: *Aufzeichnungen 1942–1948*. München: Hanser, 1965. S. 70.

FRANZ THEODOR CSOKOR

6. 9. 1885 Wien – 5. 1. 1969 Wien
Er hatte sich als Dramaturg und Regisseur an verschiedenen Wiener Bühnen und durch seine Dramatisierungen religiös-politischer Stoffe schon einen Namen gemacht, als ihm und Friedrich Torberg nach ihrem Protest auf dem PEN-Kongreß in Ragusa gegen die Bücherverbrennungen die Druck- und Aufführungserlaubnis für Deutschland entzogen wurde. Seine Bearbeitung des polnischen Nationaldramas *Die Ungöttliche Komödie* von Zygmunt Krasinski (1935, Uraufführung im Wiener Burgtheater im Juni 1936) hatte die Akademie in Warschau mit dem Goldenen Verdienstkreuz ausgezeichnet, so daß Csokor nach seiner Abreise aus Wien am 11. März 1938 zuerst in Polen Unterschlupf finden konnte. Der Krieg zwang ihn jedoch zur weiteren Flucht, die ihn schließlich über Bukarest nach Konstanza am Schwarzen Meer verschlug. Von dort gelang ihm zunächst die Rückkehr nach Belgrad, wo er sich vorübergehend in Sicherheit bringen konnte. Dann wurde er auf der dalmatinischen Insel Korčula von den jugoslawischen Behörden bis zur Befreiung durch Partisanentruppen interniert. In Bari trat er als Radiokorrespondent in die britische Armee ein. Nach Wien kehrte er schon 1946 zurück und beteiligte sich maßgeblich am kulturellen Wiederaufbau während der Nachkriegsjahre.

© Albert Langen – Georg Müller Verlag, München.

ALFRED DÖBLIN

10. 8. 1878 Stettin – 26. 6. 1957 Emmendingen bei Freiburg i. Br.
Döblin wurde nach dem Reichstagsbrand von der SA überwacht. Dennoch gelang ihm und wenig später auch seiner Familie die Flucht aus Berlin. Nach einem Zwischenaufenthalt in Zürich reiste er nach Paris weiter, wo er zunächst den burlesk-mythischen Zeitroman mit stark autobiographischen Zügen *Babylonische Wandrung oder Hochmut kommt vor dem Fall* (1934) beendete. Wie seine fünf weiteren Romane der Vorkriegszeit erschien er bei Querido in Amsterdam. Da durch Erbschaft eine Villa in dem Städtchen Maisons-Laffitte in den Besitz der Familie Döblin gelangt war, lebte sie vorerst auf dem Lande bei Versailles, dann bis November 1939 in Paris, wo Döblin seit 1936 im Informationsministerium tätig war und französischer Staatsbürger wurde. Trotzdem zwang auch ihn die wirtschaftliche Not des Emigranten zu größter Einschränkung. Mitte Mai 1940 mußte er aus Paris fliehen und sich, von seiner Familie getrennt und vorübergehend in einem Flüchtlingslager untergebracht, nach Marseille durchschlagen. Die Erlebnisse dieser Irrfahrt mit der entscheidenden Meditation vor dem Kruzifix der Kathedrale von Mende bereiteten seine spätere Konversion zum Katholizismus vor und sind in dem 1940/41 geschriebenen Buch *Schicksalsreise. Bericht und Bekenntnis* (1949) geschildert. In Hollywood litt Döblin wie alle anderen exilierten Schriftsteller von Rang, die nicht aus der Filmbranche kamen, unter der künstlerischen Nutzlosigkeit seiner Arbeit bei der Filmgesellschaft Metro-Goldwyn-Mayer. Es war ihm nicht möglich, literarische Arbeit auf Bestellung zu leisten. Deshalb fand er sich nach Ablauf seines Vertrages am 7. Oktober 1941, auch weil seit 1935 kein Buch von ihm mehr in englischer Übersetzung erschienen und er in Amerika völlig unbekannt war, im

Alter von 63 Jahren ohne einen Verleger und auf die Hilfe weniger Freunde angewiesen. Er kehrte als einer der ersten Exilierten zurück, um am geistigen Aufbau Deutschlands mitzuwirken. Leider fielen ihm als französischem Kulturoffizier bei der Militärregierung in Baden-Baden, sehr zum Mißvergnügen mancher Kollegen, die seine Rolle mißverstehen wollten, auch Zensuraufgaben zu. Nicht erlaubt hat er freilich die Ausgabe nur eines Buches, seines eigenen *Wallenstein*-Romans aus dem Jahre 1920. Mit seinem Versuch, als Redner über den Südwestfunk und als Herausgeber der Monatsschrift für Literatur und Kunst *Das Goldene Tor* zur Neuordnung Deutschlands beizutragen, fand er jedoch wenig Anklang, so daß er 1953 enttäuscht aus Mainz nach Paris übersiedelte. Seit April 1954 lebte er fast ausschließlich in deutschen Sanatorien.

An Bertolt Brecht 40

> Brechts Buch ist der 1934 bei Allert de Lange erschienene *Dreigroschenroman*.
> D: *Briefe*. Hrsg. von Heinz Graber. Olten / Freiburg i. Br.: Walter, 1970. S. 200 f.

Der historische Roman und wir 296

> E: *Das Wort* (Moskau) 1 (1936) H. 4. S. 56–71.
> D: *Aufsätze zur Literatur.* Hrsg. von Walter Muschg. Olten / Freiburg i. Br.: Walter, 1963. S. 163–186.

An Elvira und Arthur Rosin 379

> Das Darmstädter Bankiersehepaar Rosin war 1933 nach Italien geflohen und lebte seit 1936 in New York. – Döblin hatte als 17. Band der Reihe »The Living Thoughts Library« im Verlag Longmans, Green & Co (New York, Toronto) die mit einer Einleitung von 30 Seiten versehene Auswahl *The Living Thoughts of Confucius* herausgegeben. – Wie die meisten seiner Kollegen verkannte Döblin, der keinerlei verwendbare Erfahrung als Drehbuchautor hatte, den Zweck seiner Anstellung beim Film. Denn der ›European Film Fund‹ und die Studioverträge waren, durch die Initiative und das diplomatische Geschick von Liesl Frank und Charlotte Dieterle in die Wege geleitet, reine Hilfsaktionen, vor allem um die Beschäftigungsklausel des Visums zu erfüllen und um den Schriftstellern durch ein Jahr relativ ungehinderter Arbeit den Anschluß an den amerikanischen Markt zu erleichtern. An eine tatsächliche Ver-

wendung ihrer Arbeit, für die ja zahlreiche, zumeist knapp
bezahlte Spezialisten zur Verfügung standen, war nie gedacht.
D: *Briefe.* Hrsg. von Heinz Graber. Olten / Freiburg i. Br.:
Walter, 1970. S. 246–248.

Der jüdische Publizist Jacob Klatzkin (1882–1948) war 1941
aus der Schweizer Emigration nach New York gekommen.
D: *Briefe.* Hrsg. von Heinz Graber. Olten / Freiburg i. Br.:
Walter, 1970. S. 276–279.

LION FEUCHTWANGER

7. 7. 1884 München – 21. 12. 1958 Pacific Palisades (Kalifornien)
Er lebte seit 1927 in Berlin als sozialistisch-pazifistischer Schriftsteller. Der riesige Publikumserfolg seines in 22 Sprachen über-
setzten und für seine Schreibart nicht einmal charakteristischen
Anti-Hitler-Romans *Erfolg* (1930), der im Exil als erster Teil der
Trilogie *Der Wartesaal* neugedruckt wurde, brachte ihm schon
vor der Machtergreifung die akute Feindschaft der Nationalsozialisten ein. Indem das Buch aber seinen Weltruhm bekräftigte,
schob es ihn doch zugleich auch in die Stellung einer höchst wohlhabenden Isolation unter den exilierten Schriftstellern ab – zuletzt in einer eklektisch übermöblierten Luxusvilla bei Los Angeles. Denn seine Kollegen reagierten auf sein Bemühen um die
Gunst der Käufer – welcher deutsche Romancier hat sich schon
dazu bereit gefunden, den Amerikanern einen handfest-dicken Roman über ihren Volkshelden Benjamin Franklin zu schreiben, und
es danach wagen können, ihm ein Jahr später das keineswegs
schmeichelhafte Stück über religiöse und politische Hysterie *Wahn
oder Der Teufel in Boston* folgen zu lassen? – nicht mit dem gleichen Wohlwollen wie seine ausländischen Leser. Doch der Erfolg
vor allem dann seiner historischen Romane schien Feuchtwanger
recht zu geben, und deshalb hielt er sich auch bei seinem stupen-
den Arbeitspensum an die einmal erprobte Ausrichtung. Die verließ sich mit einer nicht ungewitzten Naivität im Politischen auf
einen gelegentlich zu didaktischer Insistenz sich verdickenden
Glauben an Vernunft und guten Willen, die sich in Figuren und
Handlungen aussprechen, welche aufs theatralisch Effektive und
Kontrastreiche angelegt sind und auch bei je unterschiedlichem
Sujet fast jedem Leser etwas bieten konnten)

Feuchtwangers internationale Popularität mag wohl auch die Herausgeber von »El Libro libre« bewogen haben, seine Erlebnisse während der Internierung als zweites Buch ihres antifaschistischen Exilverlags Ende Oktober 1942 mit einem kurzen Vorwort von Ludwig Renn zu veröffentlichen, nachdem schon 1941 eine amerikanische Übersetzung erschienen war. Man hatte Feuchtwanger am 21. Mai 1940 aus Sanary-sur-mer (Var), neben Paris seinem ständigen Wohnsitz in Frankreich, seitdem er 1933 von einer Vortragsreise durch die USA nicht nach Deutschland zurückgekehrt war, in die Ziegelei Les Milles bei Aix (Provence) verfrachtet. Dort befanden sich Mitte Juni an die 3000 Insassen mit höchst unterschiedlicher Vergangenheit und politischer Orientierung, doch ohne Beschäftigung oder sanitäre Einrichtungen – unter ihnen auch Hasenclever, Max Ernst und Friedrich Wolf sowie Franz Schoenberner, der letzte Redakteur des *Simplicissimus* vor der Gleichschaltung, Alfred Kantorowicz und Hans Marchwitza, die ihrerseits Erinnerungsbücher (*Innenansichten eines Außenseiters*, 1965; *Exil in Frankreich. Merkwürdigkeiten und Denkwürdigkeiten*, 1971; *In Frankreich*, 1949) über diese Zeit veröffentlicht haben. Am 19. Juni wurde ein Waggonzug zusammengestellt, der die Lagerinsassen vor dem befürchteten Einmarsch deutscher Truppen nach Bayonne in Sicherheit bringen sollte – Hasenclever wurde am folgenden Morgen mit einer akuten Veronalvergiftung auf seinem Lager gefunden –, jedoch durch das Mißverständnis eines Bahnbeamten, der den Gespensterzug der Deutschen mit der Wehrmacht verwechselt hatte, drohte die ohnehin schon unter schwierigsten Bedingungen angetretene Fahrt in Panik und Verzweiflung zu enden. Nach einem konfusen Aufenthalt wurde der Zug dann über Pau nach Lourdes zurückbeordert, wo er einem ähnlichen Zug aus Gurs, dem mit nahezu 10 000 Insassen größten Frauenlager, begegnete, bevor man ihn beim Waffenstillstand auf dem Bahnhof Toulouse auflöste und die verbliebenen 2000 Häftlinge in einem Zeltlager auf dem Gutshof San Nicola bei Nîmes unterbrachte. Von dort wurde Feuchtwanger auf die Initiative von Kantorowicz und Yvette Prost, der französischen Frau von Rudolf Leonhard, durch Helfer des amerikanischen Vizekonsuls Bingham nach Marseille »entführt«, wo er sich bis zur Fahrt nach Lissabon verborgen hielt.

the summer of 1940. Übers. von Elisabeth Abbott. New York: Viking Press / Toronto: Macmillan, 1941.

D: *Unholdes Frankreich. Autobiographie.* Mexico: El Libro libre, 1942. S. 70–79 und S. 88–99. [U. d. T. *Der Teufel in Frankreich*, Rudolstadt: Greifenverlag, 1954.] – © Aufbau-Verlag Berlin und Weimar.

Feuchtwanger hielt sich zum Jahreswechsel 1936/37 in der Sowjetunion auf und beschrieb seine sehr positiven Eindrücke in dem Buch *Moskau 1937. Ein Reisebericht für meine Freunde.* Amsterdam: Querido, 1937. – *The Eternal Road* (Weg der Verheißung), eine Dramatisierung der jüdischen Geschichte, wurde nach wiederholter Verzögerung am 7. Januar 1937 im Manhattan Opera House uraufgeführt, mußte jedoch trotz beeindruckender Regieleistung und großen Publikumsandrangs wegen der phantastischen Produktionskosten vorzeitig vom Programm abgesetzt werden.
D: *Sinn und Form* 11 (1959) H. 1. S. 12. – © Aufbau-Verlag Berlin und Weimar.

ERNST FISCHER

3. 7. 1899 Komotau (Chomutov im tschech. Erzgebirge) – 31. 7. 1972 Deutsch-Feistritz (Steiermark)
Neben seinem Philosophiestudium in Graz und vielseitigen literarischen Versuchen hatte Fischer auch als Hilfsarbeiter Erfahrungen gesammelt und war schon 1920 in Wien der Sozialdemokratischen Partei beigetreten, deren *Arbeiter-Zeitung* er von 1927 bis 1934 redigierte. Nach den Arbeiteraufständen vom Februar 1934 trat er der KPÖ bei, wurde ausgebürgert und ging ins Prager Exil, wo er zunächst aus der Überzeugung eines linientreuen Anti-Trotzkismus eine vielfältige Tätigkeit als kommunistischer Pamphletist entfaltete. Während der Kriegsjahre lebte er in Rußland als politischer Schriftsteller und als Kommentator bei Radio Moskau. 1945 wurde er als Mitglied der Provisorischen Regierung zum Staatssekretär für Unterricht und Chefredakteur der Zeitschrift *Neues Österreich* ernannt und gehörte bis 1959 dem Nationalrat als Abgeordneter der KPÖ an.

D: *Erinnerungen und Reflexionen.* Reinbek bei Hamburg: Rowohlt, 1969. S. 291–297. – © Louise Eisler-Fischer, Wien.

LEONHARD FRANK

4. 9. 1882 Würzburg – 18. 8. 1961 München

Frank war als Maler und Schriftsteller Autodidakt und konnte sich als Pazifist mit revolutionärer Vergangenheit und proletarisch-anarchistischen Sympathien schon im Berlin der zwanziger Jahre nicht sicher fühlen, obwohl ihm neben künstlerischer Anerkennung auch der finanzielle Erfolg nicht versagt blieb. Nach über vierjährigem Exil in der Schweiz ging er 1937 über London nach Paris, wo er bei Kriegsausbruch interniert wurde. Mit dem Journalisten Leo Lania und drei Begleitern gelang es ihm, aus dem Lager Audierne an der Westküste der Bretagne auszubrechen und nach sechswöchiger Flucht durch Frankreich in Marseille unterzutauchen. Von dort konnte er durch die Hilfe des ›Emergency Rescue Committee‹ über Lissabon nach Hollywood gebracht werden, wo er die Kriegsjahre als Autor für die Filmgesellschaft Warner Bros. verbrachte. 1945 ließ er sich in New York nieder und nahm seine schriftstellerische Arbeit wieder intensiv auf. 1950 kehrte er nach München zurück.

Links wo das Herz ist 157, 406
Romanhafte Autobiographie.
D: *Links wo das Herz ist.* München: Nymphenburger Verlagshandlung, 1952. S. 190–192, S. 229, S. 222–224.

SALOMO FRIEDLAENDER

4. 5. 1871 Gollantsch (Posen) – 9. 9. 1946 Paris

Er lebte vor 1933 als philosophischer Schriftsteller und Feuilletonist in Berlin. Bekannt wurde er unter dem Pseudonym Mynona, einer Umkehrung von »anonym«, als expressionistischer Erzähler, der Scheerbart, Kubin und Rubiner zu seinen Freunden zählte, mit seinen Grotesken und phantastischen Erzählungen. Im September 1933 emigrierte er mit seiner Familie nach Paris, wo er das ›Dritte Reich‹ gerade noch überlebte, ohne freilich ein weiteres Buch veröffentlichen zu können. Er widmete sich fast ganz seinen philosophischen Betrachtungen, die er in zahlreichen noch ungedruckten Tagebüchern niederschrieb.

An Fritz Wolff 289
Für die Transkribierung dankt der Hrsg. Herrn Hartmut Geerken (z. Z. Goethe-Institut Kabul, Afghanistan), der den lite-

rarischen Nachlaß Friedlaenders verwaltet. – Das »Comité d'Assistance aux Refugiés (C. A. R.) war eine Hilfsorganisation in Paris. – Friedlaenders Schwager Ernst Samuel (1878 bis 1943) gehörte mit Pfemfert und Hiller unter dem anagrammatischen Pseudonym Anselm Ruest zu den Gründern der *Aktion* (1911–32) und gab mit ihm die Zeitschrift *Der Einzige* (1919–25) heraus. Kurz nach seiner Emigration nach Paris wurde er 1934 zum Generalsekretär der »Notgemeinschaft der deutschen Wissenschaft, Kunst und Literatur im Ausland« gewählt. Er starb nach mehrmonatiger Internierung in Carpentras (Vaucluse). – © Heinz-Ludwig Friedländer, Paris.

YVAN GOLL (d. i. Isaac Lang; Pseudonyme Iwan Lassang, Tristan Torsi und Thor, Johannes Thor)

29. 3. 1891 St. Dié in Lothringen – 27. 2. 1950 Neuilly bei Paris
Nach dem Besuch des deutschen Gymnasiums in Metz studierte Goll in Straßburg und Lausanne (1912–18), wo er den exilierten Pazifisten um Romain Rolland nahestand. Mit seiner Frau Claire Studer ließ er sich 1919 endgültig in Paris nieder und wurde zu einem der führenden Vertreter des Surrealismus und Kubismus in der Literatur. Seit 1930 schrieb er bis Kriegsende fast nur noch französisch und seit 1939, als er in die USA fliehen mußte, gelegentlich auch englisch. In New York leitete er die zweisprachige Zeitschrift *Hémisphères* (1943–46), die, obwohl auf einen esoterischen Kreis beschränkt, doch einflußreich in der Europäisierung der amerikanischen Lyrik wurde. Die Sprachform der lyrischen Mythisierung übertrug Goll nach seinem Hauptwerk, dem Balladenzyklus *Jean sans Terre* (1936–44), von seinem eigenen Lebensweg auch auf legendäre, historische und geographische Topoi der amerikanischen Ostküste, so in *Le Mythe de la Roche Percée*. Ende Juni 1947 kehrte er nach Paris zurück, wo er am 10. März 1948 ins Hôpital Broussais mit akuter Leukämie eingeliefert wurde. 1950 starb er in Neuilly nach zehnwöchiger Behandlung im Amerikanischen Hospital.

    Als »Chant des Invaincus« am 1. Februar 1942 in der New Yorker Zeitschrift der Maison Française *La Voix de France* gedruckt; zwei deutsche Manuskriptfassungen, datiert »New York, 14. I. 1942«, mit dem Obertitel »Gesichte von einem irren Europa« als »Heute großes Schlachtfest (Lied der Unbesiegten / Lied der Unbesiegbaren)«.

OSKAR MARIA GRAF

22. 7. 1894 Berg am Starnberger See – 28. 6. 1967 New York
Er war schon 1911 als Bäckerlehrling der tyrannischen Obhut
seines ältesten Bruders entlaufen und hatte sich dem Anarchisten-
kreis ›Die Tat‹ in München angeschlossen, wo er, nach der Entlassung aus dem Kriegsdienst und einer Irrenanstalt wegen Be-
fehlsverweigerung an der Ostfront, als Fabrikarbeiter und freier
Schriftsteller am Experiment der Räterepublik teilnahm. Das
brachte ihm eine kurze Gefängnishaft ein. 1920 gehörte er als
Dramaturg zum sozialistischen Arbeitertheater ›Die Neue Bühne‹
in München, zog sich aber in den folgenden Jahren, die ihm vor
allem mit dem autobiographischen Roman *Wir sind Gefangene*
(1927) und seinem populärsten Buch *Das bayrische Dekameron*
(1928) schriftstellerische Erfolge brachten, aus dem aktiven politischen Leben zurück. Von den Nationalsozialisten als Heimat-
dichter mißverstanden und den Lesern des ›Dritten Reichs‹ empfohlen, bekannte er sich in dem vielmals nachgedruckten Aufruf
»Verbrennt mich!«, der zuerst unmittelbar nach den Bücherverbrennungen in der Wiener *Arbeiter-Zeitung* vom 12. Mai 1933
erschienen war, zu den verfolgten Autoren. Wegen seiner Teilnahme an den Arbeiteraufständen vom Februar 1934 – seit einem
Jahr hielt er sich nach einer Einladung des Arbeiterbildungswer-
kes in Wien auf – mußte er in die Tschechoslowakei fliehen, wo
er in Brünn Asyl fand und die *Neuen Deutschen Blätter* mit herausgab. Den Herbst 1934 verbrachte er als Teilnehmer am Moskauer Kongreß der Sowjetschriftsteller in Rußland. Sein fragmen-
tarischer Bericht darüber wurde erst 1974 veröffentlicht. Seit
1938 lebte Graf im selben Apartment in New York, weigerte sich
als deutscher Schriftsteller jedoch, Englisch zu lernen, und nahm
die amerikanische Staatsbürgerschaft erst 1958 an, als ihm der
Eid erlassen wurde, sein Land notfalls auch mit der Waffe zu
verteidigen. Für die Ziele der politisch engagierten Autoren
setzte er sich freilich in öffentlichen Reden, bis 1940 als Präsident der ›German-American Writers Association‹ und als Mitherausgeber der Schriftenreihe *Aurora* ein. Mit den Problemen
der Exulanten beschäftigt sich *Die Flucht ins Mittelmäßige. Ein
New Yorker Roman* (1959).

D: *Neue Deutsche Blätter* 1 (1933) H. 2. S. 124 f. – © Süddeutscher Verlag Buchverlag, München.

ÖDÖN VON HORVÁTH

9. 12. 1901 Fiume – 1. 6. 1938 Paris

Für seine beiden letzten Arbeiten, die unter dem Druck der politischen Verhältnisse und seiner eigenen Not in großer Eile und nach einer beinahe übertriebenen Stereotypik konstruierten Romane *Jugend ohne Gott* und *Ein Kind unserer Zeit* (beide 1938), konnte Horváth zwar auch international prominente Verleger finden. Seine sechs in der Verbannung beendeten Theaterstücke hatten jedoch kein Publikum mehr. Nach der Machtergreifung Hitlers war für Horváth der Aufenthalt in Berlin unmöglich geworden, da nun der Reaktion auf die psychologisch-politische Brisanz seiner szenischen Darstellungen der SA-Mentalität keine Hindernisse mehr im Wege standen. Er brauchte aber zur wahrheitsgetreuen Gestaltung von Sprachduktus und Umgangsformen der nationalsozialistischen Zeitgenossen den direkten Kontakt zur deutschen Bevölkerung, und deshalb kehrte er in die Reichshauptstadt zurück. Einer drohenden Verhaftung nach der Durchsuchung seines Hauses in Murnau mußte er sich allerdings schon im November 1933 wieder durch die Flucht entziehen. Daran schloß sich ein rastloses Wanderleben mit vorübergehenden Aufenthalten in Wien, Prag, Zürich und Amsterdam an, auf dem ihm nur Henndorf bei Salzburg mit der Freundschaft Zuckmayers eine Zeit relativer Geborgenheit bot. Vor allem die letzten Monate seines Lebens raffen ein noch einmal brennpunktartig zusammen, was, über Jahre hin, zur typischen Existenz des auf sich selbst angewiesenen Exulanten gehörte: die Flucht vor dem sich ständig ausbreitenden Zugriff der Feinde (im März 1938 aus Wien zu Freunden nach Budapest und über Teplitz-Schönau, Triest, Venedig, Mailand, Zürich zu seinem Verleger nach Amsterdam und dort zur Bekannten Hertha Pauli nach Paris), die Sorge um ein Minimum an finanzieller Sicherheit, die zu abgehetzter Arbeit führt und zur verzweifelnden Frage, wozu man sich so abmüht, und die schon fast monologische Bitte um freundschaftlichen Rückhalt, verbunden mit der Gestik einer in Wunschträume befangenen Sorglosigkeit im Praktischen, aber auch mit der trotzigen Selbstbehauptung in der fast immer übertriebenen

Zuversicht auf ein »neues großes Buch«. Horváth wurde während eines plötzlich einsetzenden Unwetters von einem absplitternden Baumast erschlagen, wenige Minuten nach einer beruflichen Unterredung mit dem Szenaristen und Filmregisseur Robert Siodmak in einem Pariser Café.

D: Katalog *Museum des zwanzigsten Jahrhunderts: Ödön von Horváth 1901–1938*. Eine Ausstellung der Dokumentationsstelle für neuere österreichische Literatur (Wien) in Verbindung mit der Akademie der Künste (Berlin) vom 26. Oktober bis 5. Dezember 1971. – © Suhrkamp Frankfurt a. M.

GEORG KAISER

25. 11. 1878 Magdeburg – 4. 6. 1945 Ascona

Das ›Dritte Reich‹ ließ den meistgespielten Dramatiker der Weimarer Republik zunächst auf seinem Besitz in Grünheide bei Berlin weiterleben, freilich mit Aufführungs- und Druckverbot und unter ständiger Gefahr vor der Gestapo, seitdem die Premiere seiner gegen Hitler gerichteten Revue *Der Silbersee. Ein Wintermärchen* im Februar 1933 von der SA zu einer tumultuarischen Störaktion benutzt worden war. Von seinen neuen Stücken konnten noch zwei in Wien aufgeführt werden und zwei weitere in Exilverlagen erscheinen. Am 25. Juni 1938 dann folgte Kaiser selbst seinem Werk in die Verbannung, als er im letzten Augenblick vor einer Haussuchung gewarnt wurde. Nach kurzem Aufenthalt in Holland ließ er sich in der Schweiz nieder, wo er trotz dauernder Furcht vor der Fremdenpolizei und der Ausweisung sehr produktiv blieb und die Uraufführung von vier Stücken erleben konnte. Als Folge jahrelanger Unsicherheit und Isolation kennzeichnet eine fast pathologische Desorientierung seine letzten Lebensjahre, so daß ihm kaum noch die Beendigung einer größeren Arbeit gelang. Doch schrieb er 1945 noch täglich wenigstens ein Gedicht.

Geschrieben 1941.

D: *Werke*. Bd. 4: *Filme. Romane. Erzählungen. Aufsätze. Gedichte*. Hrsg. von Walther Huder. Frankfurt a. M. / Berlin / Wien: Propyläen, 1971. S. 523 f.

ALFRED KANTOROWICZ ✓

12. 8. 1899 Berlin

Ende 1927 übernahm Kantorowicz als Nachfolger von Tucholsky
auf zwei Jahre die Stelle des Pariser Kulturkorrespondenten für
die *Vossische Zeitung* und schrieb für verschiedene andere Blätter. Im Herbst 1931 trat er in Berlin der KPD bei und mußte am
12. März 1933 nach Paris fliehen, um einem Haftbefehl zu entgehen. Dort wurde er ehrenamtlicher Leiter und Generalsekretär
des auch durch seine Initiative neugegründeten ›Schutzverbandes
Deutscher Schriftsteller‹ (SDS), einer seit 1908 bestehenden Be-
rufsorganisation, der im Exil Heinrich Mann als Ehrenpräsident
und Rudolf Leonhard als erster Vorsitzender dienten. Als Grün-
der und Leiter der dem SDS angeschlossenen ›Deutschen Freiheitsbibliothek‹ – Präsident war André Gide, ihrem Komitee
gehörten u. a. Romain Rolland, Heinrich Mann, Lion Feuchtwanger und H. G. Wells an – ließ er offiziell seit dem ersten Jahrestag der Bücherverbrennungen das zum Studium des Nationalsozialismus nötige und alles im ›Dritten Reich‹ unterdrückte
Schrifttum sammeln. Die Mitteilungen der Bibliothek, die sich bis
zur Spaltung der Mitglieder im Frühjahr 1938 für die Volksfront-
politik einsetzten, bemühten sich mit anfänglich gutem Erfolg
um eine Solidarisierung der Emigration. Kantorowicz entfaltete
eine sehr umfangreiche publizistische Tätigkeit als ständiger Mitarbeiter vor allem der zum kommunistischen Exilverlag *Éditions
du Carrefour* unter Willi Münzenberg gehörenden Veröffentlichungen. Für das *Braunbuch über Reichstagsbrand und Hitler-
Terror* (1933), das, in 15 Sprachen übersetzt und mit einer Gesamtauflage von 600 000 Exemplaren, wohl zum wirkungsvollsten
Dokument des Exils wurde, schrieb er den Beitrag über die Ju-
denverfolgung. Als Herausgeber und Redakteur zeichnete er u. a.
für die Aufzeichnungen *Tschapaiew. Das Bataillon der 21 Nationen* (Madrid 1938) verantwortlich, die auch von seiner Tätigkeit
als Offizier der XIII. Internationalen Brigade im Spanischen
Bürgerkrieg 1936 bis 1938 zeugen. Bei seiner Rückkehr nach Paris
fand er den ehemaligen Freundeskreis zerstritten, so daß er sich
ins Haus des amerikanischen Schriftstellerverbandes nach Grasse
zurückzog, wo auch Egon Erwin Kisch vorübergehend eine Bleibe
gefunden hatte, dann zog er nach Bormes an der Côte d'Azur.
Nach der Internierung in Les Milles gelang ihm 1941 die Flucht
nach New York, wo er als Journalist und später als Leiter der
Abteilung für Auslandsnachrichten bei CBS (Columbia Broad-

casting System), einer der großen Rundfunkgesellschaften Amerikas, arbeitete. Im Dezember 1946 kehrte er über Bremerhaven nach Berlin zurück, vorerst in den amerikanischen Sektor, wo er seit dem Frühjahr 1947 die 1949 von der SED verbotene überparteiliche Zeitschrift *Ost und West* herausgab. Nach der Auflösung seines Verlages übernahm er 1950 eine Professur für Germanistik an der Humboldt-Universität und die Leitung des Heinrich-Mann-Archivs. 1957 ersuchte er um politisches Asyl in West-Berlin, seit 1962 lebt er in Hamburg.

D: *Spanisches Kriegstagebuch*. Köln: Verlag Wissenschaft und Politik, 1966. S. 213–217.

Der Aufsatz war zuerst als Diskussionsbeitrag zu einem Streitgespräch geschrieben worden, das am 12. August 1944 über das Thema »How to deal with Germany« (Wie soll Deutschland behandelt werden?) von der Radiostation WINS in New York City ausgestrahlt wurde. Diese Kontroverse hatte ihr Vorspiel in einer Rede, die Emil Ludwig am 4. Juli 1942 in Los Angeles unter dem Titel »Was soll mit Deutschland geschehen?« gehalten hatte. Gegen ihre Thesen wehrte sich zunächst Paul Tillich mit einem Artikel »Was soll mit Deutschland geschehen? Gegen Emil Ludwigs neueste Rede« im *Aufbau* (New York) 8 (17. 7. 1942) H. 29, S. 6. Das nächste Heft (Nr. 30 vom 24. 7. 1942) brachte dann den Wortlaut der Rede und eine Woche später (Nr. 31 vom 31. 7. 1942) eine Polemik »Die Deutschen als Anbeter der Gewalt« von Friedrich Wilhelm Foerster, gegen die Kantorowicz in der folgenden Ausgabe (Nr. 32 vom 7. 8. 1942) schrieb. – Die einflußreiche Journalistin Dorothy Thompson, die sich zunächst sehr effektiv für die Belange der Exilierten eingesetzt hatte, war seit dem Kriegseintritt der USA immer stärker ins Lager konservativ antideutscher und antikommunistischer Interessen übergegangen.

E: *Vom moralischen Gewinn der Niederlage*. Artikel und Ansprachen. Berlin: Aufbau-Verlag, 1949.

D: *Im zweiten Drittel unseres Jahrhunderts*. Illusionen, Irrtümer, Widersprüche, Einsichten, Voraussichten. Köln: Verlag Wissenschaft und Politik, 1967. S. 82–85.

HERMANN KESTEN

28. 1. 1900 Nürnberg

Kesten war von 1927 bis 1933 literarischer Leiter des Verlags von
Gustav Kiepenheuer in Berlin, der sich vor allem für die fort-
schrittliche Gegenwartsliteratur einsetzte. Nach der Flucht im
März 1933 übernahm er schon zwei Monate später auf sieben
Jahre das Lektorat der neugegründeten Abteilung für deutsche
Exilliteratur, die er gemeinsam mit seinem Freund Walter Landauer (1902–45, gest. im KZ Bergen-Belsen) leitete, im seit 1880
bestehenden holländischen Verlag Allert de Lange. Neben dem
Zürcher Emil Oprecht (1895–1952) wurden damit zwei Verleger
in Amsterdam, wo Fritz Helmut Landshoff (geb. 1901), der (ab
1927 Mitinhaber des Verlags Kiepenheuer) seit Juni 1933 die
deutsche Sektion bei Emanuel Querido betreute, zu den bedeutendsten unabhängigen Protektoren deutscher Literatur im Ausland. Seine schriftstellerische Unabhängigkeit suchte sich Kesten
auch zu bewahren, indem er Ende 1936 aus dem von Kommunisten dominierten ›Schutzverband Deutscher Schriftsteller‹ (SDS)
austrat und den ›Bund freie Presse und Literatur‹ mitgründete.
Trotz seiner umfangreichen Tätigkeit als antinationalsozialisti-
scher Publizist und Romancier wurde auch er interniert, zuerst
in dem katastrophalen »Fremdenlager«, in das die olympische
Sportarena Yves du Manoir im Pariser Vorort Colombes verwandelt worden war, später in der mittelfranzösischen Stadt Nevers.
Nach einer höchst gefährlichen Flucht kam er am 27. Mai 1940
über den Loire-Hafen St Nazaire mit einem Besuchervisum nach
New York, wo er bis 1949 lebte, bevor er nach Europa zurück-
kehrte. In New York diente er dem Ende Juni 1940 von amerikanischen Schriftstellern gegründeten ›Emergency Rescue Committee‹ mit Thomas Mann als einem von zwei ehrenamtlichen
Sachverständigen bei der Rettung prominenter deutschsprachiger
Hitler-Gegner. Das Komitee, eine kleine Gruppe von Freiwilligen
unter der Leitung des Rektors der Universität Newark in New
Jersey, Frank Kingdon, hatte ausschließlich eine Berater- und
Hilfsfunktion bei der Auswahl und beschleunigten Bearbeitung
von besonderen Notvisen – die Korrespondenz zu 167 Anträgen
ist erhalten geblieben –, die auf eine Präsidialordre Roosevelts
hin und nach Autorisierung durch das Auswärtige Amt in Washington von den amerikanischen Konsulaten ausgestellt wurden.
Besondere Verdienste um die Rettung deutscher Schriftsteller er-
warb sich die im Auftrag der Quäker und des Komitees arbei-

tende Untergrundorganisation von Freiwilligen unter Varian Fry in Marseille. – Kesten hat in zwei historischen (*Ferdinand und Isabella*, 1936, und *König Philipp II.*, 1938) und in zwei zeitgeschichtlichen Romanen (*Die Kinder von Gernika*, 1939, und *Die Zwillinge von Nürnberg*, 1947) mit unbestechlicher Einsicht in die moralischen und politischen Probleme einer trostlosen Zeit besonders auch die Aufgaben des vertriebenen Schriftstellers in einer total politisierten Welt immer wieder zum Thema seiner Bücher gemacht.

An Oliver La Farge 408

D: *Deutsche Literatur im Exil. Briefe europäischer Autoren 1933 bis 1949*. Hrsg. von Hermann Kesten. Frankfurt a. M.: Fischer Taschenbuch Verlag, 1973. S. 249–251. – © Hermann Kesten, Rom.

EGON ERWIN KISCH

29. 4. 1885 Prag – 21. 3. 1948 Prag

Er war wegen seiner Mitgliedschaft in der ›Roten Garde‹ und der KPÖ aus Wien ausgewiesen worden und daher seit 1921 zumeist in Deutschland als freier Berichterstatter über Erfolge und Probleme der internationalen Arbeiterbewegung tätig. Reisen in die UdSSR, die USA und nach China wertete er mit scharfem Blick für die Hintergründe und den gesellschaftlichen Zusammenhang sozialen Elends und im lakonisch-aggressiven Stil seiner international berühmten Reportagen aus. In der Nacht des Reichstagsbrandes wurde er in Berlin verhaftet, auf Intervention der tschechischen Regierung jedoch Mitte März 1933 nach Prag abgeschoben, von wo er sich noch im gleichen Jahr der kommunistischen Exilkolonie in Paris anschloß. 1937/38 nahm er am Spanischen Bürgerkrieg teil, kehrte danach auf kurze Zeit nach Versailles zurück und floh im Dezember 1939 zunächst nach New York. Dann schloß er sich in Mexiko der Gruppe ›Freies Deutschland‹ an. Als deren erste Buchveröffentlichung erschienen in deutscher Sprache im Juli 1942 seine Erinnerungen an die habsburgische Vorkriegszeit, die er als Lokalreporter in Prag verlebt hatte, unter dem Titel *Marktplatz der Sensationen*. Drei Jahre später folgten die ebenfalls kaum noch politischen Reportagen über sein Asylland *Entdeckungen in Mexiko*. Nach seiner Rückkehr lebte er noch zwei Jahre in Prag.

D: *Geschichten aus sieben Ghettos*. Amsterdam: Allert de
Lange, 1934. S. 191–194. – © Aufbau-Verlag Berlin und Weimar.

THEODOR KRAMER

1. 1. 1897 Niederhollabrunn (Niederösterreich) – 3. 4. 1958 Wien.
Kramer war der Sohn eines jüdischen Kreisarztes. Im Ersten Weltkrieg wurde er schwer verwundet, lebte dann mehrere Jahre als
Tagelöhner und Landstreicher und wurde, als Anwalt der Arbeitslosen und Außenseiter, für sein erstes Gedichtbuch *Die Gau-
nerzinke* (1928) mit dem Lyrikpreis der Stadt Wien ausgezeichnet. In Balladen und Moritaten trat er in der Gestalt des Stra-
ßensängers auf und sprach »für die, die ohne Stimme sind« – so
die Widmung des Bandes *Mit der Ziehharmonika* (1936). Nach der
Flucht aus Österreich – seine Mutter wurde ins KZ Theresienstadt
verschleppt und kam dort um – lebte er in England, von 1939 bis
1942 ohne Arbeit und zeitweise interniert, dann als Bibliotheks-
angestellter am County Technical College, einer höheren Berufs-
schule, in Guildford südwestlich von London. In ärmlichen Verhältnissen, völlig vereinsamt und ohne neue Leser, auch wenn
seine Gedichte wieder 1946 und 1947 in drei schmalen Heften des
Globus Verlags (Wien) erschienen, hielt er es noch bis 1957 aus.
Er starb ein knappes Jahr nach seiner Rückkehr, unbekannt und
heimatlos auch in Wien.

D: Hilde Spiel: *kleine schritte. Berichte und Geschichten*. München: edition spangenberg im Ellermann Verlag, 1976. S. 35. –
© Erwin Chvojka, Wien.

LEO LANIA (d. i. Lazar Herman)

13. 8. 1896 Charkow (Rußland) – 9. 11. 1961 München
Lania betrieb in Berlin eine internationale Telegraphenagentur
und schrieb fürs Theater. Er floh am 28. Februar 1933 über die
Tschechoslowakei nach Österreich und ließ sich, nach einer Zwi-
schenstation in Paris, von 1934 bis 1936 in England nieder, wo er
zwei mehrfach übersetzte Romane veröffentlichte. Erfolgreicher
noch, weil zu spannenden Berichten verarbeitet, waren seine bei-

den autobiographischen Bücher, von denen *Today we are Brothers. The Biography of a Generation* (1942) auch im Original als *Welt im Umbruch* erschien (1953). Lanias Flucht aus Europa hatte folgende Etappen: Meldung im Stade de Colombes bei Paris am 7. September 1939, Überweisung in ein Lager bei Meslay-du-Maine im Département de Mayenne mit ungefähr 1500 österreichischen Internierten, Umsiedlung in ein neues Lager Anfang Dezember und Entlassung aus dem Lager Laval am 3. Januar 1940. Pfingsten 1940 erneute Verhaftung und Registrierung im Tennisstadion Roland Garros in Auteil, der ersten Etappe nach Le Vernet, Überweisung nach Quimper an die äußerste Westküste der Bretagne, dann nach Audierne, wo er seinen Freund Leonhard Frank wiedertrifft und die Flucht plant. Zu fünft schlagen sie sich in siebzehn Tagen an die Loire durch, betreten bei Loches Unbesetztes Gebiet, kommen drei Wochen später in Montluçon an, von wo sie per Zug Marseille erreichen. Mit seiner Frau, die 150 km westlich in Agde verborgen gehalten wird, gelingt ihm der Grenzübertritt bei Port Bou mit einem amerikanischen Einwanderungsvisum. Die Fahrt über Barcelona nach Madrid und die Ankunft in Lissabon am 26. August hatte die jüdische Hilfsorganisation HIAS (Hebrew Immigrant Aid Society) vorbereitet, die auch die Ausreise in die USA betrieben hatte. In New York arbeitete Lania erfolgreich als Publizist bis zu seiner Rückkehr nach München.

The Darkest Hour 151, 236
The Darkest Hour. Adventures and Escapes. Transl. from the German by Ralph Marlowe, with an Introd. by Edgar Ansel Mowrer. Boston: Houghton Mifflin Company, 1941. S. 23–25 und S. 99–105. Vom Hrsg. rückübersetzt.

ELSE LASKER-SCHÜLER

11. 2. 1876 Elberfeld – 22. 1. 1945 Jerusalem
Sie erhielt 1932 für ihr Werk und für das Drama *Arthur Aronymus und seine Väter* über ihren Vater, den Düsseldorfer Privatbankier Aaron Schüler, eine Hälfte des Kleist-Preises und ein Jahr später als Enkelin eines Rabbiners Publikationsverbot. Sie floh im April 1933 nach Zürich, wo sich ihre liebenswürdig bohemehafte und doch problematisch-sensitive Lebensweise in die entwürdigende Not der Bittstellerin um das Existenzminimum ver-

wandelte. Nach einem ersten Aufenthalt in Jerusalem im Mai 1934 kehrte sie im Juni 1937, nun geachtet und der schlimmsten Sorgen enthoben, in die Wirklichkeit des von ihr mythisierend besungenen Hebräerlandes zurück und ließ sich im April 1939 endgültig in Jerusalem nieder, wo sie am Ölberg begraben liegt.

Die Einladung zu Vorträgen war durch Else Bergmann, die Frau des Philosophen und ersten Rektors der Universität Jerusalem, ausgesprochen worden. – Anfang und Ende eines Texteinschubs sind durch das Zeichen [/] verdeutlicht.

D: *Briefe von Else Lasker-Schüler.* Bd. 2: *Wo ist unser buntes Theben.* Hrsg. von Margarete Kupper. München: Kösel, 1969. S. 156–159.

Das 1932 geschriebene Stück war am 19. Dezember 1936 nach sehr kurzer Probezeit im Zürcher Schauspielhaus unter der Regie von Leopold Lindtberg in einer vereinfachten und besonders in der Schlußszene gekürzten Fassung uraufgeführt worden und hatte, wenn auch die Kritik zurückhaltend blieb, den Beifall des Publikums gefunden. Dennoch wurde es nach zwei Vorstellungen vom Spielplan abgesetzt, zwar nicht als »politische Propaganda«, wie zunächst zu vermuten stand, und auf Intervention der deutschen Botschaft, doch wohl auch aus Vorsicht vor Repressalien. Der Hauptgrund war überaus banal: ein Zerwürfnis der Dichterin mit der Frau des Theaterdirektors aus belanglosem Anlaß. – Der Brief ist ihre Reaktion auf einen Satz in der Kritik der *Neuen Zürcher Zeitung* vom 21. Dezember 1936, der ihr vorwirft – ihr Bekenntnis zur konfessionellen Toleranz in Ehren –, es hätte »dieses Winkens mit dem Holzschlegel« nicht bedurft, um die Aufmerksamkeit der gewiß nicht schwerhörigen Schweizer zu gewinnen.

E: *Neue Zürcher Zeitung,* 19. Januar 1958, aus dem Nachlaß hrsg. von Ernst Ginsberg als »Unveröffentlichte Dichtungen von Else Lasker-Schüler«.

D: *Gesammelte Werke in drei Bänden.* Bd. 3: *Verse und Prosa aus dem Nachlaß.* Hrsg. von Werner Kraft. München: Kösel, 1961. S. 44–49.

RUDOLF LEONHARD

27. 10. 1889 Lissa, jetzt Leszno (Posen) – 19. 12. 1953 Berlin (Ost)

Auf Einladung seines Freundes Walter Hasenclever übersiedelte Leonhard schon 1927 nach Paris, wo er bis zum Beginn des Krieges als Präsident des 1933 neugegründeten ›Schutzverbandes Deutscher Schriftsteller‹ fungierte und vor allem an kommunistischen Zeitschriften mitarbeitete. Seine Eindrücke vom Bürgerkrieg in Spanien sind in dem Band *Spanische Gedichte und Tagebuchblätter* (Paris: Edition Prométhée, 1938) und den Erzählungen *Der Tod des Don Quijote* (Zürich: Stauffacher, 1938) verarbeitet. Schon 1938 waren seine Gedichte in einem als Reclam-Band Nr. 7248 getarnten Heft nach Deutschland versandt worden. Illegal betrieb er auch seinen in Paris stationierten Kurzwellensender. Nach der Verhaftung am 11. Oktober 1939 verbrachte er die nächsten vier Jahre hinter Stacheldraht: im Konzentrationslager Le Vernet, dann in Les Milles, seit Mitte Mai 1941 wieder in Le Vernet, vom 18. Dezember 1941 bis zum 10. September 1943 im Gefängnis Castres, das als Auslieferungslager diente. Von dort gelang ihm die Flucht nach Marseille, wo er unter dem Nom de guerre Raoul Lombat in der Widerstandsbewegung tätig war und seine in den Lagern geschriebenen Gedichte unter den Pseudonymen Robert Lanzer und Roger Lehardou veröffentlichte. Die 1941 entstandene Tragödie *Geiseln* erschien zuerst 1945 als Privatdruck in einem fingierten Verlag Jean Marcenac in Lyon. Im Sommer 1947 kehrte Leonhard zum erstenmal nach Berlin zurück, wo er sich 1950 endgültig niederließ.

GEORG LUKÁCS (d. i. György Szegedi von Lukács)

13. 4. 1885 Budapest – 4. 6. 1971 Budapest
Lukács lebte seit 1920 in Berlin als freier Schriftsteller, linksradikaler Gesellschaftskritiker und marxistischer Philosoph. 1933 ließ er sich in der Sowjetunion nieder, wo er bis 1938 im Philosophischen Institut der Akademie der Wissenschaften der UdSSR arbeitete. Aus Moskau kehrte er unmittelbar nach dem Rückzug der deutschen Truppen in seine Heimatstadt zurück und übernahm 1945 einen Lehrstuhl für Kulturphilosophie und Ästhetik. Lukács hatte in der Sowjetunion eine höchst vielseitige Tätigkeit besonders als Kulturkritiker und -soziologe entfaltet, und zwar in deutschsprachigen Exilperiodika und in russischen Zeitschriften, und war zu einem der führenden Theoretiker des Realismus in der Erzählliteratur geworden. Seine Betonung des unbedingten Primats der sozialistischen Wirklichkeitserfassung gegenüber dem Recht der Illusion und der historischen Verfremdung brachte ihn jedoch in eine doktrinär bedenklich einseitige Position, die den herrschenden Rigorismus der Stalinistischen Kulturpolitik schon während der Volksfrontjahre nur sehr schwach modifizierte.

H. Manns Roman erschien nach vierjähriger Arbeitszeit 1935 im Querido Verlag und 1938 im Staatsverlag der nationalen Minderheiten (Kiew) mit einer Gesamtauflage von etwa 6000 Exemplaren. Er galt allgemein als das literarische Meisterwerk der Emigration während ihrer europäischen Zeit und wurde vielfach (u. a. von Arnold Zweig, Hermann Kesten, Lion Feuchtwanger) besprochen.
E: U. d. T. »Junost' korolja Genriha IV, Roman Heinricha Manna«. In: *Literaturnoje Obozrenie* (1937) Nr. 16. S. 31–35.
D: *Das Wort* 3 (1938) H. 9. S. 125–132. – © Ferenc Jánossy über Artisjus, Budapest.

HEINRICH MANN

27. 3. 1871 Lübeck – 12. 3. 1950 Santa Monica bei Los Angeles

Mit zunehmender Enttäuschung hatte Heinrich Mann den Verfall der Weimarer Republik bekämpft, deren politische Wirklichkeit seinen Hoffnungen auf ein Staatswesen widersprach, das er sich emanzipiert humanistisch, in der sozialen Gesetzgebung revolutionär und in der Versöhnung seiner noch aus der Wilhelminischen Ära übernommenen Gegensätze progressiv tolerant wünschte. Denn er vertrat einen gesellschaftskritischen Idealismus, dem die angenommene Kontinuität der französischen Aufklärung und das ethische Pflichtgefühl einer politisch-intellektuellen Elite zum Vorbild diente. Der Aufstieg und Sieg Hitlers verschärfte dann nochmals seine Vorliebe als Schriftsteller für die satirische und groteske Entlarvung brüchiger Menschen und Gesellschaftstraditionen und damit auch seine Neigung, die wirtschafts- und machtpolitischen Konflikte, Krisen und Interessen seiner Zeit primär als für die Zwecke eines Romanciers inszeniert zu sehen, der mit moralischer Leidenschaft mitten im öffentlichen Leben steht und von dessen phantastischer Erfindungskraft und Irrealität fasziniert ist. So konnte Heinrich Mann zwar, im Prinzip aus sehr ähnlichen Gründen wie sein Bruder Thomas, zu einer der großen Repräsentativgestalten des europäischen Exils werden, zum unermüdlichen Publizisten, Redner und Ehrenpräsidenten. Aber gerade seine persönliche Integrität, sein Mut zum öffentlichen Bekenntnis und seine humanen Intentionen bewahrten ihn in keiner Weise davor, daß er im Exil immer mehr vereinsamte und trotz seiner kosmopolitischen Haltung wie wenige unter der erzwungenen Trennung von seinem Heimatland litt. Nicht zuletzt die Sehnsucht nach einem besseren Deutschland in einer gerechteren Welt und der mit patriarchalischem Trotz behauptete Glaube an die Macht der Vernunft und des guten Willens verstellten ihm je länger, desto mehr den Blick für eine realistische Einschätzung politischer Umstände, Persönlichkeiten und Absichten.

Heinrich Mann hatte noch am 14. Februar 1933 einen öffentlichen »Dringenden Appell« zur Einheit zwischen KPD und SPD gegen Hitler mit unterschrieben. Er verließ, schon seit Jahren mit dem Bewußtsein der Gefährdung, seine Berliner Wohnung auf mehrmalige Warnung seiner Freunde eine Woche später und fuhr nach Paris. Bis zu seiner Flucht in die USA lebte er ausschließlich in Nizza. In Paris war er als Vorsitzender maßgeblich beteiligt an der Formulierung des Manifests, das nach der Gründungsversammlung am 6. Februar 1936 vom ›Komitee zur Schaffung der Deutschen Volksfront‹ veröffentlicht wurde. Am 27. April 1933 schon war sein erster Beitrag in der Zeitung *La Dépêche de Toulouse* erschienen, die der radikalsozialistischen Politikerfamilie Sarraut gehörte. Damit setzte er eine publizistische Tätigkeit fort, die während der französischen Jahre nahezu vierhundert Essays, Aufrufe und Leitartikel umfassen sollte. Mit Johannes R. Becher leitete er 1935 in Paris die deutsche Delegation beim ›Internationalen Schriftstellerkongreß zur Verteidigung der Kultur‹. In Kalifornien, das ihm gelegentlich reizvoll, doch wie ein anderer Planet vorkam, lebte er nach Ablauf seines Jahresvertrags als Filmschriftsteller fast völlig zurückgezogen in sehr beengten, wenngleich nicht erbärmlichen Umständen und mit dem Gefühl, für nichts mehr gebraucht zu werden. Diese resignative Haltung spricht noch aus dem Brief an Alfred Kantorowicz vom 22. 8. 1946. 1949 bat der Minister für Volksbildung Paul Wandel Heinrich Mann, »nach Deutschland zurückzukehren und das Präsidium der Deutschen Akademie der Künste zu übernehmen«. Heinrich Mann nahm diese Einladung an und traf Vorbereitungen, in die DDR überzusiedeln. Die Passage auf dem polnischen Schiff »Batory«, das am 28. April 1950 in Gdynia ankommen sollte, war bereits gebucht. Der Tod Heinrich Manns am 12. März 1950 verhinderte die Rückkehr.

der deutschen Freiheitsbibliothek, als Broschüre in der Impri-
mérie Coopérative Étoile und in der *Pariser Tageszeitung* vom
12. April 1937 mit dem Schlußsatz: »In diesem Sinne begrüße
ich alle anwesenden Freunde, die der Einladung des Ausschusses zur Vorbereitung der deutschen Volksfront Folge geleistet
haben, und erkläre unsere Konferenz für eröffnet.«
D: *Verteidigung der Kultur.* Antifaschistische Streitschriften
und Essays. Hamburg: Claassen, 1960. S. 256–261.

Guernica, die »heilige Stadt« der Basken, wurde in einem Luft-
angriff am 28. April 1937 fast völlig zerstört.
E: *Pariser Tageszeitung,* 16. Mai 1937.
Über Telegraphenagentur und Radiosender illegal in Deutschland verbreitet, außerdem veröffentlicht in: *Mut.* Hrsg. von
Association internationale des écrivains. Paris: Éditions du
10 mai, 1939. S. 57–59. Mit dem Untertitel: »Eine Schändung
des deutschen Namens«.
D: *Verteidigung der Kultur.* Antifaschistische Streitschriften
und Essays. Hamburg: Claassen, 1960. S. 335 f.

Das Honorar war für den Artikel »Der Weg der deutschen Arbeiter« in *Internationale Literatur* 6 (1936) H. 11, deren Chefredakteur Dinamov seit 1932 war. Becher hatte ab März 1933
die Redaktion der deutschen Ausgabe inne, die seit 1937 als
Internationale Literatur. Deutsche Blätter bis Dezember 1945
erschien. – Auf dem 2. Congrès International des Écrivains
hielt Mann am 16. Juli 1937 ein Referat.
D: *Sinn und Form* 18 (1966) H. 2. S. 326 f.

Hans Grimms Roman *Volk ohne Raum* war 1926 erschienen.
E: Nach Abschluß des Vorabdrucks von *Die Vollendung des
Königs Henri Quatre* im April-Heft 1939 in: *Internationale
Literatur* 9 (1939) H. 6. S. 3–6.
D: *Verteidigung der Kultur.* Antifaschistische Streitschriften
und Essays. Hamburg: Claassen, 1960. S. 516–522.

E: Alfred Kantorowicz: *Deutsches Tagebuch.* T. 1. München:
Kindler, 1959. S. 136–138.
© Aufbau-Verlag Berlin und Weimar.

KLAUS MANN

18. 11. 1906 München – 22. 5. 1949 Cannes

Seit dem 13. März 1933 im Exil und im November 1934 ausgebürgert, gab er mit der »unter dem Patronat von André Gide, Aldous Huxley und Heinrich Mann« stehenden Literarischen Monatsschrift *Die Sammlung* (September 1933 bis August 1935) das erste primär literarische, doch keinesfalls unpolitische Periodikum der vertriebenen Hitler-Gegner heraus. Ihm folgten 1941 die zwei Jahrgänge der in New York redigierten Hefte von *Decision. A Review of Free Culture*, die versuchten, über den Kreis der Emigranten hinausgehend, vor allem junge Autoren der Neuen Welt zur Mitarbeit zu gewinnen. In seinen Romanen thematisierte er wiederholt die Exilerfahrung von Einsamkeit, Selbstzweifel, politischer Ohnmacht und Entwurzelung, mit *Mephisto. Roman einer Karriere* (1936) erstrebte er die Darstellung der künstlerischen Korruption infolge eines gewissenlosen Ehrgeizes und der Faszination durch die Macht und das Zwielichtige. Rastlosigkeit und Arbeitsdrang, dazu auch eine gewisse finanzielle Unabhängigkeit und ein stark ausgeprägter Sinn für die Notwendigkeit, über besondere Gruppeninteressen hinaus ein politisches Verantwortungsbewußtsein zu behaupten, machten Klaus Mann zum Prototyp des modernen Literaten und zu einer zentralen Figur der liberal-progressiven Publizistik im Exil. Von einigen beargwöhnt, von anderen belächelt oder verketzert und von vielen mißbraucht, hat er doch für die praktischen Belange und die öffentlichen Interessen der Emigration mehr zu erreichen vermocht als seine Widersacher – nicht zuletzt in den USA, wo er seit 1936 lebte, durch das bewußt popularisierende, mit der Schwester Erika geschriebene Buch über Schicksale des Exils: *Escape to Life* (1939). – Er starb 1949 durch Freitod.

THOMAS MANN

6. 6. 1875 Lübeck – 12. 8. 1955 Kilchberg bei Zürich

Auf die Warnung seiner Kinder vor dem »schlechten Wetter« in Deutschland war Thomas Mann von Arosa nicht zurückgekehrt, wo er im Anschluß an seine Vortragsreise über Amsterdam, Brüssel und Paris mit der zuerst am 10. Februar 1933 an der Universität München gehaltenen Rede »Leiden und Größe Richard Wagners« sich aufhielt. Er ließ sich auf Anregung von René Schickele zunächst in Bandol (Var), dann im Nachbarstädtchen Sanary-sur-mer bei Toulon nieder, das zu einem der Treffpunkte der deutschen Emigration wurde. Im Frühherbst zog er nach Küsnacht bei Zürich um, wo er, mit Ausnahme von vier Besuchen in den USA (Mai bis Juni 1934, Juni bis Juli 1935, April 1937 und Februar bis Juli 1938) und zahlreichen Vortrags- und Lesetouren, bis zu seiner endgültigen Überfahrt nach Amerika im September 1938 wohnte. Dort lebte er zunächst und wieder nach seiner Europareise im Sommer 1939 in der Universitätsstadt Princeton bei New York, seit Mitte April 1941 bis Juni 1952 in Pacific Palisades, einem Vorort von Los Angeles. Vor seiner endgültigen Rückkehr nach Europa unternahm er eine Europareise und besuchte im Juli und August 1949 anläßlich der Feiern zum Goethejahr auch Deutschland. Im Dezember 1952 ließ er sich bei Zürich zunächst in Erlenbach, ab Januar 1954 in Kilchberg nieder.

Thomas Mann hatte sich nach anfänglicher Zurückhaltung in seinem öffentlichen Brief vom 3. Februar 1936 an Eduard Korrodi, den Feuilletonredakteur der konservativen *Neuen Zürcher Zeitung*, zur Literatur der Emigranten als der deutschen Literatur und damit eindeutig gegen die Machthaber im Reich ausgesprochen. Spätestens durch seinen Offenen Brief an den Rektor der Universität Bonn anläßlich des Widerrufs seiner Ehrendoktorwürde (19. Dezember 1936) und kurz nach der Aberkennung der Staatsangehörigkeit berief man sich auch über die Exilkreise hinaus auf ihn als auf die repräsentative Gestalt der deutschen Kultur im Ausland. Durch sein Prestige, eine schier unermüdliche Begegnung mit dem Publikum als Redner, Leser und Gast, durch sorgsam gepflegte Verbindungen zu führenden Persönlichkeiten des künstlerischen, akademischen, gesellschaftlichen und politischen Lebens im Vorkriegseuropa und vor allem dann in den Vereinigten Staaten wurde er für viele zum berufensten Fürsprecher der Hitler-Gegner und neben Einstein zur großen Symbolfigur des geistigen, des besseren Deutschlands. Seine von unterschiedlichsten

Gruppen erwarteten und nur zu oft mißbilligten Äußerungen und öffentlichen Stellungnahmen zu moralischen Problemen und politischen Ereignissen, wohl nie wieder mit solch zornentbrannter und erschütterter Vehemenz wie in der Schrift *Dieser Friede* (1938) gegen die englischen Politiker ausgedrückt, haben viele seiner Bewunderer und Gegner entrüstet, besonders wenn er über Deutschland sprach. So wurde er aus der Notwendigkeit, daß man sich seiner Gunst und Stellung versicherte, zwar häufig umworben, nicht aber geliebt oder wirklich verstanden. – Die Radioreden über BBC, von Erika Mann vorbereitet, begannen im Oktober 1940 zunächst als monatliche Sendung. Ab März 1941 wurden sie direkt in einem Senderaum der National Broadcasting Corporation in Los Angeles auf Platte gesprochen, nach New York geflogen und von dort nach London überspielt.

die Joseph Goebbels zu einem Doktoranden Gundolfs macht. Goebbels, der vom Frühjahr 1920 bis zum April 1921 in Heidelberg immatrikuliert war, promovierte am 21. April 1922 bei dem Germanisten Max Freiherr von Waldberg, ohne je an Vorlesungen oder Übungen Gundolfs teilgenommen zu haben.

D: *Gesammelte Werke in zwölf Bänden.* Bd. 11: *Reden und Aufsätze 3.* Frankfurt a. M.: S. Fischer, 1960. S. 1011–13 und S. 1050–53.

D: *Briefe 1937–1947.* Hrsg. von Erika Mann. Frankfurt a. M.: S. Fischer, 1963. S. 339–341.

D: *Gesammelte Werke in zwölf Bänden.* Bd. 11: *Reden und Aufsätze 3.* Frankfurt a. M.: S. Fischer, 1960. S. 1121–23.

WALTER MEHRING

29. 4. 1896 Berlin

Wegen unpatriotischen Verhaltens war Mehring schon vom Gymnasium verwiesen worden. Nach einem kurzen Studium der Kunstgeschichte 1914 bis 1915 schloß er sich dem *Sturm*-Kreis und der Dada-Bewegung in Berlin an. Als Journalist schrieb er seit 1920 für die *Weltbühne,* das *Tagebuch* und verschiedene Zeitungen, von 1921 bis 1928 aus Paris. Bekannt wurde er vor allem mit Chansons und Kabarettgedichten und durch seine Arbeit an der Piscator-Bühne, die 1929 sein gesellschaftskritisches Inflationsdrama *Der Kaufmann von Berlin* aufführte. In der Nacht des 27. Februar 1933 entfloh er aus seiner von der SA umstellten Wohnung nach Paris, später ging er nach Wien. 1938 lauerte ihm die SS an der Grenze zur Schweiz auf, doch gelang es ihm nochmals, der Verhaftung zu entschlüpfen. Da er schon am 8. Juni 1935 ausgebürgert worden war, verbrachte er nach Kriegsausbruch fast zwei Jahre in französischen Gefängnissen für Staatenlose. 1941 konnten ihn Freunde mit knapper Not aus dem Lager St Cyprien vor der Auslieferung retten und in die USA bringen. Dort lebte er zumeist in Hollywood und New York als Übersetzer und Kunstschriftsteller. 1951 kehrte er nach Europa zurück und wohnt in der Schweiz und in Süddeutschland.

D: *Großes Ketzerbrevier. Die Kunst der lyrischen Fuge.* München: Deutscher Taschenbuch Verlag, 1975. S. 196. – © 1974 F. A. Herbig München/Berlin.

ALFRED MOMBERT

6. 2. 1872 Karlsruhe – 8. 4. 1942 Winterthur
Der Dichter von *Sfaira der Alte. Mythos* (Berlin: Schocken, 1936) hatte schon seit 1906, abgesehen von der dreijährigen Unterbrechung durch den Militärdienst in Polen und von Reisen in die Mittelmeerländer, völlig zurückgezogen in Heidelberg gelebt, als er im Oktober 1940 mit einer älteren Schwester von der Gestapo in das Lager Gurs in Südwestfrankreich verschleppt wurde, wo er bis zum April 1941 inhaftiert blieb. Durch die Vermittlung seines mäzenatischen Freundes, des Dichters und Übersetzers Hans Reinhart aus Winterthur, wurde er freigelassen und zunächst in die kleine Nachbarstadt Idron abgeschoben. Ein knappes halbes Jahr nach seiner Übersiedlung in die Schweiz im Oktober 1941 erlag er einem Krebsleiden.

Muri ist ein von Mombert für Reinhart erfundener Kosename, der zuerst in einem Brief vom 5. August 1923 belegt ist. »Denkmal« und »Testament« ist der 1941 in Zürich erschienene Band: *Hans Reinhart in seinem Werk.* Dem Dichter zum sechzigsten Geburtstag, 18. August 1940, in Freundschaft und Verehrung dargebracht von Hermann Draber, Gustav Gamper, Leo Kaplan, Felix Petyrek, Albert Steffen, Ernst Uehli, Julie Weidenmann.
D: *Briefe 1893–1942.* Ausgew. und hrsg. von B. J. Mosse. Heidelberg/Darmstadt: Lambert Schneider, 1961. S. 158 f.

ROBERT (seit Oktober 1917 Edler von) MUSIL

6. 11. 1880 Klagenfurt – 15. 4. 1942 Genf
Nach Erwerbung des Ingenieurpatents im Fach Maschinenbau, Philosophiestudium mit Promotion über Ernst Mach 1908, Bibliothekarstätigkeit an der TH Wien 1911 bis 1914, Kriegsdienst mit hohen Auszeichnungen und Beamtenlaufbahn lebte Musil seit 1922

als freier Schriftsteller, von 1931 bis 1933 in Berlin. Während die beiden ersten Teile seines dreibändigen Romanwerks *Der Mann ohne Eigenschaften* noch in Berlin erscheinen konnten, gab Musils Frau Martha das Fragment des dritten Teils 1943 in Lausanne aus dem Nachlaß heraus. Seine Überzeugung vom unpolitischen Charakter der Kultur und Kunst brachte ihm 1938 die Werbung mit verlockenden Versprechungen der Nationalsozialisten ein, denen er sich durch die Ausreise über Italien nach Zürich entzog, woraufhin seine Bücher beschlagnahmt wurden. Die Spendenhilfe schweizerischer Freunde, vor allem des Bildhauerehepaares Marian und Fritz Wotruba und des Pfarrers Robert Lejeune vom Zürcher Neumünster, ermöglichte ihm eine gewiß nicht garantierte Monatsrente von durchschnittlich 400 Franken, so daß er sein Lebensende, das er ausdrücklich nicht als Teil der literarisch-politischen Emigration verstanden wissen wollte, trotz Isolation, Zweifel an der Vollendbarkeit seines Buches und finanzieller Miseren nicht mittellos verbringen mußte.

An Klaus Pinkus 280

Die »Reichsstelle zur Förderung des deutschen Schrifttums« hatte am 10. Oktober 1933 eine Warnung vor allem vor der *Sammlung* im *Börsenblatt für den deutschen Buchhandel* drukken lassen.
D: *Prosa. Dramen. Späte Briefe.* Hrsg. von Adolf Frisé. Hamburg: Rowohlt, 1957. S. 727–731.

HANS NATONEK

28. 10. 1892 Prag – 23. 10. 1963 Tucson (Arizona)
Natonek war Mitarbeiter zahlreicher prominenter Zeitungen und bis 1933 Redakteur des Literaturteils der *Neuen Leipziger Zeitung* (Aufl. 140 000). Für seinen Roman *Geld regiert die Welt oder Die Abenteuer des Gewissens* hatte er 1931 den Literaturpreis der Stadt Leipzig erhalten. Nach kurzem Aufenthalt in der Schweiz repatriierte ihn die tschechische Regierung bei seiner Rückkehr in die Heimatstadt. Im November 1938 floh er nach Paris, wo er Mitarbeiter beim *Neuen Tage-Buch* wurde. Einen Tag nach der Besetzung begann er seine Flucht nach Marseille und von dort nach Lissabon, wo er unglücklicher Zufälle wegen wochenlang auf sein Visum warten mußte, bevor ihm Ende Januar 1941 schließlich die Überfahrt nach New York gelang. Dort schlug er

sich zunächst sehr kümmerlich durch, zeitweise als Leichenwäscher.

NEUE DEUTSCHE BLÄTTER

ALFRED NEUMANN

15. 10. 1895 Lautenburg (Westpreußen) – 3. 10. 1952 Sorengo bei Lugano

Er lebte seit 1920 in München als freier Schriftsteller und wurde vor allem durch seine psychologisch feinfühligen und die dämonisch-mythische Faszination durch die Macht betonenden Darstellungen historischer Herrscherfiguren weltberühmt. Für seinen Roman über die Begründung der absoluten Monarchie in Frankreich unter Ludwig XI. (1423–83) und seinem genial-besessenen Ratgeber Oliver Necker, *Der Teufel*, erhielt er 1926 einen Teil des Kleist-Preises. Hauptsächlich mit Louis Napoleon Bonaparte beschäftigt sich die Trilogie »Tragödie des neunzehnten Jahrhunderts« (*Neuer Caesar*, 1934; *Kaiserreich*, 1936; *Die Volksfreunde*, 1940 vernichtet, in amerikanischer Übersetzung der Neubearbeitung 1942, u. d. T. *Das Kind von Paris*, dt. 1952). Neumann ließ sich 1933 in Fiesole bei Florenz nieder, ging 1938 nach Nizza, trat Ende März 1941 bei Warner Bros. in Los Angeles einen Vertrag als Szenarist für historische Filme an und kehrte 1949 nach Italien zurück. In Hollywood schrieb er 1941 den Roman *Der Pakt* (veröffentl. zuerst Stockholm 1949) über den Abenteurer William Walker (1824–60), der sich 1856 zum Präsidenten von Nicaragua machte, durch Sklavenarbeit und unter Mithilfe internationaler Handelsinteressen ein gewaltiges Reich in Mittelamerika aufzubauen versuchte, aber in der Auseinandersetzung um die Kontrolle der isthmischen Transit Road – so der englische Titel des Buches – am Widerstand seines Konkurrenten Cornelius Vanderbilt scheiterte und in British Honduras standrechtlich hingerichtet wurde. Der zeitgeschichtliche Schlüsselroman über den Widerstand der Geschwister Scholl an der Universität München erschien zuerst u. d. T. *Six of Them* in London und New York (1945), »in einer Zeit, als man schon den Versuch einer Darstellung der deutschen Opposition als zu deutschfreundlich empfand« (Hermann Kesten).

© Kitty Neumann, München.

ROBERT NEUMANN

22. 5. 1897 Wien – 3. 1. 1975 München

Er schlug sich nach dem Studium in vielen Berufen (Hilfsbuchhalter und zum Schluß Direktor einer Kommanditgesellschaft, Devisenmakler, der auch als Rollmopsfabrikant auftrat, Leiter einer Schokoladenfabrik, Schwimmlehrer und Frachtaufseher auf einem holländischen Überseetanker) durch die Nachkriegs- und Inflationsjahre, die er seit 1926 in Deutschland verbrachte und die den Hintergrund seiner beiden ersten Romane *Die Sintflut* (1929) und *Die Macht* (1932) bilden. Berühmt wurde er jedoch durch seine Parodien *Mit fremden Federn* (1927) und *Unter falscher Flagge* (1932) und durch die sorgfältig recherchierte Studie *Sir Basil Zaharoff* (Zürich 1934) über den gleichnamigen Rüstungsindustriellen und Kunstmäzen (1849–1936). Die Vorarbeiten zu diesem Buch hatten ihn schon im Spätsommer 1933 aus Wien nach London gebracht, wohin er im Frühjahr 1934 emigrierte. Seine Erfahrungen beim Zsolnay Verlag konnte er als künstlerischer Berater und Mitgründer der Auslandsabteilung für die Hutchinson Publishing Group nutzbar machen, die die meisten seiner mit Ende der dreißiger Jahre auch auf englisch geschriebenen Romane veröffentlichte. Vor allem in dem internationalen Erfolgsroman *Children of Vienna* (1946; dt. 1948 und wieder 1975), der in 25 Sprachen übersetzt wurde, fand er ein eigenwillig neues

literarisches Idiom, eine Mischung verschiedener britischer Stil-
möglichkeiten mit Emigrantenenglisch und amerikanischem Sol-
datenslang. Neumann setzte sich aktiv durch das Austrian Centre
und den PEN-Club für die Belange der politischen Flüchtlinge
ein, war selbst im Lager Mooragh auf der Insel Man mehrere Monate interniert, wurde jedoch auf einen Protestbrief Churchills
hin freigelassen und hielt von 1941 bis zum Kriegsende über den
Auslandsender der BBC London satirische und aufklärende Ansprachen für Hörer in Deutschland und Österreich. Er kehrte als
britischer Staatsbürger in die Schweiz zurück, wo er zuletzt in
Locarno-Monti lebte.

    D: Originaltyposkript im Dokumentationsarchiv des Österrei-
    chischen Widerstandes in Wien. – © Michael Neumann, Zürich.

NEW YORK TIMES

    Vom Hrsg. übersetzt.

RUDOLF OLDEN

14. 1. 1885 Stettin – 17. 9. 1940
Olden war Mitherausgeber und außenpolitischer Leitartikler des
Berliner Tageblatts und juristischer Hauptberater für die Verteidigung im seit März 1929 laufenden Leipziger Prozeß gegen Carl
von Ossietzky wegen Landesverrats. Nach dem Reichstagsbrand
und der erneuten Verhaftung Ossietzkys floh Olden nach Prag
und 1934 über Paris nach England. Dort entfaltete er eine umfangreiche Tätigkeit als politischer Schriftsteller und hielt Vorlesungen an der Universität Oxford. Nach kurzer Internierung
folgte er einem Ruf in die USA, ertrank jedoch bei der Torpedie-
rung der »City of Benares« während der Überfahrt nach New
York. – Seine Hitler-Biographie, mit dem Buch von Konrad Heiden die früheste, war bestimmt von dem Wunsch, »nur Tatsachen
sprechen zu lassen – ausschließlich die Reden, Aufsätze und Bücher Hitlers sowie seines engsten Freundeskreises als Quelle zu
benutzen und so ein wahrhaft authentisches Bild des deutschen
Führers zu geben«.

HILDEGARD PLIEVIER ✓

8. 2. 1900 Königshütte (Oberschlesien)
Sie war als Schauspielerin und Frau Erwin Piscators mit dem
Schriftsteller Theodor Plievier (1892–1955) bekannt geworden,
den sie auf seiner Flucht aus Berlin nach dem Reichstagsbrand
begleitete: zunächst über Dresden und Prag durch die Schweiz
nach Paris, 1934 über Stockholm auf Einladung der ›Roten Ma-
rine‹ nach Leningrad. Nach fünfjährigem Aufenthalt in der Wol-
gadeutschen Republik (Engels, Paulskoje) konnten sie 1939 nach
Domodjedowo bei Moskau übersiedeln, von wo sie im Oktober
1941 mit den Familien anderer Exulanten evakuiert wurden. Die
Fahrt führte zunächst über Kasan nach Taschkent (Ankunft
5. Dezember 1941), im Mai 1942 nach Ufa. Im Februar 1943
kehrten sie nach Moskau ins Gemeinschaftshaus der Komintern
zurück, von dort am 15. Mai 1945 nach Berlin. Theodor Plievier
wurde Vorsitzender des ›Kulturbundes‹ und Mitglied des Thürin-
ger Landtags in Weimar, siedelte jedoch 1947 nach Wallhausen
(Bodensee) über und ließ sich dann im Tessin nieder. Seine Frau
lebt seit seinem Tod in München.

ALFRED POLGAR ✓   *US*

27. 10. 1873 Wien – 24. 4. 1955 Zürich
Seit 1925 war Polgar in Berlin als Theaterkritiker des *Berliner
Tageblatts* auch für die *Weltbühne* und das *Tagebuch* tätig, was
im März 1933 die Rückkehr nach Wien (über Prag) höchst ratsam erscheinen ließ. Dort lebte er als Erzähler und Feuilletonist
schon in sehr prekären Umständen, bevor ihn 1938 die Flucht
über die Schweiz nach Paris mit dem Ruin konfrontierte. Er
publizierte zwar weiterhin, auch unter dem Pseudonym Archibald
Douglas, in Exilzeitschriften und konnte über Spanien nach Amerika entkommen – mit Konrad Heiden, Walther Victor, Friedrich

Stampfer u. a. auf dem gleichen Schiff wie Werfel, doch als völlig Unbeachteter –, aber für seine große Kunst der subtilen, dezenten und stilistisch prägnanten Kleinprosa fehlten ihm jetzt der Übersetzer und die Leser. Sein Schicksal war daher die unproduktive Existenz am Rande der Exilkolonien, zuerst von Hollywood, dann in New York. Auch Europa sah er nur noch als Besucher wieder.

LUDWIG RENN (d. i. Arnold Friedrich Vieth von Golßenau)

22. 4. 1889 Dresden

Aus alter Offiziersfamilie stammend – der Vater war Erzieher der sächsischen Prinzen –, wurde Renn 1928, als sein pazifistisches Buch *Krieg* erschien, Mitglied der KPD und bis 1932 als Sekretär des ›Bundes proletarisch-revolutionärer Schriftsteller‹ auch Mitherausgeber der *Linkskurve* und der militärpolitischen Zeitschrift *Aufbruch.* Nach Reisen in die Sowjetunion 1929 und 1931 nahm er eine Lehrstelle an der Marxistischen Arbeiterschule in Berlin an, wo er wegen literarischer »Vorbereitung zum Hochverrat« verhaftet, doch bald wieder freigelassen wurde. Am Morgen nach dem Reichstagsbrand erfolgte seine erneute Verhaftung unter der Anklage der Brandstiftung, und er mußte trotz bevorzugter Behandlung, da die Nationalsozialisten ihn auf ihre Seite zu bringen hofften, eine zweieinhalbjährige Gefängnisstrafe in Bautzen wegen eines Artikels über die Taktik des Preußenkönigs Friedrich II. absitzen. Nach der Flucht durch die Schweiz meldete er sich als Freiwilliger nach Spanien. Dort wurde er im Oktober 1936 Befehlshaber des deutschen und polnischen Thälmann-Bataillons, im Dezember Stabschef und später Kommandeur der XI. Internationalen Brigade. Im Herbst 1937 sprach er in Nordamerika auf über siebzig Versammlungen für die Interessen der spanischen Republik. Im März 1938 übernahm er die Leitung einer Offiziersschule in Cambrils. Der Internierung im Lager St Cyprien entzog er sich 1939 durch die Flucht nach England, von wo er über New York und Kuba nach Mexiko gelangte. Von 1940 bis 1942 unterrichtete er moderne europäische Geschichte und Sprachen an der Indianeruniversität von Michoacán im Bundesstaat Morelia, betrieb anthropologische und kunstgeschichtliche Studien und blieb als Mitbegründer und bis 1946 als Präsident des Bundes ›Alemania Libre‹ eine der führenden Persönlichkeiten unter den lateinamerikanischen Hitler-Gegnern. Nach seiner überwachten Rückkehr 1947 auf einem Frachtdampfer setzte er in Dresden seine Arbeit als Universitätslehrer und als freier Schriftsteller fort. Er veröffentlichte vorwiegend autobiographische Schriften und Jugendbücher.

E: *Freies Deutschland* 2 (1943) H. 3. S. 5.
D: *Alemania Libre in Mexiko.* Bd. 2: *Texte und Dokumente zur Geschichte des antifaschistischen Exils 1941–1946.* Hrsg. von Wolfgang Kießling. Berlin: Akademie-Verlag, 1974. S. 54–56. – © Aufbau-Verlag Berlin und Weimar.

JOSEPH ROTH

2. 9. 1894 Brody (Galizien) – 27. 5. 1939 Paris
Er verließ Deutschland am Tag der Machtübernahme und hielt sich hauptsächlich in Paris auf, das ihm schon als Korrespondent für die *Frankfurter Zeitung* (von 1923 bis 1932) bevorzugte Station auf seinen zahlreichen Reisen durch Europa gewesen war. Seine letzte Adresse war das Hotel de la Poste in der Rue de Tournon, aus dem er ins Hôpital Necker überführt wurde, wo er starb. Begraben liegt Roth auf dem Friedhof Thiais im Süden von Paris. – In der »geschichtslosen« Situation des Exils verfestigte sich seine Neigung als Erzähler, die wirtschafts- und sozialpolitisch bedingten Konflikte seiner Zeit im Gegenbild einer Gesellschaftsutopie zu negieren, die im Regreß auf die Subjektivität seiner persönlichen Wunschvorstellung konzipiert worden war. Dem Idealbild einer historisch gewachsenen Völkergemeinschaft, der von Eigensucht dann zerstörten Welt der Habsburger Monarchie unter ihrem letzten Kaiser, tritt als Gegenmacht ein im Transzendenten fundiertes Prinzip des Bösen als der Antichrist entgegen, in dem sich ein aus der Erfahrung der Gegenwart immer mehr bestärkter und religiös sublimierter Geschichtsfatalismus zu erkennen gibt. Der Versuch seines Exilwerkes, diesen zum

Prinzip stilisierten Gegensatz von Gut und Böse zu versöhnen, der sich ausdrückt in der geschichtsmythischen Vision einer patriarchalischen Urordnung und der Logik einer brutal-irrationalen Desintegration des politischen Lebens, gelang nur selten. Wo er fehlschlug, führte er zum Stil nostalgischer Servilität oder zur Rhetorik religiöser Erbauung.

NELLY SACHS

10. 12. 1891 Berlin – 12. 5. 1970 Stockholm

Sie wuchs in den behüteten Umständen einer wohlhabenden und bürgerlicher Kulturtradition und Kunstpflege ergebenen Familie auf. Durch die Fürsprache vor allem von Selma Lagerlöf, mit der sie seit 1906 korrespondierte, konnte sie 1940 der Verschleppung ins KZ durch die Emigration nach Stockholm entgehen, wo sie ihr gesamtes dichterisches Werk der Vorkriegsjahre als wertlos verwarf. Die Schrecken von Konzentrationslager und Massenvernichtung der Juden wurden jetzt ihr Hauptthema, für das sie eine teils hymnisch-evokative, teils mystisch-liturgische, teils surrealistisch-suggestive Sprache in der Lyrik und in szenischen Dichtungen fand. Ihre öffentliche Anerkennung begann erst fünfzehn Jahre nach Kriegsende. Sie erhielt 1960 den Droste-Preis, 1965 den Friedenspreis des Deutschen Buchhandels, 1966 den Nobelpreis für Literatur.

Das vorletzte Gedicht des ersten von vier Teilen, »Dein Leib im Rauch durch die Luft«.
D: *Fahrt ins Staublose. Die Gedichte der Nelly Sachs*. Frankfurt: Suhrkamp, 1961. S. 20.

HANS SAHL

20. 5. 1902 Dresden
Nach dem Studium der Literatur, Philosophie, Kunstgeschichte und Archäologie und der Promotion 1924 in Breslau war Sahl der jüngste Film- und Theaterkritiker Berlins. Die Emigration im März 1933 brachte ihn über Prag und Zürich nach Paris, wo er Mitarbeiter am *Neuen Tage-Buch* wurde; 1938 fand in Zürich mit 800 Mitwirkenden die Uraufführung seiner szenischen Kantate *Jemand* statt, für deren Druck im Oprecht-Verlag Frans Masereel die Holzschnitte schuf. Nach 13monatiger Internierung gelang ihm Anfang März 1941 die Flucht nach New York, wo er sich, wie zuvor in Marseille, an der Rettung und Unterstützung seiner bedrohten Kollegen durch das ›Emergency Rescue Committee‹ aktiv beteiligte und sich als Lyriker mit dem Gedichtband *Die hellen Nächte* etablierte, für den sich u. a. Paul Tillich und Erwin Piscator einsetzten. 1946 beendete er seinen bereits im Krieg begonnenen »Roman einer Zeit« *Die Wenigen und die Vielen* (dt. veröffentl. 1959, Neudr. 1977). Nach Kriegsende blieb er in New York als Kulturkorrespondent zunächst der *Neuen Zürcher Zeitung*, dann der *Süddeutschen Zeitung* und der *Welt* und machte sich vor allem als Übersetzer (T. Williams, J. Osborn, Th. Wilder, zuletzt *Theophilus North*, 1974) einen Namen.

Bei Tours und Poitiers hatte Karl Martells Sieg 732 den Vormarsch der Araber ins Frankenreich zum Halten gebracht.
D: *Wir sind die Letzten*. Gedichte. Heidelberg: Lambert Schneider, 1976. S. 13 und S. 44.

SATURDAY REVIEW OF LITERATURE

RENÉ SCHICKELE

4. 8. 1883 Oberehnheim (Elsaß) – 31. 1. 1940 Vence bei Nizza
Er lebte seit 1920 bis zur Emigration an die Côte d'Azur 1932 als überzeugter Pazifist und im Dienste deutsch-französischer Verständigung in Badenweiler. Alle seine Bücher sind in deutscher Sprache geschrieben, bis auf das letzte, den Essayband *Le Retour. Souvenirs inédits* (1938). Obwohl er die französische Staatsbürgerschaft annahm, blieb auch ihm nicht erspart, was zum typischen Schicksal der Emigranten wurde, die den Glauben an den Zweck eines politischen Engagements verloren hatten: die Vereinsamung auch im Kreis von Freunden und die Verzweiflung am Sinn der künstlerischen Arbeit.

Tagebücher 55, 285
Hermann Hesse, 1877 im württembergischen Calw geboren, hatte schon 1881–86 und 1889–1903 in Basel gelebt, bevor er sich 1912 endgültig in der Schweiz niederließ, deren Staatsbürger er 1924 wurde. Der Sektion für Dichtkunst der Preußischen Akademie der Künste war er bei ihrer Gründung 1926 nur widerwillig beigetreten und erbat schon am 10. November 1930 seine Entlassung aus der Mitgliedschaft von deren provisorischem Vorsitzenden Wilhelm Schäfer, der mit Kolbenheyer und Emil Strauß die völkisch orientierte Gruppe von Schriftstellern repräsentierte. – Anfang Oktober 1914 hatte der weltberühmte klassische Philologe Ulrich von Wilamowitz-Moellendorff einen von zunächst 93 führenden deutschen Akademikern unterzeichneten Aufruf verfaßt, dem sich bald, angefeuert durch den Berliner Historiker Dietrich Schäfer, die gesamte wissenschaftliche Prominenz anschloß. Diese Proklamation wurde vor allem im Ausland als Bekenntnis der deutschen Intelligenz zum wilhelminischen Militarismus verstanden. – Ju ist der mit Schickele befreundete und seit 1933 in der Provence lebende Kunstschriftsteller Julius Meier-Graefe (1867–1935).

D: *Werke in drei Bänden.* Bd. 3. Hrsg. von Hermann Kesten. Köln/Berlin: Kiepenheuer & Witsch, 1959. S. 1113–15, S. 1050 und S. 1060 f. – © 1960 by Verlag Kiepenheuer & Witsch Köln.

LEOPOLD SCHWARZSCHILD

7. 12. 1891 Frankfurt a. M. – 2. 10. 1950 Santa Margherita (Italien)

Seit 1920 lebte Schwarzschild als Journalist und Dramatiker in Berlin, wo er 1927 die von Stefan Großmann gegründete Wochenschrift *Das Tage-Buch* übernahm. Daneben gab er das populär geschriebene Blatt *Montag Morgen* heraus und machte sich mit dem seit 1925 erscheinenden *Magazin der Wirtschaft* einen ausgezeichneten Ruf als verläßlich informierender und kritisch analysierender Wirtschaftsexperte. Nach dem Reichstagsbrand konnte er einen holländischen Anwalt namens Warendorf dafür gewinnen, mit ihm eine ›Niederländische Verlagsgesellschaft‹ mit Sitz in Amsterdam und Paris zu konstituieren, durch die er unter Mitarbeit von Joseph Bornstein vom 1. Juli 1933 bis zum 11. Mai 1940 *Das Neue Tage-Buch* herausgab. Diese Wochenschrift wurde eine der führenden unabhängigen Exilzeitschriften. Sie unterstützte zunächst zwar die Politik der Volksfront, konzentrierte sich aber nach dem Scheitern dieser Einigungsbestrebungen hauptsächlich auf Mitarbeiter aus den im ›Bund freie Presse und Literatur‹ vereinigten Schriftstellern, die parteipolitisch nicht gebunden waren. Seine spätestens mit Kriegsbeginn prononciert antikommunistische Haltung behielt er auch im amerikanischen Exil bei, wo er seit 1940 zehn Jahre lang lebte und u. a. als Mitarbeiter der *New York Times* journalistisch tätig war.

D: *Die Lunte am Pulverfaß. Aus dem »Neuen Tagebuch« 1933–1940.* Hrsg. von Valerie Schwarzschild. Hamburg: Wegner, 1965. S. 268–270 und S. 287–290. – © Valerie Schwarzschild, Sorengo (Schweiz).

ANNA SEGHERS (d. i. Netty Radvanyi, geb. Reiling)

19. 11. 1900 Mainz

Sie gehörte seit 1929 dem ›Bund proletarisch-revolutionärer Schriftsteller‹ (gegr. im Oktober 1928) an und war seit 1928 Mitglied der KPD. Nach einer kurzen Polizeihaft im Februar 1933 entzog sie sich der behördlichen Überwachung durch die Flucht in die Schweiz und ließ sich wenig später in Paris nieder. Beim Einmarsch der deutschen Truppen mißlang ein erster Fluchtversuch, doch konnte sie sich und ihre zwei Kinder mit Hilfe französischer Freunde dem Zugriff der Gestapo entziehen. Zunächst kam sie in dem Städtchen Pamiers (Arriège) unter, in dessen Nähe ihr Mann Laszlo Radvanyi im Lager Le Vernet interniert war. Im Herbst 1940 schlug sie sich nach Marseille durch, von wo ihr mit Hilfe der ›League of American Writers‹ Ende März 1941 gerade noch im letzten Augenblick die Überfahrt auf dem 6000-Tonnen-Frachter »Paul Lemerle« über Martinique nach Mexiko gelang. Der Roman *Transit*, 1943 beendet, im folgenden Jahr in spanischer und amerikanischer Übersetzung veröffentlicht, doch erst 1948 in Deutschland erschienen, hat Erlebnisse aus diesen Monaten verarbeitet. 1947 kehrte sie, beargwöhnt und überwacht, über Stockholm nach Berlin zurück; 1948 siedelte sie in den Ostsektor über, zunächst in ein Haus in Weißensee, das sie vorübergehend mit Brecht und Helene Weigel bewohnte.

Auch im Exil blieb Anna Seghers politisch und literarisch sehr aktiv: zunächst als Mitherausgeberin der *Neuen Deutschen Blätter*, dann in den Veranstaltungen des auch durch ihre Initiative neubegründeten ›Schutzverbandes Deutscher Schriftsteller‹ und schließlich im Bund ›Freies Deutschland‹, für dessen Ziele sie sich als Ehrenpräsidentin und als Präsidentin des Heine-Clubs einsetzte. Von ihren fünf Exilromanen wurde *Das siebte Kreuz*, nach einem Teilabdruck 1939 in der *Internationalen Literatur* zuerst 1942 auf deutsch bei El Libro libre erschienen, in der amerikanischen Übersetzung (1942) und durch die Verfilmung mit Spencer Tracy (1944) als Heisler zu einem internationalen Bestseller.

Rede in Paris auf dem I. Internationalen Schriftstellerkongreß zur Verteidigung der Kultur.

E: *Neue Deutsche Blätter* 3 (1935) H. 6. S. 348–350.

D: *Zur Tradition der sozialistischen Literatur in Deutschland.*

Eine Auswahl von Dokumenten. Hrsg. und komm. von der Deutschen Akademie der Künste zu Berlin. 2., durchges. und erw. Aufl. Berlin/Weimar: Aufbau-Verlag, 1967. S. 730–734. – © Anna Seghers, Berlin.

ERNST TOLLER

1. 12. 1893 Samotschin (Posen) – 22. 5. 1939 New York

Er hatte sich nach der Entlassung aus der Festungshaft, die er für seine als Hochverrat verurteilte Teilnahme an den Kämpfen der Arbeiter-, Bauern- und Soldatenräte in Bayern verbüßen mußte, von parteipolitischer Betätigung zurückgezogen. Auf verschiedenen Reisen, als Dramatiker mit internationalem Ruhm und als sozialistisch engagierter Kommentator in Aufsätzen für die *Weltbühne* und andere Blätter mit aggressiv-fortschrittlicher Gesinnung blieb er jedoch weiterhin aktiv. Der drohenden Verhaftung entzog er sich schon Ende Februar 1933 durch eine Reise in die Schweiz, auf die Ausbürgerung am 23. August antwortete er mit der Veröffentlichung seines autobiographischen Berichts *Eine Jugend in Deutschland.* Die folgenden Jahre des Exils verbrachte er in Paris und London, seit 1936 in den USA, die er zuerst auf einer Vortragsreise vom Oktober 1936 bis Februar 1937 durchquerte, bevor er sich für ein Jahr bei der Filmgesellschaft MGM in Santa Monica verdingte. Nach dreimonatigem Aufenthalt in Spanien organisierte er von September bis Dezember 1938 eine Hilfsaktion für die vom Krieg betroffene Zivilbevölkerung. Auch auf internationalen Kongressen und bei öffentlichen Versammlungen, so beim I. Allunionskongreß der sowjetischen Schriftsteller in Leningrad, der ihn im Herbst 1934 drei Monate lang nach Rußland brachte, auf den Veranstaltungen in Paris und Madrid, auf Kundgebungen in London und New York vertrat Toller mit scheinbar unermüdlicher Energie als Redner und Organisator die Sache des antifaschistischen Kampfes. Die Nachricht von seinem Selbstmord in einem New Yorker Hotelzimmer bedeutete für seine Freunde im sozialistischen Lager eine nicht minder entmutigende, ja gelegentlich zur Verbitterung führende Katastrophe, wie die Tragödie Stefan Zweigs es für die bürgerlichen Humanisten werden sollte. Für die Teilnahme der exilierten Hitler-Gegner am Tode Tollers zeugen mehrere Gedenkfeiern und rund dreißig Nachrufe.

Auf dem Treffen des Internationalen PEN-Clubs in Ragusa (heute Dubrovnik), das vom 27. bis 30. Mai 1933 unter Vorsitz von H.

G. Wells stattfand, hatten die offiziellen Delegationen aus Österreich, Deutschland, der Schweiz und Holland bei einer Abstim-
mung sich dagegen ausgesprochen, Toller die Erlaubnis zum Sprechen zu erteilen. Nach seiner Rede nahmen dann der amerikanische Delegierte Henry S. Canby und Benjamin Crémieux aus
Paris den Protest der nationalsozialistischen Vertreter zum Anlaß,
die deutsche Sektion aus der Vereinigung auszuschließen. In Wien
rief das Verhalten der österreichischen Schriftsteller, die sich dafür ausgesprochen hatten, die Bücherverbrennungen und Verfolgungen im Reich unerwähnt zu lassen, Empörung hervor. Vor
allem Ludwig Ullmanns langer Artikel »Abrechnung für Ragusa«
in der *Wiener Allgemeinen Zeitung* vom 30. Mai 1933 ging scharf
mit Felix Salten ins Gericht, der sich in der *Neuen Freien Presse*
vom 2. Juli als mißverstanden zu verteidigen suchte, worauf ihm
Leo Lania im ersten Heft des *Neuen Tage-Buchs* (Juli 1933, S.
25–26) mit kurzem Hinweis auf Tollers Rede die gefährliche
Ahnungslosigkeit einer scheinbar unpolitischen Haltung vor-
warf.

Rede auf dem PEN-Club-Kongreß in Ragusa 159

D: *Die Neue Weltbühne* II/24 = *Die Weltbühne* 29 (1933) H.
24. S. 741–744. – © Sidney Kaufman durch Internationaal
Literatuur Bureau Hein Kohn, Hilversum.

KURT TUCHOLSKY

9. 1. 1890 Berlin – 21. 12. 1935 Hindås (Schweden)
Tucholsky lebte schon seit April 1924 fast nur noch im Ausland,
die nächsten fünf Jahre vorzugsweise in Paris, wo er als international prominenter Korrespondent für die *Vossische Zeitung*
und für die *Weltbühne* schrieb, die er nach Siegfried Jacobsohns
Tod im Dezember 1926 auf zehn Monate auch als Herausgeber
betreute. 1929 verlegte er seinen ständigen Wohnsitz nach Hindås
in der Nähe von Göteborg. Zur Zeit der Machtübernahme lag er
krank in der Schweiz und mußte sich von nun an zahlreichen
Operationen mit oft monatelangem Aufenthalt im Krankenhaus
unterziehen. Seit seiner offiziellen Ausbürgerung durch den
Reichsminister des Innern am 23. August 1933 war er staatenlos,
ein Großteil seiner Geldreserven war beschlagnahmt. Dennoch
weigerte er sich fortan, ein neues Buch zu veröffentlichen, führte
jedoch seine umfangreiche Korrespondenz, vor allem mit seinem

500

Freund Hasenclever, weiter. Aus tiefer Desillusion über die politische Unvernunft der Deutschen und aus Abscheu vor ihrer Anfälligkeit für die praktizierte Unmoral der Nazi-Ideologie nahm er sich das Leben.

BERTHOLD VIERTEL

28. 6. 1885 Wien – 24. 9. 1953 Wien
Als Theaterkritiker, Regisseur und Drehbuchautor hatte Viertel internationale Erfahrung (1928 bis 1932 Hollywood) und Verbindungen und konnte daher 1933 nach der Flucht am 1. März über Prag, Wien und Paris zunächst in London, seit 1939 in New York seine Arbeit den Umständen entsprechend in bescheidenem Maße wiederaufnehmen. Nach Kriegsende war er ein halbes Jahr bei der BBC, dann ab 1948 als Regisseur am Wiener Burgtheater und anderen deutschsprachigen Bühnen tätig.

ERICH WEINERT

4. 8. 1890 Magdeburg – 20. 4. 1953 Berlin
Er trat nach seiner Ausbildung zum Zeichenlehrer und nach der Ableistung des Militärdienstes (1913–19) ab 1922 in literarisch-politischen Kabaretts auf (»Retorte« in Leipzig, »Künstler-Café«

in Berlin) und wurde ein solch geschickter satirischer Pamphletist und Propagandist, daß der preußische Staat 1931 auf sieben Monate das Redeverbot gegen ihn verhängte. Seit seinem Eintritt in die KPD 1929 war seine politische Laufbahn von fast mustergültiger Konsequenz: Mitarbeit an zahlreichen kommunistischen Blättern und in der Redaktion der *Linkskurve*, 1931 erste Reise in die Sowjetunion, im Februar 1933 Emigration in die Schweiz mit baldiger Ausweisung, Übersiedlung nach Paris und Agitation im Saargebiet, daraufhin am 1. November 1934 Ausbürgerung, 1935 Reise nach Moskau, seit 1937 Teilnahme am Spanischen Bürgerkrieg, nach dem Grenzübertritt der Internationalen Brigaden sofortige Internierung im Lager St Cyprien, noch vor Kriegsausbruch Freilassung und Flucht nach Rußland, Fortsetzung seiner umfangreichen publizistischen Tätigkeit. Während der Schlacht um Stalingrad, als zweiundzwanzig umzingelte deutsche Divisionen bis zum bitteren Ende am 2. Februar 1943 durchhalten mußten und 92 000 Gefangene überlebten, begann Weinert seine in letzter Konsequenz wohl doch erfolglose Propagandatätigkeit an der Ostfront. Entscheidend war er beteiligt an der Gründung des Nationalkomitees ›Freies Deutschland‹ (am 12./13. Juli 1943 in Krasnogorsk bei Moskau), das seiner politischen Leitung im Verein mit Pieck, Ulbricht und Johannes R. Becher unterstand, und des ›Bundes Deutscher Offiziere‹ (am 11./12. September 1943 im Lager Lunjowo bei Moskau), in dessen Präsidium zwar die Generale von Seydlitz und von Daniels vertreten waren, dem jedoch die große Mehrzahl der hohen Militärs fernblieb. Bald nach der Auflösung der beiden Gruppen zu Anfang November 1945 kehrte Weinert nach Berlin (Ost) zurück, wo ihm zahlreiche hohe Posten in der Regierung übertragen wurden.

Ich klage an! 263

Als Flugblatt 1943 verbreitet.
D: *Das Nationalkomitee »Freies Deutschland« 1943–1945. Bericht über seine Tätigkeit und seine Auswirkung.* Berlin: Rütten und Loening, 1957. Unpaginierter Bildanhang. – © Aufbau-Verlag Berlin und Weimar.

PETER WEISS

8. 11. 1916 Nowawes (bei Berlin)
Er war als Sohn einer wohlhabenden jüdischen Unternehmerfamilie tschechischer Nationalität 1934 nach England emigriert, dann an die Kunstakademie nach Prag gegangen und hatte anschließend seit 1938 als Maler in der Schweiz gelebt, bevor er 1939 nach Stockholm zog. Rechenschaft über seinen Entwicklungsgang und über die Schwierigkeiten der endgültigen Entscheidung zum Beruf des Schriftstellers legen die beiden autobiographischen Erzählungen *Abschied von den Eltern* und *Fluchtpunkt* (geschr. 1960/61) ab.

    D: *Fluchtpunkt*. Frankfurt a. M.: Suhrkamp, 1962. S. 61–65.

FRANZ WERFEL

10. 9. 1890 Prag – 26. 8. 1945 Beverly Hills (Kalifornien)
Er lebte nach seinem Ausschluß aus der Preußischen Akademie der Künste im März 1933 zumeist in Österreich. Der Einmarsch deutscher Truppen in seine Wahlheimat überraschte ihn auf Capri. Von Mailand, wo er seine aus Wien kommende Frau Alma traf, reiste er weiter über Zürich nach Paris und fand dort im prominenten Hotel »Royal Madeleine« erstes Quartier. Nach einem Zwischenaufenthalt in Amsterdam und London ließ er sich in St Germain en Laye nieder und pflegte den Kontakt zur Exilkolonie in Sanary, mußte jedoch schon Ende Mai 1940 nach Marseille und von dort über Carcassone, St Jean de Luz und Pau nach Lourdes fliehen, wo er am 27. Juni 1940 eintraf. Dort machte er im Hotel »Vatican« die Bekanntschaft eines Stuttgarter Bankiers namens Stefan S. Jakobowicz, der ihm die grotesk-abenteuerliche Geschichte seiner Flucht durch Frankreich erzählte. Eine Radiosendung der BBC und Notiz in der *New York Post* vom 16. Juli berichteten, er sei von deutschen Truppen erschossen worden, doch konnte er in Begleitung von Heinrich, Nelly und Golo Mann über Port Bou nach Lissabon entkommen. Am 13. Oktober traf er an Bord der »Nea Hellas« in New York ein. In Amerika, wo er schon ein beträchtliches Lesepublikum besaß, wurde sein 1941 beendeter Lourdes-Roman *Das Lied von Bernadette* zu einem großen Erfolg, nicht zuletzt auch des persönlichen

Vorworts wegen, in dem Werfel das Buch als Einlösung eines Gelübdes für den Fall seiner Rettung vorstellt. Ende Juli 1941 versuchte Werfel eine erste Dramatisierung der Jakobowicz-Geschichte als Farce, nach seiner Übersiedlung von Los Angeles nach Santa Barbara im August 1941 und der endgültigen Niederlassung im exklusiven Beverly Hills Ende September 1942 wurde der Stoff in einer dritten Fassung als *Jacobowsky und der Oberst. Komödie einer Tragödie in drei Akten* abgeschlossen. Eine amerikanische Bearbeitung der zweiten Fassung hatte zuerst der Dramatiker Clifford Odets begonnen, der jedoch schon bald durch den weniger skrupelhaften Samuel N. Behrmann abgelöst wurde. Dessen Stück nach der Werfelschen Vorlage wurde unter der Regie von Elia Kazan am 14. März 1944 am Broadway mit Oskar Karlweis und Louis Calhern in den Titelrollen uraufgeführt. Die Entstellung seines Textes und damit vor allem auch die sentimentalisierende Verzeichnung des Emigrantenschicksals empörte Werfel derart, daß er sich, obwohl nach drei Herzattacken dringend der Ruhe und Schonung bedürftig, auf eine Brief- und Telegrammfehde mit dem für die Aufführung in New York und die Probevorstellungen in New Haven, Boston und Philadelphia verantwortlichen Produzenten Lawrence Langner einließ. Davon liegen über hundert Schriftstücke im Nachlaß vor. Das deutsche Original, zuerst am 6. Oktober 1944 in Göteborg, dann unter der Regie von Franz Schnyder in Basel uraufgeführt, wurde zwar zum meistgespielten Stück des Exiltheaters und erschien schon Ende 1944 als Lese- und Übungstext für Studenten an amerikanischen Colleges im New Yorker Verlag Crofts, doch es blieb der verballhornte *Jacobowsky and the Colonel*, der nicht weniger als die Romane Remarques oder der Film *Casablanca* das in Amerika populäre Mißverständnis vom komischen und heroischen Leben im Exil befestigt hat.

D: Aus dem unveröffentlichten Nachlaß. – © S. Fischer Verlag Frankfurt a. M.

FRIEDRICH WOLF

23. 12. 1888 Neuwied – 5. 10. 1953 Lehnitz bei Berlin

Wolf war als Kassenarzt für Naturheilkunde in Hechingen, seit 1927 in Stuttgart tätig, wo er am 19. Februar 1931 wegen angeblichen Vergehens gegen den Abtreibungsparagraphen 218 verhaftet wurde. Auf seine expressionistischen Anfänge folgte um 1925 mit dem Bekenntnis zum Kommunismus (1928 Beitritt in die KPD und den ›Bund proletarisch-revolutionärer Schriftsteller‹) die Bühnenpraxis hauptsächlich von Zeit- und revolutionären Kampfstücken, vom Frühjahr 1932 bis zu dessen Auflösung am 21. Januar 1933, die Agitationstätigkeit mit seinem »Spieltrupp Südwest«. Der Flucht über die Grenze bei Dornbirn am 3. März 1933 folgte ein kurzer Aufenthalt in Basel und seit Mitte Juni 1933 in einem Haus der KPF auf der Île de Bréhat (Bretagne). Im November siedelte Wolf nach Moskau über, wo er seine Propagandatätigkeit auf dem Theater, beim Film und in der Exilpresse fortsetzte. Vortragsreisen führten ihn im Frühjahr 1935 in die USA und im März/April 1936 durch die skandinavischen Länder. Nach Frankreich kehrte er Ende Januar 1938 zurück, um sich den Internationalen Brigaden anzuschließen. Bei deren Auflösung befand er sich in Paris, von wo er nach Kriegsausbruch ins Lager Le Vernet eingeliefert wurde. Als neuer Sowjetbürger erreichte er Anfang Oktober 1940 seine Entlassung und kehrte Mitte März 1941 nach Moskau zurück, wo er, nach kurzer Evakuierung in Alma Ata, der Hauptpolitabteilung der Roten Armee zugeteilt wurde. Während des Krieges war er als Propagandist an der Front bei Stalingrad und Moskau sowie in verschiedenen Offiziersgefangenenlagern tätig. Mit der Rückkehr nach Berlin im September 1945 begann seine kulturpolitische Tätigkeit, die ihn 1950/51 als ersten Botschafter der DDR nach Warschau führte.

Wolf war mit Johannes R. Becher der erfolgreichste unter den deutschen Schriftstellern des sowjetischen Exils, wo seiner fast unermüdlichen Arbeitsenergie und pragmatischen Loyalität auch nie die offizielle Unterstützung versagt blieb.

Käthe Wolf und ihr Mann hatten noch im Sommer 1921 in Heinrich Vogelers Kommune »Barkenhoff« bei Worpswede gelebt, doch wurde die Ehe bald darauf geschieden. Die Kinder verblieben in der Obhut ihrer Mutter. Wolfs zweite Frau Else Dreibholz folgte ihm mit den Söhnen Markus, genannt Mischa, und Konrad ins Exil, Ende Februar 1934 in die Sowjetunion. D: *Briefe. Eine Auswahl.* Hrsg. im Auftrag der Deutschen Akademie der Künste zu Berlin von Else Wolf und Walther Pollatschek. Berlin/Weimar: Aufbau-Verlag, 1960. S. 161 f.

Das Komitee für Angelegenheiten der Kunst ließ das 1940 bis 1942 geschriebene Stück *Die Patrioten* 1943 in russischer Übersetzung im Staatsverlag Kunst erscheinen, das Original druckte im gleichen Jahr IL/Dt. Bl. Eine Aufführung im Exil konnte nicht ermittelt werden. D: *Briefwechsel. Eine Auswahl.* Berlin/Weimar: Aufbau-Verlag, 1968. S. 109 f.

ALFRED WOLFENSTEIN

28. 12. 1888 Halle a. d. S. – 22. 1. 1945 Paris

Wolfenstein, der auch als Übersetzer moderner französischer Lyrik und als entschiedener Gegner der Todesstrafe bekannt war, verließ Berlin 1934, als er eine dringende Warnung durch die ›Liga für Menschenrechte‹ erhielt. Er floh nach Prag und wartete dort auf die Rückkehr nach Deutschland. Beim Einmarsch der feindlichen Truppen floh er nach Paris, ohne jedoch von der Ausreisegenehmigung nach den USA Gebrauch zu machen. Auf der Flucht aus Paris wurde er an der Loire von der Gestapo verhaftet und drei Monate ins Gefängnis La Santé gesperrt. Es gelang ihm nach der Entlassung, sich bis in den Süden Frankreichs durchzuschlagen und später unter falschem Namen in Paris unterzutauchen. Bei der Befreiung fand man ihn schwerkrank und verzweifelt in einem armseligen Hotelzimmer. Auch die Pflege im Hospital Rothschild konnte ihn nicht retten: die Jahre des Elends hatten ihn so zermürbt, daß er sich das Leben nahm.

Geschrieben wohl um 1935.

D: *Eine Einführung in sein Werk und eine Auswahl.* Hrsg. von Carl Mumm. Wiesbaden: Steiner, 1955. S. 77–80. © Frank T. Wolfenstein, London.

KARL WOLFSKEHL

17. 9. 1869 Darmstadt – 30. 6. 1948 Bayswater-Auckland (Neuseeland)

Er war die wohl vielseitigste Gestalt aus dem Kreis um Stefan George, der ihm zeitlebens bewundertes Vorbild blieb und besonders im Exil als Poeta vates und Richter der Deutschen zur geistig-künstlerischen Stütze wurde. Antisemitischer Hetze wegen war Wolfskehl schon am 28. Februar 1933 in die Schweiz entflohen; aus Abscheu vor dem sinnentleerten Getriebe der mechanisierten Massenzivilisation Europas zog er sich von 1934 bis 1938 zumeist in das Fischerdorf Recco bei Genua zurück, von wo ihn die Faschisten vertrieben. Durch den Verkauf seiner wertvollen Bibliothek sicherte er sich eine bescheidene Rente bis an sein Lebensende, das er unter der Obhut von Margot Ruben als Hiob, in stolzer Einsamkeit und fast völlig erblindet, in Neuseeland, seinem »Ultima Thule« und der doch ersehnten Naturwelt, verbrachte.

Auf Erdballs letztem Inselriff 83
  D: *Gesammelte Werke.* Bd. 1: *Dichtungen. Dramatische Dichtungen.* Hamburg: Claassen, 1960. S. 225.

Absage an die Heimat 424
  Dieser Brief wurde in hektografierter Form an Freunde geschickt, die sich für seine Rückkehr in die Schweiz oder nach Palästina eingesetzt hatten.
  D: *Zehn Jahre Exil. Briefe aus Neuseeland 1938–1948.* Hrsg. von Margot Ruben. Heidelberg/Darmstadt: Lambert Schneider, 1959. S. 283–286.

GEORGE W. WRONKOW

17. 2. 1905 Berlin

Als Journalist arbeitete Wronkow für verschiedene Berliner Zeitungen. Im März 1933 floh er über Dänemark nach Paris, wo er u. a. Mitarbeiter des *Pariser Tage-Blatts* wurde und bis zur Besetzung Frankreichs auch für die deutschsprachige Abteilung des

Senders Strasbourg arbeitete, die der Leitung von Pierre Bertaux unterstand. 1941 gelang ihm die Flucht über Lissabon nach New York, wo er für die Rundfunkgesellschaft CBS als Chefredakteur tätig war und noch heute lebt.

Die baskische Grenzstadt Irun fiel Anfang September 1936 nach dreiwöchigen Kämpfen in die Hände der Franco-Truppen, wurde jedoch zuvor von Anarchisten auf dem Rückzug niedergebrannt.
E: *Pariser Tage-Blatt*, Sommer 1936, und unter einem Pseudonym in einer Straßburger Zeitung.
D: Nach einer leicht gekürzten Manuskriptfassung im Besitz des Autors. – © George W. Wronkow, New York.

Zuerst über einen Kurzwellensender der CBS gelesen.
E: *Aufbau* 10 (1944) H. 48. S. 32. – © George W. Wronkow, New York.

OTTO ZOFF

9. 4. 1890 Prag – 14. 12. 1963 München
Zoff hatte sich mit acht Theaterstücken, drei Romanen, zwei Künstlermonographien und zahlreichen Editionen als Schriftsteller durchgesetzt, als er 1933 Deutschland verlassen und nach Italien übersiedeln mußte. Dort schrieb er seine sehr erfolgreiche Darstellung *Die Hugenotten* (Wien: E. P. Thal, 1937). Später lebte er mit tschechischem Paß in Nizza, seit 1941 in New York, wo er seit 1949 als Korrespondent für den Südwestfunk und die *Frankfurter Allgemeine Zeitung* arbeitete. Viel beachtet war die amerikanische Übersetzung (1943) seines Buches *Sie sollen die Erde erben. Kinderschicksale unter dem Faschismus.*

D: *Tagebücher aus der Emigration (1939–1944).* Aus dem Nachlaß hrsg. von Liselotte Zoff und Hans-Joachim Pavel. Mit einem Nachw. von Hermann Kesten. Heidelberg: Lambert Schneider, 1968. S. 215.

CARL ZUCKMAYER

27. 12. 1896 Nackenheim am Rhein – 18. 1. 1977 Visp (Schweiz)
Er lebte schon seit dem sensationellen Erfolg seines Volksstücks
Der fröhliche Weinberg (1925) zumeist und nach dem Auffüh-
rungsverbot seiner Stücke 1933 ausschließlich in Österreich:
in Wien und Henndorf bei Salzburg. Als Drehbuchautor arbeitete
er wiederholt in London. Nach dem Anschluß Österreichs wurde
sein gesamter Besitz beschlagnahmt, Zuckmayer selbst konnte jedoch im letzten Augenblick in die Schweiz entkommen, von wo
er 1939 über Kuba in die USA emigrierte. Seine Versuche, in
Hollywood sich als Autor zu etablieren und als Dozent an Piscators ›Dramatic Workshop‹ in New York seine Theaterarbeit
wenigstens theoretisch fortzusetzen, blieben erfolglos. Daher
pachtete er eine Farm im Staate Vermont, durch deren Bewirt-
schaftung er sich, fern vom literarischen Betrieb, den Lebens-
unterhalt verdiente. Nach Deutschland kehrte er zuerst Ende 1946
als amerikanischer Staatsbürger und Zivilbeamter zurück, und
zwar im Rahmen der alliierten Bemühungen um eine kulturelle
Umerziehung. Sein Drama *Des Teufels General* wurde zum
ersten großen, wenngleich nicht unumstrittenen Publikumserfolg
der Exilliteratur in der Nachkriegszeit. 1952 gab ihm die Stadt
Frankfurt ihren Goethe-Preis, die erste von vielen Ehrungen und
öffentlichen Auszeichnungen. Seit 1954 lebte er in Saas-Fee in der
Schweiz.

York) 8 (20. 3. 1942) H. 8, S. 3, und als »Appeal to the Living« in der New Yorker Monatsschrift *Free World* 3 (Juni 1942) H. 1, S. 40 f.

D: *Aufruf zum Leben. Porträts und Zeugnisse aus bewegten Zeiten.* Frankfurt a. M.: S. Fischer, 1976. S. 11–14.

ARNOLD ZWEIG

10. 11. 1887 Großglogau, bei Liegnitz (Oder) – 26. 11. 1968 Berlin (Ost)

Zweig hatte sich schon seit 1923 als Redakteur der Berliner *Jüdischen Rundschau* mit den Problemen des Judentums auseinandergesetzt. Im Exil erschienen dann seine mit Feuchtwanger verfaßte Schrift *Die Aufgabe des Judentums* (1933) und der Essay *Bilanz der deutschen Judenheit 1933* (1934). Seine Flucht aus Berlin führte ihn 1933 zunächst nach Prag und gegen Ende des Jahres über die Schweiz und Frankreich nach Palästina, wo er bis zu seiner Übersiedlung in die DDR lebte und 1942/43 in Haifa die Zeitschrift *Orient* mit herausgab. Als Schriftsteller war er 1912 durch den Roman *Die Novellen um Claudia* bekannt geworden; weltberühmt machte ihn *Der Streit um den Sergeanten Grischa*, ein Roman, der, seit 1917 geplant und zuerst 1921 als Drama geschrieben (Uraufführung am 31. März 1930), als Buch 1928 erschien. Das Material zu diesem Werk ließ sich zu einem Grischa-Zyklus von insgesamt sechs sozialanalytischen Romanen über die Gesellschaft des Ersten Weltkriegs ausweiten, die unter dem Sammeltitel »Der große Krieg der weißen Männer« zusammengefaßt sind. Ihre Ausarbeitung macht den Hauptteil von Zweigs Exilproduktion aus, obwohl sie zum Teil erst nach seiner Rückkehr beendet wurden. Mit den psychologischen und moralischen Konflikten von Menschen, die unter der diktatorischen Justiz der letzten Vorkriegsjahre in Deutschland leben, beschäftigt sich *Das Beil von Wandsbek* (geschr. 1940; veröff. zuerst 1943 in hebräischer Übersetzung, dt. 1947 im Neuen Verlag, Stockholm). In der Bundesrepublik Deutschland wurde dieser Roman jedoch wie Zweigs gesamtes Exilwerk kaum bekannt. Die DDR, der er 1949–1967 als Abgeordneter der Volkskammer diente, hat seinen Verfasser durch zahlreiche Ehrungen ausgezeichnet, u. a. mit dem Nationalpreis 1950.

Unter dem Titel »Juden und Deutsche (Briefwechsel mit Arnold

Zweig)« hatte die von Hermann Budzislawski herausgege-
bene *Neue Weltbühne* (1936) H. 6, S. 160–170 den Brief Tu-
cholskys vom 15. 12. 1935 mit verfälschenden Kürzungen abge-
druckt. Sein vollständiger Wortlaut, allerdings ohne Zweigs Ant-
wort, jetzt in: K. T., *Ausgewählte Briefe, 1913–1935.* Hrsg. von
Mary Gerold-Tucholsky und Fritz J. Raddatz. Reinbek: Ro-
wohlt, 1962. S. 333–339. – Die Hauptgestalt von Zweigs Roman
De Vriendt kehrt heim (1932) ist ein streng-orthodoxer gelehrter
Dichter, der im Jerusalem des Jahres 1929 einem Attentat zum
Opfer fällt.
D: *Sigmund Freud / Arnold Zweig, Briefwechsel.* Hrsg. von
Ernst L. Freud. Frankfurt a. M.: S. Fischer, 1968. S. 130–131.

STEFAN ZWEIG

28. 11. 1881 Wien – 23. 2. 1942 Petropolis (Brasilien)
Seine historischen Biographien machten Stefan Zweig in den dreißiger Jahren zum meistübersetzten Autor in deutscher Sprache
und brachten ihm ein nicht unbeträchtliches Vermögen ein. Sich
selbst und seinen Lesern galt er als einer der letzten Repräsentanten der österreichisch-kosmopolitischen Kulturaristokratie und
ihrer literarischen Tradition eines idealistischen und dezent-unpo-
litischen Humanitätsglaubens, dem sich der Sinn für die Vergangenheit und das Gespür für historische Analogien angesichts moderner Gesellschaftsprobleme immer häufiger in Geschichtspessi-
mismus und Resignation verwandelten. Am historischen Prozeß
interessierte ihn vor allem die Psychologie profilierter Individuen,
die in Zeiten geistiger Neuorientierung und Bewährung die Konflikte mit ihren Folgen auszutragen haben, die sich aus dem Zu-
sammenprall humaner Ideale mit den Erfordernissen einer durch
praktische Machtausübung gesicherten Ordnung und der Geistesart ihrer Vertreter ergeben.
Trotz internationaler Kontakte und Resonanz hat Zweig den Zusammenbruch seiner Welt und nicht weniger den persönlichen
Verlust seiner engeren Wahlheimat Salzburg nie überwunden und
fand sich vor allem in der angelsächsischen Welt – seit 1933 hielt
er sich zeitweise, ab 1938 dauernd in England auf; 1940 versuchte
er, sich in New York niederzulassen – als Fremdling nie zurecht.
Als er sich mit seiner zweiten Frau aus Verzweiflung über das
drohende Ende der zivilisierten Welt das Leben nahm, galt dieser
Freitod vielen unter den Hitler-Gegnern als die exemplarische
Niederlage eines symbolischen Gewissens im Kampf gegen die Ge-

walt, wenn nicht als unbegreiflicher Verrat am Geist. Äußerlich wenigstens trug dazu ein Mißverständnis bei über den Wortlaut der trotz ihres Titels deutsch geschriebenen Erklärung, die Zweig zu seiner Rechtfertigung hinterließ. Da seine Freunde eine Autopsie vermeiden wollten, die Behörden in Rio de Janeiro aber zunächst die Möglichkeit eines politisch motivierten Mordes nicht ausschlossen, mußte deren Text für die Polizei unter dem unmittelbaren Eindruck der Todesnachricht von Leopold Stern aus dem Stegreif mündlich übersetzt werden. Davon wurde für Claudio de Souza, den Sekretär des brasilianischen PEN-Clubs, eine französische Fassung niedergeschrieben, die ihm als Grundlage für die offizielle Übersetzung ins Portugiesische diente. Diese wiederum wurde der internationalen Presse übergeben, die sich eine englische Lesart anfertigte, von welcher dann eine deutsche Rückübersetzung in den meisten Exilperiodika abgedruckt wurde. Im New Yorker *Aufbau* z. B. (Ausgabe vom 27. Februar 1942) hatte der Schlußsatz folgenden Wortlaut: »Daher glaube ich, daß es an der Zeit ist, ein Leben zu beenden, das nur geistiger Arbeit gewidmet war und das stets die Freiheit und auch meine eigene als den größten Reichtum in der Welt betrachtet hat. Ein herzliches Lebewohl an alle meine Freunde!«

Der Wiener Dichter Felix Braun, geboren 1885 und seit 1939 in England, und seine auch als Malerin tätige Schwester Käthe Braun-Prager kannten Zweig seit 1907.

D: *Stefan Zweig. Spiegelungen einer schöpferischen Persönlichkeit.* Hrsg. von Erich Fitzbauer. Wien: Bergland, 1959. S. 92 f.

D: *Stefan Zweig. Unbekannte Briefe aus der Emigration an eine Freundin.* Hrsg. von Gisella Selden-Goth. Wien/Stuttgart/Basel: Deutsch, 1964. S. 66.

D: Hanns Arens: *Stefan Zweig. Sein Leben. Sein Werk.* Esslingen: Bechtle, 1949. S. 117.